A BATALHA DE MOSCOU

Proibida a reprodução total ou parcial em qualquer mídia
sem a autorização escrita da editora.
Os infratores estão sujeitos às penas da lei.

A Editora não é responsável pelo conteúdo deste livro.
O Autor conhece os fatos narrados, pelos quais é responsável,
assim como se responsabiliza pelos juízos emitidos.

Consulte nosso catálogo completo e últimos lançamentos em **www.editoracontexto.com.br**.

A BATALHA DE MOSCOU

Andrew Nagorski

Tradução
Paulo Castanheira

The Greatest Battle © 2007 by Andrew Nagorski
Publicado originalmente por Simon & Schuster, Inc.

Direitos para publicação no Brasil adquiridos pela
Editora Contexto (Editora Pinsky Ltda.)

Foto de capa
Exercícios militares no bulevar Chistoprudny
em Moscou, 1º de dezembro de 1941.
RIA Novosti archive, image #283 /
Leonid Dorenskiy / CC-BY-SA 3.0

Montagem de capa e diagramação
Gustavo S. Vilas Boas

Preparação de textos
Adriana Teixeira

Revisão
Lilian Aquino

Dados Internacionais de Catalogação na Publicação (CIP)
(Câmara Brasileira do Livro, SP, Brasil)

Nagorski, Andrew
A batalha de Moscou / Andrew Nagorski ;
tradução Paulo Castanheira. – 1. ed., 2ª reimpressão. –
São Paulo : Contexto, 2018.

Título original: The greatest battle.
Bibliografia.
ISBN 978-85-7244-792-8

1. Guerra Mundial, 1939-1945 – Campanhas – Rússia
(Federação) 2. Moscou, Batalha de, 1941-1942 I. Título.

13-03019	CDD-940.5421731

Índice para catálogo sistemático:
1. Batalha de Moscou : Segunda Guerra Mundial :
Europa : História   940.5421731

2018

EDITORA CONTEXTO
Diretor editorial: *Jaime Pinsky*

Rua Dr. José Elias, 520 – Alto da Lapa
05083-030 – São Paulo – SP
PABX: (11) 3832 5838
contato@editoracontexto.com.br
www.editoracontexto.com.br

Para Stella,
a primeira da nova geração

E, como sempre,
para Krysia

*"Vamos destruí-los logo, é apenas uma questão de tempo...
Moscou será atacada e vai cair, e então teremos ganho a guerra."*

Hitler falando a um assistente,
em meados de setembro de 1941

*"Você tem certeza de que poderemos defender Moscou?
Estou perguntando com dor no coração."*

Stalin num telefonema para o general
Georgy Zhukov, em meados de novembro de 1941

Sumário

Introdução 11

"Hitler não vai nos atacar em 1941" 19
"Veja como somos espertos agora" 49
O preço do terror 77
Hitler e seus generais 103
"Moscou está em perigo" 127
"A fraternidade do homem" 153
Pânico em Moscou 185
Sabotadores, malabaristas e espiões 213
"O *mein Gott!* O *mein Gott!*" 237
"Não seja sentimental" 261
"O pior de todos os mundos" 291
A vitória mais mortal 321

Agradecimentos 341
Fontes 345
O autor 351

Introdução

No outono de 1941, dois exércitos gigantescos lutaram ferozmente nas estradas do norte, sul e oeste que levavam a Moscou. De ambos os lados do campo de batalha, o comando não estava com os generais, mas com os tiranos Adolf Hitler e Joseph Stalin, que davam ordens sem hesitar em mandar milhões para a morte, fosse em combate, fosse nas prisões e nos campos de concentração. Os dois demonstraram uma determinação implacável e, por vezes, táticas brilhantes, mas tiveram também momentos de miopia estratégica em escala colossal.

Hitler enviou seus exércitos para a Rússia sem fardas de frio, pois estava convencido de que triunfariam muito antes das primeiras neves do inverno. Stalin mandou muitos dos seus soldados sem armas para a batalha, pois não tinha preparado o país para a invasão nazista. Isso selou o destino de milhares de alemães condenados à morte pelo frio no primeiro inverno da campanha russa e de incontáveis milhares de soldados do Exército Vermelho condenados à morte instantânea por não terem tempo suficiente para pegar alguma arma que encontrassem entre os mortos e agonizantes.

A Batalha de Moscou, que oficialmente durou de 30 de setembro de 1941 até 20 de abril de 1942, mas que na realidade cobriu um período maior que esses – 203 dias de ininterrupto assassinato em massa –, marcou o primeiro fracasso da tática de *Blitzkrieg* dos exércitos de Hitler. Quando esmagaram a Polônia, França e grande parte do restante da Europa com uma velocidade de tirar o fôlego, aqueles exércitos pareciam impossíveis de serem detidos. "Essa derrota, entretanto, foi mais que apenas outra batalha perdida", lembrou em suas memórias Fabian von Schlabrendorff, um dos oficiais que mais tarde participariam da conspiração contra Hitler. "Com ela se perdeu o mito da invencibilidade do soldado alemão. Foi o começo do fim. O exército alemão nunca se recuperou completamente daquela derrota.". É verdade, mas as forças alemãs continuariam a lutar com incrível tenacidade e a derrota final só viria muito tempo depois, e por isso esses julgamentos só foram possíveis com o benefício da avaliação retrospectiva.

É provável que a Batalha de Moscou tenha sido a mais importante da Segunda Guerra Mundial e, indiscutivelmente a maior entre dois exércitos. Combinando os totais dos dois lados, aproximadamente sete milhões de soldados se envolveram em algum episódio dessa batalha. Desses, 2,5 milhões morreram, foram feitos prisioneiros, desapareceram em ação, ou se feriram com gravidade suficiente para exigir hospitalização, sendo muito maiores as baixas no lado soviético do que no alemão. De acordo com os registros militares russos, 958 mil soldados soviéticos "pereceram" – número que inclui mortos, desaparecidos e prisioneiros. Considerando o tratamento que receberam dos seus captores, a maioria dos prisioneiros de guerra russos foi efetivamente condenada à morte. Outros 938.500 foram hospitalizados, totalizando em 1.896.500 as perdas soviéticas. O número correspondente de soldados alemães chegou a 615 mil.

Por comparação, as baixas em outras batalhas épicas, apesar de aterrorizantes, nunca chegaram perto desses números. Na imaginação popular, a Batalha de Stalingrado, de julho de 1942 até fevereiro de 1943, é geralmente considerada a mais sangrenta dessas lutas. Ela também foi enorme, mas ainda assim muito distante do tamanho da Batalha de Moscou. Em Stalingrado, tomaram parte 3,6 milhões de soldados, e as perdas dos dois lados chegaram a 912 mil soldados, bem inferior aos 2,5 milhões na Batalha de Moscou.

Nenhuma das mais importantes batalhas da Primeira e da Segunda Guerra Mundial se aproximou dos números de Moscou. Na Batalha de Gallipoli, por exemplo, as baixas dos soldados turcos e aliados foram de cerca de 500 mil; na Batalha do Somme, de julho a outubro de 1916, as bai-

Introdução

xas alemãs, inglesas e francesas somaram cerca de 1,1 milhão. E apenas em termos do número de soldados envolvidos na luta, muitas outras batalhas lendárias da Segunda Guerra Mundial nem chegaram a pertencer à mesma classe da Batalha de Moscou. Na Batalha de El Alamein, durante a campanha do Norte da África, por exemplo, os exércitos antagonistas totalizaram 310 mil soldados.

Essa foi também uma batalha que se desenrolou diante de uma plateia global, quando Estados Unidos, Inglaterra, França, Japão e outros tomavam decisões com base na avaliação do seu resultado provável. Não há dúvida de que, se os alemães não tivessem sido rechaçados nos arredores de Moscou, suas repercussões teriam sido sentidas em todo o mundo.

Ainda assim, a Batalha de Moscou está hoje bastante esquecida. Os historiadores têm dado muito mais atenção às batalhas de Stalingrado e do saliente de Kursk, que representaram vitórias claras contra as forças de Hitler, e ao pavoroso drama humano do cerco de Leningrado. Por outro lado, o início da Batalha de Moscou, marcado pelo número excessivo de erros de Stalin, apesar de ter levantado muitas perguntas perturbadoras, não teve o mesmo nível de atenção. O resultado foi ter sido tantas vezes discutida apressadamente nos livros de História e nunca ter atingido o mesmo tipo de *status* mitológico das vitórias posteriores. Mas é precisamente por causa de seu papel crucial no período inicial da Segunda Guerra Mundial, e do que ela revelou sobre a natureza dos gigantes totalitários que se enfrentaram, que a Batalha de Moscou deve finalmente ser contada e colocada no lugar que merece na História da guerra.

A história sempre parece inevitável em retrospectiva, mas o fato é que não há nada inevitável nos eventos cataclísmicos que dão forma ao nosso mundo. Para a liderança soviética em 1941, não havia nada inevitável com relação ao resultado do assalto alemão contra o seu país – apesar da retórica oficial. No confronto entre os dois líderes mais monstruosos de todos os tempos, Hitler e Stalin, foi o ditador alemão quem de início pegou o adversário soviético despreparado. Stalin ignorou um fluxo crescente de informações recolhidas pela inteligência avisando-o de que os alemães estavam prontos a atacar e proibiu expressamente aos seus generais tomarem quaisquer medidas que pudessem aumentar suas chances de enfrentar os invasores.

Por consequência, as forças soviéticas foram lançadas em completa desordem nos primeiros meses da guerra, e os alemães avançaram cada vez mais em território soviético com os olhos claramente fixados em Moscou. Em 12 de agosto de 1941, Wilhelm Keitel, chefe do Alto-Comando das Forças Armadas de Hitler, definiu o objetivo principal da ofensiva alemã, escrito na Diretiva 34ª.

> O objeto das operações deve então ser privar o inimigo, antes da chegada do inverno, do seu governo, de armamentos, e do departamento de tráfego em torno de Moscou, e assim evitar a reconstrução das suas forças derrotadas e a operação ordeira do controle do governo.

Em outras palavras, o objetivo de uma vitória rápida no leste, para que Hitler pudesse voltar sua atenção para a guerra contra a Grã- Bretanha, dependia da capacidade dos seus exércitos de cercar e em seguida tomar a capital soviética.

De início, essa pareceu ser uma possibilidade real. Enquanto alguns soldados soviéticos lutavam heroicamente contra forças muito superiores, outros – e eram centenas de milhares – rendiam-se tão imediatamente quanto podiam. Stalin, por sua vez, quase sofreu um colapso psicológico quando seu país parecia prestes a implodir. Animados pelo rápido avanço inicial, os soldados alemães fincaram sinais indicando a direção: "para Moscou". Em setembro de 1941, enquanto preparava a Operação Tufão, que deveria culminar com a tomada da capital soviética, Hitler disse aos seus subordinados: "dentro de poucas semanas estaremos em Moscou". Acrescentou, então: "vou arrasar aquela cidade maldita e no seu lugar vou construir um lago artificial com iluminação central. O nome Moscou vai desaparecer para sempre". Se ele falava literalmente, ou se deixou levar-se pela emoção do momento, o fato é que a promessa refletia a sensação crescente de que a capital soviética não seria capaz de montar uma defesa eficaz contra as forças alemãs que se preparavam para lançar um ataque maciço.

E o que significaria a tomada de Moscou para todo o esforço de guerra? No passado, quando invasores estrangeiros por duas vezes tomaram a cidade – os poloneses no início do século XVII, e Napoleão em 1812 – as vitórias tiveram vida curta. No caso de Napoleão, a ruptura das linhas inimigas até

Introdução

Moscou só serviu para preparar o palco para a derrota e a retirada catastróficas da sua *Grande Armée*. Mas em termos de relevância para qualquer comparação com o que se passava na Segunda Guerra Mundial, Moscou, naquelas ocasiões anteriores, não era nem de longe o prêmio que teria sido em 1941, quando já não era apenas o centro político, mas sim o centro estratégico e industrial do país e também o centro de transporte. A tomada da capital teria sido um golpe devastador para a União Soviética – e para todos que buscavam frustrar os objetivos de guerra de Hitler.

Boris Nevzorov, historiador militar russo que passou a vida estudando a Batalha de Moscou, argumenta que o fracasso alemão foi o evento mais importante a determinar o resultado final da guerra. "Se tivessem tomado Moscou, a guerra teria terminado com a vitória alemã", afirma ele. Outros historiadores, e até mesmo alguns participantes sobreviventes, discordam dessa afirmativa, insistindo que a União Soviética teria contra-atacado mesmo depois da perda da capital. Evidentemente, nenhum dos dois lados é capaz de provar a sua tese, pois a História não oferece respostas definitivas para perguntas do tipo "e se". Mas Nevzorov está em terreno inegavelmente firme ao caracterizar a Batalha de Moscou como "nossa primeira grande vitória e a primeira grande derrota da Alemanha nazista".

Relatos soviéticos dessa batalha mencionam solenemente o perigo para o país, quando as tropas alemãs cercaram a capital no outono de 1941. "Foi o ponto mais baixo que atingimos durante a guerra", observou a oficial *History of the Great Patriotic War of the Soviet Union* nos seus cinco volumes, publicado no início da década de 1960. Mas esses relatos não se estenderam na significância do fracasso alemão em completar o esforço para tomar a cidade, e isso não foi acidente, ou *nye sluchaino*, como dizem os russos. As primeiras Histórias soviéticas do período tiveram muitas razões para esquecer rapidamente a Batalha de Moscou.

Em primeiro lugar, a desastrosa série de eventos associados com essa batalha levantou todo tipo de pergunta sobre Stalin e seu incessante uso do terror como arma contra seu próprio povo – uma prática que ele manteve durante toda a guerra. Foram seus erros que permitiram aos alemães chegarem tão perto como chegaram, e também o que causaram as cenas subsequentes de pânico na cidade, quando as pessoas se apressaram a fugir, negando o mito de que todos tiveram fé inquebrável na vitória desde o início.

15

E houve a questão da escala das baixas soviéticas. Boris Vidensky era cadete da Academia Podolsk de Artilharia quando a guerra estourou, e foi um dos poucos sobreviventes da sua classe, que foi lançada – absolutamente despreparada – contra o avanço dos alemães. Depois se tornaria o chefe de pesquisa do Instituto de História Militar em Moscou. Já aposentado, ele contou como, ao término da guerra, o marechal Georgy Zhukov, o lendário arquiteto da vitória soviética, decidiu tentar estimar as baixas das suas tropas perto de Moscou. No período do pós-guerra, Zhukov serviu como ministro da defesa e pediu ao seu assistente para fazer alguns cálculos aproximados. Quando o assistente lhe mostrou o número que tinha encontrado, Zhukov rapidamente gritou uma ordem: "esconda, e não mostre a ninguém!".

Mesmo quando o avanço alemão para tomar a capital foi repelido, a Batalha de Moscou demonstrou ser uma vitória incompleta. Assim como foi precedida dos monumentais erros de cálculo de Stalin, a ela se seguiram muitos outros. Mesmo com a oposição de seus generais, a insistência do líder soviético para que estes lançassem suas forças exaustas numa ofensiva geral contra os alemães produziu uma série de derrotas penosas e elevou estratosfericamente o número de baixas. Os alemães se agarraram a bolsões de território, principalmente em torno da cidade de Rzhev, a noroeste de Moscou, durante quase um ano depois de a batalha pela capital ter sido oficialmente declarada terminada. O alívio inicial por Moscou ter sido salva foi rapidamente substituído por amargo desapontamento.

Em outras palavras, apesar da coragem e heroísmo genuínos dos defensores de Moscou, essa enorme batalha foi marcada por humilhações e derrotas desde seus primeiros dias e por toda a duração do seu longo período posterior. Os dois lados perceberam que tinham pela frente uma longa guerra, a luta mais sangrenta da história da humanidade. E foi mesmo muito mais sangrenta do que seria necessário por causa dos erros de cálculo e da incansável crueldade de Hitler e Stalin. Para Stalin, a contagem de baixas era a menor das preocupações. Assim como diria o primeiro-ministro chinês Chou En Lai durante a Guerra da Coreia, os norte-coreanos podiam continuar lutando indefinidamente pois "não perdem nada, 'exceto' seus homens". Foi essa mesma a atitude de Stalin com relação às baixas do seu próprio país quando elas aumentavam num ritmo estonteante.

Introdução

Por outro lado, Stalin também inspirou muitos dos seus compatriotas e foi a sua decisão de ficar em Moscou – depois de já ter ordenado a evacuação dos seus principais funcionários e das instalações civis e militares – que, em retrospectiva, se mostrou um divisor de águas da Batalha. Se Stalin era prova viva do dito de Maquiavel, segundo o qual, para um governante "é muito mais seguro ser temido do que amado", ele também se aproximava do ideal do florentino de que "devia ser ao mesmo tempo temido e amado". A guerra foi uma dessas ocasiões, quando muitos dos seus compatriotas estavam genuinamente dispostos a sacrificar a vida por seu país e por Stalin, convencidos de que eram os dois lados da mesma moeda.

Este livro se vale de um grande conjunto de fontes, algumas consultadas pela primeira vez. Entre elas: muitos documentos recentemente liberados dos arquivos da NKVD, o nome da KGB naquela época; relatos em primeira mão de sobreviventes, alguns dos quais somente agora se sentem livres para falar da totalidade das suas experiências, que em geral contradizem a versão "higienizada" dos acontecimentos como apresentada pelos soviéticos, e mesmo por alguns escritores ocidentais; entrevistas com os filhos de personagens importantes, como o marechal Georgy Zhukov, o membro do Politburo [comitê do Partido Comunista] Anastas Mikoyan e os principais líderes da NKVD, responsáveis pelo planejamento da resistência e da sabotagem na Moscou controlada pelos nazistas; diários publicados e inéditos, cartas e memórias de vários russos e estrangeiros.

Todas essas evidências deixam claro que a Batalha de Moscou não foi apenas a maior batalha da Segunda Guerra, mas também a primeira mudança de direção. Com certeza, a Batalha da Inglaterra já tinha demonstrado que a máquina militar alemã não era invencível – mas aquela havia sido uma batalha aérea. Por onde quer que marchassem, os exércitos de Hitler continuariam a conquistar vitórias, ou melhor, até a Batalha de Moscou.

Num evento no *Sportpalast*, em Berlim, em 4 de outubro de 1941, Hitler disse aos seus entusiasmados seguidores que o avanço para Moscou, que parecia estar nos seus estágios finais, era "a maior batalha na história do mundo". Uma vez morto, o dragão soviético "nunca mais se levantaria", previu ele. Apesar de ciente do precedente estabelecido por Napoleão, Hitler se convencera – e conseguiu convencer os seus exércitos – de que não tinham de temer pela derrota nas neves da Rússia. Mas pouco depois ele veio a descobrir estar errado em todas as suas previsões. Só tivera razão na afirmativa de a Batalha de Moscou ter sido a maior batalha de todos os tempos, mas, do seu ponto de vista, pelas razões erradas.

Este livro trata de como Stalin transformou em vitória o que parecia uma debandada, do preço humano daquela vitória, e de como ela preparou o palco para tudo que se seguiu, tanto em termos das lutas quanto dos primeiros embates diplomáticos entre Stalin e o Ocidente com relação ao futuro de uma Europa no pós-guerra. Pois mesmo quando o destino de Moscou ainda era incerto, Stalin já estava lançando as bases da expansão do seu império – e os Estados Unidos e a Grã-Bretanha ainda lutavam para descobrir uma contraestratégia. Se Moscou tivesse caído, nada disso teria importância. Mas Moscou sobreviveu, ainda que por muito pouco, e isso foi o suficiente para fazer toda a diferença.

Finalmente, uma nota pessoal. Como alguém que esteve em Moscou por duas vezes na qualidade de correspondente estrangeiro, eu pensava ter uma ideia geral do significado e da escala da luta que lá se desenrolou. Agora que passei os últimos anos escavando o que podia com relação a esse assunto, percebo que não podia estar mais errado. Tal como todos que voam frequentemente chegando e partindo do Aeroporto Sheremetyevo, na capital russa, em cada uma dessas ocasiões, passei pelo monumento naquela estrada e pelas enormes barricadas que representam as barreiras antitanque que foram espalhadas pela cidade na expectativa do ataque alemão. Mas o meu conhecimento do que realmente aconteceu era extremamente limitado. Eu sabia que os alemães chegaram perto, possivelmente até onde está hoje o monumento no distrito Khimki, nos subúrbios da cidade – uma viagem de apenas meia hora até o Kremlin quando a estrada não está engarrafada. Ainda assim, tal como a maioria dos ocidentais, e até mesmo a maioria dos russos, eu desconhecia uma parte significativa da história de Moscou. Este livro é minha tentativa de preencher este enorme abismo existente nos livros de História e na imaginação popular.

"Hitler não vai nos atacar em 1941"

Durante algum tempo, eles pareceram aliados naturais, dois ditadores que se espelhavam um no outro de tantas formas que pareciam compor o par perfeitamente ajustado no cinismo, astúcia e inacreditável brutalidade. Quando Hitler e Stalin concluíram o seu infame pacto de não agressão, assinado por seus ministros de relações exteriores, Joachim von Ribbentrop e Vyacheslav Molotov, em 23 de agosto de 1939, os dois sabiam ser esse o sinal para o início da Segunda Guerra Mundial, por permitir que os alemães invadissem a Polônia pelo oeste, no dia 1º de setembro, e que o Exército Vermelho atacasse do leste, no dia 17 de setembro, para então dividirem o butim. Mas, talvez exatamente por serem tão iguais, Hitler e Stalin tinham de se tornar inimigos no momento mesmo em que agiam em conluio, e o ato seguinte teria de ser a batalha de vida ou morte de um contra o outro. Talvez fosse uma verdade literal que o mundo não era grande bastante para dois monstros daquela envergadura.

O quanto eles eram iguais? Valeria Prokhorova, estudante moscovita durante a desconfortável aliança nazissoviética e depois testemunha da Batalha de Moscou, chama Hitler e Stalin de "irmãos espirituais". Tal como muitos da sua geração, ela tem várias razões para fazer essa afirmação: a lembrança dos amigos e membros da família que pereceram nas sucessivas

A Batalha de Moscou

ondas de terror de Stalin durante a década de 1930 e, depois da guerra, sua própria prisão sob acusações falsas que resultaram em seis anos no inferno do Gulag. A principal diferença entre os dois homens, segundo ela, era de estilo. "Stalin me lembra um assassino que chega com flores e doces, ao passo que Hitler fica ali com faca e pistola.".

No dia 23 de agosto de 1939, o ministro do Exterior Soviético Vyacheslav Molotov (sentado) e seu colega alemão Joachim von Ribbentrop (esquerda) assinaram o infame pacto de não agressão, enquanto Stalin observava. À direita, uma charge francesa zombava da "valsa de amor" dos dois tiranos.

"Hitler não vai nos atacar em 1941"

Houve uma longa lista de estranhas semelhanças nas histórias de vida dos dois, algumas triviais e coincidentes, outras mais significativas e indicativas. Além da citada por Prokhorova, havia também diferenças importantes, não somente de estilo, que teriam papel importante no resultado do seu enfrentamento. Mas elas eram, e são, menos evidentes.

O paralelismo começa na juventude de ambos. Os dois homens nasceram longe do centro político do país que cada um viria a governar: Hitler na Alta Áustria, na época parte do Império Habsburgo, e Stalin na Geórgia, uma região pobre do sul do Império Russo. Não chega a surpreender que os dois tivessem pais que acreditavam na disciplina dura, o que, particularmente no caso de Stalin, se traduzia em surras frequentes. Os pais de Stalin eram servos que só foram libertados em 1864, 14 ou 15 anos antes de Stalin nascer (o ano oficial do seu nascimento é 1879, mas a data na sua certidão de nascimento é um ano anterior). Provavelmente analfabeto, seu pai era sapateiro e, sem dúvida, formou o caráter do filho. "Surras violentas e imerecidas tornaram o rapaz duro e sem coração, como o pai", lembra um amigo do jovem Stalin, ou Joseph Dzugashvili, seu nome original. "Como todas as pessoas com autoridade sobre outros pareciam a Stalin iguais ao seu pai, logo surgiu nele um sentimento vingativo contra todos que estivessem acima dele."

Hitler, que nasceu uma década depois de Stalin, tinha um pai criado num meio social mais elevado que o dos seus ancestrais camponeses, levando uma vida relativamente confortável como oficial da alfândega. Mas ele também era uma figura severa e autoritária. Claro, naquela época, isso era mais a regra que a exceção nas duas culturas, e muitos meninos com pais semelhantes cresceram e levaram vidas razoavelmente normais. No caso de Hitler, o fato de não ter sido aceito na Academia de Artes de Viena, depois da morte de seu pai, e os anos que vagou frustrado e sem destino na capital do Império Habsburgo tiveram, provavelmente, um efeito mais significativo para avivar seus sentimentos de injustiça do que as surras que recebeu quando criança. Mas, sem abusar da psicologia de botequim, parece correto dizer que nas vidas dos dois homens os pais severos foram um componente essencial do seu desenvolvimento inicial.

O general Dimitri Volkogonov, ex-chefe de propaganda do Exército Vermelho, que na era da Glasnost escreveu uma das mais completas e devastadoras biografias de Stalin, ofereceu esta descrição do seu personagem:

> Seu desprezo pelos valores humanos normais há muito era evidente. Despre-
> zava a pena, simpatia, clemência. Só dava valor a características de força. Sua
> miséria espiritual, que se transformou em dureza excepcional e mais tarde
> em crueldade, custou a vida à sua mulher e arruinou a vida dos filhos.

A não ser pela parte relativa à sua esposa e filhos, esse trecho poderia ser uma descrição de Hitler, tão verdadeira quanto a de Stalin. Como também o seria o lema do anarquista russo do século XIX, Nikolai Bakunin, que Stalin sublinhou: "não perca tempo duvidando de si mesmo, porque esta é a maior perda de tempo inventada pelo homem".

Os dois homens construíram suas carreiras apelando para um senso coletivo de injustiça, que eles ampliaram e exploraram. Hitler ficou famoso pelas denúncias virulentas contra os judeus, os comunistas, o governo de Weimar e a todos a quem ele culpava pela derrota da Alemanha na Primeira Guerra Mundial, pelos termos humilhantes do Tratado de Versalhes e pela miséria econômica e agitação política que se seguiram – todos elementos da teoria da "facada nas costas", que ele elevou ao *status* de credo popular. Apesar de não ser comparável como orador, Stalin também lançou sua carreira política afirmando representar os despossuídos, todos que eram oprimidos pelo sistema czarista por qualquer razão, mesmo quando em contradição com a ideologia marxista.

Num ensaio de 1901, Stalin evocou enfadonhamente a opressão das minorias nacionais e religiosas. "Gemendo estão as nacionalidades e religiões oprimidas na Rússia, entre elas os poloneses e os finlandeses expulsos de suas terras natais, ofendidos nos seus sentimentos mais sagrados", escreveu ele. "Gemendo estão muitos milhões de membros das seitas religiosas russas que querem adorar de acordo com os ditos da sua consciência, e não pelos dos sacerdotes ortodoxos." Em retrospectiva, isso parece um texto do teatro do absurdo, mas enfatiza o abismo entre as palavras de Stalin e de seus atos, presente durante toda a sua aterrorizante passagem por este mundo. Tal como no caso de Hitler, esse tipo de abismo nunca lhe causou preocupação; parecia a ele, na verdade, perfeitamente natural.

No início, os dois homens sofreram derrotas que resultaram em prisão e, no caso de Stalin, exílio para a Sibéria. Esses episódios ofereceram material para as seções de "luta" das suas biografias-hagiografias que seriam publicadas tão logo eles começaram a emergir vitoriosos. Evidentemente, nenhum desses

"Hitler não vai nos atacar em 1941"

relatos mencionou o óbvio: as condições penais a que foram submetidos eram ridículas quando comparadas aos sistemas de campos de concentração criados sob suas lideranças. Isaac Deutscher, um dos primeiros biógrafos de Stalin, observou que o futuro líder soviético "passou quase sete anos em prisões, a caminho da Sibéria, no exílio siberiano, e em fugas dos locais para onde fora deportado". Sem oferecer nada parecido com as condições aconchegantes que Hitler experimentou durante menos de um ano na prisão de Landsberg, depois do fracassado Putsch da Cervejaria de 1923, as prisões e os exílios czaristas eram espartanos, até mesmo duros. Mas comparados aos horrores que iriam substituí-los, eles não chegavam a ser draconianos. E o fato de Stalin, tal como muitos dos primeiros revolucionários, ter conseguido escapar facilmente em muitas ocasiões é certamente prova disso.

Quando se tratava de mulheres, Stalin parecia ser o mais "normal" dos ditadores. Apreciava a companhia feminina e – ao contrário de Hitler, cujas habilidades e inclinações sexuais ainda são objeto de especulações sem fim –, ele se casou duas vezes e teve três filhos. Quando jovem, ele se casou com Ekatarina Svanidze, irmã de um colega no seminário na Geórgia onde ele transferiu sua lealdade da religião para a revolução. Ekatarina lhe deu um filho, Yakov, mas ela morreu em 1907 de tuberculose. Apesar de ter sido um marido muito ausente, Stalin disse a um amigo no enterro da mulher: "essa criatura abrandou o meu coração de pedra. Ela morreu, e com ela morreram os meus últimos sentimentos de afeto pelas pessoas".

Por sua vez, Hitler só se casou com Eva Braun poucas horas antes de cometerem suicídio no *bunker* de Berlim, enquanto as tropas soviéticas ocupavam a cidade. Nos primeiros tempos de líder político em ascensão, ele demonstrou habilidade de encantar senhoras mais velhas e solicitar delas apoio financeiro para o seu movimento nazista. Mas ele normalmente ficava pouco à vontade com mulheres da sua idade, e era atraído por adolescentes, embora a natureza de qualquer relação física não seja clara. Isso foi particularmente verdadeiro quando se tratou do longo caso, se é que foi realmente um caso, com sua alegre sobrinha Geli Raubal, que passou a viver em Munique quando adolescente e pouco depois se mudou para o amplo apartamento dele, financiado por seus seguidores. Houve boatos de violentas brigas de ciúme, até que, em 1931, aos 23 anos, Geli foi encontrada morta no apartamento, com uma carta inacabada na mesa que não dava indicação do que teria acontecido. A morte foi considerada suicídio, mas nem mesmo os mais violentos métodos dos camisas pardas conseguiram sufocar os boatos de que Hitler a teria submetido a práticas sexuais humilhantes.

A história do segundo casamento de Stalin com Nadezhda Allilluyeva, que aconteceu em 1918, parece mais prosaica, de início. Ela era 22 anos mais jovem que o marido e lhe deu um filho, Vasily, e uma filha, Svetlana: o casal também acolheu Yakov, o filho do primeiro casamento de Stalin. À medida que Stalin consolidava o controle do poder, quando a Ucrânia sofreu a grande fome artificial, resultado da coletivização forçada, Nadezhda deve certamente ter ouvido falar, por parentes que moravam ou passaram por lá, das visões vampirescas de camponeses famintos. Isso, combinado com as tensões crescentes dentro da "corte" de Stalin – quando começou o primeiro ciclo de terror – e a constante e cruel intimidação da sua jovem esposa tiveram consequências psicológicas cumulativas. Nadezhda começou a sofrer enxaquecas crônicas e depressão. Uma noite, depois de comparecer a um jantar com o marido, ela cometeu suicídio. A data era 8 de novembro de 1932, pouco mais de um ano depois de Geli ter sido encontrada morta no apartamento de Hitler em Munique. A lúgubre semelhança não termina aí. Nos dois casos, a arma do suicídio foi uma pistola Walther.

A morte também perseguiu os primeiros rivais de Stalin e Hitler. No caso de cada um deles, houve aqueles no seu partido que questionassem suas rápidas ascensões. O caso mais famoso foi um Lenin agonizante e seu aviso no testamento político, ditado em 24 de dezembro de 1922: "o companheiro Stalin, depois de ser feito secretário-geral, tem poder ilimitado concentrado nas suas mãos, e não sei se ele será capaz de usar esse poder com suficiente cuidado". Num adendo, ditado em 4 de janeiro de 1923, ele falou mais francamente.

> Stalin é cruel demais, e esse defeito, embora tolerável no nosso próprio meio e nos acordos conosco, os comunistas, torna-se absolutamente intolerável num secretário-geral. Por isso, eu sugiro que os companheiros pensem num meio de afastar Stalin daquele posto.

Para assumir o seu lugar, Lenin insistiu, eles deviam procurar alguém "mais tolerante, mais leal, mais cortês, mais atencioso no trato com os companheiros, menos caprichoso etc.".

"Hitler não vai nos atacar em 1941"

Quando a viúva de Lenin entregou essa carta após a sua morte, um ano depois, já era tarde demais. Os rivais de Stalin, ou qualquer um visto como rival potencial – uma longa lista encabeçada por Leon Trotsky e Nikolai Bukharin –, pagariam com a própria vida. Depois de fugir da Rússia, Trotsky terminou como exilado no México, onde foi finalmente morto em 1940. Bukharin foi uma das estrelas dos julgamentos de 1938, que inevitavelmente terminavam com vered…tos de culpado e execuções imediatas.

O único rival potencial sério de Hitler foi Gregor Strasser, que representava a ala socialista do Partido Nazista. Era também um dos primeiros de uma longa lista de pessoas que cometeram o erro de pensar que podiam usar a "qualidade magnética" de Hitler em proveito próprio. O irmão mais novo de Strasser, Otto, propagandista dos nazistas que mais tarde rompeu com Hitler e fugiu para o exílio, tentou convencer Gregor a segui-lo. Antes da maioria, ele entendeu o perigo do apelo de Hitler e escreveu:

> Hitler reage à vibração do coração humano com a delicadeza de um sismógrafo, ou talvez de um aparelho receptor sem fio, o que lhe permite, com uma certeza que nenhum dom consciente poderia lhe dar, agir como um alto-falante a proclamar os desejos mais secretos, os instintos mais inadmissíveis, os sofrimentos e revoltas pessoais de toda uma nação [...]. Mas, precisamente esse princípio é negativo. Ele só reconhece o que deseja destruir.

Pelo contrário, Gregor se dissociou de Otto e foi completamente derrotado numa luta de poder em 1932, um ano antes de Hitler ser feito chanceler. Em 30 de junho de 1934, ele estava entre as muitas vítimas assassinadas na *Noite das Facas Longas*, que seria um prenúncio do reino de terror de Hitler. Nem Strasser, nem Bukharin tinham astúcia e crueldade suficientes para ter uma chance contra Hitler ou Stalin. Mas o fato de serem percebidos como rivais foi suficiente para selar o destino dos dois.

Para afastar quaisquer restrições ao seu poder, os dois ditadores usavam pretextos altamente suspeitos, mas convenientes – o incêndio do Reichstag no caso de Hitler, o assassinato de Sergei Kirov, chefe do partido em Leningrado, no caso de Stalin –, e assim também cultivavam cuidadosamente a imagem de estadistas brilhantes, de benévolas figuras paternas e de salvadores heroicos. Não por acidente, muitos dos truques de propaganda – retratos gigantescos, eventos públicos ricamente orquestrados, homenagens bajuladoras – eram tão semelhantes na Alemanha e na União Soviética. E também o fato de cada ditador produzir um grosso livro que se tornou a bíblia do país, que todos os súditos deveriam estudar como fonte de toda sabedoria: *Mein Kampf* (Minha luta) e *History of the All-Union Communist Party: A Short Course*. Enquanto Hitler ditou *Mein Kampf* integralmente, Stalin só escreveu um capítulo do *Short Course*, mas editou o texto completo cinco vezes.

Valentin Berezhkov, que serviu como intérprete de Stalin nos encontros com líderes alemães e, mais tarde, com os aliados durante a guerra, lembrava vividamente a emoção sentida ao assistir à chegada de Hitler à ópera em Berlim, em junho de 1940: a multidão frenética, os gritos de *"Sieg Heil!"*, *"Heil Hitler!"* e *"Heil Führer!"* Escreveu ele:

> Assistindo a tudo isso, penso comigo mesmo – e o pensamento me assusta – o quanto existe em comum entre isso e os nossos congressos e conferências quando Stalin entra no salão. A mesma ensurdecedora ovação sem fim, todos de pé. Quase os mesmos gritos de "Glória a Stalin!", "Glória ao nosso líder!".

Menos conhecido, ou mais rapidamente esquecido, era o modo como os dois líderes podiam utilizar o próprio carisma para transmitir a sensação de que focalizavam o bem de todos e se constrangiam com a adulação que rotineiramente exigiam. Mesmo em plena guerra, Hitler era capaz de deixar à vontade uma jovem, Traudl Junge, que tentava um emprego como sua secretária pessoal. A história dela, contada num revelador documentário de 2002, *Ponto cego – A secretária de Hitler*, pinta o quadro de um homem capaz de manter as pessoas à sua volta totalmente cegas em relação à sua verdadeira natureza.

Stalin era capaz de grandes esforços para dar a um colega uma dacha (casa de veraneio) confortável, ou mandá-lo em merecida viagem de férias. Adorava referências cuidadosamente orquestradas à sua declarada modéstia. Numa reunião do Partido em fevereiro de 1937, quando o terror atingia novas alturas, Lev Mekhlis, um dos seus seguidores mais leais, se levantou para ler uma nota que Stalin tinha escrito em 1930, em que afirmava opor-se ao uso de termos como "líder do Partido" para descrever o seu posto. "Acho que esses termos laudatórios só podem fazer mal", Mekhlis leu o que seu chefe teria escrito. Evidentemente, passagens como essa eram escritas para serem vazadas daquela maneira.

"Hitler não vai nos atacar em 1941"

Hans von Hersarth, um diplomata alemão que serviu em Moscou no início da década de 1930, ofereceu esta comparação dos dois líderes:

> Stalin me dava a impressão de ser um homem exuberante, não sem seu charme, e com uma capacidade pronunciada de se divertir. Que contraste entre ele e Hitler, que tinha tão pouco interesse no prazer! Como observador distante, eu também sempre tive a forte impressão de que Stalin, mais uma vez em contraste com Hitler, tinha senso de humor. Dito simplesmente, Stalin era atraente à sua maneira, ao passo que Hitler era absolutamente sem atrativos.

Mas o diplomata, cuja antipatia por seu próprio líder talvez o tenha levado a exagerar o contraste, também se impressionou "pela qualidade felina com que ele [Stalin] se movia". E acrescentou: "era fácil pensar nele como um lince ou um tigre" – em outras palavras, como um animal perigoso, mas atraente.

Mais indicativa foi a admiração mútua, ainda que rancorosa, que os dois líderes expressavam um pelo outro, ecoada às vezes pelos subordinados. Stalin notou imediatamente a Noite das Facas Longas do adversário. "Hitler, que grande homem!", declarou ele. "Essa é a forma de tratar os adversários políticos." Hitler ficou igualmente impressionado pelo reino de terror de Stalin e, durante a guerra declarou certa vez: "depois da vitória sobre a Rússia, seria uma boa ideia deixar Stalin na administração do país, com supervisão alemã, é claro. Ele sabe, melhor que qualquer outra pessoa, como tratar os russos". Mesmo tendo sido menos uma recomendação que uma manifestação irônica, o sentimento por trás da frase era genuíno. Mais tarde, durante a guerra, Hitler se lamentou por não ter seguido o exemplo de Stalin e feito um expurgo do alto-comando militar. E Ronald Freisler, o presidente do notório Tribunal do Povo, via o seu colega soviético Andrei Vyshinsky como seu modelo. Vyshinsky presidiu os piores julgamentos dos expurgos do final dos anos 1920 e 1930, despachando suas vítimas com a ordem, "fuzilem os cachorros loucos!".

Essa admiração não chegava a compensar a cautela que os dois líderes adotavam ao monitorar a retórica e as ações um do outro. As noções de Hitler sobre o que representava a Revolução Bolchevique foram expostas com toda clareza em *Mein Kampf*.

> Nunca se esqueça de que os governantes da Rússia de hoje são criminosos sanguinários comuns; que são a escória da humanidade. [...] Ademais, nunca esqueça que tais governantes pertencem a uma raça que combina, numa mistura rara, crueldade bestial e um dom inconcebível para a mentira, e que hoje mais que nunca, tem consciência da missão de impor sua sangrenta opressão sobre o mundo todo.

E Stalin leu cuidadosamente os trechos de *Mein Kampf* em que Hitler expôs a intenção de conquistar e escravizar a Rússia, tratando-a como a *Lebensraum* [espaço vital] do povo alemão. Leu também *The History of German Fascism*, de Conrad Heyden, que não deixava dúvida sobre a tática de Hitler: "suas promessas não podem ser consideradas as de um parceiro confiável. Ele as quebra quando for do seu interesse quebrá-las".

Os dois lados professavam suas boas intenções ao preparar o pacto de não agressão. Durante sua visita a Moscou, que culminou na assinatura daquele acordo, Ribbentrop insistiu que seu país estava dirigindo esforços contra o Ocidente, não contra a União Soviética. Stalin ergueu sua taça de champanhe e declarou: "sei o quanto a nação alemã ama seu Führer; gostaria, portanto, de brindar à sua saúde". Mas Stalin não tinha esquecido o histórico de Hitler. Quando Ribbentrop propôs um preâmbulo floreado ao pacto, Stalin não aceitou. "A União Soviética não poderia de forma alguma apresentar de boa-fé ao povo soviético garantias de amizade com a Alemanha se, durante seis anos, o governo nazista lançou baldes de merda sobre o governo soviético", retrucou. Durante a cerimônia de assinatura do pacto, Stalin acrescentou: "evidentemente, não estamos nos esquecendo agora de que o seu objetivo último é nos atacar".

Ainda assim, os dois líderes estavam eufóricos com o acordo. Hitler obteve a garantia da não intervenção soviética – o que ele precisava para invadir a Polônia e simultaneamente preparar-se para a guerra contra a Grã-Bretanha e França, as potências europeias que tinham prometido defender aquele país condenado. E Stalin estava convencido de ter enganado as potências ocidentais e o seu colega alemão, enquanto se preparava para agarrar não só a Polônia, mas também os Estados Bálticos. "Hitler quer nos enganar, mas acredito que fomos nós que o enganamos", disse a Nikita Kruschev.

"Hitler não vai nos atacar em 1941"

Stalin e Hitler eram espíritos afins, quase perfeitamente ajustados em termos de cinismo e inacreditável brutalidade. Stalin estava até disposto a brindar à saúde do Führer quando pensou que tinham chegado a um acordo. Mas Hitler estava determinado a conquistar e escravizar a Rússia, tratando-a como um *Lebensraum* [espaço vital] para o povo alemão. Falando no *Sportpalast* em Berlim, no dia 3 de outubro de 1941, ele disse que o avanço sobre Moscou era "a maior batalha na história do mundo".

No longo prazo, Stalin enganou Hitler. Provou ser mais friamente calculista e menos obcecado por fanatismos messiânicos do que o seu colega alemão. Mas imediatamente após o período que se seguiu, até Hitler lançar a Operação Barbarossa – a invasão da União Soviética menos de dois anos depois, e durante a Batalha de Moscou – a fanfarronada de Stalin sobre ter enganado Hitler soava oca. Os acontecimentos desencadeados pelo pacto de não agressão demonstrariam que os dois líderes, protegidos nos seus respectivos casulos de poder absoluto, tinham uma tendência a se iludir que bloqueava seus julgamentos, contribuindo para os erros de julgamento um do outro. Seus compatriotas logo estariam pagando o preço de seus enormes erros.

* * *

Depois que a Alemanha e a União Soviética esmagaram as forças polonesas, incapazes de conter o ataque primeiro do oeste e depois do leste, os vencedores saudaram a aurora de uma nova era ao assinarem o Pacto de Não Agressão Germano-Soviético em 29 de setembro de 1939. O colapso e a divisão do estado polonês, afirmava o acordo, "lançaram as bases sólidas de uma paz duradoura na Europa Oriental", e já era tempo de a Grã-Bretanha e França aceitarem a nova ordem, em vez de continuar em estado de guerra com a Alemanha.

Um mês depois, Molotov não deixou dúvida de que a liderança soviética tinha se engajado em bem mais que uma simples manobra tática, ao decidir fazer o acordo com a Alemanha. Num discurso diante do Soviete Supremo, no dia 31 de outubro, ele expressou sua alegria por ter sido a Polônia varrida do mapa e classificou a Grã- Bretanha e França como nações "agressoras".

> Um pequeno golpe do Exército alemão contra a Polônia, seguido por outro do Exército Vermelho, foi o suficiente para reduzir a nada esse filho monstruoso do Tratado de Versalhes. Agora a Alemanha defende a paz, enquanto a Grã-Bretanha e a França estão a favor da continuação da guerra. Como os senhores veem, os papéis se inverteram.

Molotov então acrescentou um floreio retórico que demonstrou até onde o Kremlin tinha ido em seu abraço no novo aliado.

> Pode-se gostar ou não do hitlerismo, mas toda pessoa normal tem de entender que a ideologia não pode ser destruída pela força. Portanto, não é apenas tolice, é até criminoso fazer a guerra "para destruir o hitlerismo" sob a falsa bandeira da luta pela "democracia".

Mas, em termos puramente militares, a União Soviética não estava nem de longe tão preparada quanto a Alemanha para capitalizar as novas condições de uma "paz duradoura". Uma coisa era libertar a Ucrânia Ocidental e a Bielo-Rússia dos poloneses enfraquecidos pela invasão alemã e começar a aplicar sobre os pequenos Estados Bálticos a pressão que logo resultaria na sua invasão; outra coisa completamente diferente, Stalin logo descobriu, era projetar o poder soviético contra um país pequeno que tinha recursos e disposição para opor uma resistência surpreendentemente dura. Aquele país, é claro, era a Finlândia, que cobraria um alto preço das forças soviéticas que a

"Hitler não vai nos atacar em 1941"

atacavam, diminuindo assim o status de Stalin perante os olhos do mundo, especialmente aos de Hitler.

Quando a União Soviética exigiu que a Finlândia lhe permitisse instalar bases militares no seu território e cedesse o istmo da Carélia, ao norte de Leningrado, os finlandeses recusaram. Stalin, então, se preparou para o que Anastas Mikoyan, membro do Politburo, mais tarde chamaria de "guerra vergonhosamente conduzida contra a Finlândia". Trabalhando com o comissário de defesa, Kliment Voroshilov e outros altos funcionários, Stalin mapeou os planos do ataque militar que, ele estava convencido, produziria uma rápida vitória e lhe permitiria instalar um governo títere já preparado e transformar a Finlândia na República Soviética Carélio-Finlandesa. "Ele estava convencido de que tudo estaria terminado em duas semanas", lembrou-se Mikoyan.

Em vez de aceitar o destino, os finlandeses lutaram com uma ferocidade que chocou as mal preparadas forças soviéticas. "A maioria dos nossos soldados foi triturada pelos finlandeses", escreveu Kruschev mais tarde. Não foi um exagero. Mais de 125 mil soldados soviéticos pereceram na Guerra de Inverno, enquanto as baixas finlandesas chegaram a cerca de 48 mil. Os finlandeses também aplicaram ao Kremlin um severo golpe psicológico. "Os alemães viram que a URSS era um gigante com pés de barro", continuou Kruschev. "Hitler deve ter concluído que se os finlandeses eram capazes de oferecer tamanha resistência, então os poderosos alemães precisariam de apenas um golpe poderoso para derrubar o gigante." Com o benefício da vista em retrospecto, ele acrescentou: "Stalin perdeu a coragem depois da derrota das nossas tropas na guerra contra a Finlândia. Provavelmente, perdeu toda confiança de que o nosso exército fosse capaz de enfrentar Hitler". Embora no fim os finlandeses tivessem sido obrigados a aceitar os termos soviéticos que antes tinham rejeitado, isso estava longe do que Stalin tinha esperado.

Mais tarde Stalin se queixaria a Churchill e Roosevelt de que "o Exército Vermelho não prestou para nada" na campanha finlandesa, e que demitiria Voroshilov. No que seria uma prévia do seu comportamento depois de cada derrota, ele se apressava a transferir a responsabilidade por tudo que dava errado: o fracasso da inteligência soviética em detectar o quanto os finlandeses tinham fortificado a Linha Mannerheim, a falta de armas automáticas e de roupas de inverno, o rompimento das linhas de suprimento, e todos os outros indicadores de que a campanha era produto de planejamento incompetente.

A Batalha de Moscou

Em completo contraste, Hitler logo provou que sua campanha polonesa era apenas a primeira numa longa cadeia de vitórias. A partir de abril de 1940, as forças alemãs tomaram a Noruega e Dinamarca, varreram a Holanda e Luxemburgo para atacar a Bélgica, e contornaram a Linha Maginot para tomar a França de assalto, cujo rápido colapso deixou Stalin espumando de frustração. Krushchev estava com Stalin quando este ouviu a notícia da rendição da França. "Ele corria de um lado para o outro, gritando como um motorista de táxi. Insultava os franceses, insultava os ingleses. Como puderam permitir que Hitler os derrotasse, os esmagasse?" Stalin também explicou o que isso poderia significar para a Rússia, que Hitler poderia "arrebentar-nos a cabeça a pauladas".

Para o líder alemão, a debacle soviética na Finlândia e suas próprias vitórias até então só provavam que sua estratégia original podia e ia funcionar. Em 11 de agosto de 1939, pouco antes da viagem de Ribbentrop a Moscou que iria produzir o pacto de não agressão, ele disse a Carl Burckhardt, o comissário da Liga das Nações, em Danzig:

> Tudo que realizo é dirigido contra os russos. Se o Ocidente é estúpido e cego demais para entender isso, então serei forçado a fazer um acordo com os russos, vencer o Ocidente, e então, depois de derrotá-lo, voltar-me contra a União Soviética com todas as minhas forças. Preciso da Ucrânia, para eles não nos matarem de fome, como aconteceu na última guerra.

Só havia um problema: a Inglaterra era um obstáculo para Hitler completar a parte "vencer o Ocidente" de acordo com o seu plano. Durante o verão de 1940, Hitler ainda tinha esperança de lançar as bases da Operação Leão do Mar, a invasão da Grã-Bretanha. Mas quando a Luftwaffe não conseguiu vencer a Real Força Aérea, na Batalha da Grã-Bretanha, ele reconheceu que as suas forças não eram capazes de montar aquela invasão num futuro previsível. No dia 17 de setembro, Hitler adiou indefinidamente a Operação Leão do Mar.

Hitler, então, se convenceu de que o caminho mais rápido para derrotar a Inglaterra era voltar-se contra o seu aliado soviético. Nos seus primeiros textos, ele havia sempre postulado a destruição do seu vizinho oriental, e agora ele estava mais convencido que nunca de que essa era também a solução para seus outros problemas. "As esperanças da Grã-Bretanha estão

"Hitler não vai nos atacar em 1941"

na Rússia e nos Estados Unidos", disse ele aos seus generais no dia 31 de julho de 1940.

> Se os russos saírem do quadro, a América também estará perdida para a Grã-Bretanha, porque a eliminação da Rússia aumentaria enormemente o poder do Japão no Extremo Oriente. A Rússia é a espada da Grã-Bretanha e dos Estados Unidos no Extremo Oriente apontada para o Japão.

Derrotada a Rússia, raciocinava ele, os japoneses reteriam os EUA no extremo oriente, restringindo a sua capacidade de ajudar a Grã-Bretanha.

Quanto ao teatro europeu, a derrota da Rússia seria igualmente devastadora para a Grã-Bretanha, continuou ele. "Com a Rússia esmagada, a última esperança da Grã-Bretanha seria estilhaçada. A Alemanha será então senhora da Europa e dos Bálcãs." Como anotou o general Franz Halder, chefe do Estado-Maior do Exército Alemão, a conclusão de Hitler não era ambígua: "decisão: a destruição da Rússia tem então de ser tornada parte desta luta. Primavera de 1941. Quanto mais cedo a Rússia for esmagada, melhor."

Depois da vitória na França, Hitler fez uma visita a Paris, parando no monumento Les Invalides para visitar o túmulo de Napoleão. Mas se tinha algum pensamento sobre os possíveis paralelos entre sua própria ambição de derrota da Rússia e a experiência desastrosa do imperador francês, ele o guardou para si. Mais tarde ele diria aos seus generais: "não vou cometer o mesmo erro de Napoleão". Mas não ficou claro que tipo de erro ele pensava estar evitando. Certamente não era o erro de atacar a Rússia. Ele estava profundamente envolvido na ideia de que a vitória no Oriente fortaleceria, em vez de enfraquecer, o impulso pela dominação do mundo ocidental.

De acordo com o general Henning von Tresckow, Hitler acreditava que a Grã-Bretanha conseguia continuar resistindo por causa da sua aliança com os Estados Unidos, que era uma região remota cheia de recursos capaz de derrotar o poder alemão. Para neutralizá-la, Hitler precisava ganhar o controle dos vastos recursos industriais e agrícolas da Rússia, além da sua força de trabalho. Alguns funcionários alemães eram céticos com relação a essa linha de raciocínio. O número 2 do Ministério do Exterior, o secretário de Estado Ernst von Weizsäcker, escreveu a Ribbentrop que "vencer a Inglaterra na Rússia – isso não é um programa". Mas Ribbentrop não era o tipo de funcionário capaz de se indispor com o chefe. Como era o intérprete de Hitler, Paul Schmidt, que também tinha o grau de embaixador no Ministério do Exterior, disse ao psiquiatra do exército americano, Leon Goldensohn, durante sua prisão em Nuremberg, "Ribbentrop era um imitador completo de Hitler – até a cópia do quepe".

No final de 1940, Hitler emitiu a Diretiva 21, sua ordem secreta para a Operação Barbarossa, como foi chamado o ataque planejado à Rússia. (A origem do nome não parece auspiciosa: Barbarossa era o apelido de Frederico I, o imperador alemão que, em 1190, se afogou quando tentava comandar suas tropas na Terra Santa.) De acordo com a ordem, "as Forças Armadas Alemãs devem estar preparadas, antes mesmo da conclusão da guerra contra a Inglaterra, para esmagar a Rússia Soviética numa campanha rápida". Delineava a estratégia de "operações ousadas lideradas por pontas de lança blindadas profundamente penetrantes" que arrasariam as forças soviéticas na Rússia Ocidental. O objetivo era cercar e destruir as principais unidades de luta antes que pudessem recuar. "O objetivo final da operação é erigir uma barreira contra a Rússia Asiática na linha geral Volga-Archangel", afirmava. "A última área industrial sobrevivente da Rússia nos Urais poderá então, se necessário, ser eliminada pela Força Aérea". Em outras palavras, a Alemanha seria senhora da parte europeia da União Soviética com todos os seus recursos.

Para chegar àquele resultado, o ataque alemão precisava primeiro destruir as forças soviéticas na região do Báltico e Leningrado. Em seguida, a ordem previa um ataque "com a intenção de ocupar Moscou, um importante centro de comunicações e da indústria de armamentos". A captura da capital soviética, acrescentava, "representaria um sucesso econômico e político decisivo e levaria também à captura dos entroncamentos ferroviários mais importantes".

Claramente, Hitler tinha afastado não somente as dúvidas baseadas na campanha russa de Napoleão, mas também as que se baseavam nas experiências recentes da Alemanha na Primeira Guerra Mundial. Como ele próprio já tinha notado em *Mein Kampf*,

> Durante três anos aqueles alemães atacavam o *front* russo, de início aparentemente sem o menor sucesso. Os aliados quase riram dessa empresa sem sentido; pois, no final, o gigante russo, com seu número avassalador de homens certamente seria vitorioso, enquanto a Alemanha inevitavelmente entraria em colapso pela perda de sangue.

"Hitler não vai nos atacar em 1941"

Mas, daquela vez, a cadeia de vitórias desde a Polônia até a França, associada à humilhação do Exército Vermelho na Finlândia, convenceram-no de que suas forças triunfariam com facilidade.

Com que facilidade? Em dezembro de 1940, Hitler insistiu que na primavera seguinte suas forças estariam "visivelmente no seu zênite", enquanto as forças soviéticas estariam "num claro nadir". No início de janeiro ele acrescentou: "como a Rússia de qualquer maneira tem de ser vencida, é melhor fazê-lo agora, quando as forças armadas russas não têm líder e estão mal equipadas". Em outra ocasião, ele disse ao general Alfred Jodl: "temos apenas de chutar a porta e toda a estrutura podre vai desabar". O chefe de propaganda, Joseph Goebbels, contribuiu com uma previsão semelhante: "a Rússia vai desabar como um castelo de cartas", escreveu no seu diário.

Tomando a deixa do seu Führer, alguns generais alemães se tornaram cada vez mais eufóricos nas suas previsões. Em abril de 1941, o general Günther Blumenstritt sugeriu aos seus colegas que "14 dias de luta pesada" poderiam ser suficientes para chegar à vitória; outras estimativas militares variavam entre seis e dez semanas. Isso só reforçou o otimismo de Hitler, que parecia quase cauteloso se comparado ao de seus generais. Ele previu uma campanha que não deveria durar mais que quatro meses, talvez três. Com isso em mente, Hitler, de início, definiu o dia 15 de maio de 1941 como a data da invasão. Se queria evitar o erro de Napoleão de ser surpreendido pelo inverno russo, então aquela data lhe permitia o tempo necessário para conquistar a vitória antes das primeiras neves – mesmo que a vitória demorasse todos os quatro meses.

Se tivesse mantido o seu cronograma, Hitler teria lançado a invasão da União Soviética um mês antes de Napoleão quando guiou sua *Grande Armée* até a Rússia, no fim de junho de 1812. Isso lhe daria tempo extra para atingir seus principais objetivos estratégicos, especialmente Moscou, antes de o clima de verão ser substituído pelas chuvas do outono, que transformariam as estradas do país em vastas trilhas de lama, seguidas pela chegada rápida do inverno. Ele teria tido aquela margem extra de tempo que poderia ter desempenhado um papel crucial.

Mas com o medidor de confiança de Hitler subindo, enquanto o de Stalin afundava, o líder alemão se sentiu livre para tratar de outros problemas mais amplos da guerra. E, graças a Benito Mussolini, supostamente seu aliado, ele se sentiu compelido a fazê-lo quando todo o seu foco deveria se concentrar nas preparações finais para a Operação Barbarossa, e assegurar-se de que o comando militar teria condições de manter o cronograma original.

Mussolini tinha se irritado com a procissão de ataques de surpresa e vitórias de Hitler, que foram surpresa tanto para *Il Duce* quanto para as vítimas, e o deixaram com o ar de figura marginal. No outono de 1940, ele decidiu fazer sua própria surpresa e provar que também era capaz de conquistas rápidas. Quando Hitler veio encontrar-se com ele em Florença, no dia 28 de outubro, Mussolini anunciou orgulhosamente: "Führer, estamos em marcha! Soldados italianos vitoriosos cruzaram a fronteira greco-albanesa na madrugada de hoje!"

Depois de poucos dias, as tropas italianas estavam em retirada e, como Hitler explicou aos seus generais, a ação de Mussolini provou ser um "tropeço lamentável". Colocou em risco o controle alemão dos Bálcãs e fez com que Hitler, no momento mesmo em que preparava os planos da Operação Barbarossa, esboçasse os planos de Marita – uma ofensiva alemã na Albânia e Grécia para salvar a situação. Então, Hitler se enfureceu por conta de um desenvolvimento inesperado. Em março de 1941, um golpe em Belgrado derrubou o dócil governo da Iugoslávia e produziu um novo desafio ao controle alemão da região. Os exércitos de Hitler e a Luftwaffe se vingaram atacando a Grécia e a Iugoslávia no início de abril, tomando especial cuidado de devastar Belgrado obedecendo às suas instruções. Mas para tanto, Hitler emitiu uma ordem fatídica aos seus generais: "o começo da Operação Barbarossa terá de ser adiado por quatro semanas".

"Esse adiamento do ataque à Rússia, para que o déspota nazista pudesse dar vazão ao seu ódio pessoal contra um pequeno país balcânico que tinha ousado desafiá-lo, foi provavelmente a decisão mais catastrófica da carreira de Hitler", escreveu William Shirer em *Ascensão e queda do Terceiro Reich*.

Na época, Hitler não teve nenhuma indicação dessa verdade. Ele queria recompor os Bálcãs antes de tratar da Rússia e, olhando para o leste, continuou a acreditar que ainda teria tempo suficiente para triunfar lá, ainda que se estreitasse a margem de erro dos seus cálculos. Em vez lançar a Operação Barbarossa mais de um mês antes do que havia feito Napoleão há 129 anos, ele só enviaria seus exércitos para o leste exatamente na mesma data – junho – em que o imperador francês o tinha feito.

* * *

"Hitler não vai nos atacar em 1941"

E o que Stalin estava pensando? O que ele sabia e quando ficou sabendo? Hitler estava cego por sua convicção ardente de que a Alemanha tinha de derrotar e subjugar a União Soviética, um país que ele, com todo despre-zo, descartava como "corpo eslavo-tártaro" com "uma cabeça judia". Mas Stalin sofria de um tipo diferente de cegueira, uma descrença deliberada da montanha de evidências que o seu colega alemão estava pronto a lançar suas forças contra ele. O fato de soldados alemães terem chegado muito perto de tomar Moscou foi uma consequência direta da recusa do líder soviético em não querer ver o que ocorria durante os quase dois anos da aliança nazissoviética.

Não existem respostas fáceis para explicar por que Stalin se comportou ignorando os avisos de seus próprios agentes de inteligência e os do Oci-dente, embora existam algumas teorias plausíveis, ainda que violentamente contestadas. O registro daqueles anos mostra que, sem dúvida, Stalin tinha todas as informações de que necessitava para chegar à conclusão correta e preparar seu país para o ataque próximo, em vez de se convencer de que ainda teria tempo para um longo período de preparação ou que, de alguma forma, o ataque talvez não viesse. Mas, vezes sem conta, Stalin insistiria na sua versão dos acontecimentos, permitindo assim que seus desejos superas-sem a razão e representassem a realidade na sua mente.

Curiosamente, de início pareceu que o Alto-Comando do Kremlin era mais realista que seu equivalente alemão. À época da assinatura do Pacto de Munique, em 1938, Stalin tinha expressado sua frustração com Neville Chamberlain por se recusar a reconhecer a loucura da sua política de con-ciliação. "Um dia aquele louco do Hitler vai tomar seu guarda-chuva e lhe bater com ele. E Chamberlain vai apanhar sem se queixar." Não é apenas o desprezo de Stalin por Chamberlain que se revela aqui; é também o uso cor-riqueiro da expressão "aquele louco do Hitler". Ao lado de flashes ocasio-nais de admiração ressentida, esse tipo de desprezo por Hitler e seu séquito era lugar-comum no Kremlin.

Lavrenty Beria, o aterrador chefe da polícia secreta de Stalin, zombava de Ribbentrop dizendo: "ele anda como um peru inchado de orgulho". Preso em Nuremberg no final da guerra, Ribbentrop, por sua vez, declarou: "eu gostava de Stalin e Molotov, dei-me muito bem com eles". De fato, vá-rios membros do círculo íntimo de Hitler expressaram respeito por Bunda de Pedra, como Molotov era conhecido entre seus companheiros por sua capacidade de ficar sentado trabalhando o tempo que seu patrão exigisse. Durante o interrogatório em Nuremberg, o intérprete de Hitler, Paul Schmidt, ofereceu esta avaliação de Molotov:

> Ele me lembrava o meu velho professor de matemática. Ele é o tipo do homem que não deixa de cortar todos os ts e pingar todos os is. É meticuloso. É um especialista em assuntos legais, trabalha duro, e é muito obstinado. Mas não sei se ele tem muita imaginação. Como todos os russos, ele obedece cegamente às ordens de Stalin.

Em outras palavras, Molotov e Ribbentrop eram parecidos na devoção servil aos seus respectivos tiranos.

Na avaliação dos ingleses, os funcionários soviéticos pareciam mais previdentes que os alemães. Quando Ribbentrop visitou Moscou para concluir o pacto de não agressão, ele manteve conversações com Stalin, que lhe avisou: "a Inglaterra, a despeito da sua fraqueza, faz a guerra com astúcia e obstinação". É preciso reconhecer que Stalin estava errado em outra previsão: que os franceses também ofereceriam uma resistência dura. Mas pelo menos no que se referia aos britânicos, os soviéticos exibiam um respeito muito mais saudável pela sua determinação e capacidade de luta do que os alemães. Em novembro de 1940, Molotov estava presente num banquete em sua honra em Berlim quando a Royal Air Force (RAF) atacou a cidade, forçando seus anfitriões a se retirar com ele para o *bunker* de Ribbentrop. Quando o ministro do Exterior alemão insistiu que os britânicos estavam "liquidados", o normalmente carrancudo Molotov deu a melhor resposta de toda a sua vida: "se isso é verdade, então por que estamos neste abrigo e de quem são as bombas que estão caindo?"

Mas se Stalin e outros altos funcionários soviéticos às vezes saíam vencedores nos embates retóricos com os alemães, eles também agiam como se pudessem realmente confiar no pacto de não agressão e em outros acordos para manter a paz entre eles – pelo menos durante um bom tempo. Stalin estava determinado a honrar seus compromissos comerciais com a Alemanha durante todo o período do pacto, e seu país forneceu enormes quantidades de petróleo, madeira, cobre, minério de manganês, borracha, grãos e outros suprimentos para manter a máquina de guerra alemã bem abastecida. Quanto

"Hitler não vai nos atacar em 1941"

Stalin acreditava ter enganado Hitler ao fazê-lo aceitar que os soviéticos tomassem a Polônia Oriental e os Estados Bálticos. Pensava também que o pacto de não agressão atrasaria em alguns anos uma guerra entre os dois países. Mas o ditador alemão o surpreendeu ao lançar a invasão da União Soviética no dia 22 de junho de 1941. De início, as tropas alemãs encontraram resistência mínima.

mais Stalin recebia avisos de que só estava ajudando a fortalecer um poder militar pronto a se voltar contra ele, mais ele insistia em manter aqueles compromissos, garantindo prontas entregas, de forma que Hitler não desconfiasse que Stalin suspeitava dele. Como explicou Kruschev:

> Assim, enquanto os pardais piavam, "cuidado com Hitler! Cuidado com Hitler!" Stalin continuava a enviar pontualmente aos alemães trens e mais trens de grãos e petróleo. Pretendia amaciar Hitler mantendo os termos do pacto Molotov-Ribbentrop!

Entre os melhores "pardais", havia muitos dos espiões da União Soviética no estrangeiro. Já em junho de 1940, quando a Alemanha se movia rapidamente através da França, o coronel Ivan Dergachev, o adido militar soviético na Bulgária, enviou um relatório de uma fonte que previu a conclusão de um armistício com a França e então, "dentro de um mês", um ataque sem aviso à União Soviética. "O objetivo seria destruir o comunismo na União Soviética e lá criar um regime fascista", escreveu ele. No dia 22 de junho, a França foi forçada a concluir um armistício com a Alemanha e, apesar de a invasão real ainda estar a um ano no futuro, um mês depois Hitler dizia aos seus generais para começarem as preparações para um ataque contra a Rússia.

O serviço de inteligência militar soviético enviou um fluxo contínuo de relatórios das suas fontes que avisavam sobre preparações para a guerra. De Berlim, uma fonte, nome-código Ariets, relatou em 29 de setembro de 1940 que Hitler pretendia "resolver os problemas no leste na primavera seguinte". Em 29 de dezembro, a mesma fonte previu um ataque em março de 1941. Em fevereiro de 1941, ele informou a confirmação "de que a guerra estava definitivamente decidida para este ano". O major-general Vasily Tupikov, que, como adido militar era encarregado da coleta dessa inteligência, concordou com essa avaliação e observou que a Alemanha estava reduzindo a distribuição de tropas no Ocidente e enviando-as para a fronteira com a União Soviética. "A União Soviética aparece como o próximo inimigo", concluiu. No dia 9 de maio, ele acrescentou detalhes de um plano de guerra alemão. Seu resumo: "a derrota do Exército Vermelho será completa depois de um mês ou um mês e meio com a chegada do Exército alemão ao meridiano de Moscou".

Outras missões militares soviéticas transmitiram más notícias semelhantes. Em 13 de março de 1941, Bucareste citou um major alemão:

"Hitler não vai nos atacar em 1941"

> Mudamos completamente o nosso plano. Vamos mover para o leste contra a URSS. Vamos obter grãos, carvão e petróleo da URSS e isso vai nos permitir continuar a guerra contra a Inglaterra e a América.

De acordo com uma das fontes, "os militares alemães estão embriagados por seus sucessos e afirmam que a guerra com a URSS vai começar em maio". Em 26 de março, Bucareste acrescentou que "o Estado-Maior romeno tem informações precisas de que, dentro de dois ou três meses, a Alemanha vai atacar a Ucrânia". O relato acrescentou que o ataque seria dirigido simultaneamente contra os Estados Bálticos e que a Romênia iria participar da guerra e receber como gratificação a Bessarábia, o território de fronteira que Stalin lhe tinha tomado. A mesma fonte informou o adiamento de quatro semanas dos planos alemães por causa da ação contra a Iugoslávia e a Grécia, e a crescente confiança dos militares alemães de que derrotariam a União Soviética em poucas semanas.

Mas a reação de Stalin – e também, cada dia mais, dos homens que ele encarregou de peneirar o volume crescente de inteligência – foi descartar tudo aquilo. Primeiro Stalin se livrou de Ivan Proskurov, o chefe da inteligência militar soviética que tinha se recusado a ceder às pressões para encaminhar melhores notícias. Ele foi substituído por Filipp Golikov, que começou a se basear em relatos dos seus oficiais, que claramente recebiam desinformação alemã. Em março de 1941, por exemplo, o adido militar soviético em Budapeste, que não tinha fontes dignas de crédito, descartou toda conversa de uma invasão como propaganda inglesa. "Todos consideram que hoje uma ofensiva alemã contra a URSS é impensável antes da derrota da Inglaterra", informou ele.

Golikov claramente endossou essas conclusões. "Boatos e documentos que falam da inevitabilidade da guerra contra a URSS nesta primavera deve ser avaliada como desinformação que emana dos ingleses e talvez até mesmo da inteligência alemã", afirmou ele. Não há dúvida com relação à razão por que ele reagia daquela forma. Em 17 de abril, quando a estação de Praga enviou um relatório prevendo que "Hitler vai atacar a URSS na segunda metade de junho", ele obedientemente o enviou a Stalin. Depois de três dias, ele voltou à mesa de Golikov com uma nota de Stalin em tinta vermelha: "Provocação inglesa! Investigue!"

Mas ninguém irritou mais Stalin que Richard Sorge, o mestre espião em Tóquio que enviou relatório atrás de relatório aos seus superiores da inteligência militar, todos exatos. Nascido em Baku, de mãe russa e pai alemão, Sorge foi criado na Alemanha, recrutado pelo Komintern e transferido para Tóquio como correspondente alemão do *Frankfurter Zeitung*. Aparentemente um nazista dedicado, ele se aproximou do embaixador alemão e da sua equipe, além de altos funcionários japoneses. Valendo-se do acesso sem par a dados confidenciais, ele estava entre os primeiros a informar, no final de 1940, da probabilidade de um ataque, e ofereceu detalhes dos movimentos de tropas alemãs em direção ao leste. Avisou que "os alemães poderiam ocupar território numa linha Kharkov-Moscou-Leningrado". Mas quando continuou a enviar mais evidências das suas afirmativas, a principal resposta de Golikov foi cortar suas despesas, o que Sorge caracterizou corretamente como "uma espécie de punição". Quando Sorge informou em maio que um ataque era iminente, Stalin o descartou como "um merda que se estabeleceu com algumas fabriquetas e bordéis no Japão".

No exterior, os operadores da inteligência da NKVD – a polícia secreta que mais tarde teria o nome mudado para KGB – encontraram reações semelhantes quando apresentaram relatórios do mesmo teor que os militares. Uma das suas melhores fontes era Harro Schulze-Boysen, nome-código Starshina, que trabalhava no Ministério do Ar da Alemanha. Ele os mantinha constantemente bem informados, em considerável detalhe, sobre os preparativos para a invasão. Em 17 de junho, ele avisou que tudo estava pronto e que "o golpe pode ser esperado a qualquer momento". A resposta de Stalin: Starshina deve ser devolvido "à puta da mãe dele".

Stepan Mikoyan, um piloto de caça durante a guerra e filho de Anastas Mikoyan, membro do Politburo, oferece uma explicação direta da recusa de Stalin em acreditar nos seus agentes: "a atitude de Stalin com relação aos dados de inteligência refletem sua extrema desconfiança nas pessoas. Na opinião dele, qualquer um era capaz de mentir e trair". Em suas memórias, Mikoyan lembra que Stalin ordenou a volta dos agentes residentes no exterior para que, nas palavras de Stalin, ele pudesse "reduzi-los a pó nos campos de concentração".

Dadas as suspeitas de Stalin, não chega a ser surpreendente que ele também descartasse os avisos do Ocidente de que Hitler estava pronto a se voltar contra ele. Em abril de 1941, Winston Churchill e Laurence Steinhardt, embaixador americano em Moscou, tentaram passar-lhe essa informação, sem sucesso. Outras tentativas, em particular dos britânicos, de alertar o

"Hitler não vai nos atacar em 1941"

Kremlin para a evidência dos movimentos de tropas alemãs em preparação para a invasão, também se mostraram ineficazes. Stalin via esses avisos como meios de semear a discórdia entre Moscou e Berlim. "Eles estão nos jogando um contra o outro", queixava-se ele.

Por existir uma desconfiança patológica de Stalin em relação aos seus próprios agentes e ao Ocidente, é mais difícil encontrar uma explicação para sua cegueira em relação a sinais das intenções de Hitler. Já desde 14 de agosto de 1940, Hitler deu uma indicação clara quando requisitou a programação de entregas soviéticas para a data "até a primavera de 1941". E no período anterior à invasão, os alemães estavam regularmente convocando de volta os diplomatas da embaixada em Moscou e suas famílias. À época do ataque, a presença alemã tinha-se reduzido a pouco mais de 100 pessoas. Como indicou Valentin Berezhkov, que servia na embaixada soviética em Berlim, o número equivalente no lado soviético era de cerca de mil pessoas. "Stalin, preocupado em não provocar suspeitas de Hitler, não permitia reduzir o número de nossos empregados na Alemanha".

E havia os sinais de preparativos militares, facilmente observáveis, em especial nas regiões de fronteira. Com frequência crescente, aviões alemães voavam no espaço aéreo soviético, claramente em missões de reconhecimento. Depois de vários casos em que as tropas soviéticas abriram fogo ou que aviões soviéticos tentavam atrapalhá-los ou interceptá-los, e até mesmo um incidente em que cinco aviões alemães aterrissaram em território soviético alegando estarem perdidos e sem combustível, o impulso de Stalin foi restringir as ações de seus próprios soldados. "No caso de violações da fronteira germano-soviética por aviões ou balões, não abrir fogo", instruía a Diretiva 102 da NKVD, de 29 de março de 1940: "Limitem-se a preparar relatórios das violações da fronteira do estado". Em 5 de abril, mais uma ordem de Beria informava as tropas da fronteira que, em caso de confrontação, elas deviam "cuidar para que as balas não caiam em território alemão".

Os alemães ofereceram a explicação esfarrapada de que os voos frequentes resultavam do fato de várias escolas de voo militar estarem localizadas perto da fronteira. Como o número desses incidentes continuasse a aumentar (entre 19 de abril e 19 de junho de 1941, houve 180), a resposta soviética tornou-se cada vez mais subserviente. Uma nota oficial assegurava ao governo alemão que as tropas de fronteira tinham sido instruídas a não abrir fogo contra aviões alemães "desde que esses voos não sejam frequentes". Depois de receber um dos muitos relatórios sobre os sobrevoos alemães, Stalin declarou: "Não sei se Hitler sabe desses voos".

Os esforços de Stalin para assegurar aos alemães que, não importava as ações que executassem, ele desejava manter boas relações atingiram proporções quase cômicas – principalmente diante do cenário que se delineava. Em 18 de abril de 1941, o líder soviético estava se despedindo do ministro do Exterior japonês, Yosuke Matsuoka, numa estação ferroviária de Moscou, o que era em si um evento raro, quando praticamente implorou aos diplomatas alemães na plataforma que acreditassem nos seus protestos de amizade eterna. Ao descobrir o embaixador alemão, conde Friedrich Werner von der Schulenburg, atirou os braços em torno dele e proclamou: "Precisamos continuar amigos, e o senhor deve fazer tudo para esse fim!" Mais tarde, quando encontrou o coronel Hans Krebs, o adido militar alemão, ele primeiro se certificou de que ele era realmente alemão e repetiu o recado: "Vamos continuar seus amigos em qualquer circunstância".

Essas atitudes de Stalin impressionaram Schulenburg, um aristocrata singularmente pouco perceptivo nas suas observações do líder da União Soviética e do novo líder do seu país. Quando garantiu à esposa do embaixador americano, numa festa no início de 1941, que a Rússia e a Alemanha não entrariam em guerra, ele, com toda certeza, acreditava nessa afirmação. Mais tarde, reconheceu que tinha feito uma leitura errada dos sinais, mas continuou tentando convencer seus superiores em Berlim que deviam levar a sério os apelos de Stalin pela continuação da cooperação. "Acredito honestamente que, ao perceber a seriedade da situação internacional, Stalin se fez pessoalmente responsável por evitar que a URSS se envolvesse num conflito com a Alemanha", argumentou.

Mas, como Goebbels afirmou no seu diário, os líderes nazistas mantiveram Schulenburg no escuro quanto aos preparativos para a guerra e ficaram felizes por ele continuar agindo como se ainda houvesse uma chance real de evitar uma confrontação militar. Goebbels afirmou que o embaixador "não tinha a mais pálida ideia de que o Reich estava determinado a atacar", enquanto continuava sua campanha para manter Stalin como aliado. "Não há dúvida de que será melhor se mantivermos os diplomatas desinformados com relação ao cenário político", escreveu o chefe de propaganda.

"Hitler não vai nos atacar em 1941"

Eles precisam, por vezes, desempenhar um papel para o qual não têm as necessárias habilidades teatrais e, mesmo que as possuíssem, desempenhariam mais convincentemente um papel conciliador, representando genuinamente as nuances mais delicadas, se acreditarem eles próprios na conciliação.

Quanto a Stalin, ele representou o "seu" papel de conciliador de forma tão convincente que o embaixador turco em Moscou enviou um despacho para o seu governo, interceptado pelos alemães, representando Stalin como disposto a fazer qualquer coisa para convencer Hitler de que desejava realmente a paz. "Stalin está quase se tornando um instrumento cego da Alemanha." A pergunta é se Stalin estava apenas representando um papel ou agindo por genuína convicção.

A defesa padrão de Stalin é que ele fez o que achava que devia fazer, distraindo Hitler para ganhar tempo por causa da fraqueza do Ocidente e pela necessidade de preparar suas próprias forças. De acordo com essa linha de raciocínio, o líder soviético não tinha ilusões quanto à intenção última de Hitler. "Argumentar que não esperávamos um ataque alemão é pura estupidez, em particular quando vem de militares próximos ao Estado-Maior", insistiu Kruschev, provavelmente visando proteger mais à sua própria reputação, como parte do círculo íntimo de Stalin, do que proteger o próprio chefe. "Ninguém com um grama de bom senso pode acreditar que fomos enganados, que fomos pegos com a calça na mão por um traiçoeiro ataque surpresa."

Mas os líderes do Kremlin, e por consequência todos os soldados, foram pegos de calça na mão quando a invasão começou. Veja a questão das linhas de defesa do país. Na década de 1930, linhas pesadamente fortificadas foram construídas ao longo das fronteiras ocidentais da União Soviética. Mas quando as fronteiras foram deslocadas para oeste pelo pacto nazissoviético, Stalin decidiu que as antigas fortificações podiam ser abandonadas e outras construídas ao longo da nova divisa entre a Alemanha e a União Soviética.

Foi uma decisão desastrosa. Petro Gregorienko, que, como um jovem soldado, havia ajudado a construir as fortificações originais, se recordava de que na primavera de 1941 Stalin havia ordenado a destruição de muitas fortificações antigas, e que "dezenas de milhares" delas foram explodidas. "Não sei como os historiadores do futuro vão explicar esse crime contra o nosso povo", escreveria mais tarde o futuro general, que se tornaria dissidente. "Não se poderia ter dado melhor presente ao plano Barbarossa de Hitler. Como isso teria acontecido? A única justificativa de Stalin seria ele estar louco."

45

A Batalha de Moscou

O pior resultado das ordens de Stalin foi a construção das novas fortificações ter atrasado até muito depois da destruição ou abandono das antigas. Quando os alemães atacaram, a maioria das estruturas ainda não estava suficientemente equipada com artilharia e nem preparada de modo adequado para o ataque alemão. A consequência foi que elas foram facilmente vencidas ou contornadas. Se Stalin tivesse mais um ou dois anos para prepará-las, talvez isso não ocorresse; mas tempo era um luxo que ele não tinha.

Não há dúvida de que Stalin tentava ganhar tempo. Isaac Deutscher, um dos seus primeiros biógrafos, afirmou que o líder soviético esperava ter o mesmo sucesso do Czar Alexandre I, que ao fazer a paz com Napoleão teve quatro anos para se preparar para a guerra. O problema é que Stalin claramente se convenceu de que seus desejos representavam a realidade, e a sua recusa em aceitar a evidência do contrário representou uma monumental falha de liderança. Significou que ele não só fracassasse, por não fazer o melhor uso do tempo que tinha para preparar suas forças para o ataque esperado, mas também que impedisse muitos dos esforços para esses preparativos. Em vez de sinalizar a necessidade de vigilância máxima, ele incentivou uma falsa sensação de segurança.

Já em junho de 1941, Tass negou boatos de que a concentração de tropas alemãs na fronteira significasse uma invasão iminente.

> A Alemanha observa os termos do pacto de não agressão tão escrupulosamente quanto a URSS e, portanto, os rumores sobre a intenção alemã de violar o pacto e atacar a URSS não têm fundamento. Ao mesmo tempo, a recente transferência de forças alemãs dos Bálcãs para áreas no leste e nordeste da Alemanha é relacionada a motivos sem ligação com as relações germano-soviéticas.

O impacto dessas declarações foi, como disse um funcionário soviético, "embotar a vigilância das forças".

Na verdade, Stalin tomou algumas decisões que indicavam a percepção de que ele podia estar errado nos seus cálculos. Aparentemente, ele deu um aviso indireto a Hitler quando falou aos formandos da academia militar no dia 5 de maio. "O exército alemão é invencível? Não. Não é invencível." Argumentou que os líderes alemães "começam a sofrer vertigens" por causa da sua sequência de sucessos. "Parece que para eles não há nada que não possam fazer." Então, repetindo a afirmativa de que os alemães não eram invencíveis, ele concluiu:

"Napoleão também teve grandes sucessos militares enquanto lutava pela libertação da servidão, mas quando começou uma guerra de conquista, pela subjugação de outros povos, seu exército começou a sofrer derrotas."

Deixando de lado a ironia do fato de Stalin pregar sobre libertação *versus* subjugação, e a mensagem implícita de que as conquistas alemãs eram justificadas até aquele ponto (mas não seriam se Hitler atacasse a União Soviética), o discurso sinalizou a consciência de um perigo próximo. Uma semana depois, o líder soviético concordou em convocar 500 mil reservistas para fortalecer a defesa da fronteira, mas foi o caso clássico de uma atitude muito tímida tomada muito tarde. Muitos dos novos soldados não poderiam ser transportados a tempo. Além disso, a produção de novas armas mal tinha começado e várias unidades militares existentes estavam penosamente mal equipadas. Em março de 1941, Stalin recebeu a notícia de que apenas 30% dos tanques e unidades blindadas poderiam ser fornecidas adequadamente com as peças de que necessitavam para operar. "O cumprimento do plano de suprimento de tecnologia militar agudamente necessária ao Exército Vermelho é extremamente insatisfatório", disseram os seus principais generais, um mês antes do ataque alemão.

Alguns historiadores afirmaram que Stalin chegou mesmo a contemplar um ataque preventivo contra a Alemanha, mas pode-se afirmar com muito mais razão que ele se iludiu até o fim que seria capaz de atrasar os alemães, no mínimo, por mais um ano. E, dada a sua preocupação com a imposição de um governo soviético na Polônia oriental e nos Estados Bálticos – o que implicava terror absoluto na forma de deportações e execuções em massa –, havia mesmo a possibilidade de que ele ainda acreditasse que o cenário ideal seria aquele em que a União Soviética e a Alemanha nazista nunca entrassem em guerra. Numa situação desse tipo, os alemães e os aliados chegariam à exaustão mútua em uma longa guerra, dando à União Soviética todo o espaço de que precisava para respirar e até mesmo a chance de outros ganhos territoriais mais tarde.

No final de 1939, a agência francesa de notícias Havas informou sobre um discurso que Stalin teria pronunciado em 19 de agosto daquele ano, pouco antes da formalização do acordo com Hitler. Ele afirmou que se o Ocidente derrotasse a Alemanha numa longa guerra, ela estaria pronta para a sovietização; mas se a Alemanha vencesse, estaria muito exausta para ameaçar a União Soviética e seria possível a tomada do poder pelos comunistas da França. Portanto, seria uma situação em que a União Soviética poderia ganhar ou ganhar, e daí a sua conclusão de que "deve-se fazer de tudo para assegurar que a guerra dure o máximo possível para exaurir os dois lados".

Stalin reagiu à reportagem da Havas, rotulando-a como uma invenção total. Mas na sua negativa, ele insistiu que "não era a Alemanha quem atacava a França e Grã-Bretanha, mas a França e Grã-Bretanha que atacavam a Alemanha, assumindo, portanto, a responsabilidade pela guerra atual". Mesmo que não tivesse feito aquele discurso, seus protestos foram tão reveladores como a reportagem contestada. Além disso, Stalin deixou escapar comentários semelhantes em 7 de setembro de 1939, na presença de vários dos seus auxiliares mais próximos. Ao discutir a guerra "entre dois grupos de países capitalistas", como ele caracterizou as potências ocidentais e a Alemanha, ele concluiu: "não vemos nada errado em eles lutarem bem e se enfraquecerem mutuamente".

Não importa se Stalin chegou a acreditar nas intenções alemãs na primavera de 1941, pois ele continuou a reagir com fúria sempre que lhe apresentavam mais evidências de que ele tinha cometido erros grosseiros de cálculo. Seus subordinados sabiam que tinham de revestir todas as más notícias em elogios servis ao chefe. Apenas um dia antes da invasão alemã, quando Beria enviou a Stalin um relatório com a previsão de Vladimir Dekanozov, o embaixador soviético em Berlim, de que o ataque era iminente, o chefe da polícia secreta prefaciou-o com a declaração: "meu pessoal e eu, Joseph Vissarionovich, lembramos firmemente a sua sábia previsão: Hitler não vai nos atacar em 1941!"

Naquela data, os alemães estavam prontos para atacar. Na noite de 21 de junho, comandantes militares soviéticos tinham relatos de três desertores alemães das linhas de frente, que tinham passado para o lado soviético para avisar que o ataque começaria de madrugada. Em cada um desses casos, a notícia foi enviada através da cadeia de comando até chegar a Stalin. Mas o líder soviético continuou insistindo que os desertores tinham sido enviados para provocar suas tropas. Apesar de continuar a afirmar que Hitler não ia atacar, ele concordou em colocar em alerta as unidades de fronteira. Ao mesmo tempo, ele emitiu uma ordem para fuzilar o terceiro desertor alemão – Alfred Liskov, um jovem comunista de Berlim que tinha trazido a "desinformação" que provaria o erro de Stalin.

No mundo de Stalin, "matar o mensageiro" não era uma metáfora.

"Veja como somos espertos agora"

Diferentemente de muitos dos seus colegas que comandavam outras unidades militares da União Soviética na fronteira ocidental, o general Georgy Mikushev não se deixou ficar à toa enquanto a máquina militar alemã se preparava para o ataque. Sua 41ª Divisão de Infantaria, que consistia em 15 mil homens, estava colocada a cerca de 10 km da fronteira ocidental da Ucrânia, tendo à frente do outro lado 70 mil soldados alemães. Os alemães tinham também 400 peças de artilharia e morteiros prontos para o ataque, o dobro do número do regimento de Mikushev. O general soviético talvez não soubesse o número exato de soldados e armas inimigos que teria de enfrentar, mas não se impressionou com a insistência desesperada do Kremlin de que não havia nada errado na relação germano-soviética, e estava determinado a se preparar para o pior – mesmo que isso significasse desafiar seus superiores.

No dia 17 de junho, Mikushev começou discretamente a convocar as suas unidades despachadas para exercícios ou outras atividades. No acampamento básico, as tropas receberam ordens de se certificarem de que estavam armadas e prontas: os homens da artilharia prepararam seus projéteis, os metralhadores reuniram sua munição e os franco-atiradores encheram de balas as suas sacolas. Na noite de sábado, 21 de junho, Mikushev reuniu

seus oficiais superiores, que lhe asseguraram que os homens estavam aler-
tas. Relataram também a raiva provocada nas fileiras pelos voos frequentes
de aviões alemães e pela falta de retaliação contra eles.

Mikushev ouviu, e então escolheu cuidadosamente as suas palavras.

> Como o regimento está próximo da fronteira e temos missões específicas,
> temos de estar prontos para todo tipo de desenvolvimento. Da minha ex-
> periência na Primeira Guerra Mundial, sei o quanto o exército alemão é
> habilidoso. E, é claro, os fascistas são ainda mais habilidosos.

Ao encerrar sua fala, Mikushev ordenou aos seus oficiais que ficassem com suas unidades, ausentando-se o mínimo possível. E enfatizou que
eles tinham de estar prontos para lutar com antecedência mínima. Para
manter o estado de prontidão, os oficiais teriam de passar as ordens para
todos os níveis. Para desviar a atenção do motivo real daqueles preparativos,
Mikushev pediu aos seus oficiais que explicassem aos subordinados que o
regimento esperava uma visita do alto-comando, e todos tinham de se apresentar em condições de prontidão para a batalha.

Passava pouco das três horas da madrugada de 22 de junho quando
começou o ataque alemão. Enquanto outros regimentos foram pegos completamente de surpresa e então destroçados quase de imediato, as tropas de
Mikushev entraram rapidamente em ação, atirando nos atacantes, reduzindo a velocidade do seu avanço. Mas isso estava em contradição direta com
uma ordem enviada do Kremlin menos de uma hora antes, instruindo as
unidades de fronteira a adotarem um estado de "completa prontidão para
o combate", mas avisando-as ao mesmo tempo "para não responderem a
nenhuma ação provocadora que pudesse resultar em complicações graves".

Apesar de muitas unidades – inclusive a de Mikushev – não terem recebido essa ordem antes do início do ataque alemão, seu superior imediato, o
tenente-general Ivan Muzichenko ficou furioso quando recebeu um relatório
de informantes na 41ª Divisão que Mikushev tinha autorizado suas tropas a
abrirem fogo. Por volta das sete horas da manhã, no calor da batalha, chegou
um jovem oficial com instruções do alto-comando para prender Mikushev
por ter dado ordens de atirar, sem a permissão dos seus superiores – em outras palavras, por insubordinação. Mikushev manteve a calma e disse aos seus
oficiais: "acredito que esta situação não vá durar muito. Presumivelmente,

Como Stalin tinha se recusado a acreditar em todos os avisos de que os alemães se preparavam para atacar, os invasores puderam avançar para leste em alta velocidade. *Esquerda*: tanque alemão de reconhecimento passa por um sinal rodoviário indicando que Moscou está a apenas 100 km de distância. *Abaixo*: civis russos fogem do exército invasor.

a ordem já foi rescindida". Até mesmo os agentes da NKVD na unidade, que deveriam prendê-lo, pareciam desconcertados pela situação. Deviam prender seu comandante que tomou providências para prepará-los para o assalto alemão que agora acontecia a toda força. Mikushev lhes disse que podiam prendê-lo e seus homens continuariam a lutar.

Mas não foi uma conversa irritada. Mikushev tinha boas relações com o oficial sênior da NKVD no seu regimento, e nenhum dos dois queria que o outro se prejudicasse – e os dois homens reconheciam a gravidade da situação. Formalmente, Mikushev concordou com a prisão e se retirou para uma trincheira, onde seria oficialmente detido. Mas durante as três horas seguintes, seus dois principais oficiais continuaram a visitá-lo, recebendo suas ordens e enviando-as para as tropas, de forma que nada viesse diretamente dele. Assim foi possível manter o simulacro da sua prisão e destituição do seu comando.

Às dez horas da manhã, quando se intensificou a ofensiva alemã, o oficial da NKVD e um ajudante de ordens foram à trincheira. Depois de uma breve conversa com o prisioneiro, Mikushev emergiu vestindo macacão azul e capacete, levando uma arma automática. Muito calmo e em comando, ele assumiu uma posição num bosque de pinheiros próximo ao acampamento e começou novamente a dar ordens diretamente aos seus soldados. Vendo a sua atitude confiante, eles continuaram a lutar, saindo-se bem diante do maior número e do poder de fogo do invasor alemão. Na verdade, eles chegaram mesmo a atravessar a fronteira e entrar alguns quilômetros na Polônia ocupada pela Alemanha até serem rechaçados.

A história de Mikushev foi atípica por várias razões. Dada a sua previdência e iniciativa, suas tropas ofereceram uma resistência mais eficaz do que a da maioria dos seus compatriotas em outros locais, que também suportaram o ímpeto do ataque inicial alemão. Como o oficial da NKVD na sua unidade era um homem razoável, ele simulou uma prisão sem as consequências normais, e depois abandonou a simulação de que Mikushev estava preso. E como as defesas soviéticas estavam se desmanchando tão rapidamente e a liderança no Kremlin não tinha a mais pálida ideia do que fazer, Mikushev realizou o feito, virtualmente impossível, de agir independentemente dos seus senhores stalinistas sem por isso ser punido.

Na verdade, como suas tropas continuaram a lutar durante todo aquele verão, ele quase foi preso novamente quando conseguiu fugir com seus

"Veja como somos espertos agora"

homens de um cerco alemão, ignorando ordens de não bater em retirada em nenhuma circunstância. Mas sua coragem e capacidade evidentes também foram vitoriosas naquele dia. Contudo, no dia 9 de setembro, sua sorte falhou. Uma metralhadora alemã o derrubou durante uma batalha pelo controle de uma ponte. De acordo com Nikolai Romanichev, coronel da reserva do Exército Vermelho e historiador militar, "homens como Mikushev lutaram até a última gota de sangue". Mas o que foi notável com relação ao heroísmo de Mikushev foi ele ser tanto o produto do seu desafio à cegueira deliberada de Stalin, quanto da sua coragem diante dos alemães.

Muito mais típicas tornaram-se as histórias das tropas alemãs que foram agradavelmente surpreendidas pela velocidade das primeiras vitórias e pela confusão e desordem dos defensores soviéticos. Hans von Herwarth, que havia servido na embaixada alemã em Moscou durante a década de 1930, viu-se de volta ao território soviético, dessa vez como participante do exército de pretendentes a conquistadores. Antes da alvorada do dia 22 de junho, a artilharia do seu regimento disparou por 45 minutos contra as posições do Exército Vermelho, com poder de fogo "que fazia uma impressão terrível" contra o céu escuro. "Durante várias horas, os soviéticos não responderam", lembrou ele. "Nós os tínhamos pego despreparados e, como nos disseram mais tarde muitos russos, eles não estavam nem mesmo vestidos para o dia." Esse despreparo foi mais a regra que a exceção. Quando as tropas alemãs dispararam contra a cidade ucraniana de Lvov, o comandante soviético local também não respondeu. Depois de ser feito prisioneiro, ele disse aos seus captores que estava convencido de que a artilharia alemã disparava por engano contra as suas posições, e que tinha ordens expressas do Kremlin para evitar uma resposta excessiva a qualquer "provocação".

Quando cruzaram o rio Bug para entrar em território soviético, o regimento de Herwarth encontrou forte resistência dos soldados de fronteira da NKVD, alguns dos quais escondidos na copa das árvores, atirando para baixo contra os invasores. Mas depois de vencer esses defensores, os alemães descobriram que a parte seguinte do avanço seria muito mais fácil. "O espírito de luta da infantaria soviética não poderia ter sido mais baixo", escreveu Herwarth. "Se ofereciam uma resistência dura, era apenas por ser mais difícil desertar naquele momento em particular, em virtude, por exemplo, da estabilização temporária da linha de frente." Depois que os alemães romperam a linha soviética, "o Exército Vermelho abandonou toda resistência, livrando-se das suas armas e esperando serem feitos prisioneiros". Patrulhas de cavalaria do seu regimento saíam para reunir as vítimas, aparentemente dispostas a se entregarem. "Os prisioneiros seguiam sem resistência, em geral caminhando em longas fileiras atrás de um único soldado alemão", acrescentou.

Das histórias de soldados do Exército Vermelho que sobreviveram ao assalto alemão, é fácil entender por que muitos dos seus companheiros sentiam que estariam melhor presos. Vyacheslav Dolgov, que tinha acabado de se formar numa academia militar em 21 de junho de 1941, foi enviado para servir como oficial político no 375º Regimento em Staraya Russa, na região de Novgorod, na frente noroeste. Hoje um general da reserva residente em Moscou, Dolgov se descreve como um crente naqueles dias: "eu realmente acreditava no punho de ferro e no gênio de Stalin". Mas também se lembra do medo que todos na sua unidade sentiram de enfrentar os alemães, particularmente por estarem muito mal equipados.

> Pedimos ao nosso comandante para nos dar armas, pois éramos enviados para lutar desarmados. Diziam-nos para tomar as armas do inimigo e derrotá-los com elas. Às vezes conseguíamos tomar as armas dos alemães, mas essa era a razão de tantas baixas. Eu via campos cobertos de cadáveres.

Dolgov e o comandante do regimento animavam os soldados com gritos de "hurrah! Pela pátria-mãe! Por Stalin!". E tinham de avançar até que alguém resolvesse segui-los.

Dolgov também se lembrava da visão dos "covardes" que se rendiam aos milhares. Uma vez, ele viu um grupo de homens andando entre duas aldeias acenando roupas brancas. "Eram soldados russos desesperados que tinham despido a roupa branca de baixo e a acenavam para se render." Outros soldados fugiam para a floresta, escondiam-se lá e sobreviviam comendo frutas, recolhendo água de pântano e fervendo-a no capacete. Durante as batalhas em torno de Staraya Russa, Dolgov foi ferido pela primeira de muitas vezes naquela guerra. Dos dois mil a três mil homens do seu regimento, somente 75 sobreviveram.

"Veja como somos espertos agora"

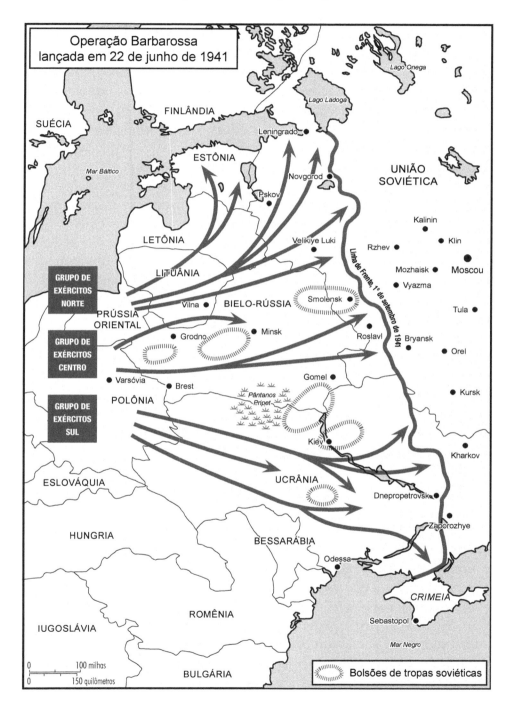

Enquanto seus camaradas morriam à sua volta, Dolgov também via caças alemães derrubando os poucos aviões da Força Aérea Soviética que tinham decolado para enfrentá-los. "Eu sentia pena dos nossos pilotos. Os alemães sempre acertavam os nossos aviões, e me lembro de ver um dos nossos pilotos saltar de paraquedas do seu avião em chamas, atingido por um piloto alemão." Os pilotos alemães também jogavam folhetos de propaganda afirmando que toda a frente soviética estava caindo, inclusive Moscou. "Moscou se rendeu", afirmavam. "Toda resistência agora é inútil. Rendam-se agora aos alemães vitoriosos." Apesar da velocidade do avanço alemão nos primeiros dias, aquilo podia não ser verdade naquele momento, mas os folhetos convenceram muitos soldados assustados de que já faziam parte de um exército derrotado.

Não chega a surpreender que eles se sentissem assim. O ataque alemão foi devastador para a Força Aérea Soviética, cujos aviões continuavam estacionados em formação nas bases aéreas dos distritos ocidentais, oferecendo alvos ideais aos pilotos da Luftwaffe. No primeiro dia do assalto, os alemães destruíram quase todos os aviões do distrito militar do Báltico antes de decolarem, e ao longo de todas as regiões de fronteira, a contagem chegou a aproximadamente 1.200 aviões soviéticos. Ao mesmo tempo, os aviões alemães voavam livres pelos céus, atacando à vontade civis e tropas de terra em pânico. O major-general I. I. Kopets, comandante da força aérea da frente ocidental, tinha jurado se matar se seus aviões fossem destruídos por um ataque de surpresa. Ao ver isso acontecer no primeiro dia da invasão alemã, Kopets fez exatamente o que prometeu.

Durante o primeiro mês, as tropas alemãs avançaram cerca de 700 km, um ritmo assustador que refletia a desordem que encontraram em quase todas as áreas sob ataque. O moral entre os invasores aumentava proporcionalmente à confusão que encontravam ao avançar em território soviético. "Sinto que nasci novamente", escreveu para casa o soldado Henry Nahler no dia 26 de junho. Ao descrever o assalto inicial, quatro dias antes, ele observou: "parecia que todas as armas ao longo da linha de frente eram disparadas ao mesmo tempo". Quando os bombardeiros alemães surgiram nos céus, "as pessoas corriam como loucas pelas estradas com seus pertences". Acrescentou que achou um balde de leite e dois ovos frescos num celeiro, o que lhe permitiu comemorar comendo e bebendo. "De modo geral, tudo está muito acolhedor e festivo. Os russos não usaram artilharia contra nós."

"Veja como somos espertos agora"

Esse estado de espírito era ecoado nas cartas de outros soldados. "Vamos mandar a grande Rússia para o inferno", escreveu no mesmo dia, um suboficial cujo último nome era Bering. "Se o Führer decidiu fazer alguma coisa assim, ele certamente vai ter sucesso." Outro soldado, von Dirdelsen acrescentou: "vamos derrotar o país de governo louco e vencer o Exército Vermelho. Nossa companhia cruzou o Bug, destruiu três *bunkers* e avançou 40 km durante os primeiros três dias". Apesar de admitir que "muitos oficiais" pereceram durante o avanço, ele afirmou que a bravura deles só fez inspirar seus homens a manter o avanço. Em outras cartas, os soldados descreviam como viam os aviões alemães derrubarem os aviões soviéticos que conseguiam enfrentá-los no céu. Nahler escreveu: "sim, nossos pilotos são uns grandes sujeitos! Acabei de ver um caça alemão atacar um grupo de caças inimigos e derrubar quatro aviões russos. Foi inesquecível".

Em Moscou, o cidadão soviético médio não fazia ideia de como as coisas iam mal nas linhas de frente. Georgy Kumanev, que à época tinha 10 anos, foi com alguns amigos ao escritório de mobilização e ouviu a multidão ali reunida. Kumanev, que há muito tempo se abriga no Centro de História Militar, em Moscou, e conduz entrevistas com várias das principais figuras do tempo da guerra, lembra que as pessoas estavam cheias de bravatas. "Vamos arrancar os dentes de Hitler", diziam. Outros perguntavam: "você ouviu? Nossas tropas se aproximam de Königsberg", a cidade portuária do leste da Prússia. Ou "você sabia que o Exército Vermelho já está em território inimigo?" Alguns jovens tinham pressa em se alistar para ter uma chance de participar da guerra, pois estavam convencidos de que ela terminaria rapidamente e perderiam a vez se não se alistassem imediatamente.

Crianças cantavam novas cantigas que surgiam para a ocasião. "Aqui e ali – Hitler cuidado! Aposte suas botas – Hitler kaput!" dizia uma delas. Mas, junto com outros moscovitas, o escritor Yuri Druzhnikov, que se lembra de recitar aqueles versinhos aos 8 anos, na época da invasão, viu rapidamente o otimismo evaporar. Seu pai, Ilya Druzhnikov, que já tinha passado dos 40 e era ilustrador de livros, foi imediatamente convocado e enviado para o *front* com outros recrutas, em vagões de gado. Uma vez no campo de batalha, ele se viu numa cena de "caos total", onde ninguém parecia saber o que se passava.

Como Ilya Druzhnikov diria ao seu filho, muito tempo depois da guerra, havia apenas um rifle para cada dez homens na sua unidade, o que significava que soldados desarmados seguiam em fila atrás de cada homem armado. Sempre que um deles caía, o primeiro da fila devia pegar a sua arma. Segundo ele, os oficiais estavam prontos a atirar em qualquer um dos seus homens que se movesse na direção errada – afastando-se da luta, em vez de ir na direção dela. Periodicamente, os recrutas recebiam ordens de ir para o campo e retirar dos corpos tudo que pudessem carregar – armas, munições e roupas. Uma razão para essa carência era que os alemães tinham rapidamente capturado e destruído os estoques soviéticos de armas e de outros suprimentos que haviam sido colocados perto da fronteira ocidental, sem que os soviéticos aparentemente levassem em conta a possibilidade de essa posição tornar o trabalho dos invasores muito mais fácil.

Druzhnikov ficou no *front* durante bem pouco tempo. Na época das chuvas fortes ele contraiu uma doença de pele que os médicos do exército temiam que pudesse ser infecciosa. De volta a Moscou, ele se recuperou e recebeu ordens de trabalhar, ao lado de outros artistas, pintando os telhados dos edifícios da capital. Com baldes de tinta verde, amarelo e marrom, eles tentavam camuflar os prédios da melhor maneira possível, para que parecessem florestas, pelo menos para os bombardeiros alemães a grande distância.

Fazer o que mandavam e manter silêncio sobre o que tinha visto na sua breve passagem pelo *front* era algo natural para Druzhnikov. Como ilustrador e competente retocador de fotografias, ele sabia que um lapso da língua poderia lhe custar a vida na Rússia de Stalin. No final da década de 1930, dois agentes da NKVD chegaram ao seu apartamento. Ordenaram à esposa de Druzhnikov que levasse Yuri e sua irmã para fora, enquanto ficavam no apartamento com o aterrorizado marido e pai. Ilya e sua mulher estavam convencidos de que ele seria preso. Mas um dos agentes tirou do bolso uma fotografia de Stalin, um close do seu rosto que – ao contrário de todas as fotos já publicadas – tinha muitas marcas de bexiga, provavelmente o resultado de um surto de varíola na sua infância. Os agentes perguntaram se ele era capaz de retocar a fotografia e desaparecer com as feias marcas. Vigiando-o, enquanto ele laboriosamente fazia o retoque, observaram o rosto do líder se tornar cada vez mais liso. Quando ele terminou, os agentes lhe entregaram um documento para assinar: era uma declaração de que ele detinha um segredo de estado que nunca poderia ser revelado. O ilustrador assinou e só contou essa história para seu filho Yuri muito depois da morte de Stalin.

"Veja como somos espertos agora"

Na época, a desastrosa derrota das forças soviéticas despreparadas para o ataque alemão foi considerada um segredo tão grande quanto as marcas de bexiga de Stalin. Ilya Druzhnikov já estava suficientemente escolado no sistema soviético e guardou absoluto silêncio sobre as suas duas experiências aterradoras, tendo ou não assinado um termo de juramento de segredo. Teve sorte em sobreviver às duas provações angustiantes – e disso ele tinha plena consciência.

O líder que inspirava tal terror, que presidia um Estado construído sobre o medo, de repente pareceu paralisado por seu próprio medo com a invasão alemã. Persistiu naquele estado de negação com relação às intenções dos alemães até o momento em que o inimigo atacou. No dia 20 de junho, dois dias antes da invasão, o supervisor do porto báltico de Riga havia chamado o membro do Politburo Anastas Mikoyan com a notícia que dificilmente poderia ser mal interpretada: os 25 navios de carga alemães no porto naquele momento tinham recebido instruções para partir no dia seguinte, tendo ou não completado o carregamento e descarregamento da sua carga. Mikoyan foi diretamente a Stalin e insistiu com ele para ordenar que os navios alemães não tivessem permissão de partida. "Seria uma provocação", o líder soviético respondeu irritado. "Não podemos fazer isso. Dê instruções para não reter os navios e deixá-los partir."

Mesmo depois de iniciada a invasão, o primeiro instinto de Stalin foi não acreditar. Quando o general Georgy Zhukov, chefe do Estado-Maior, chegou à dacha de Stalin às 4 da manhã para acordar o líder e informá-lo dos relatos de pesados ataques de artilharia, e bombardeios aéreos em toda a parte ocidental da União Soviética, as primeiras instruções de Stalin foram para não contra-atacar. Pouco depois, ao chegar ao Kremlin, ele especulou que o poder militar alemão poderia estar agindo por conta própria. "Hitler certamente não sabe disso", declarou. Então ele deu ordens a Molotov para encontrar-se com o embaixador Schulemburg e descobrir o que significavam os relatos vindos da fronteira – como se ainda pudesse haver uma chance de estarem errados.

Na verdade, o enviado alemão já tinha solicitado uma reunião com Molotov para entregar-lhe uma mensagem clara do governo. Quando chegou, às 5h30 daquela manhã, Schulemburg não ocultou seu próprio desapontamento com o conteúdo que desfazia todos os seus esforços para manter a paz entre os dois países. A declaração explicava que a suposta ameaça, representada pelo aumento do número de forças soviéticas na fronteira, tinha forçado o governo alemão "a adotar contramedidas militares imediatas". Inacreditavelmente, Molotov perguntou ao embaixador o que poderia significar aquela declaração. Como relatou secamente o taquígrafo presente à reunião, "Schulemburg respondeu que, na sua opinião, significava o começo da guerra". Molotov protestou que, na verdade, não havia concentração de tropas soviéticas na fronteira e que a única atividade militar eram manobras de rotina. O embaixador disse que não podia acrescentar nada com relação ao assunto. Molotov voltou a Stalin para comunicar a mensagem de que "o governo alemão declarou guerra contra nós". O líder soviético murmurou: "Ribbentrop nos enganou, o patife!"

O exército alemão que lançou o ataque contava 3,05 milhões de homens, 3.550 tanques, 2.770 aviões e cerca de 600 mil cavalos – apesar do moderno armamento da máquina militar nazista, os cavalos eram essenciais para o transporte de armas e outros suprimentos. Mais meio milhão de soldados foram fornecidos pela Finlândia e Romênia, que se aliaram à Alemanha. Era a maior força militar já reunida, mas só dá uma pálida ideia do tamanho do conflito a que chegaria a guerra germano-soviética. Durante os quatro anos seguintes, cerca de 9 milhões de soldados estariam numa ou noutra época envolvidos nesse conflito épico.

Os alemães dividiram a força de invasão em três partes: o Grupo de Exércitos do Norte, Centro e Sul. O Grupo de Exércitos do Norte deveria dirigir o assalto aos Estados Bálticos, tendo Leningrado como seu alvo último. O Grupo de Exércitos do Sul deveria concentrar os seus esforços em atingir Kiev, a capital ucraniana. Mas era o Grupo de Exércitos do Centro o mais pesadamente equipado, tendo sob seu comando a metade das divisões blindadas alemãs e suas unidades Panzer mais famosas. Tinha a atribuição de cercar e tomar Minsk e depois continuar o avanço na direção de Moscou. À medida que a luta se movia naquela rota, a maior concentração de soldados estaria envolvida na Batalha de Moscou.

Mas com a irregularidade das comunicações – sabotadores alemães tinham cortado todas as linhas telefônicas e telegráficas que puderam encontrar, e muitas divisões soviéticas foram arrasadas nas primeiras escaramuças –, Stalin e seu

"Veja como somos espertos agora"

séquito no Kremlin ainda não tinham ideia do poder e do tamanho das forças invasoras. E nem de como as ordens iniciais do líder soviético devem ter soado irreais para quem as recebeu. Verdade seja dita, muitos dos soldados também estavam desinformados. Como admitiu mais tarde o general Ivan Fedyuninsky: "quando começou a batalha, o poder do Exército Alemão foi uma completa surpresa para muitos dos nossos oficiais". Mas eles logo entenderam que lutavam contra um ataque para o qual seus superiores não os tinham preparado.

Os líderes do Kremlin ainda relutavam em admitir a magnitude dos seus erros. Enquanto recebia relatórios de que a Luftwaffe bombardeava e metralhava alvos civis e militares durante a manhã da invasão, o general Ivan Boldin, vice-comandante do distrito militar do oeste, recebeu no Estado-Maior em Minsk um chamado do comissário de defesa, Semyon Timoshenko.

"Companheiro Boldin, lembre-se de que nenhuma ação deverá ser lançada contra os alemães sem nosso conhecimento", disse-lhe Timoshenko. "Por favor, diga ao [general Dmitry] Pavlov que o Companheiro Stalin proibiu que se abrisse fogo de artilharia contra os alemães."

"Mas como isso vai ser possível?" – gritou Boldin. "Nossas tropas estão batendo em retirada. Cidades inteiras estão em chamas, pessoas são mortas por toda parte."

Timoshenko não cedeu, pois Stalin ainda se recusava a acreditar no que ouvia. Mas depois de poucas horas, Stalin não podia mais duvidar de que o país enfrentava uma invasão em grande escala. Passou então a transmitir ordens que revelavam ainda mais ignorância. As tropas de fronteira receberam instruções para "atacar as forças inimigas com todos os recursos e meios à sua disposição, e aniquilá-las onde quer que tenham violado a fronteira soviética". A força aérea recebeu ordens de lançar "ataques poderosos" e "esmagar as principais concentrações da força inimiga e seus aviões nos seus campos de pouso". Bombardeiros soviéticos deviam atingir Königsberg e Memel, e as forças soviéticas na região sudoeste deviam capturar Lublin, a cidade polonesa a 50 km da fronteira. Com grande parte da força aérea soviética já destruída e exércitos inteiros em desintegração, Stalin poderia ter ordenado aos seus generais que voassem até a lua.

As ordens foram assinadas por Timoshenko, Zhukov e Georgy Malenkov, membro do círculo íntimo do Kremlin, mas não por Stalin, que sem dúvida compreendia que enfrentava uma situação capaz de se refletir mal sobre ele. Nas primeiras horas da manhã, a rádio soviética continuou a transmitir uma programação inócua, ignorando as notícias alarmantes do *front*. Mas o alto-comando político e militar reunido no Kremlin percebeu que tinha de anunciar o fato de a guerra já ter começado, e insistiram com Stalin para fazer o anúncio. "Que Molotov fale", respondeu ele. Seus auxiliares argumentaram que o povo esperava Stalin "em momento histórico tão significativo". Sem sucesso, pois Stalin não cedeu. "Foi certamente um erro", Mikoyan lembrou mais tarde. "Mas Stalin estava tão deprimido que não sabia o que dizer à nação."

Então Molotov falou, ao meio-dia, fazendo um discurso pela rádio que todo cidadão soviético vivo naquele dia ainda lembra. Stalin o ajudou a escrever o texto que refletiu a sensação de choque do líder por Hitler ter-se voltado contra ele. "Esse ataque inaudito contra o nosso país é um ato de perfídia sem paralelo na história das nações civilizadas", declarou Molotov. "Esse ataque foi lançado apesar de haver um pacto de não agressão entre a União Soviética e a Alemanha, um pacto cujos termos foram escrupulosamente observados pela União Soviética." Esquecendo a aquiescência do seu país às agressões alemãs até aquele ponto, ele denunciou a escravização alemã "dos franceses, dos tchecos, dos poloneses, dos sérvios, e dos povos da Noruega, Dinamarca, Holanda, Bélgica, Grécia e outros países". Jurou que o "arrogante Hitler" teria o mesmo destino de Napoleão na Rússia. E, resumindo, pronunciou as palavras que ficariam na mente da maioria dos ouvintes: "Nossa causa é justa. O inimigo será esmagado. A vitória será nossa."

Mas as notícias do *front* não justificavam tal otimismo. Enquanto o Kremlin ainda enviava ordens sem sentido para as tropas soviéticas passarem à ofensiva, as forças alemãs do Grupo de Exércitos do Centro, as tropas encarregadas de atravessar a Bielo-Rússia, faziam rápido progresso. Em 28 de junho, a capital da Bielo-Rússia, Minsk, caiu em poder dos invasores, cercando 400 mil soldados do Exército Vermelho. A cidade talvez não fosse um alvo estratégico tão significativo, mas Stalin estava determinado a defendê-la, e sua queda lançou-o num redemoinho psicológico. No dia seguinte, ele informou à sua *entourage*: "Lenin nos deixou uma grande herança e nós, seus herdeiros, bagunçamos tudo!"

"Veja como somos espertos agora"

Como as notícias só pioravam, o líder se retirou para sua dacha e não apareceu no Kremlin no dia seguinte. Quem o procurava era informado: "o companheiro Stalin não está aqui, e não deverá ser encontrado aqui". Durante dois dias, os membros do Politburo se perguntaram se ele ainda estava no cargo. Finalmente, uma delegação se dirigiu nervosamente à sua dacha. Quando entraram, Stalin olhou-os e perguntou: "por que vocês vieram"? Mikoyan se lembra de que "ele tinha a expressão mais estranha no rosto, e a própria pergunta também era bem estranha". Mikoyan chegou a pensar que Stalin estava supondo que eles estivessem ali para prendê-lo.

Mas Molotov disse a Stalin que havia uma proposta de criação de um Comitê de Defesa do Estado para presidir o esforço de guerra. O líder perguntou: "com quem no comando"? Molotov e depois o chefe da polícia secreta, Beria, lhe disseram imediatamente que ele seria o chefe. Stalin pareceu surpreso e aliviado. "Ótimo", disse.

Stalin retomou o papel de líder, mas não inspirava confiança na sua capacidade de comandar o país na saída daquela crise mortal. É preciso reconhecer que ele tomara decisões sensatas nos primeiros dias da invasão. Em 24 de junho, por exemplo, criou o Conselho de Evacuação, encarregado da tarefa de transportar fábricas inteiras, seus trabalhadores e suprimentos para as regiões a leste do país, fora do alcance dos alemães. Foi o começo de um processo que levaria à desmontagem de milhares de fábricas, desde pequenas oficinas até grandes empresas, para serem remontadas nas novas localidades.

Mas naqueles primeiros dias, Kruschev observou que ele era "um Stalin diferente, um saco de ossos vestido numa túnica cinzenta". Quando Kruschev lhe disse que as coisas iam mal por causa da escassez de armas, o líder ofereceu uma resposta sarcástica: "bem, dizem que os russos são muito espertos. Veja como somos espertos agora".

Kruschev não gostou, especialmente quando telefonou de Kiev para pedir armas que os operários das fábricas exigiam. Stalin colocou Malenkov na linha. De acordo com o seu relato, isso levou ao seguinte diálogo impaciente:

- Diga-me onde posso encontrar rifles? - Kruschev perguntou. - Temos operários aqui que desejam se juntar às fileiras do Exército Vermelho para lutar contra os alemães, e não temos nada com que armá-los.
- É melhor você desistir de conseguir fuzis aqui - respondeu Malenkov. Os fuzis da defesa civil foram todos mandados para Leningrado.

A Batalha de Moscou

> – Então, com que vamos lutar?
> – Não sei; com lanças, espadas, armas de fabricação caseira, qualquer coisa que possa ser feita nas fábricas.
> – Você quer dizer que devemos enfrentar tanques com lanças?
> – Você terá de fazer o máximo possível. Faça bombas incendiárias com garrafas de gasolina ou querosene e atire nos tanques.

Kruschev sentiu "desânimo e indignação". Como disse ele, "ali estávamos, tentando conter uma invasão sem fuzis nem metralhadoras, para não falar em artilharia ou armas mecanizadas!"

A *Stavka*, ou quartel-general, como se chamava o comando militar, talvez estivesse dando poucas respostas satisfatórias para esses apelos frenéticos, mas a partir do momento em que Stalin voltou ao Kremlin, depois de um quase colapso nervoso, ele reassumiu claramente as suas responsabilidades. Em 3 de julho, ele por fim falou aos seus compatriotas. Foi um desempenho notável em vários níveis. Mas o trecho mais importante do discurso foi a abertura. "Companheiros! Irmãos e irmãs! Homens do nosso exército e marinha! Dirijo-me a vocês, meus amigos!"

Para o déspota, dirigir-se ao seu povo como "irmãos e irmãs" e "meus amigos" não tinha precedentes. Seus ouvintes sabiam que alguma coisa fundamental havia mudado: ele apelava a eles como parceiros na luta comum, não somente como súditos. Foi realmente revolucionário, e seus ouvintes o sentiram. Foi diferente do discurso de Molotov. A mensagem dupla era que Stalin agora era responsável, e que ele precisava da ajuda de todos para rechaçar os invasores alemães.

O restante do discurso foi mais previsível e contraditório. Avisou do "grave perigo" que o país enfrentava, e elogiou a "resistência heroica do Exército Vermelho", afirmando que os alemães já tinham sofrido terrível destruição das suas "melhores divisões e unidades da força aérea". Na mesma frase ele admitiu, "o inimigo continua a avançar, lançando novas forças ao ataque". Teve de reconhecer os ganhos evidentes do inimigo, assegurando ao mesmo tempo aos seus concidadãos que eles eram apenas temporários. "A história mostra que não existem exércitos invencíveis, nunca houve", declarou ele, ecoando o discurso aos formandos da academia militar em maio. "O exército de Napoleão era considerado invencível, mas foi derrotado pelos exércitos russos, ingleses e alemães." Jurou que os invasores nazistas, tal como Napoleão, "seriam esmagados" no solo soviético.

"Veja como somos espertos agora"

Revertendo à forma, ele mandou um recado direto aos seus próprios compatriotas, prometendo "fazer uma luta dura contra todos os desorganizadores da retaguarda, desertores, os que espalham o pânico" e "exterminar espiões, sabotadores e paraquedistas inimigos". Tribunais militares rapidamente distribuiriam justiça a todo culpado de "covardia e de espalhar o pânico". Nos casos em que o recuo fosse mesmo necessário, ele ordenou a evacuação de todos os equipamentos e suprimentos. "Não se deve deixar um único motor para o inimigo, nenhum vagão, nem um quilo de grãos, nenhum galão de combustível." Tudo que não puder ser levado, concluiu, "tem de ser destruído sem exceção".

Mas Stalin também se sentiu obrigado a dar uma justificativa tortuosa para sua decisão de concordar com o pacto de não agressão com Hitler. Afirmou que ele "garantiu para o nosso país a paz por um ano e meio, e a oportunidade de preparar suas forças para rechaçar a Alemanha fascista caso ela se arriscasse, apesar do pacto, a atacar o nosso país". Esse trecho impunha a pergunta: por que esse tempo não foi mais bem usado e por que as forças soviéticas estavam tão mal preparadas para a invasão?

Stalin também tentou explicar as primeiras derrotas.

> Quanto ao fato de parte do nosso território ter sido mesmo assim tomada pelas tropas fascistas alemãs, isso se deveu principalmente ao fato de a guerra da Alemanha fascista contra a URSS ter começado em condições propícias para as forças alemãs e desfavoráveis para as forças soviéticas.

Afirmou que os alemães estavam completamente mobilizados, "ao passo que as tropas soviéticas ainda tinham de efetuar a mobilização e se deslocar para a fronteira". Insistiu que a responsabilidade por aquela disparidade estava com os alemães, por terem "traiçoeiramente" violado o pacto de não agressão – e, é claro, não havia nenhum vestígio de *mea culpa* em nenhum trecho do discurso.

O discurso atingiu o objetivo de mostrar que Stalin controlava de fato o país e tinha a esperança de uma vitória final. Mas nos campos de batalha, os alemães continuavam a avançar. Em 16 de julho, tropas alemãs comandadas pelo general Heinz Guderian, ou *Schneller Heinz*, como o famoso comandante de tanques era conhecido, chegaram a Smolensk, a primeira grande cidade a cair depois de Minsk, na marcha para o leste. Mais uma vez, centenas de milhares de soldados do Exército Vermelho se viram cercados

A Batalha de Moscou

e mortos ou capturados. Apenas três semanas após Hitler ter lançado a invasão, o avanço bem-sucedido até Smolensk significava que aos invasores restavam apenas mais 370 km para o leste para avançar até Moscou. Apesar das garantias de Stalin, o Exército Vermelho parecia não ser capaz de evitar que as forças alemãs fizessem quase tudo que quisessem – inclusive tomar a capital soviética, se Hitler decidisse fazer daquele o seu próximo objetivo. No dia 21 de julho, bombardeiros alemães atacaram a capital soviética pela primeira vez. O prognóstico era mau e ficava pior.

Tal como quase todos os homens mortos, Vladimir Ilyich Lenin não tinha viajado depois de chegar ao seu local de repouso em 1924. Na verdade, não lhe tinham permitido muito repouso. Os cientistas que cuidavam do seu corpo, ainda em exposição no mausoléu construído na Praça Vermelha, interferiam nele constantemente, aplicando, pelo menos duas vezes por semana, fluidos especiais ao rosto e mãos expostos, e a cada 18 meses encharcando-o num banho de acetato de potássio, glicerina, água e uma quantidade suficiente de cloreto de quinino para servir como desinfetante. Vinham seguindo esse procedimento desde os primeiros esforços frenéticos para encontrar um meio de preservar Lenin indefinidamente, por ordem de Joseph Stalin. O novo líder soviético estava determinado a manter por perto o seu antecessor como objeto de adoração, solidificando, assim, a mitologia da Revolução Bolchevique e o seu próprio comando do poder. Toda essa elaborada manutenção acontecia no mausoléu e no laboratório especial no porão, permitindo que Lenin continuasse no local enquanto era submetido a sucessivos ajustes.

Ou melhor, isso até 3 de julho de 1941, quando Lenin foi enviado numa longa viagem para longe da capital soviética pela primeira e única vez desde a sua morte. Antes mesmo de os tanques do general Guderian chegarem a Smolensk, duas semanas depois, e quando se preparava para falar aos seus compatriotas pela primeira vez desde o início da invasão, Stalin reconheceu que Moscou estava em fatal perigo. O que significava que Lenin também estava em perigo. A tomada da capital soviética pelos alemães seria uma derrota humilhante. Mas, se também tomassem o mais sagrado dos sagrados, Lenin, a derrota seria mais que humilhante: seria um golpe psicológico

"Veja como somos espertos agora"

acachapante, representando o triunfo do fascismo sobre o comunismo, do culto de Hitler sobre o culto de Lenin e, por extensão, de Stalin. Assim, o líder soviético ordenou a evacuação de Lenin em completo segredo para Tyumen, uma pequena cidade a mais de 1.600 km a leste de Moscou.

Por uma boa razão, Ilya Zbarsky se lembra daquele dia, da viagem de trem e da estadia de Lenin em Tyumen, que duraria quase quatro anos, até o final da guerra em março de 1945: ele é o único sobrevivente de um punhado de cuidadores de Lenin, que acompanharam o corpo do líder naquela viagem. Seu pai, Boris Zbarsky, foi um dos dois homens que desenvolveram e executaram o trabalho original de embalsamamento de Lenin, e foi encarregado da operação clandestina que levou o corpo para lugar seguro. Em 1934, ele convenceu o filho Ilya, que então estudava bioquímica na Universidade Estadual de Moscou, a se juntar à equipe de cientistas do mausoléu, cujo trabalho era assegurar a preservação de Lenin. Pelos 18 anos seguintes, o trabalho de Ilya se concentrou nesse objetivo fundamental.

Sentado no seu modesto apartamento de dois quartos em Moscou, vestindo calça preta, camisa cinza claro, suéter vermelho sem mangas e chinelos que são indispensáveis em todo lar russo, Zbarsky, com uma elegante cabeleira branca, parecia bem mais jovem que os seus 90 anos de idade, quando o visitei no início de 2004. Enquanto sua mulher servia chá e generosas fatias de um bolo cremoso, ele relembrava livremente a história da sua família, suas relações geralmente tensas com o pai e uma madrasta que detestava e, é claro, os privilégios e os perigos de servir como uma das pessoas encarregadas do cuidado de um corpo que havia sido, para todos os propósitos práticos, divinizado pelo estado soviético.

Do seu pai, Ilya ficou sabendo a história de como ele e o professor Vladimir Vorobyov, chefe do departamento de anatomia da Universidade de Karkov, na Ucrânia, tinham trabalhado com uma equipe de assistentes durante quatro meses para preservar o corpo de Lenin – um feito que muitos dos seus colegas pensavam ter pouca probabilidade de sucesso e, por isso mesmo, política e pessoalmente perigoso. Contra as objeções da viúva de Lenin, Nadezhda Krupskaya, e de Leon Trotsky, rival de Stalin e sua futura vítima, Lenin foi submetido a um processo audacioso de embalsamamento sem precedentes. Por ordem de Stalin, seu cérebro foi removido para que os cientistas de um instituto especial pudessem estudá-lo e descobrir "pistas" do seu "gênio". (Apesar dos esforços, eles nunca encontraram nenhuma evidência de que ele tivesse qualquer característica incomum.) A equipe também removeu os seus órgãos internos, como os pulmões e o fígado, e fizeram pequenos cortes na pele enquanto encharcavam o corpo com seus banhos químicos inovadores criados para permitir que ele retivesse a umidade e elasticidade. Finalmente, os olhos de Lenin foram substituídos por olhos falsos e a boca foi costurada abaixo do bigode pra manter os lábios fechados.

Na primeira vez em que ajudou a despir Lenin para prepará-lo para um dos seus banhos químicos rotineiros, lembrou Ilya, ele achou um tanto "desagradável" manuseá-lo, apesar de já ter trabalhado com cadáveres antes. Talvez fosse algo relacionado com a textura da pele, pensou, mas provavelmente tinha a ver com a ideia de que estava manuseando o cadáver de alguém que era objeto de tão intensa glorificação. Mesmo da perspectiva do século seguinte, ele ainda acha difícil analisar friamente seus sentimentos.

E ainda havia o fator medo. Tudo isso acontecia na década de 1930, a época em que Stalin desencadeou o terror em grande escala contra seu próprio povo, um período em que os expurgos, as execuções e as viagens sem volta para o Gulag eram ocorrências tão comuns como os relatórios sobre o clima nos dias de hoje. Graças ao seu emprego, Boris Zbarsky e sua família pareciam protegidos da máquina de terror de Stalin. Certo dia, lembrou seu filho, a NKVD invadiu 34 dos 36 apartamentos no prestigioso edifício do governo onde viviam; o pai de Zbarsky foi um dos dois únicos não incomodados. Mas ninguém podia ter certeza de que seria sempre assim. Ilya nunca discutia política com seu pai. "Na minha mente, eu sentia o terror, uma época terrível", dizia ele. "Mas era perigoso até pensar nele."

Boris Zbarsky vivia uma vida privilegiada, com um salário generoso e acesso a amplas provisões de alimentos, enquanto outros passavam fome, mas sabia que tudo podia mudar de uma hora para outra. Sua própria história oferecia muita munição para a NKVD caso ela se interessasse. Ele era, pela definição daquela época, um "judeu cosmopolita", que tinha estudado na Suíça, falava várias línguas e contava entre seus amigos com pessoas como o pintor Leonid Pasternak e seu filho Boris, o futuro ganhador do Prêmio Nobel. E, de fato, em 1952, Boris Zbarsky iria descobrir que os serviços prestados a Lenin – e, é claro, por extensão a Stalin – não lhe garantiriam proteção indefinida. Detido

"Veja como somos espertos agora"

por supostamente trabalhar com os alemães, ele foi um dos muitos cientistas e médicos presos nas últimas ondas de expurgos de Stalin, dirigida contra os judeus, antes da morte do ditador em março de 1953. Libertado em dezembro daquele ano, já debilitado, ele morreu pouco depois.

Mas no dia 3 de julho de 1941, tudo isso ainda estava no futuro, quando os dois Zbarsky acompanharam Lenin a Tyumen.

Naquela manhã, Boris contou ao seu filho a decisão secreta do Politburo de evacuar Lenin, informando-o de que ele e sua família deviam embalar seus pertences pessoais para a viagem de trem para leste. Ilya se lembrava de que não precisou ser convencido do senso de urgência: as forças alemãs avançavam em direção à capital e havia poucas indicações de que pudessem ser paradas. Ouviu naquele dia o discurso de Stalin pelo rádio e se impressionou com seu forte sotaque georgiano e suas palavras de abertura, em que saudava seus compatriotas como irmãos, irmãs e amigos. "Foi a primeira vez em que Stalin falou ao seu povo como seres humanos, e não apenas como 'companheiros'", observou Ilya. Somente uma situação realmente terrível poderia ter provocado uma reversão tão dramática.

"Sabíamos que era perigoso ficar em Moscou", Ilya acrescentou. Ainda assim, ele se sentia mal por causa da ordem, que o deixou com a sensação de estar abandonando Moscou numa hora em que ela ia precisar de todos os defensores que pudesse reunir.

À noite, carros da NKVD chegaram para buscar Ilya, sua família e outro colega da equipe do mausoléu, o professor Sergei Mardashev e sua família, deixando todos num ramal da Estação Yaroslavsky. Lá, enquanto guardas da NKVD vigiavam, eles embarcaram num trem especial que levaria Lenin, os cientistas, suas famílias e 40 guardas do Kremlin. Mas, apesar de todos os preparativos, o trem não era refrigerado e os cientistas tiveram de trabalhar duro para proteger o corpo, deitado num caixão de madeira, da deterioração no calor do verão. Ilya se lembra de colocar cortinas nas janelas para bloquear o sol, trabalhando em turnos com seu pai e Mardashev durante os quatro dias de viagem, sem nunca deixar o corpo, e constantemente aplicando-lhe fluidos.

O trem tinha um bom estoque de alimentos e sua rota era marcada por uma série sem fim de sinais verdes. Nas estações ao longo do caminho, guardas e soldados estavam estacionados para bloquear qualquer um que tentasse embarcar. Com as tropas alemãs se aproximando e os ataques da Luftwaffe avançando para o interior da Rússia, multidões desesperadas buscavam qualquer transporte para leste. O trem especial deixou todos para trás.

Em Tyumen, as autoridades locais colocaram um edifício de dois andares da era czarista, pertencente a uma escola agrícola, à disposição dos visitantes de Moscou e do seu "objeto secreto". Cercado por um muro de tijolos e isolado do resto da cidade, o prédio tinha seus próprios guardas, que vigiavam para que ninguém da cidade entrasse ali por engano. Ilya e sua mulher moravam num apartamento de dois quartos no primeiro andar, mas tinham de dividi-lo com a mãe da sua mulher, sua irmã e dois sobrinhos que os acompanharam na viagem. O pai de Ilya, a madrasta e o filho dos dois ocupavam um apartamento no segundo andar, onde ficou o corpo de Lenin.

O edifício teve de ser reformado. Apesar de ser bem aquecido e bem iluminado, ao contrário da maioria dos edifícios durante a guerra, não possuía instalações de refrigeração, e quantidades enormes de água destilada chegavam por via aérea de Omsk, ou eram enviadas de trem com os produtos químicos especiais necessários para preparar os banhos químicos de Lenin. Antes de mergulhá-lo, Ilya e os outros enrolavam o corpo em bandagens especiais feitas de borracha da Índia, que eram produzidas em Leningrado para esse objetivo sagrado. Ilya estima que, diferentemente de Moscou, onde Lenin era exposto grande parte do tempo, em Tyumen ele ficou mergulhado nos banhos durante cerca de 70% do tempo do período de guerra. Como tinham poucas outras responsabilidades, os cuidadores trabalhavam regularmente removendo manchas e cicatrizes que encontravam no corpo. Não escreveram nenhum relatório, mas uma comissão especial que chegou mais tarde durante a guerra para verificar o estado geral de Lenin concluiu, de acordo com Ilya, "que o corpo estava em melhores condições do que antes da evacuação".

Além do contingente de guardas, o edifício tinha uma equipe completa de cozinha, e Ilya se lembra de que viviam com muito conforto durante uma época em que a maioria dos russos lutava com carências maiores que o normal. "Eles nos alimentavam bem", disse ele. "Era bem mais confortável do que em Moscou. Tínhamos chá, bolos, conhaque." Sintonizavam estações de rádio alemãs e russas e ficaram alarmados com as notícias ouvidas, que indicavam que os alemães ainda avançavam, e também particularmente com os relatos de Moscou em meados de outubro de 1941. "Era óbvio que alguma coisa terrível estava acontecendo", escreveu Ilya. Ouviu de amigos

"Veja como somos espertos agora"

sobre o pânico quando muitos moscovitas tentavam fugir da cidade, convencidos de que ela logo cairia. Ouviu também notícias sobre as prisões de professores que conhecia da Universidade Estadual de Moscou por ensinarem alemão. Mais tarde, soldados feridos que chegavam do *front* trouxeram aos residentes de Tyumen mais informações sobre a luta.

Embora Moscou tivesse conseguido conter o avanço dos alemães, Stalin só permitiu a volta de Lenin à capital em março de 1945, quando a guerra chegava ao fim. Maravilhado com a "saúde" do líder bolchevique, o governo agraciou Boris Zbarski com a Ordem de Lenin e o título de Herói do Trabalho Socialista. Seu filho foi agraciado com a Bandeira Vermelha do Trabalho. Mas quando Boris foi preso em 1952, Ilya também foi demitido – e nunca voltou ao trabalho no mausoléu.

Repassando sua vida e o foco de parte tão grande da sua atenção, ele finalmente estava disposto a expressar seus verdadeiros sentimentos com relação a Lenin. "Ele devia ser retirado do Kremlin e enterrado em outro lugar", disse ele. "Ele é mais um símbolo de terror que um herói." Ainda assim, Ilya se indignava com relatos de jornais do início da década de 1990 que se afirmavam que o corpo de Lenin não foi realmente preservado, só as mãos e a cabeça. "Isso é tolice", protestou. "Tudo está intacto."

Independentemente das conclusões a que chegou quanto ao sistema que Lenin construiu, Ilya tinha orgulho do papel que ele e seu pai desempenharam para manter Lenin "vivo" durante o pesadelo daqueles anos da guerra, quando milhões de seus compatriotas pereceram. Se os alemães tivessem capturado Lenin, o simbolismo teria sido enorme. E, é claro, teria significado que tinham capturado Moscou. E se tivessem capturado Moscou, os primeiros anos da guerra teriam tomado um caminho completamente diferente, e o resultado final do conflito poderia ter sido bem diferente.

Mas Lenin viveu.

Aquele verão de 1941, quando Stalin despachava Lenin secretamente para Tyumen, Hitler se tornava cada vez mais confiante de que a União Soviética – com Moscou no centro e Lenin como seu símbolo – logo seria história. Foi a confiança de Hitler que lhe permitiu lançar a Operação Barbarossa, varrendo todas as reservas e banindo as preocupações relativas a precedentes inquietantes. E foi sua confiança recarregada que então o levava a se aproximar de outro grande erro de cálculo que seria um fator importante no resultado final, tanto da Batalha de Moscou, que ainda pairava no horizonte, como de toda a guerra na frente oriental.

Hitler se sentia libertado pelo ataque contra a União Soviética. "Desde a luta para chegar a essa decisão, sinto-me outra vez espiritualmente livre", escreveu a Mussolini. "Estou agora feliz por estar livre daquelas agonias mentais." E as primeiras vitórias alemãs e a velocidade do avanço só pareciam confirmar a sabedoria do Führer. No dia 3 de julho, o mesmo dia em que Stalin tentava reunir seus compatriotas, o chefe do Estado-Maior alemão, Franz Halder, escreveu: "assim não seria provavelmente nenhum exagero dizer que a campanha russa foi vencida no espaço de duas semanas". Mas ele avisou que ela ainda não tinha terminado. "A simples vastidão geográfica do país e a obstinação da resistência, que é oposta por todos os meios, há de exigir nossos esforços por bem mais semanas adiante."

Estava claro que Halder previa uma operação de limpeza de "bem mais semanas", não meses. No dia 8 de julho, ele escreveu o seguinte trecho no seu diário de guerra:

> É decisão firme do Führer arrasar Moscou e Leningrado e torná-las inabitáveis, para aliviar a necessidade de alimentar populações durante o inverno. As cidades serão arrasadas pela força aérea. Tanques não serão usados para esse fim. "Uma catástrofe nacional que há de privar não só o bolchevismo, mas também o nacionalismo moscovita dos seus centros".

Presumivelmente, essa última frase era uma citação direta de Hitler. No dia 27 de julho, ao jantar com seu séquito, o ditador alemão delineou sua visão mais ampla, não só para Moscou e Leningrado, mas para todo o território que pretendia conquistar. Seu império, explicou, se estenderia de 200 a 300 km a leste dos Urais. Os alemães senhores de terra deveriam ser capazes de controlar aquela área "com 250 mil homens mais um quadro de bons administradores". Sua inspiração fora o Império Britânico. "Vamos aprender com os ingleses, que, com 250 mil homens ao todo, inclusive 50 mil soldados, governam 400 milhões de indianos. Esse espaço na Rússia tem de ser sempre dominado pelos alemães." O povo conquistado deveria ser subjugado sem piedade, e a estratégia geral seria "germanizar esse país

"Veja como somos espertos agora"

pela imigração de alemães, que deverão encarar os nativos como peles ver-melhas. [...] Nesse negócio vou avançar com sangue frio".

Mas, apesar de todo otimismo irrefletido daqueles primeiros dias, e apesar do colapso das defesas soviéticas nas principais áreas, havia mesmo sinais de que os alemães enfrentavam mais do que esperavam. As unidades alemãs logo descobriram que as estradas e outras infraestruturas, que pare-ciam boas nos seus mapas, em geral eram na verdade inexistentes. E desde o primeiro dia, alguns soldados soviéticos lutavam ferozmente, recusando-se a se render por mais que parecessem condenados à derrota.

Por exemplo, os alemães esperavam passar rapidamente pela fortaleza de Brest, logo depois da fronteira, mas viram-se atolados durante vários dias em luta intensa. As tropas soviéticas, suas mulheres e filhos, resisti-ram sob uma barragem constante da artilharia e do fogo das metralhadoras alemãs muito mais tempo do que parecia humanamente possível. Alguns defensores inflexíveis continuaram lutando nos túneis e nas muralhas por mais de um mês. "Russos rendam-se", os alemães apelaram a eles pelos alto-falantes. "O comando alemão garante as suas vidas. Moscou já capitulou." Ironicamente, tropas polonesas resistiram aos invasores alemães na mesma fortaleza em setembro de 1939, quando Brest ainda pertencia à Polônia. (Um dos defensores sobreviventes foi o pai deste escritor.) Mais tarde, os alemães transferiram Brest para o controle do Exército Vermelho, pois a cidade devia pertencer à União Soviética de acordo com a divisão do butim por Hitler e Stalin.

O marechal de campo Fedor von Bock, comandante do Grupo de Exér-citos do Centro, que observou a luta na fortaleza e no seu entorno, e depois as batalhas na região próxima, registrou em seu diário no dia 23 de junho, um dia depois do início da invasão:

> Os russos estão se defendendo obstinadamente. Mulheres foram vistas fre-quentemente em combate. De acordo com declarações feitas por prisionei-ros, os comissários políticos incentivam a máxima resistência, dizendo que vamos matar todos os prisioneiros! Aqui e ali, oficiais russos se mataram para evitar a captura.

Quando ele próprio e os diplomatas soviéticos se preparavam para partir de Berlim após o início das hostilidades, Valentin Berezhkov se encontrou com o tenente Heineman, das ss, que estava encarregado dos guardas em torno da embaixada. Heineman se mostrou um nazista menos comprometido, e logo informou a Berezhkov que altos oficiais alemães estavam extremamente preocupados com a resistência determinada que encontraram em algumas áreas nas primeiras escaramuças, com pesadas baixas alemãs. "Algumas pessoas na Chancelaria Imperial chegam a se perguntar se a Alemanha devia ter começado a guerra contra a União Soviética", disse a Berezhkov.

Na verdade, o homem da ss estava ansioso para ser recrutado por dinheiro, por isso talvez tenha exagerado nas suas informações. De modo geral, os sucessos iniciais dos invasores alemães exaltaram os espíritos da liderança nazista, convencendo-os de que Hitler estava certo ao se lançar contra o vizinho do leste. Mas até mesmo Goebbels, ainda que afirmasse no seu diário, em 24 de junho, que "os desenvolvimentos militares no leste são excelentes acima de todas as nossas expectativas", temperava seu otimismo com um respeito ressentido pelos adversários. Ao denunciar a "feroz propaganda de atrocidades" de Moscou em resposta à invasão, ele observou em 25 de junho que "a propaganda deles é melhor que a de Londres. Aqui nos vemos diante de um adversário mais competente". Ele retornou ao tema dois dias depois. "Os bolcheviques não são ingleses. Sabem uma ou duas coisas sobre propaganda subversiva."

Mais significativo, seus relatos sobre as vitórias logo passaram a ser salpicados de admissões de que os inimigos estavam oferecendo uma dura resistência. No dia 27 de junho, sexta-feira, ele observou: "os russos estão sofrendo enormes perdas de tanques e aviões. Mas lutam bem e aprenderam muito desde o domingo [o dia da invasão]". No dia seguinte, ele acrescentou: "o inimigo se defende desesperadamente e tem boa liderança. A situação não se apresenta ameaçadora, mas estamos com as mãos ocupadas".

À medida que o Kremlin organizava as defesas da capital soviética, preparando os *opolchenie*, ou unidades da guarda nacional, que logo atraíram 120 mil recrutas depois do discurso de Stalin, uma nota de hesitação surgiu no pensamento da liderança alemã com relação ao objetivo Moscou. No dia 4 de julho, Goebbels relatou mais uma vez que a situação no *front* central é "excelente" e que "o inimigo está começando a ceder". Mas avisava: "bani toda ênfase especial em Moscou na propaganda alemã. Precisamos evitar fixar o olhar público sobre esse objetivo único e fascinante".

"Veja como somos espertos agora"

Por que a hesitação quando as tropas alemãs avançavam para leste com tamanha velocidade? O general Alfred Jodl, chefe do Estado-Maior de Hitler, ofereceu pelo menos uma explicação parcial. "O Führer tem uma aversão instintiva a percorrer o mesmo caminho que Napoleão. Moscou lhe dá uma sensação sinistra. Ele teme que talvez haja uma luta de vida ou morte contra o bolchevismo."

Mas foi precisamente essa luta de vida ou morte que Hitler desencadeou ao lançar a Operação Barbarossa. E não havia dúvida de que os alemães precisavam conquistar Moscou a fim de ter a chance de um golpe mortal contra o estado soviético. Ainda assim, naquele verão, exatamente quando aquele objetivo parecia estar ao alcance da mão, Hitler hesitou. O destino de Moscou – e também o destino dos dois regimes totalitários – pendia da balança, e então o normalmente ousado Führer, para desalento dos seus generais, pareceu não saber o que queria. Seu otimismo desde os primeiros momentos da invasão o havia convencido de que tinha muito tempo para perseguir, antes, outros objetivos da sua campanha no leste, especialmente a vitória na Ucrânia, enquanto seu nervosismo oculto com relação a Moscou o convencia de que este era também um curso mais seguro.

Esse seria um grande erro de cálculo, que ofereceu a Stalin o seu primeiro vislumbre de esperança. Foi quase como se cada déspota estivesse determinado a emular o outro, erro a erro.

O preço do terror

Quando a Alemanha invadiu a União Soviética, no dia 22 de junho, Ilya Vinitsky era estudante do Instituto de Aviação de Moscou (IAM) e tinha começado um estágio de verão numa fábrica no Volga. Criado numa família judia em Kiev, ainda na escola secundária ele tinha sido treinado como franco-atirador. Portanto, estava pronto – e ansioso – para se oferecer como voluntário ao serviço militar quando estourou a guerra e foi correndo para Moscou na manhã seguinte. O comitê regional do partido indicou-o para o Primeiro Batalhão Comunista Especial de Moscou, uma unidade de 307 homens composta de outros estudantes do IAM, além de engenheiros mais experientes e contramestres de fábrica, alguns dos quais tiveram experiência de combate na Guerra Civil Espanhola.

Na primeira reunião de instruções do novo batalhão naquela mesma noite, três oficiais do partido vestindo roupas civis chegaram e, depois de dizerem ao instrutor militar para sair do recinto, informaram aos voluntários que uma missão especial lhes era confiada naquele momento. Explicaram que, como muitos soldados soviéticos fugiam dos atacantes alemães, a tarefa deles seria fazê-los parar. Admitiram que na região do Báltico muitos soldados se livravam das suas armas, despiam as fardas e cruzavam nadando um rio para fugir; muitos outros simplesmente esperavam para se render. A missão do novo batalhão, continuaram, era impor novamente a disciplina e dar fim àquele comportamento. "O Comitê Central autoriza vocês a tomar qualquer medida necessária, até mesmo a execução", declararam.

Já octogenário, ao relembrar aquelas palavras, Vinitsky se viu lutando contra as lágrimas. Poucas lembranças são tão dolorosas para os veteranos da Grande Guerra Patriótica, a designação oficial da Segunda Guerra Mundial na Rússia, como as dos soldados soviéticos matando seus próprios homens. Até hoje, muitos veteranos suprimiram tudo relacionado com essa lembrança em particular – ou pelo menos evitam falar dela. Mas a prática se iniciou bem no início da guerra e se tornou assustadoramente comum. Desde o princípio, Stalin agiu com base na sua convicção profunda, que foi evidente durante toda a duração do seu reinado, de que precisava lutar uma guerra em duas frentes: uma contra o invasor estrangeiro e a outra contra aqueles que ele e seus exércitos de carrascos voluntários chamavam de traidores ou inimigos internos.

O terror do período de paz da década de 1930 transformou-se rapidamente na nova campanha de terror do período de guerra. E a maioria dos que foram à guerra em 1941 reconheceram, ou logo passaram a reconhecer, que não eram apenas os alemães que ameaçavam suas vidas; havia também seus próprios companheiros, oficiais superiores e agentes da NKVD. Nem mesmo o soldado mais leal podia ter certeza de que não cairia em desgraça, às vezes em total ignorância, com algum companheiro do seu lado no campo de batalha ou fora dele.

Como um jovem que havia acabado de vestir a farda, Vinitsky não foi enganado pelas instruções que sua unidade acabara de receber, muito pelo contrário. "Estávamos orgulhosos por termos recebido aquela missão especial", lembrou. A missão significava também que estavam equipados com fuzis e granadas, ao contrário de muitas outras unidades, que receberam apenas suprimentos mínimos. E, como eram voluntários que não passaram pelo departamento de mobilização, seus documentos eram diferentes dos da maioria dos outros recrutas. Por causa desse descuido, eles puderam guardar seus passaportes internos, o documento de identificação que todos os civis eram obrigados a carregar em todas as ocasiões, em vez de trocá-los por cartões de identificação militares. Essa confusão burocrática pouco depois quase custou a vida de Vinitsky.

O preço do terror

Mas primeiro, com a sua unidade, ele teve de ser transportado para o *front*. Um dos seus instrutores militares lhes tinha informado sobre o solo da Prússia Oriental, explicando por que seria difícil cavar trincheiras, como se fosse possível que eles logo se encontrassem tão longe a oeste depois de empurrar os alemães para o seu próprio território. Pelo contrário, embarcaram num trem para o oeste que só chegou a Velikiye Luki, uma cidade a 450 km de Moscou. "Só até lá. Não havia nenhuma força soviética além dali."

A cidade e tudo nela foram abandonados pelas tropas soviéticas, embora também não houvesse alemães ali. Os desvios da ferrovia estavam travados. Com a ajuda de um maquinista local, eles conseguiram destravá-los e sair à noite, mas se viram sob ataque dos aviões alemães na manhã seguinte. Vinitsky e alguns companheiros conseguiram descer do trem, mas cerca de 30 foram mortos ou feridos antes de chegarem à proteção de uma floresta próxima. "Pela primeira vez, vi o que significava 'um pouco de sangue'", disse ele, referindo-se à manifestação orgulhosa das autoridades soviéticas antes da guerra, de que iam derrotar qualquer inimigo no seu próprio território perdendo apenas "um pouco de sangue" russo. Os mortos e feridos estavam espalhados por toda parte. Um fragmento de bomba havia aberto a cabeça de um dos seus amigos, matando-o instantaneamente, mas seus olhos ainda estavam abertos e pareciam fitar Vinitsky e os outros sobreviventes "como se os censurasse". Do trem só sobrou uma ruína inútil.

Com ordens de voltar à tarefa principal de encontrar unidades em retirada para forçá-las a voltar à batalha, os sobreviventes se dispersaram na floresta, geralmente aos pares. Vinitsky logo se viu sozinho, pois seu companheiro desapareceu durante a noite. Depois de andar por várias horas, ele encontrou um grupo de 60 ou 70 soldados soviéticos sentados em volta de uma fogueira. Tudo na aparência deles indicava que já tinham desistido da luta. Dois oficiais superiores, que poderiam ser identificados pelas insígnias que tinham arrancado da farda, claramente se preparavam para se render aos alemães. Sentados indiferentes em volta, seus homens estavam prontos para seguir o comando deles. Alguns já tinham queimado seus documentos pessoais.

Enfrentando-os sozinho, Vinitsky perguntou quem era o responsável pela unidade. Ninguém respondeu. "Em forma!", ele ordenou e os homens obedeceram. Ele lhes disse que tinha completa autorização do comitê central para assumir o comando e que também estava autorizado a fuzilar qualquer covarde. Então, ele os instruiu a segui-lo e, mais uma vez, eles obedeceram. "Estavam felizes por alguém assumir qualquer tipo de responsabilidade", contou. "Os homens recuperaram a coragem por acreditarem que eu tinha confiança no que fazia."

Isso não chegava a ser surpreendente, pois muitos dos soldados só conheciam oficiais incompetentes. Vinitsky contou aos dois oficiais o seu plano de conduzir os soldados de volta à sua unidade, para que se recompusessem como unidade de luta. Mas quando examinou com eles um mapa para descobrir a rota a ser tomada, percebeu que aqueles oficiais políticos não sabiam ler mapas. A razão, Vinitsky explicou, era que menos de um ano antes os oficiais superiores daquela unidade tinham sido expurgados e no lugar deles tinham assumido elementos leais que só sabiam os slogans de partido.

Apesar de poder tê-los executado, ele não fuzilou nem os oficiais nem ninguém mais. Reconheceu que ficou tentado, particularmente quando viu que os oficiais tinham destruído suas insígnias. Mas quando fez aqueles homens marcharem até a unidade principal, ouviu que as coisas tinham se passado de outra maneira em outras partes. Alguns dos seus camaradas admitiram tranquilamente ter executado soldados para afirmar sua autoridade. A unidade especial tinha reunido cerca de 1.500 soldados no total, mas Vinitsky não sabia quantos foram mortos no processo.

O batalhão de Vinitsky não hesitou em fazer o que fosse necessário para sobreviver, não importando o preço a ser pago. Tomavam cavalos, grãos, outros alimentos que encontravam nas aldeias que ainda não estavam ocupadas pelos alemães. Vinitsky afirmou que seus homens emitiam recibos por tudo que tomavam, mas os camponeses sabiam que eles não tinham valor. "Vocês estão nos abandonando aos alemães e roubando de nós, malditos 'defensores'", gritavam para os soldados.

Em certo ponto, a unidade de Vinitsky descobriu um automóvel alemão e o emboscaram. Dentro havia um general alemão, uma enfermeira russa e um motorista. "Matamos todos. Tivemos de matar também a enfermeira. Não tínhamos meios de tomá-los prisioneiros. Não era prático. Mal conseguíamos encontrar alimentos só para nós." E acrescentou: "a enfermeira tinha desertado. Você não acredita quantos traidores havia". Muitos dos homens já tinham testemunhado a destruição executada pelos alemães, às vezes nas suas cidades natais, contra suas famílias e vizinhos. Por isso, concluiu Vinitsky, "estávamos furiosos e éramos impiedosos".

O preço do terror

Ironicamente, os que estavam encarregados de caçar "traidores" e soldados prontos a se render, às vezes também caíam vítimas de outros encarregados da mesma missão, o que também era comum no sistema de Stalin. Os caçadores podiam, e o que acontecia com frequência, de repente se transformar em caça.

Perto do fim do verão, Vinitsky recebeu ordens de voltar para leste até Rzhev, uma cidade violentamente disputada a noroeste de Moscou. Ele devia ajudar a manter os aviões soviéticos baseados na cidade. No caminho, ele ficou com um dia livre enquanto esperava a conexão com um trem numa cidadezinha. "Minhas pernas doíam, eu estava com fome, não tinha dinheiro e não podia comprar comida", lembrou. Então ele decidiu ir a um lago próximo, tirar as botas e molhar os pés na água, desfrutando a rara paisagem pacífica num dia quente de verão. Vestia farda suja e levava uma metralhadora e binóculos alemães que tinha tomado numa batalha. Mas, o pior é que ele ainda levava seu passaporte interno, que normalmente indicaria que ele não era na verdade um soldado soviético, que devia portar somente cartões ou medalhas de identificação militar. "Eu era um presente para o serviço de contrainteligência", disse sarcasticamente. "Naquela época, a caçada de espiões corria a pleno vapor."

De repente, ele ouviu a ordem: "levante-se! Mãos para o alto! Não se mexa!". Uma patrulha de três homens tinha se aproximado em silêncio, todos com as armas apontadas para Vinitsky. "Documentos!", exigiram. Quando Vinitsky puxou seu passaporte interno e seu cartão de identidade estudantil, eles o empurraram no chão e amarraram suas mãos nas costas. Apesar de ter um documento designando seu batalhão, eles estavam convencidos de que aquilo era uma falsificação alemã. Estavam convencidos de que tinham prendido um espião alemão.

A patrulha voltou marchando com Vinitsky para o escritório da NKVD na cidade, onde três outros homens começaram a interrogá-lo e logo descartaram sua história, tomando-a como uma fraude evidente. Um dos homens começou a torturá-lo, batendo-lhe no rosto, mas fez uma pausa quando Vinitsky cuspiu alguns dentes da frente. O preso ainda teve a presença de espírito de lançar mais uma defesa, dizendo que era judeu. Seu torturador fê-lo despir-se para provar que era circuncidado. Mas isso só convenceu o trio de que ele era "um espião muito bem camuflado". A pancadaria continuou até o oficial da NKVD se cansar. Ele, então, propôs matar Vinitsky ali mesmo.

A Batalha de Moscou

Mas um dos outros homens, o secretário local do partido, tinha continuado a examinar seus documentos e concluiu que não eram forjados. O que só poderia significar que ele era um espião ainda mais importante do que tinham imaginado, e devia ser enviado para a sede local da NKVD na cidade de Kalinin, onde "eles fariam esse palhaço dizer a verdade". Três homens armados o escoltaram na viagem de trem até Kalinin, e lá ele foi atirado no chão de cimento de uma cela sem janelas da sede da NKVD, com as mãos ainda amarradas e a boca sangrando.

Vinitsky não sabia, mas teve sorte de estar lá. Seu novo interrogador, um jovem agente da NKVD vestindo roupas civis, anotou tudo que ele disse, inclusive a afirmativa que não tinha sido culpa sua ele não ter um cartão de identificação militar. Para surpresa de Vinitsky, o interrogador ouviu suas alegações e chamou o diretor do IAM, que comprovou a veracidade da história de que ele era um estudante que tinha se apresentado como voluntário para o serviço militar. O interrogador fez várias perguntas detalhadas sobre o IAM, onde estava instalado o Instituto de Aviação em Moscou e onde ficavam as salas de aula. Quando Vinitsky respondeu a tudo com precisão, ele ordenou ao guarda que o desamarrasse, permitiu que ele se lavasse e lhe ofereceu chá e pão seco. Vinitsky só conseguiu tomar o chá, já que, em virtude dos espancamentos, ele não conseguia mastigar.

O interrogador libertou Vinitsky, que voltou à manutenção de aviões, mas não em Rzhev. As instalações daquela cidade já tinham sido destruídas na luta. Mais tarde Vinitsky seria informado do destino do restante da sua unidade. Dos 307 homens, 32 sobreviveram. Ele estava entre esses poucos afortunados e, o que não chegou a ser incomum, seus próximos encontros com a morte aconteceram quando ele era prisioneiro no seu próprio lado.

Mesmo antes da invasão alemã, a censura de correspondência privada era rotina na União Soviética, e os censores da NKVD incrementaram o trabalho tão logo a guerra começou. Pesquisavam tudo que parecesse sedicioso, e o castigo vinha rápido. No dia 24 de junho, por exemplo, o relatório interno dos censores citava várias cartas.

Cherviakov, identificado apenas pelo último nome e a descrição de que tinha servido no exército czarista, afirmava que o Kremlin tinha cometido

O preço do terror

o erro de se aliar à Alemanha, e não à Inglaterra e França, e que o início da guerra já revelava "grande insatisfação no exército". O relatório dos censores continha na última linha: "Cherviakov foi preso".

Um "fabricante" alemão étnico chamado Kuhn escreveu: "a União Soviética é totalmente responsável pela guerra", repetindo a propaganda alemã de que movimentos de tropas soviéticas ao longo da fronteira eram uma provocação. "O poder soviético não é produto da vontade do povo. E agora o povo vai protestar." Também neste caso a última linha era: "Kuhn foi preso".

Danilov, um empregado do departamento de estradas do distrito Stalin de Moscou, relatou erroneamente que os exércitos de Hitler já tinham capturado cinco grandes cidades, inclusive Kiev e Odessa. "Afinal, vamos poder respirar livremente. Dentro de três dias, Hitler estará em Moscou e a *intelligentsia* terá a boa vida." Não havia nenhuma anotação sobre o destino de Danilov, mas não é difícil imaginar.

Kurbanov, que trabalhava no departamento de construção do Intourist, a agência de viagens do estado, escreveu:

> É questionável a capacidade de o poder soviético prevalecer nesta guerra. Em 1919-20 [referência à Guerra Civil], o povo lutou pela liberdade e por seus direitos. Agora não tem ninguém por quem morrer. O poder soviético tornou o povo notavelmente zangado.

Também neste caso não havia observação quanto ao seu destino.

Finalmente, Mauritz, descrito apenas como mais um alemão étnico, previu que os camponeses receberiam bem a eclosão da guerra. "Eles serão libertados dos bolcheviques e das fazendas coletivas que odeiam." A observação: "Mauritz foi preso".

Na verdade, muitos ucranianos e outros na periferia ocidental da União Soviética inicialmente saudaram os alemães como libertadores, pois estavam convencidos de que os conquistadores dariam fim ao terror generalizado que experimentavam sob Stalin. A campanha de coletivização forçada da década de 1930, acompanhada da fome em massa, prisões e execuções, resultou em milhões de mortes, e era difícil para os sobreviventes imaginar que os alemães pudessem tratá-los pior. "A população local demonstrou genuína bondade para com os soldados alemães e tinha grandes esperanças na nossa chegada", escreveu Hans von Herwarth, o diplomata alemão feito guerreiro. "Em todos os lugares em que estivemos fomos saudados com pão e sal, os símbolos eslavos tradicionais de hospitalidade."

Mas se esse comportamento pode ser desconsiderado por vir de ucranianos, ou de outras nacionalidades cuja lealdade era suspeita, os relatórios dos censores sobre as cartas interceptadas mostravam que os habitantes de Moscou e de outras cidades russas não estavam imunes a tais sentimentos durante os primeiros dias de luta. Apesar de a maioria se juntar à defesa da causa, os céticos e os que esperavam abertamente a derrota do regime comunista não eram apenas produto da imaginação paranoica de Stalin e de suas polícias. Talvez constituíssem uma pequena minoria, mas havia o número suficiente para alimentar ainda mais a paranoia do regime. Eram também bastante para desmentir a propaganda de que o povo soviético estava completamente unido na decisão de derrotar os invasores alemães.

Muito mais grave que os sinais de descontentamento civil, era a situação nos campos de batalha quando os alemães avançaram. Stalin tinha várias razões para suspeitar que muitos dos seus soldados desmoralizados se rendiam depressa demais e que a disciplina estava se desmanchando nas principais unidades em todo o *front*. "Não foi o ataque alemão que pegou Stalin de surpresa, mas o colapso das nossas tropas", insistiu Sergo Beria, filho do chefe da NKVD, Lavrenty Beria, no seu relato do período. Apesar de estar enganado na primeira afirmação de que Stalin não foi surpreendido pelo ataque em si, o jovem Beria tinha razão com relação ao choque sentido pelo líder soviético ao perceber que, em muitos casos, seus exércitos estavam se desintegrando em face do assalto alemão.

Diante da avalanche de notícias alarmantes, Stalin reverteu a forma, emitindo uma série de decretos draconianos que teriam papel importante no modo como a Batalha de Moscou seria lutada, e em todas as outras batalhas posteriores. Essencialmente, eles se resumiam a uma sentença de morte não só para aqueles que fugiam ou fraquejavam, mas também para muitos soldados corajosos que lutaram com firmeza.

No dia 28 de junho, ele autorizou as primeiras instruções, que definiam sua atitude com relação a todos os soldados soviéticos capturados pelos alemães. Os "traidores que fugiram para o estrangeiro", como ele os chamava, deveriam ser punidos imediatamente no retorno e, durante esse período, suas famílias também seriam penitenciadas. Um mês depois, ele emitiu a Ordem 227, conhecida como "nenhum passo atrás". Ela proibia a possibilidade de retirada

O preço do terror

Atacados de surpresa e quase sempre sem armas, centenas de milhares de soldados soviéticos se renderam aos alemães durante os primeiros meses da guerra. *Esquerda*: os novos prisioneiros de guerra são levados para campos provisórios. *Direita*: mulheres russas choram ao verem seus homens marchando para a prisão. A maioria desses prisioneiros soviéticos iria perecer rapidamente.

aos soldados soviéticos e avisava que eles seriam fuzilados caso desobedecessem. A NKVD também recebeu a autoridade de fuzilar qualquer soldado soviético que fugisse da prisão alemã. Ser capturado pelos alemães, os prisioneiros logo aprenderam, representava uma virtual sentença de morte. Um relatório alemão datado de 19 de fevereiro de 1942 indicava que quase 3 milhões dos 4 milhões de prisioneiros soviéticos capturados até aquela data haviam morrido. Apesar de o relatório certamente exagerar o número de prisioneiros soviéticos, a taxa de mortalidade de 75% era, com toda probabilidade, razoavelmente precisa. E a ordem de Stalin significava que a maioria estava condenada, mesmo que conseguisse fugir.

Então, no dia 16 de agosto, Stalin emitiu a sua infame Ordem 270, que detalhava os pontos específicos da sua política:

> Ordeno que: 1. qualquer um que remova as insígnias durante a batalha e se renda deva ser tratado com um maldito desertor cuja família deverá ser presa como a família de alguém que quebrou o juramento e traiu a

A Batalha de Moscou

pátria-mãe. Esses desertores deverão ser fuzilados no local. 2. os que forem cercados devem lutar até o último homem e tentar voltar para suas próprias fileiras. Os que preferirem se render deverão ser destruídos por todos os meios disponíveis, e suas famílias deverão ser privadas de todos os subsídios e assistência do estado.

Stalin já tinha demonstrado que levava a sério todas as palavras daquele documento. Um mês antes, Yakov, o filho mais velho do líder, tenente da 14ª Divisão Blindada, se viu cercado por soldados alemães em Vitebsk. "Sou filho de Stalin e não vou permitir que a minha bateria recue", anunciou, tentando obedecer às instruções do seu pai. Mas ele foi capturado, e então não as seguiu ao pé da letra. Quando os alemães anunciaram a captura desse prisioneiro de alto perfil, Stalin ficou furioso com o filho. "O idiota não foi capaz nem de se suicidar!"

Depois do anúncio da Ordem 270, a NKVD prendeu a mulher de Yakov, Yulia, nora de Stalin, que foi enviada para um campo de prisioneiros por dois anos. Mais tarde, os alemães ofereceram a troca de Yakov pelo famoso marechal de campo Friedrich Paulus, capturado em Stalingrado em janeiro de 1943. O líder soviético recusou e, alguns meses depois, seu filho cumpriu o desejo do seu pai. Preso na Alemanha, Yakov cometeu suicídio jogando-se na cerca do campo.

Nada podia mudar a decisão de Stalin com relação aos que eram capturados. No início da guerra, os alemães sugeriram a criação de um sistema postal para os prisioneiros de guerra dos dois lados. "Não há prisioneiros de guerra russos", Stalin respondeu. "O soldado russo luta até a morte. Se escolher ser feito prisioneiro, estará automaticamente excluído da comunidade russa. Não estamos interessados num serviço postal apenas para os alemães."

Essa atitude significou que os prisioneiros soviéticos que conseguiram escapar ou sobreviver até o fim da guerra seriam presos, se tivessem sorte, ou, se não tivessem, seriam imediatamente executados. Nikolai Pisarev, por exemplo, foi ferido e capturado em julho de 1941 no oeste da Ucrânia. Em outubro, ele estava entre os primeiros prisioneiros a serem enviados a Auschwitz, onde os detentos soviéticos receberam ordens de construir a seção Birkenau do campo, que seria o local das câmaras de gás. Quase todos os prisioneiros soviéticos morreram, mas Pisarev conseguiu fugir quando participava de um grupo que trabalhava na estação ferroviária da cidade. Com a ajuda dos poloneses locais, ele enganou seus perseguidores,

O preço do terror

e sobreviveu à guerra como membro da brigada polonesa de trabalhos forçados. Quando voltou a Moscou, os interrogadores da KGB prenderam-no e o torturaram durante um mês, espancando-o até perder a consciência. Ele sobreviveu também a essa provação e a um período subsequente de exílio interno. Esse foi o destino dos afortunados nesses casos.

À medida que os alemães avançavam para leste no verão de 1941, e Moscou parecia cada vez mais vulnerável, Stalin continuava a exigir mais castigos instantâneos em todos os pontos onde as linhas soviéticas eram rompidas, o que no início era por toda parte. No dia 10 de julho, por exemplo, ele determinou que a *Stavka*, ou quartel-general, emitisse uma declaração de que estava completamente insatisfeita com o que acontecia na frente noroeste. "Os oficiais que não cumpriram ordens e abandonaram suas posições como traidores, largando sem ordens a linha de defesa, ainda não foram punidos", a nota se queixava. E ordenava a um promotor e aos oficiais da NKVD "irem imediatamente às unidades da frente de batalha e tratar no local dos traidores e covardes".

Não havia dúvida quanto ao significado da ordem de "tratar dos traidores". Em setembro, quando a Batalha de Moscou se aproximava, começaram a aparecer as "unidades de bloqueio". Eram esquadrões que assumiam posições atrás das tropas soviéticas que iam para a batalha e tinham a missão de ceifar todos os homens que tentassem recuar. Daí as cenas terríveis de soldados soviéticos repelidos pelos alemães e derrubados pelas metralhadoras russas na retaguarda. "O que se pode pensar de um exército em que um soldado tem ordens de atirar no inimigo e outro tem ordens de atirar nos seus compatriotas?", perguntou depois Sergo Beria, o filho do chefe da polícia secreta de Stalin. "Há algo sujo e pegajoso, como nos livros de Dostoievsky." Embora as unidades de bloqueio não estivessem tão bem organizadas como nas batalhas posteriores, como a de Stalingrado, suas origens estão na preparação para a Batalha de Moscou.

Sob outros aspectos, o sistema stalinista de punição já estava completamente operacional naquele período. O fuzilamento de desertores tinha se tornado comum – às vezes isso significava o fuzilamento de centenas de soldados numa só unidade. Alguns soldados atiravam na própria mão esquerda, pensando que isso lhes permitiria fugir da luta. O general Konstantin Rokossovsky escreveu mais tarde que tinha encontrado "um grande número de exemplos de covardia, pânico, deserção e automutilação" durante as lutas iniciais.

No início, essa "mão esquerda" aparecia quando [eles] atiravam nas palmas das suas mãos ou decepavam a tiros vários dedos. Depois começaram a aparecer casos de "mão direita". A automutilação surgia por acordo mútuo: dois soldados atiravam um na mão do outro.

Mas os soldados que recorriam a medidas tão desesperadas estavam assinando sua própria sentença de morte. Unidades da NKVD tinham ordens de executar qualquer suspeito de automutilação. Não acreditavam nem mesmo nos que sofriam esses ferimentos em batalha. Esses também enfrentavam execução imediata.

Quanto a outras formas de "justiça", elas eram igualmente rápidas e duras. De acordo com um relatório da NKVD, 667.364 soldados que tinham "fugido do *front*" tinham sido caçados em 10 de outubro de 1941. Desses, 10.201 foram fuzilados, 25.878 mantidos presos, e 632.486 foram incluídos em outras unidades – em muitos casos, batalhões penais enviados em missões suicidas. Durante a guerra, as fileiras dos batalhões penais eram completadas com milhares de prisioneiros do Gulag. Afinal, eles eram considerados candidatos perfeitos para missões como atravessar campos minados à frente das unidades regulares. Ao mesmo tempo, Stalin continuou a fornecer ao Gulag um fluxo contínuo de novos prisioneiros, assegurando, assim, que os enviados para a frente de batalha poderiam ser facilmente substituídos por outros trabalhadores escravos.

Stalin não se contentava em aterrorizar as massas de soldados; ele também queria convencê-los de que seus comandantes, em caso de fracasso, enfrentavam o mesmo perigo que eles. Ademais, ele precisava de pelo menos alguns bodes expiatórios para justificar a sequência embaraçosa das primeiras derrotas. O general Dmitry Pavlov, comandante da frente ocidental cujas forças foram incapazes de parar os invasores alemães que capturaram Minsk e seguiram para leste, foi rapidamente escolhido para essa missão, ao lado dos seus principais assessores. Foram presos e torturados até que "confissões" foram arrancadas deles a poder de pancadas. Seu suposto crime: participação numa "conspiração militar antissoviética". Ao aprovar suas sentenças de morte, que foram executadas imediatamente, Stalin deu instruções claras aos seus assessores: "não haverá apelação. E depois informe às frentes, para que saibam que os derrotistas serão punidos sem piedade".

As execuções também incluiriam os oficiais já presos quando a guerra começou. Poucos dias antes da invasão alemã, Pavel Rychagov, um piloto que tinha se destacado durante a Guerra Civil Espanhola e depois tornou-se vice-co-mandante da Força Aérea Soviética, foi preso com Yakov Smushkevich, outro veterano altamente condecorado no mesmo conflito. No dia 28 de outubro de 1941, quando a luta em volta de Moscou estava num estágio crucial, eles tiveram de enfrentar o pelotão de fuzilamento, juntamente com vários oficiais e a esposa de Rychagov, também piloto consumada da força aérea.

Como escreveu mais tarde Stepan Mikoyan, que serviu como piloto de caça na guerra enquanto seu pai permanecia no círculo íntimo de Stalin:

> Corria uma grande guerra, nosso exército sofria enormes baixas e derrotas, e mesmo assim comandantes experimentados, em vez de serem usados para salvar a situação, foram executados apressadamente. [...] É doloroso imaginar os sentimentos de pessoas que, numa época de grave perigo para o país, esperavam a morte nas mãos de seus próprios compatriotas.

Ao longo de toda a guerra, cerca de 158 mil soldados soviéticos foram sentenciados à morte. Os tribunais militares alemães, por sua vez, conde-naram um total de 22 mil soldados à morte por deserção, não somente na frente oriental, mas onde quer que servissem. Quando se tratou da conde-nação de soldados e oficiais das suas forças armadas, Stalin superou Hitler facilmente. Mas isso não chega a surpreender. Já bem antes do início da guerra, o líder soviético tinha adquirido grande prática na execução dos seus militares. E esse registro sangrento provou ser um importante fator de contribuição para a incrível falta de preparo das forças armadas soviéticas quando os alemães invadiram o país. Stalin assassinou cedo e muito, e não foram apenas as vítimas diretas que pagaram o preço.

Na década de 1930, quando Stalin ampliou metodicamente o seu reino de terror para eliminar qualquer um que considerasse "inimigo", ou possível ameaça ao seu governo, ninguém – e nenhuma instituição – estava livre de suspeitas. Um dia, em meados daquela década horripilante, Stalin caminhava pelos corredores do Kremlin com o Almirante Ivan Isakov. Como sempre, ofi-ciais da NKVD mantinham guarda em todas as esquinas. "Você já notou quantos estavam ali?", o líder soviético perguntou a Isakov. "Toda vez que ando pelos corredores penso: qual deles será? Se for este, vai atirar em mim pelas costas. Mas depois de passar a curva, o próximo vai atirar na minha cara."

Além dos alvos óbvios do terror, como os camponeses ucranianos e os intelectuais e aristocratas que ainda não tinham sido "convertidos", Stalin investigava o Partido Comunista, a NKVD e, em 1937 e 1938, as forças armadas. Em cada um desses casos, muitos dos carrascos logo se veriam entre os que seriam executados. A lógica dos expurgos e a sede insaciável de Stalin por mais vítimas significavam que não havia meio de parar ou de tornar mais lento o que passou a ser conhecido como o Grande Terror. No período de 1937-1938, quando os expurgos incluíram os militares, a NKVD prendeu 1,5 milhão de pessoas, das quais somente cerca de 200 mil chegaram a ser libertadas depois. Muitos foram despachados para o Gulag, mas um número ainda maior – provavelmente em torno de 750 mil deles – acabaram simplesmente fuzilados. Os corpos foram jogados nos poços de execução cavados perto de quase todas as cidades por todo o país.

Apesar desses números inacreditáveis, Stalin em geral se envolvia pessoalmente no processo de execução. A NKVD reuniu álbuns com cerca de 44 mil nomes das vítimas potenciais mais proeminentes. "Stalin, um homem ocupado, devia percorrer a lista e assinalar as sentenças recomendadas sempre que encontrasse um nome conhecido e ele tivesse preferência pelo que devia ser feito", escreve seu biógrafo Robert Service. Stalin também insistia em obter a aprovação dos membros do Politburo, e alguns costumavam acrescentar seus comentários às sentenças de morte com expressão do seu entusiasmo. Molotov, por exemplo, gostava de escrever ao lado de um nome: "deem a esse cão uma morte de cão!"

Quando chegou a vez dos militares, o líder soviético se envolveu em todas as decisões importantes. Ele via os militares como alvo prioritário, pois, se uma revolta fosse concebível, eles teriam de liderá-la. Para alguém que via inimigos potenciais em todos os cantos, Stalin não deixaria passar uma instituição que tinha poder de fogo real e sabia como usá-lo. Ademais, no alto-comando havia muitos oficiais com vulnerabilidades evidentes, entre elas a experiência inicial no exército czarista, ou ligações posteriores com Leon Trotsky, que tinha sido o primeiro Comissário do Povo para Assuntos Militares e havia indicado muitos dos oficiais que agora serviam a Stalin.

Na reunião do Comitê Central do dia 2 de março de 1937, Kliment Voroshilov, o comissário da defesa, tentou de início evitar um banho de sangue, explicando que os militares vinham metodicamente expurgando suas

O preço do terror

fileiras desde que Trotsky tinha sido derrotado na luta de poder e forçado a fugir. "Sem nenhum ruído, livramo-nos de muitos elementos inúteis, inclusive muitos homens de Trotsky e outras escórias suspeitas", declarou. Acrescentou que aquelas ações levaram ao expurgo de "cerca de 47 mil pessoas".

Mas havia atividades mais recentes que o líder soviético agora considerava suspeitas. Durante o período de colaboração entre a União Soviética e a Alemanha de Weimar, na década de 1920 e início da de 1930, os chefes militares das duas nações tiveram oportunidade de avaliar-se mutuamente, e examinar a expansão de armamentos de ambos os lados. Pilotos alemães e outros oficiais foram treinados na União Soviética, e oficiais soviéticos foram convidados à Alemanha para observar manobras militares. Isso significou que houve contatos pessoais que, pelo menos em teoria, poderiam ter servido como disfarce para todo tipo de atividade subversiva.

A mente de Stalin trabalhou da mesma forma quando se tratou dos soldados soviéticos, como os pilotos de caça Pavel Rychagov e Yakov Smushkevich, que foram lutar contra as forças de Francisco Franco durante a guerra civil do final da década de 1930 na Espanha. Com Hitler e Mussolini apoiando Franco, esta se tornou uma espécie de guerra por procuração, a primeira confrontação direta das duas ideologias, pois Stalin igualmente engajou-se no apoio ao outro lado. Os veteranos soviéticos do conflito que lutaram ao lado não somente dos republicanos espanhóis, mas também de um exército multinacional de voluntários que responderam à convocação dos partidos de esquerda, foram manchados pela associação com tantos estrangeiros ideologicamente suspeitos.

Tudo isso significou que os interrogadores e torturadores tinham muito material para trabalhar quando chegou a hora de planejar os casos contra os chefes militares, assinalando o início do expurgo generalizado das forças armadas. Reconhecendo que sua garantia inicial de que as forças militares já estavam limpas não teve a capacidade de desacelerar a construção de uma nova onda de terror, Voroshilov mudou abruptamente a sua mensagem. Prometeu ao Comitê Central que desvendaria um plano sinistro que faria "tremer até o mais forte coração de aço". A tendência era evidente, e pouco tempo depois começaria a sangria.

Em junho, o "plano" foi revelado. O marechal Mikhail Tukhachevsky, o aristocrata feito comandante do Exército Vermelho que era muito admirado no país e no estrangeiro, encabeçou a primeira lista de oito culpados. Na década de 1920, ele tinha presidido a transformação do Exército Vermelho, que ainda era em grande parte um produto da Revolução Bolchevique e da Guerra Civil, numa força armada moderna. Mas ele não escondia as suas opiniões e em diversas ocasiões viu-se em oposição a Stalin. Em 1936, por exemplo, ele previu que a Alemanha talvez atacasse sem aviso e que o resultado seria um conflito longo e custoso. "O que você está tentando fazer? Assustar a autoridade soviética?", Stalin respondeu com raiva.

Tukhachevsky e os outros altos oficiais do exército foram julgados no dia 11 de junho de 1937. Um nono "conspirador", Yan Gamarnik, o primeiro vice-comissário para a Defesa, conseguiu suicidar-se antes que a NKVD pudesse prendê-lo. Já naquela época ninguém tinha muitas ilusões com relação aos métodos a serem usados para obter confissões. Quando as declarações de Tukhachevsky foram enviadas a Stalin para serem editadas, as manchas de sangue eram claramente visíveis nos documentos. Outro lendário general soviético, Vasily Blyukher, preso em outubro de 1938, foi torturado com tanta violência por se recusar a confessar, que sua mulher, que também tinha sido presa, lembrou que ele parecia "ter sido atropelado por um tanque". Seus torturadores continuaram a espancá-lo e o sangue fluía de um dos seus olhos. "Stalin, você está ouvindo como eles estão me torturando?", gritou ele. Finalmente ele morreu da tortura incansável.

Mas para Tukhachevsky e o primeiro grupo, não se poderia ter nada menos que um julgamento rápido e execuções formais. A acusação era traição. Pouco antes do julgamento de fachada, Stalin declarou: "houve sem dúvida uma conspiração político-militar contra o regime soviético, estimulada e financiada pelos fascistas alemães". Como prova, ele observou que vários dos acusados tinham estado na Alemanha e conhecido os militares de lá. O líder soviético convenientemente omitiu qualquer menção ao fato de eles terem viajado sob auspícios oficiais, durante o período em que os dois países estavam engajados numa política de cooperação militar. Ele também nunca reconheceu que fora Tukhachevsky quem o avisara do perigo de um ataque alemão. E insistiu: "espiões, espiões!".

De acordo com vários relatos ocidentais, Stalin talvez não tivesse inventado sozinho as acusações. Os alemães teriam vazado desinformações sobre planos para um golpe militar dos militares soviéticos ao presidente da Tchecoslováquia, Eduard Benes, que as passou ao Kremlin. Não surgiu nenhum documento que confirmasse essa versão dos acontecimentos, razão por que alguns historiadores soviéticos duvidam da sua autenticidade. De qualquer forma, Stalin e seus capangas eram absolutamente capazes de forjar suas próprias evidências e, estivessem os alemães envolvidos ou não, eles eram perfeitamente capazes de provar sua "acusação". E, é claro, isso significava que eles iriam distribuir sua própria versão de justiça. Como escreveu Ivan Belov, um dos juízes no julgamento: "quando eu via os patifes no salão do tribunal, eu tremia. Uma fera me possuía. Eu não queria julgá-los, só queria bater e bater neles num frenesi feroz".

Todos os réus já tinham sido espancados, e alguns receberam promessas de leniências se confessassem, ou pelo menos indulgência para suas famílias. Isso foi comum durante o Grande Terror, bem como a despreocupação com que as autoridades "esqueciam" as promessas, uma vez extraídas as confissões que implicavam um círculo cada vez maior de vítimas. Mas, confessando ou não, o resultado era sempre o mesmo. A clemência estava fora de questão. Quando um dos réus, o general Jonah Yakir, enviou um apelo particularmente emocional, Stalin anotou sobre ele: "porco e prostituto". Voroshilov acrescentou obedientemente: "uma definição absolutamente precisa", e o membro do Politburo Lazar Kaganovich concordou em perfeita harmonia: "para um bastardo, lixo e puto, só existe uma punição, a pena de morte". No dia 11 de junho, Tukhachevsky – que tentou provar a sua inocência naquele tribunal de fachada – foi condenado, junto com todos os outros. Stalin autorizou imediatamente a pena de morte e execução para o dia seguinte, 12 de junho.

Para as famílias das vítimas, a provação geralmente começava ali. Como notou o historiador britânico Robert Conquest, "esposas de inimigos do povo" era uma categoria penal na União Soviética de Stalin. Comparada a outras nessa situação – 15 das quais foram executadas em 28 de agosto de 1938 –, Nina Tukhachevsky e várias outras viúvas de oficiais do primeiro julgamento de início saíram-se relativamente bem. Foram condenadas a oito anos de prisão. Mas no auge da Batalha de Moscou, em outubro de 1941, as autoridades mudaram de ideia. Tal como no caso dos pilotos Rychagov e Smushkevich, que foram executados mais ou menos na mesma época, de repente passou a ser uma questão urgente terminar logo com elas,

93

ainda que a capital parecesse prestes a sucumbir aos invasores alemães exatamente naquele momento. As autoridades rapidamente julgaram de novo aquelas viúvas e elas também foram fuziladas.

O julgamento de Tukhachevsky e dos outros em junho de 1937 foi um sinal para o Grande Terror varrer as forças armadas com resultados devastadores. Por volta de 29 de novembro de 1938, Voroshilov relatou: "o expurgo foi drástico e abrangente. Expurgamos todos que tínhamos de expurgar, a começar dos altos postos e terminando com os mais baixos". E concluiu que isso explicava a "impressionante" contagem final: o Exército Vermelho tinha-se "purificado" de mais de 40 mil homens.

É difícil exagerar o impacto. Konstantin Rokossovsky, que ficou preso durante dois anos, mas conseguiu sobreviver e até emergir como um dos principais generais durante a guerra, comentou: "isso é pior do que quando a artilharia atira contra seus próprios soldados". Os expurgos atingiram mais duramente os altos oficiais, inclusive 3 dos 5 marechais, 13 dos 15 comandantes de exército, 8 dos 9 almirantes de esquadra de primeiro grau, 50 dos 57 comandantes de corpo, 154 dos 186 comandantes de divisão, e assim por diante ao longo da cadeia de comando.

Apesar de cerca de 13 mil dos oficiais expurgados terem sido reconduzidos entre 1939 e 1941, Kruschev argumentou que o custo das execuções, prisões e demissões irreversíveis foi uma das principais razões por que os militares soviéticos estivessem tão mal preparados para enfrentar os alemães em 1941.

> Tantos foram executados, que o alto-comando, bem como os escalões intermediários e inferiores, foram devastados. Por isso o nosso exército foi privado de quadros que tinham ganhado experiência na guerra civil, e tivemos de enfrentar despreparados um novo inimigo.

De acordo com Stepan Mikoyan, seu pai, Anastas, concordou com essa avaliação – embora, tal como Kruschev, o membro do Politburo nunca tenha ousado sugerir que havia algo errado naquelas políticas enquanto serviu Stalin.

> Repetidamente ouvi de meu pai que a perda antes da guerra de comandantes experientes, bem educados e capazes de pensar, especialmente nos primeiros dias e semanas, produziu o efeito mais danoso sobre os preparativos para repelir o ataque de Hitler e sobre o próprio curso da guerra.

O preço do terror

Por causa dos expurgos oficiais, jovens foram rapidamente promovidos, muitas vezes apenas com base na sua confiabilidade política. Em incontáveis casos, homens com limitadas habilidades militares substituíram veteranos experientes, que foram expurgados. Esses acontecimentos não deixaram de ser notados. Os alemães observavam com mórbida satisfação a carnificina no Exército Vermelho, concluindo que aquilo só poderia ser "desastroso" para seu futuro inimigo. Era quase como se Stalin quisesse ajudar Hitler. Na sua clássica biografia de Stalin, o general Volkogonov, que serviu como chefe de propaganda do Exército Vermelho, argumentou que os expurgos "forjaram as derrotas de 1941 que produziram milhões de novas vítimas". Não foi um exagero.

Outro dos primeiros biógrafos de Stalin, Isaac Deutscher, ofereceu uma perspectiva radicalmente diferente dos expurgos militares de Stalin.

> Imaginemos por um momento que os líderes da oposição tivessem vivido para testemunhar as terríveis derrotas do Exército Vermelho em 1941 e 1942, ver Hitler às portas de Moscou, milhões de soldados russos prisioneiros, uma perigosa crise no moral do povo como a que se desenvolveu no outono de 1941, quando todo o futuro dos soviéticos pendia por um fio e a autoridade moral de Stalin estava no seu ponto mais baixo. É possível que eles tivessem, então, tentado derrubar Stalin. Stalin estava determinado a não permitir que as coisas chegassem a tanto.

Parece uma chocante apologia. Parece admitir pelo menos a existência de uma "oposição" latente no exército – e não apenas oficiais torturados, aterrorizados, forçados a confessar crimes e planos traiçoeiros inexistentes.

Mas então, Deutscher afastou qualquer sugestão de que pudesse haver alguma verdade nas acusações de Stalin contra suas vítimas. "Entre todos os documentos do julgamento dos líderes nazistas em Nuremberg, nenhum contém nem mesmo uma alusão à suposta quinta coluna nazista dentro do governo e exército soviéticos", acrescentou ele, curiosamente numa nota de pé de página. "Poderia haver refutação mais eloquente dos julgamentos dos expurgos que essa notável lacuna na abundante evidência dos preparativos de Hitler para a guerra?"

Deutscher também não fez a pergunta lógica que resulta da especulação anterior, sobre como teriam reagido Tukhachevsky e as legiões de comandantes assassinados às derrotas de 1941 e 1942. Se tivessem sobrevivido e os expurgos não tivessem acontecido, essas derrotas teriam sido tão devastadoras como foram? Com base nas reflexões de Rossokovsky, Kruschev, Mikoyan e muitos outros daquele período, há pouca dúvida de que o Exército Vermelho teria sido uma força muito mais eficaz naquelas circunstâncias – mesmo que, com toda probabilidade, ainda tivesse de lutar desesperadamente pela sobrevivência. Mas, pelo menos, teria sido uma batalha pela sobrevivência contra os alemães, sem o peso adicional da batalha pela sobrevivência diante do terror incansável que vinha de dentro.

Em qualquer lugar e sempre que Stalin ampliava o seu poder, seguia-se também o terror contra a população civil. Quando a União Soviética invadiu a Polônia pelo leste, dividindo o país com os alemães como proposto no pacto nazissoviético, os invasores alemães e russos lançaram campanhas de terror contra a população local, nos seus respectivos territórios ocupados. No que antes fora o leste da Polônia, as autoridades soviéticas rapidamente organizaram trens especiais para deportar cerca de dois milhões dos seus novos súditos, entre setembro de 1939 e junho de 1941. Centenas de milhares morreram naqueles comboios horríveis ou nos destinos remotos dos campos do norte da Rússia, Sibéria e Cazaquistão, ou simplesmente exilados para regiões onde muitos padeceram de fome ou congelados.

"Numa época em que os alemães ainda refinavam os preparativos para Auschwitz e Treblinka, os russos acomodaram com relativa facilidade alguns milhões de poloneses e ucranianos ocidentais entre a população do 'arquipélago Gulag'", observou o historiador britânico Norman Davies. De acordo com um dito que os poloneses atribuíam aos russos durante aquela época, os invasores dividiam a população polonesa sob seu controle entre "os que estiveram na prisão, os que estão na prisão e os que vão estar na prisão".

E aconteceram as execuções em massa. Stalin estava determinado a eliminar todos os poloneses que pudessem um dia tentar resistir à subjugação da União Soviética. Em março de 1940, o Kremlin decretou a "punição suprema: execução por pelotão de fuzilamento" de 14.736 oficiais do exército polonês e funcionários públicos, além de mais 10.685 poloneses detidos pela NKVD. Os corpos de cerca de 4 mil oficiais poloneses, cada um com

O preço do terror

uma bala na cabeça, foram descobertos pelos alemães na floresta de Katin, perto de Smolensk, em 1943. Até o colapso da União Soviética, as autoridades do país alegaram que os alemães estavam tentando atribuir a elas a culpa da sua própria atrocidade. Mas mesmo então, ficou claro que a época do massacre, evidenciada pelos pertences das vítimas, só podia levar a uma conclusão: aquele era um massacre soviético. Num gesto de boa vontade para com a Polônia em 1992, o presidente Boris Yeltsin finalmente liberou a ordem do Politburo, que confirmou oficialmente o fato hediondo.

Nos Estados Bálticos, onde os soviéticos demoraram mais para estabelecer o controle total, houve a preocupação semelhante de atacar qualquer um que pudesse ser potencialmente classificado como "inimigo do povo". Paralelamente às medidas como a nacionalização de empresas comerciais, a proibição de livros e outras literaturas consideradas antissoviéticas ou "nacionalistas", as prisões começaram na Lituânia, às vésperas das primeiras eleições sob controle soviético. Duas mil pessoas foram presas na noite de 11 para 12 de julho de 1940, e as prisões continuaram numa média de 200 a 300 por mês até o fim do ano.

Se fosse necessária outra evidência adicional para demonstrar o quanto as autoridades soviéticas se preocupavam com a repressão, no momento mesmo em que recebiam diariamente, de todos os lados, sinais de que a Alemanha preparava a invasão, o cronograma de deportações dos Estados Bálticos seria uma delas. Já em 28 de novembro de 1940, o ministro do Interior lituano, Aleksandras Guzevicius, publicou uma lista de 14 categorias de pessoas destinadas à deportação. Entre elas estavam os membros de partidos "esquerdistas" e "nacionalistas" antissoviéticos, veteranos dos exércitos czarista e branco, oficiais dos exércitos lituano e polonês, "todos os emigrados políticos e elementos instáveis", funcionários da Cruz Vermelha, clérigos, ex-nobres e comerciantes, entre outros. De fato, a lista era uma verdadeira carta branca para deportar praticamente qualquer um. Mas somente na noite de 13 para 14 de junho de 1941 – apenas uma semana antes de os alemães lançarem a Operação Barbarossa –, as autoridades lançaram sua principal ação.

Apesar de haver diferentes estimativas de números, aproximadamente 60 mil estonianos, 35 mil letões e 34 mil lituanos foram deportados pelos invasores soviéticos antes do ataque alemão, sendo que o maior contingente foi detido e despachado em vagões de carga para o leste, naquela noite pavorosa de junho e nos dias seguintes. Para os pequenos estados, aqueles foram números assustadores: no caso da Estônia, cerca de 4% da população; para a Lituânia e Letônia, entre 1,5 a 2%. Se Stalin pensava que, por medidas como essas, poderia garantir lealdade, na verdade estava obtendo o resultado oposto. Não chega a surpreender o fato de muitos cidadãos bálticos, bem como muitos ucranianos, se convencerem de início que os invasores alemães os estavam libertando do reino de terror de Stalin.

Quando os alemães atacaram, o primeiro instinto da NKVD e de seus chefes foi acelerar o trabalho nas regiões ocupadas da Polônia e dos Estados Bálticos, que logo mudariam de mãos mais uma vez. No esquema mental stalinista, todos os prisioneiros políticos "antissoviéticos" ainda sob custódia nas áreas de fronteira não podiam ser simplesmente abandonados: tinham de ser eliminados. Mesmo que isso significasse deslocar tropas para essa tarefa pavorosa, em vez de enviá-las para lutar contra os alemães, essa atitude parecia perfeitamente lógica. Em Lvov – ou Lwöw, como era conhecida quando fazia parte da Polônia até 1939 –, a NKVD começou a executar prisioneiros no dia 22 de junho. Um levante ucraniano forçou a NKVD a recuar, mas ela voltou para assassinar os prisioneiros restantes nas suas celas. Quando as tropas soviéticas começaram a fugir, já tinham matado cerca de 4 mil prisioneiros, deixando para trás seus corpos metralhados em mal disfarçadas covas coletivas.

A NKVD e o Exército Vermelho se engajaram em exageros semelhantes de assassinatos em outras cidades bálticas ou polonesas, fuzilando prisioneiros onde quer que estivessem detidos. No fim, alguns prisioneiros foram abandonados ou conseguiram escapar, pois os carrascos soviéticos, em pânico, não eram capazes de vigiar todos. Entretanto, mais distante da fronteira, outros prisioneiros do Gulag foram submetidos a evacuações forçadas para leste, geralmente a pé, porque não se dispunha de transporte ferroviário. Algumas das cenas resultantes prenunciavam as marchas da morte dos campos nazistas no final da guerra, quando a frente alemã entrava em colapso. "Os que puderem vão caminhar", um guarda soviético disse aos prisioneiros. "Protestem ou não, todos vão andar. Os que não puderem, vamos fuzilar. Não vamos deixar ninguém para os alemães."

À medida que os alemães continuavam o avanço para leste, além das áreas de fronteira no território russo, a política do Kremlin continuou imutável com relação aos prisioneiros. Beria, o chefe da NKVD, a quem Stalin chamava de "nosso Himmler", emitiu uma ordem depois da outra – com pleno apoio do seu chefe – para atirar nos prisioneiros em cidades russas, como em Orel, onde 154 foram executados antes que a cidade caísse diante dos alemães, no início de outubro. Mesmo quando a estrada para Moscou parecia amplamente aberta, os governantes na cidade continuaram a dedicar sua atenção a ordenar mais execuções.

Vendo esses atos da perspectiva de mais de seis décadas depois, Victor Chernyavsky, que serviu à NKVD durante aquele período, ainda acha difícil entender por que aquelas mortes deviam ser vistas como perturbadoras. "Era a viabilidade da vida", explicou, referindo-se à execução dos prisioneiros.

> A situação no *front* era terrível. Imagine: tinham de resolver como transportar os prisioneiros e todo aquele material. Chamavam Beria e lhe pediam conselhos sobre o que fazer. Os alemães estavam às portas e a situação era de perigo, portanto a resposta era liquidá-los. Assim, foi a viabilidade da vida. Os prisioneiros eram um peso morto.

Mas nem mesmo essa lógica tortuosa foi aplicada em alguns casos. As autoridades conseguiram evacuar cerca de 3 mil prisioneiros da prisão de Butyrka, em Moscou, até Kuibyshev, a cidade no Volga onde os evacuados da capital ameaçada deveriam se reagrupar. Porém, em meio a tudo isso, perdeu-se tempo para executar 138 prisioneiros mais proeminentes. No todo, de acordo com um estudo russo recente, 42.776 prisioneiros "se perderam por várias razões" durante o avanço alemão, a caótica retirada soviética e a evacuação de cidades que não conseguiram proteger. Muitos foram executados antes de deixar a prisão ou os campos de prisioneiros, enquanto outros morreram ou foram fuzilados durante as marchas forçadas.

Gradualmente, Stalin e Beria tiveram de pensar mais em como recompor as fileiras do exército, dadas as perdas estarrecedoras sofridas durante os primeiros meses da invasão alemã, e o ritmo de execuções se reduziu. Em alguns casos, altos oficiais militares cujo destino parecia selado, receberam repentinamente a suspensão da sentença. Foi o caso do general Kirill Meretskov, que se viu preso e torturado nos primeiros dias da guerra, quando Stalin procurava bodes expiatórios. Espancado impiedosamente com barras de borracha, Meretskov foi readmitido no círculo íntimo, ainda que nele também estivesse um ex-colega que tinha sido o seu principal torturador. Ao contrário de outros em situação semelhante, ele não escondeu seu desconforto. "Nós nos encontrávamos informalmente, mas agora eu tenho medo de você", disse ele ao seu torturador. Por sua vez, Stalin fez uma concessão rara. Como Meretskov foi aleijado pelo tratamento brutal a que fora submetido, o líder soviético lhe permitiu comunicar-se sentado com ele.

Nada era excessivamente surreal no universo de terror de Stalin. Depois de o general Rokossovsky ser libertado da prisão em 1940, Stalin percebeu que o homem libertado não tinha unhas e lhe perguntou se ele tinha sido torturado. Quando Rokossovsky confirmou que tinha sido, Stalin declarou: "há muita gente covarde neste país". Em outras ocasiões, ele perguntava por alguém em particular e expressava surpresa e desapontamento por aquela pessoa ter sido executada, como se não tivesse nada a ver com essas decisões.

As cortes e os defensores de Stalin insistiam que suas táticas de terror, antes e depois da invasão alemã, eram justificadas. Molotov, que foi o homem essencialmente leal até sua morte em 1986, defendeu os expurgos militares de 1937 a 1938: "Evidentemente, houve excessos, mas, na minha opinião, tudo era permissível em nome do objetivo principal – resguardar o poder do estado! [...] Nossos erros, inclusive os mais grosseiros, foram justificados". Quando se tratou das primeiras vítimas militares dos expurgos, como o general Tukhachevsky, ele foi igualmente franco.

> Se surgissem problemas, para que lado ele penderia? Era um homem perigoso. Eu duvidava que ele ficasse completamente do nosso lado quando as coisas se agravassem, porque ele era um direitista. O perigo da direita era o maior perigo naquela época. E muitos direitistas não percebiam que eram direitistas, eram direitistas apesar de si mesmos.

Esses argumentos refletiam uma lógica que somente um verdadeiro stalinista poderia entender. Não se podia confiar em ninguém: qualquer um poderia ser um inimigo do povo, mesmo que ainda não soubesse. Era esta a lógica de Stalin antes da guerra, e continuaria a ser a sua lógica durante a guerra, quando permaneceu o avanço alemão. De acordo com esse raciocínio, somente o terror, e mais terror – fosse ele na forma de "unidades de bloqueio" atirando contra suas próprias tropas em retirada, ou nas execuções frenéticas de prisioneiros que não podiam ser evacuados – poderia assegurar a vitória.

Sergo Beria, filho do chefe da polícia secreta de Stalin, ofereceu uma perspectiva diferente do terror de antes da guerra, particularmente os expurgos militares de 1937 e 1938. "Meu pai me explicou que se essa política de extermínio da elite tivesse continuado por mais dois anos, os alemães não teriam de nos invadir porque o estado teria entrado sozinho em colapso", escreveu ele. É preciso reconhecer que esse era o discurso de um filho para defender o indefensável, um pai monstruoso que alegava estar mitigando as políticas que ele, na verdade, estava executando com brutal eficiência. Mas, ainda assim, é um comentário revelador sobre as políticas de carnificina indiscriminada do próprio povo, praticadas por Stalin e seus asseclas. Essas políticas trouxeram o caos para as forças armadas soviéticas e antagonizaram muitos súditos de Stalin, principalmente nas regiões recém-ocupadas entre 1939 e 1941. Elas também geraram um clima de medo que paralisou muitos dos oficiais militares que sobreviveram, o que dificilmente teria incentivado uma liderança eficaz quando chegasse o momento de crise.

Mas, felizmente para Stalin, Hitler estava decidido a impor seu próprio domínio de terror em todos os locais por onde avançavam as suas forças, o que produziu uma disputa mais equilibrada do que poderia parecer inicialmente. Foi também uma disputa que refletiu a desumanidade que descia do alto dos dois regimes. Como escreveu Robert Service, "a guerra reverteu à colossal brutalidade só vista anteriormente nas guerras religiosas do século XVII, e Stalin estava no seu elemento". O mesmo valia para Hitler, mas suas tropas tentavam navegar o terreno de um país que não conheciam, e enfrentavam um povo que não compreendiam. Para chegarem a Moscou, teriam de remediar rapidamente essas deficiências e fazer todos os movimentos sem erros – com pouca demora. O Führer tinha a sua janela de oportunidade, mas ela não continuaria aberta por muito tempo.

Hitler e seus generais

Durante aqueles meses cruciais de verão, quando as forças alemãs avançavam cada vez mais profundamente em território soviético, Hitler e seus generais em geral divergiam quanto às táticas e à estratégia. Esse não chegou a ser o primeiro exemplo dessas tensões: os generais hesitaram em todos os casos anteriores em que Hitler apostou e ganhou – a anexação da Áustria, o desmembramento da Tchecoslováquia, a invasão da Polônia e, depois, a conquista da França e de grande parte do restante da Europa continental. E, é claro, quando Hitler lançou a Operação Barbarossa, alguns generais tiveram dúvidas quanto às suas previsões de que a União Soviética cairia rapidamente. Mas, quando aconteceu a invasão, Hitler de repente se mostrou hesitante no momento de decidir quando e como atacar Moscou, frustrando os seus generais no campo, que estavam convencidos de que somente o necessário assalto rápido e direto à capital soviética seria capaz de assegurar a vitória e a destruição da União Soviética.

Ao mesmo tempo, Hitler plantava as sementes da crescente resistência aos invasores alemães ao executar a sua política de terror contra os habitantes dos territórios conquistados por seus exércitos. Muitos dos seus generais também alegariam mais tarde que tinham se oposto a essa política. Mas, se isso foi verdade, eles raramente o fizeram de modo claro e aberto. E é pouco provável que suas dúvidas se baseassem em inibições morais: depois de servir Hitler durante tanto tempo, eles na verdade tinham posto de lado suas consciências.

Ainda assim, os protestos de que reconheciam que a brutalidade da dominação alemã estava rapidamente colocando as populações locais contra eles pareciam mais convincentes – pelo menos em alguns casos. Em termos puramente práticos, eles viam que a determinação de Hitler de governar pelo terror sem limites poderia ser um tiro pela culatra, tornando o medo do reino de terror de Hitler mais assustador que o do reino de terror de Stalin. Ainda mais importante, ele daria a Stalin a munição necessária para mobilizar o povo russo contra um inimigo inegavelmente mau, e facilitaria muito a tarefa dos propagandistas soviéticos. Liderando-os estava Ilya Ehrenburg, o poeta que em 1940 tinha retornado a Moscou do seu longo exílio em Paris. "Vamos matar! Se você passou um dia sem matar um alemão, o seu dia foi perdido."

Como relataram muitos soldados alemães, a recepção inicial em várias partes ocidentais da União Soviética refletia uma disposição muito diferente. Hans von Herwarth, o ex-diplomata alemão em Moscou que voltava como parte da força invasora, observou atônito a reação dos camponeses que assistiam à batalha aérea desigual entre caças alemães e soviéticos. "Todos os aviões soviéticos foram abatidos. Quando cada um deles caía em chamas, os camponeses aplaudiam, gritando que logo Stalin também cairia." Segundo ele, os camponeses perguntavam ansiosos se os alemães agora dissolveriam as fazendas coletivas, e alguns traziam listas de funcionários comunistas "contra quem eles pediam que agíssemos".

Mas essa aceitação inicial logo foi substituída pela suspeita e depois pelo medo e ódio. O capitão Karl Haupt, cujo 350º Regimento de Infantaria foi de início saudado pelos camponeses com pão, sal e flores, no oeste da Ucrânia, relatou que já em meados de julho as atitudes locais tinham se tornado "completamente hostis". Ele lamentou que "não há mais espaço para confiança e amizade ou para baixar a guarda". E depois dessas observações, deu ordens aos seus homens para empregar "as medidas mais duras, mais cruéis" contra os habitantes das aldeias que poucas semanas antes pareciam tão hospitaleiros.

Muitos dos invasores alemães declararam ter-se chocado com as primeiras atrocidades do lado soviético, alegando que suas próprias ações tinham principalmente natureza retaliativa. O general Erich von Manstein, comandante do 56º Corpo Panzer no início da Operação Barbarossa, e que mais tarde chegaria ao posto de marechal de campo, declarou que no primeiro dia de luta, seus homens encontraram uma patrulha alemã abatida pelas forças soviéticas. "Todos estavam mortos e horrivelmente mutilados", escreveu nas suas memórias. Ao ver aquilo, ele e seus oficiais juraram "que nunca se deixariam capturar vivos por um adversário como aquele".

Em outra ocasião, Von Manstein relatou que sua unidade retomou um hospital de campo alemão onde três oficiais e 30 soldados tinham sido deixados durante a batalha. Todos os 33 estavam mortos, e "suas mutilações eram indescritíveis". Ele também se queixou de vários casos em que soldados soviéticos erguiam os braços em sinal de rendição e depois abriam fogo, e outros casos em que soldados soviéticos fingiam estar mortos "e então atiravam nos nossos soldados quando estavam de costas".

Precisos ou não, os relatos de Von Manstein sobre esses incidentes não explicam nem justificam as políticas que os alemães iriam adotar impiedosamente desde os primeiros dias da sua campanha. No começo, os invasores alemães prometeram melhorar a vida dos povos que estavam "libertando". No primeiro dia da invasão, por exemplo, transmissões de rádio alemãs prometiam: "uma das primeiras medidas da administração alemã será a restauração da liberdade religiosa. [...] Vamos permitir a organização de paróquias religiosas. Todos serão livres para orar a Deus à sua própria maneira". Mas Hitler, cujo desprezo pelas igrejas era quase tão visceral quanto o de Stalin, logo deixou claro que não tinha intenção de cumprir tais promessas. Proibiu às unidades do exército alemão fazerem qualquer coisa para ajudar a entrada das igrejas e missionários nos territórios soviéticos recém-ocupados. "Se for concedido isso, então que se permita a todas as denominações cristãs a entrada na Rússia para que elas se espanquem até a morte com seus crucifixos", declarou.

A visão de Hitler do que esperava os conquistados do leste não admitia nada além de morte e subjugação pelo terror. Ele expôs os elementos essenciais da sua abordagem antes do lançamento da Operação Barbarossa, sem deixar dúvida quanto à natureza da ocupação que imaginava, independentemente do comportamento dos soldados e civis soviéticos. No dia 30 de março de 1941, ele reuniu os seus generais e – como foi registrado em forma resumida por Franz Halder, seu chefe do Estado-Maior – transmitiu uma mensagem dura sobre a natureza da batalha:

> Choque de duas ideologias. Denúncia esmagadora do bolchevismo, identificado como criminalidade social. Comunismo é um enorme perigo para o nosso futuro. Precisamos esquecer o conceito de companheirismo entre soldados. Um comunista não é companheiro nem antes nem depois da batalha. Esta é uma guerra de extermínio. Se não entendermos isso, venceremos o inimigo, mas 30 anos depois teremos novamente de lutar contra o inimigo comunista. Não fazemos guerra para preservar o inimigo. [...] Extermínio dos comissários bolcheviques e da *intelligentsia* comunista.

Essa abordagem se transformou rapidamente num projeto de política de terror, que varreu todas as regras tradicionais da guerra. A premissa era simples: os russos e outros povos da União Soviética eram uma raça primitiva e inferior, que não mereciam consideração humana normal. Como diria Erich Koch, o brutal governador da Ucrânia: "A atitude dos alemães [...] deve ser governada pelo fato de que tratamos com um povo inferior em todos os aspectos". O objetivo da ocupação não foi "trazer bênçãos sobre a Ucrânia, mas assegurar para a Alemanha o espaço vital necessário e uma fonte de alimentos".

Nada disso era retórica vazia. O pronunciamento de Hitler sobre o esquecimento do conceito de companheirismo entre soldados levou ao infame Decreto dos Comissários – a ordem para executar todos os funcionários políticos nas unidades do Exército Vermelho, mesmo que tentassem se render. "Comissários políticos não são reconhecidos como prisioneiros de guerra e devem ser liquidados, o mais tardar nos campos de trânsito de prisioneiros de guerra", dizia a ordem elaborada no dia 12 de maio, mais de um mês antes de as forças alemãs lançarem seu ataque. O general Jodl acrescentou uma nota, que não deixava dúvida sobre a natureza cínica dos protestos subsequentes, de que essas políticas teriam sido motivadas pelo comportamento soviético. "Vamos ter de enfrentar a retaliação contra os pilotos alemães; portanto, será melhor encarar toda a ação como retaliação."

O Decreto dos Comissários teve o efeito previsível de convencer os comissários do Exército Vermelho a resistir a todo custo, pois logo perceberam que a derrota representava uma sentença instantânea de morte. Quando os alemães começaram a encontrar tropas soviéticas que resistiam ferozmente contra todas as possibilidades, as explicações oficiais nunca faziam essa ligação – na verdade, manteve-se a fábula de que tal ligação não existia. "A principal razão por que o russo nunca se rende é que, mestiço asiático retardado, ele acredita piamente na ideia, repetida para eles pelos comissários, de que será fuzilado se for capturado", declarava uma diretiva emitida para o Quarto Exército Alemão.

Visando preparar suas forças para a missão que se aproximava, a Wehrmacht distribuiu folhetos de propaganda que combinavam a denúncia dos comissários com os temas antissemitas do nazismo. Referindo-se aos comissários, um deles declarava: "estaríamos insultando os animais se descrevêssemos esses homens, em sua maioria judeus, como feras. Eles são a corporificação do ódio satânico e insano contra toda a nobre humanidade".

Enquanto os alemães despejavam sobre as áreas controladas pelos soviéticos folhetos de propaganda em que alegavam estar chegando para libertar o país, e convidando os soldados do Exército Vermelho a se renderem – por volta do final de 1941 a Luftwaffe já tinha jogado mais de 400 milhões –, esses esforços eram solapados pelas políticas baseadas na doutrina nazista dirigidas a todos que caíam sob seu domínio no leste. Um relatório de 2 de maio de 1941, produzido pelos planejadores econômicos nazistas encarregados de fixar os objetivos da campanha no leste, previa que em setembro daquele ano "todas as forças armadas alemãs possam ser alimentadas à custa da Rússia". Longe de fugir das implicações daquela declaração, o relatório continuava mostrando que: "portanto, dezenas de milhões de homens deverão, sem dúvida, morrer de fome se tirarmos do país todas as nossas necessidades".

Como *Untermenschen*, ou sub-homens, os eslavos não mereciam consideração, nem mesmo os números assustadores de soldados capturados nos primeiros meses de luta. Quando os jornais alemães começaram a publicar fotos dos prisioneiros de guerra, era para ridicularizar suas "fisionomias asiáticas, mongóis" e suas "qualidades" degeneradas. Não chega a surpreender, então, que os invasores alemães não se preocupassem com a sobrevivência dos prisioneiros de guerra ou, em muitos casos, simplesmente assassinassem os soldados que se rendiam. Com relação aos primeiros dias de luta, quase *en passant*, o marechal de campo Von Manstein admitiu: "nesse estágio tivemos dificuldades ou poucos homens disponíveis para reunir os prisioneiros". Ele fez questão de não dizer o que acontecia com os que não eram detidos, mas não é difícil imaginar o seu destino. E à medida que se espalhava a notícia desse tratamento, os comissários nas unidades soviéticas certamente achavam mais fácil convencer os seus homens de que a prisão significava morte, e que seria mais sensato continuar lutando.

Os civis não podiam esperar melhor tratamento. Já no dia 6 de maio, mais de um mês antes do ataque, o comando militar alemão autorizou o fuzilamento de todos os habitantes "que por seu comportamento constituam ameaça direta às nossas tropas" e "medidas coletivas de força" contra qualquer localidade "de onde tenham partido ataques insidiosos e maliciosos de qualquer tipo". As tropas alemãs, as ordens concluíam, "devem se defender sem piedade contra qualquer ameaça de populações civis hostis". E, mesmo que cometessem "atos merecedores de punição", os soldados alemães não seriam submetidos a julgamento se fossem motivados pelo "desespero contra atrocidades ou trabalho subversivo dos mensageiros do sistema judeu-bolchevique".

No fim de julho de 1941, o marechal de campo Walther von Brauchitsch, comandante do exército, emitiu uma ordem secreta em nome de Hitler que reforçava diretamente a mensagem relativa à natureza da ocupação alemã.

> Dada a vasta extensão das áreas ocupadas no leste, as forças que estarão disponíveis para definir a segurança serão suficientes somente se toda resistência for punida, não pela instauração de processo legal contra os culpados, mas pela distribuição pelas forças de ocupação de terror tão grande que seja suficiente para remover todo desejo de resistência entre a população.

Quando os alemães começaram a encontrar atividade *partisan*, as autoridades militares cumpriram a promessa de invocar "medidas coletivas", instruindo suas tropas a executar entre 50 e 100 cidadãos soviéticos para cada alemão morto.

Essas políticas deram aos soldados alemães carta branca para assassinar e destruir à vontade. E, nesse contexto, qualquer ato de clemência era considerado contrário às diretivas nazistas. "Alimentar, com alimentos do exército, habitantes e prisioneiros de guerra que não trabalham para as forças armadas alemãs é um ato impróprio de humanidade, tal como distribuir pão e cigarros", avisou o marechal de campo Walther von Reichenau em outubro de 1941. A implementação prática dessas políticas teve consequências imediatas para a enorme população de prisioneiros de guerra. Hans von Herwarth se lembrava de ter visto colunas de prisioneiros soviéticos "marchando de braços dados mas cambaleando como bêbados". Na manhã seguinte outro soldado mostrou os cadáveres de muitos dos prisioneiros de guerra espalhados ali perto. De repente, ele entendeu a verdade. "Aparentemente eles não foram alimentados por vários dias, e sua 'embriaguês' era apenas o resultado de pura exaustão." Um dito popular alemão resumiu a premissa oculta que tornou esse tipo de tratamento a norma e não a exceção: "os russos precisam morrer para que possamos viver".

Se isso fazia de qualquer pessoa uma vítima potencial, os alemães fizeram preparativos especiais para começar a matança dos judeus soviéticos. Numa guerra em que "o bolchevismo judeu" era definido como o inimigo, todos os judeus mortos podiam ser explicados como eliminação do inimigo. No outono, quando a atividade *partisan* se generalizou atrás das linhas alemãs, os comandantes alemães chamavam de judeus todos os inimigos, independentemente da sua origem. Segundo eles, "onde está um judeu está um *partisan*, e onde está um *partisan* está um judeu".

Mas muito antes das primeiras lutas dos *partisans* – na verdade, antes de os alemães lançarem sua invasão –, os preparativos para o massacre dos judeus já estavam em andamento. Novas unidades móveis das ss chamadas *einsatzgruppen*, compostas de veteranos endurecidos que executavam a matança de intelectuais, religiosos e judeus na Polônia ocupada, além de batalhões especiais de polícia, seguiram os exércitos alemães no território soviético. Naquele verão o chefe das ss, Heinrich Himmler, visitou essas unidades na frente leste para incentivá-las pessoalmente a matar todos os judeus soviéticos.

Os massacres começaram tão logo as tropas alemãs cruzaram a fronteira. Quando entrou na cidade de Bialystok, no final de junho, o Batalhão de Polícia 309 se lançou violentamente contra os judeus, fuzilando-os e espancando-os. Quando um grupo desesperado de líderes judeus foi ao quartel-general da divisão de segurança responsável pela área, o general encarregado deu-lhes as costas no momento em que um dos membros do batalhão de polícia urinava neles. Alguns judeus foram alinhados e fuzilados, enquanto outros foram levados e trancados numa sinagoga, que foi então incendiada. O incêndio se alastrou para as casas próximas onde se escondiam outros judeus. A contagem no final daquele dia macabro: entre 2 mil e 2.200 judeus mortos.

Essa não foi a última matança em Bialystok. No dia 12 de julho, dois outros batalhões de polícia encheram o estádio da cidade com homens judeus. As ordens eram que, "todos os homens judeus entre as idades de 17 e 45 anos condenados como saqueadores devem ser fuzilados de acordo com a lei marcial". Depois de recolher as coisas de valor das vítimas, os policiais os conduziram a valas nos arredores da cidade, formaram pelotões de fuzilamento e atiraram até tarde da noite, quando usaram os faróis dos caminhões para iluminar os alvos. Nesse caso, a contagem foi de mais de 3 mil judeus.

No final do verão e início do outono, os batalhões de polícia relatavam cada vez mais massacres semelhantes, que eram compostos com todos os judeus que pudessem capturar, inclusive mulheres e crianças. Os relatórios sucintos oferecem o nome da unidade e o número das vítimas a cada dia, por exemplo: "25 de agosto; Regimento de Polícia Sul, fuzilados 1.324 judeus", ou "31 de agosto; Batalhão 320, fuzilados 2.200 judeus em Minkovtsy".

Interrogado pelo psiquiatra americano Leon Goldensohn, antes de ser julgado no Tribunal de Nuremberg e enforcado em 1948, Otto Ohlendorf, o famigerado comandante do Einsatzgruppe D, descreveu sem emoção como sua unidade funcionava durante os primeiros meses da guerra. "Os judeus eram fuzilados de maneira militar, em fila. Havia pelotões de fuzilamentos compostos de 15 homens. Uma bala por judeu. Em outras palavras, um pelotão de 15 homens executava 15 judeus de cada vez." As vítimas eram homens, mulheres e crianças. Quantos pereceram nas mãos dos homens dele durante o ano passado na Rússia? "Foram relatados 90 mil. Calculo que apenas entre 60 e 70 mil foram realmente mortos." Ohlendorf, é claro, explicou que apenas seguia ordens. "Tudo que eu tinha de fazer era providenciar para que tudo fosse feito tão humanamente quanto possível", acrescentou.

No final de setembro, depois da queda de Kiev, os grupos especiais estavam em ação na ravina de Babi Yar, onde mais de 33 mil judeus foram assassinados. Tudo isso constituiria apenas o primeiro ato do Holocausto, com as matanças industrializadas das câmaras de gás ainda no futuro. Os esquadrões especiais de matança faziam o seu trabalho, apesar de não serem tão rápidos e eficientes quanto gostariam seus líderes. Mas não era certamente por falta de tentar.

Tal como tantos compatriotas, os generais de Hitler alegariam ignorância do Holocausto, inclusive aqueles primeiros massacres. O marechal de campo Von Manstein, que também foi julgado depois da guerra, mas só passou alguns anos na prisão, admitiu para Goldensohn que o Einsatzgruppe de Ohlendorf estava no seu distrito. "Mas fomos informados de que aquelas formações das ss tinham funções puramente policiais", insistiu ele. "O que eles faziam eu nunca soube."

Manstein também afirmou não saber nada sobre os campos de concentração antes do fim da guerra. Apesar de estar entre os generais que frequentemente discordavam de Hitler em questões militares, ele nunca se dispôs a condenar o Führer por questões morais. "Aparentemente, à medida que o tempo passava, Hitler perdia todos os seus escrúpulos morais", Manstein disse a Goldensohn. "Mas isso é algo que só reconheci em retrospectiva, mas não tinha reconhecido à época." É difícil imaginar uma declaração mais autoincriminadora, embora Manstein não a visse como tal.

O alto-comando militar não poderia alegar ignorância do Decreto Comissário ou de qualquer outra ordem militar que resultasse em atrocidades sistemáticas. Nas suas memórias, Von Manstein chamou aquela ordem de "absolutamente indigna de um soldado". Uma vez que ela "colocava em risco não somente a honra das nossas tropas em luta, mas também o seu moral", afirmou, ele não permitiria que seus subordinados a cumprissem. Heinz Guderian, o famoso líder dos Panzer, também afirmou que seus soldados nunca a implementaram – e é possível que a estatura militar desses comandantes lhes permitisse afirmá-lo.

Manstein deixou claro que suas objeções eram práticas, ainda que se pudesse ou não acreditar no seu argumento moral. "A ordem simplesmente induzia os comissários a usar os métodos mais brutais para forçar seus soldados a lutar até o fim." Até o mais obediente dos generais reconheceu esse resultado provável quando a ordem foi emitida pela primeira vez. Na véspera da invasão, o comandante de exército, Von Brauchitsch, acrescentou uma linha às instruções sobre como tratar os comissários sugerindo que deviam ser executados "imperceptivelmente". Não era a vergonha a razão daquele conselho; era o cálculo pragmático.

Muitas das primeiras tensões entre Hitler e seus generais foram disparadas por discordâncias semelhantes em torno de táticas e de objetivos, certamente não grandes princípios morais. Manstein se queixou mais tarde de que, desde o início, o exército tentara se apegar às suas "noções tradicionais de simplicidade e cavalheirismo e à sua noção da honra do soldado", apesar da pressão constante para se ajustar à doutrina nazista. Dado o horrendo histórico subsequente do exército, certamente é um eufemismo dizer que essas queixas não soam verdadeiras. Até o fracassado plano de oficiais descontentes para assassinar Hitler em 1944 pouco fez para recuperar a reputação de uma liderança militar cujas ações a colocaram além da redenção.

Ainda assim, seria errado esquecer as discordâncias reais entre Hitler e seus generais, e o papel dessas discordâncias na Operação Barbarossa e no avanço para tomar Moscou. Hitler e seus generais eram parceiros no crime, mas parceiros que não se davam bem. Hitler tinha assumido o título de comandante supremo em 1938 e se considerava o supremo estrategista militar, que combinava uma compreensão das condições no campo de batalha – adquirida durante o conflito global anterior – com uma compreensão abrangente da história, economia e psicologia básica que lhe permitia ser mais inteligente que seus inimigos. Nenhum dos seus generais, ele sentia, sequer se aproximava do seu domínio de todos aqueles campos. Os generais, por sua vez, alternavam-se entre respeitosos e alarmados pelo seu comportamento, vendo-o por vezes como gênio, outras vezes como uma fraude perigosa, ainda que geralmente se mostrassem aterrorizados demais para admiti-lo, até para si mesmos.

A época em que o alto-comando mais se aproximou de enfrentar e, possivelmente, de derrubar Hitler, foi durante o período anterior à guerra, no verão de 1938, quando o líder alemão começou a ameaçar a Tchecoslováquia. O general Ludwig Beck, o chefe do Estado-Maior do exército naquela época, pediu a Hitler para enunciar os seus planos, buscando garantias de que ele não iria iniciar uma guerra. Apesar de admitir que a crise em torno da Tchecoslováquia poderia se transformar num conflito armado, Hitler afirmou que não levaria a uma guerra maior. Mas o Führer não se dispôs a oferecer nenhuma garantia que Beck desejava. "O exército é um instrumento de política", disse ao general. "Quando chegar o momento, vou atribuir ao exército a sua missão e o exército terá de cumprir a sua tarefa, sem discutir se ela é certa ou errada."

Em agosto de 1938, Beck foi afastado do posto de chefe do Estado-Maior. Apesar de estar convencido de que tinha apoio entre outros generais críticos de Hitler, ele se sentiu amargamente desapontado com o general Von Brauchisch, o comandante em chefe do exército, a quem acusou de desertá-lo. Depois da guerra, o general Halder, que tinha substituído Beck no cargo de chefe do Estado-Maior, e outros generais iriam afirmar que continuaram a considerar um complô contra Hitler em setembro, embora seus relatos fossem inconsistentes e parecessem suspeitosamente motivados por seus próprios interesses – uma tentativa óbvia de se distanciarem do líder caído. Mas toda disposição se evaporou quando o primeiro-ministro Britânico, Neville Chamberlain, e o premier francês, Edouard Daladier, aceitaram ir ao encontro de Hitler e concordaram com o desmembramento da Tchecoslováquia ao assinar o Pacto de Munique. Afirmando que vinha preparando um golpe de estado rápido, e até a possível execução de Hitler, Halder culpou os líderes ocidentais por puxarem o tapete sob os conspiradores. Sem a ameaça de guerra, argumentou Halder, "toda a base daquela ação foi afastada".

Com toda probabilidade, Halder e vários outros enriqueceram suas versões dos acontecimentos, e de como estavam preparados para agir. O papel do general Beck como um dos primeiros oponentes da marcha de Hitler para a guerra foi muito mais convincente, e ele acabou suicidando-se na noite de 20 de julho de 1944, depois da tentativa fracassada de assassinar Hitler. Mas toda disposição dos generais de resistir a Hitler foi, na verdade, solapada pelos notáveis sucessos dele: primeiro, a anexação da Áustria, em março; depois a conquista dos seus objetivos na Tchecoslováquia, sem a necessidade de ir à guerra. Como recordaria mais tarde o marechal de campo Von Manstein:

> observamos com atenção a Alemanha avançar precariamente sobre o fio da navalha e ficamos cada vez mais impressionados com a sorte incrível de Hitler para obter – até então sem o recurso às armas – todos os seus objetivos políticos ocultos e declarados. O homem parecia ter um instinto infalível.

Mesmo quando a invasão da Polônia levou à guerra maior que temiam os generais, eles não desafiaram Hitler seriamente. O líder alemão ignorou a agitação por causa da violação da neutralidade da Bélgica e do ataque à França, e mais uma vez o sucesso das suas ações ousadas fez os generais parecerem fracos em termos de liderança – apesar de serem as vitórias rápidas deles a fazerem Hitler parecer tão poderoso. O Führer não hesitou em expressar o seu desprezo pela "eterna hesitação dos generais", insistindo na mensagem de ter sido ele, e não eles, quem teve a visão e a coragem de catapultar a Alemanha a novas alturas.

Os generais começaram a perceber por toda parte pequenos atos de desprezo. Depois da derrota da Polônia, Hitler compareceu a um desfile da vitória em Varsóvia, em 5 de outubro de 1939. Antes de voar de volta à Alemanha, ele fez uma escala para uma visita aos comandantes e soldados. O alto-comando o esperava num hangar, onde pretendiam servir uma sopa das cozinhas de campanha numa mesa adornada com uma toalha branca e flores. Mas quando chegou, o Führer apenas olhou aqueles preparativos e preferiu se juntar aos soldados na sua própria cozinha de campanha. Provou a sopa, conversou brevemente com eles, e então se dirigiu para o seu avião, ignorando os comandantes. É possível que Hitler estivesse tentando ganhar pontos de propaganda mostrando que se sentia à vontade com seus soldados comuns, mas o comando não teve dúvida de que foi um ato deliberado de descaso da parte dele.

Hitler também não hesitava em promover ou rebaixar oficiais quando considerava conveniente, e mesmo quando elevou uma dúzia de generais ao nível de marechais de campo, motivou especulações de que ele estava tentando desvalorizar o nível de maior prestígio dos militares. O líder alemão não deixou dúvida de que queria assegurar a obediência dos seus principais generais e estava disposto a fazer o que fosse necessário para atingir aquele objetivo. Em alguns casos, ele simplesmente os subornava, oferecendo pagamentos livres de impostos que não eram registrados nas contas do exército.

"Embora esse método de pagamento fosse um insulto, de acordo com o código de honra do oficial alemão, muitos sucumbiam por causa do medo de perder posições e da atração pelo dinheiro", escreveu depois da guerra Fabian von Schlabrendorff, um dos poucos oficiais que sobreviveram à participação na conspiração contra Hitler em 1944. "Assim, Hitler mantinha os seus oficiais superiores presos a coleiras de ouro muito eficazes." O general Gunther von Kluge, por exemplo, recebeu de Hitler um cartão pessoal de aniversário, que incluía um cheque de 250 mil marcos.

Mas, na maioria dos casos, os subornos não eram necessários. Hitler sempre superava seus generais, desprezando seus avisos quando lhe parecia conveniente e recusando sem dificuldade as suas estratégias e táticas. Mesmo os generais que vez por outra tentavam enfrentá-lo eram claramente intimidados pelas suas vitórias e pela pura força da sua personalidade. "Quando se considera Hitler no papel de líder militar, não se pode certamente desconsiderá-lo com clichês do tipo 'o cabo da Primeira Guerra Mundial'", escreveu o marechal de campo Von Manstein. E apesar de suas críticas a Hitler por sua "excessiva autoestima", sua propensão a ignorar informações que contradiziam as suas teorias e o tratamento desdenhoso do alto-comando, Manstein acrescentou:

> Hitler tinha uma memória extraordinariamente retentiva e uma imaginação que lhe permitia entender com rapidez todas as questões e problemas técnicos de armas. Sabia tudo sobre o efeito das armas mais recentes do inimigo e discorria sobre colunas inteiras de números relativos à produção de guerra, tanto a nossa quanto a do inimigo. Na verdade, essa era a sua maneira favorita de evitar qualquer tópico de que não gostasse.

O outro método usado com eficácia por Hitler era despejar teorias, ou meras cortinas de fumaça, para derrubar argumentos puramente militares. "Ele tinha o gênio de enfrentar os seus colaboradores militares com argumentos políticos e econômicos que eles não conseguiam refutar imediatamente, e de cujo valor, de qualquer forma, o estadista forçosamente tem de ser considerado o melhor juiz", observou Manstein, com relutante admiração. Tudo isso significava apenas que Hitler sempre superava seus generais. Na maioria dos casos, ele nem era contestado.

Ainda assim, Hitler submetia seus generais a tiradas desmoralizantes. "Antes de me tornar chanceler, eu acreditava que o Estado-Maior era assim como um cachorro de açougueiro, que tem de ser bem preso na coleira para não atacar outras pessoas", declarou em certa ocasião. "Mas depois de me tornar chanceler, percebi que o Estado-Maior é tudo menos um cão feroz." Ele então relacionou as decisões a que os generais se opuseram: o rearmamento, a ocupação da Renânia, a anexação da Áustria, o desmembramento da Tchecoslováquia, a invasão da Polônia. "O Estado-Maior me aconselhou contra a ofensiva na França e contra a guerra na Rússia", concluiu. "Em todas essas ocasiões, fui eu quem teve de cutucar esse 'cão feroz'."

É verdade que, quando Hitler decidiu abandonar os planos de invadir a Grã-Bretanha e atacar a União Soviética, alguns generais expressaram seu ceticismo com relação a esse curso de ação. O almirante Erich Raeder, comandante da marinha, argumentou que a abertura de uma segunda frente deveria ser adiada "até após a vitória sobre a Inglaterra". O general Von Brauchitsch também expressou reservas. "O objetivo não está claro", teria dito ele, segundo Halder. "Não vamos atingir os ingleses assim. Nosso potencial econômico não vai ser substancialmente aumentado. O risco no oeste não deve ser subestimado." Até Hermann Göring, o associado mais próximo de Hitler, e comandante da força aérea, alegaria em Nuremberg que tinha visto o perigo do plano de Hitler de atacar a Rússia. "Hitler decidiu. Eu achava que era uma estupidez porque acreditava que primeiro teríamos de vencer a Inglaterra."

Mais tarde o marechal de campo Von Manstein comentaria os erros de julgamento que levariam à derrota da Alemanha na frente oriental. "O primeiro foi o erro cometido por Hitler, e por mais ninguém, de subestimar os recursos da União Soviética e as qualidades de luta do Exército Vermelho." Mas se Manstein era mais confiável que alguém como Göring, ele enfraquece a sua argumentação quando tenta colocar toda a culpa em Hitler. O líder alemão não estava só ao subestimar a União Soviética. Na véspera da Operação Barbarossa, grande parte do alto-comando, inclusive Brauchitsch, Halder e Jodl, tinha-se convencido, ou permitiu que Hitler o convencesse, de que a campanha seria vitoriosa numa questão de semanas, e repetia as previsões otimistas deste.

Os céticos não ficaram completamente mudos. Pouco antes da invasão, Hitler enviou especialistas para dar palestras sobre a economia soviética, e eles afirmaram que o país não seria capaz de produzir boas armas em ritmo suficiente para substituir as que perdesse. Depois de uma dessas palestras, o almirante Wilhelm Canaris, chefe da inteligência militar, voltou-se para os colegas:

> os senhores realmente acreditam em toda a tolice que ouviram hoje? Pelas informações dos melhores especialistas do meu departamento, a situação é completamente diferente. Até hoje, ninguém conseguiu derrotar nem conquistar a Rússia.

Mas, na época, a simples verdade era que mesmo os generais que talvez compartilhassem essas dúvidas estavam intimidados demais para se manifestarem. E a maioria chegou à conclusão de que, independentemente das suas reservas, seu líder já tinha demonstrado estar correto antes, e que estaria certo mais uma vez. Antes de ser enforcado em Nuremberg, em 1946, outro importante comandante, o marechal de campo Wilhelm Keitel, atribuiu a sua

Hitler e seus generais

disposição de acreditar no Führer em parte à ignorância, em parte à fé cega. "Eu acreditava em Hitler e sabia pouco a respeito dos fatos. Não sou um tático, e não conhecia a força militar e econômica dos russos. Como poderia?"

Independentemente dos reais sentimentos do alto-comando em relação à invasão da União Soviética, ele logo começou a questionar a capacidade militar de Hitler quando a invasão teve início. Uma coisa era obedecer ao líder nas questões mais importantes da guerra e paz; outra muito diferente era continuar calado enquanto ele vacilava sobre como tirar vantagem dos sucessos iniciais sobre os alemães; ou quando ele ordenava que suas tropas lutassem onde elas pareciam dispersar, em vez de concentrar sua energia e força.

Enquanto a máquina de propaganda alemã trombeteava os sucessos das suas forças nas primeiras semanas da Operação Barbarossa, os comandantes no campo sabiam que estavam pagando um preço mais alto que o esperado em termos de baixas – e que, em muitas áreas, o avanço alemão não era tão rápido quanto tinham esperado. As forças do Grupo de Exércitos Norte ainda estavam longe de tomar Leningrado, e só em setembro eles chegariam suficientemente próximo da cidade para iniciar o infame cerco de 900 dias. Chuvas pesadas atrasavam o avanço das unidades do Grupo de Exércitos Sul, oferecendo uma previsão perturbadora das precipitações muito mais pesadas do fim do verão e início do outono, que atolariam exércitos inteiros. Como os alemães logo começaram a entender, estradas mostradas nos seus mapas não passavam geralmente de áreas lamacentas que, na prática, desapareciam quando o tempo se recusava a cooperar.

Mas havia boas notícias para os alemães no terreno que, pelo menos em teoria, levava diretamente a Moscou. Apesar dos seus colegas soviéticos se esforçarem para lançar mais soldados contra ele, Fedor von Bock, o comandante do Grupo de Exércitos Centro, estava feliz por ter chegado até Smolensk – e não tinha dúvida quanto ao que faria em seguida. "O inimigo só está realmente batido num único lugar na frente oriental – diante do Grupo de Exércitos Centro", escreveu no seu diário no dia 13 de julho.

> Se os grupos blindados agora correrem separados para o sul, leste e norte estaremos renunciando à exploração do nosso sucesso. [...] O importante agora é esmagar completamente o inimigo e tornar impossível para ele fixar outra frente diante de Moscou. Para tanto é necessário concentrar todas as forças blindadas e com elas avançar rapidamente para leste até que eu possa relatar que o inimigo não oferece mais resistência diante de Moscou!

Mas Hitler não estava pronto para tomar essa decisão. O líder alemão, que tinha conquistado tantos dos seus objetivos anteriores adotando ações dramáticas que exigiam inacreditável autoconfiança, hesitou durante cerca de três semanas antes de responder aos apelos dos seus generais. E quando respondeu, foi por meio de ordens que iam não só diretamente contra as recomendações de Bock, mas também as de Halder, Brauchitsch e outros comandantes. Então, Hitler decidiu repentinamente que suas forças deviam agora se concentrar no avanço para Leningrado, no norte, e na ofensiva no sul, cortando a Ucrânia até o Cáucaso. A Diretiva 34, de 30 de julho, declarava especificamente: "o Grupo de Exércitos Centro deverá passar à defensiva, aproveitando-se do terreno adequado".

Bock tinha recebido as notícias dois dias antes, quando o ajudante de Hitler, Rudolf Schmundt chegou para informá-lo dos novos planos do chefe. Um Bock claramente irritado resumiu em seu diário o teor da mensagem: "o principal é eliminar a área de Leningrado, depois a região de matérias-primas da Bacia do Donets [na Ucrânia]. O Führer não está nem um pouco interessado em Moscou". Pouco mais de duas semanas depois, Bock descarregou novamente sua frustração no seu diário.

> Todas as diretivas dizem que não é importante tomar Moscou! Eu quero esmagar o exército inimigo, e o grosso desse exército está bem à minha frente! Ir para o sul é uma operação secundária – ainda que igualmente grande – que vai colocar em risco a execução da operação principal, a saber, a destruição das forças armadas russas antes do inverno.

Outra diretiva do quartel general de Hitler no dia 12 de agosto contradizia, pelo menos formalmente, a afirmativa de Bock. Declarava que o objetivo das operações alemãs era ainda "privar o inimigo, antes da chegada do inverno, do seu governo, armamentos e do tráfego no entorno de Moscou, e assim evitar a reconstrução das suas forças derrotadas e a operação ordeira do controle governamental". Mas se isso realmente resumia o pensamento dos generais que estavam convencidos de que a única maneira de garantir o sucesso da Operação Barbarossa era a tomada de Moscou, a provisão mais importante da diretiva era ordenar um atraso na busca daquele objetivo. "Antes do início desse ataque a Moscou, a operação contra Leningrado deve estar concluída."

Como comandante do exército, Brauchitsch apresentou sua opinião contrária em 18 de agosto, quando insistiu na retomada do avanço para leste na direção da capital soviética. Hitler respondeu que o plano do exército "não está de acordo com as minhas intenções". Em seguida, ele relacionou as suas prioridades:

> o objetivo mais importante a ser conquistado antes da chegada do inverno não é a captura de Moscou, mas a tomada da Crimeia e a região industrial e carbonífera do Donets, e cortar o fornecimento de petróleo russo da área do Cáucaso. No norte, o objetivo e isolar Leningrado e fazer a união com os finlandeses.

Num choque como esse, Hitler não iria ceder depois que sua decisão estivesse tomada. Nessa mesma época, o general Von Manstein testemunhou o confronto entre Hitler e Halder, o chefe do Estado-Maior do exército. De acordo com Manstein, Hitler questionou "nos termos mais grosseiros o direito de Halder de discordar dele, declarando que como infante na linha de frente na Primeira Guerra Mundial ele era um juiz infinitamente melhor dessa questão que Halder, que nunca estivera naquela posição". Manstein ficou tão perturbado com essa cena "pouco digna" que saiu da sala e só voltou depois que um Hitler mais calmo lhe pediu para voltar.

Apesar da sua admiração pela compreensão de Hitler de uma ampla gama de assuntos, inclusive tecnologia militar, Manstein concluiu que o líder alemão era muito deficiente sobretudo na área em que se comparava de modo favorável a Halder. "O que lhe faltava, em termos gerais, era simplesmente a 'capacidade militar baseada na experiência' – que não poderia ser substituída pela sua 'intuição'", escreveu Manstein.

Mas não era apenas o fato de Hitler carecer da experiência militar mais ampla dos seus generais. Nas primeiras semanas e meses da Operação Barbarossa, ele sempre mudava de opinião com relação aos objetivos estratégicos mais importantes – particularmente a hora do grande avanço para tomar Moscou. Em 6 de setembro, ele ordenou ao Grupo de Exércitos do Centro que se concentrasse na "destruição das forças inimigas localizadas na área a leste de Smolensk por um movimento de pinças na direção de Vyazma" – a próxima cidade mais importante e entroncamento ferroviário no caminho de Moscou. E em 16 de setembro, Hitler lançou a diretiva que seria a base de lançamento da Operação Tufão, que deveria ser o clímax do avanço contra Moscou, no dia 30 de setembro.

Era a decisão que seus generais esperavam, mas chegou bem mais tarde do que eles gostariam, com várias semanas críticas se perdendo no processo. Ela deixou-os diante de uma tarefa muito mais difícil do que teriam enfrentado se Hitler não tivesse rejeitado seus planos de avanço rápido. E deixou nos comandantes de campo uma sensação crescente de frustração com relação às ordens aparentemente contraditórias – e, em certos casos, dúvidas crescentes com relação ao homem que dava essas ordens.

Durante os anos 1920, quando o exército alemão foi severamente limitado pelo Tratado de Versalhes, um jovem oficial prussiano de nome Heinz Guderian se dedicou obstinadamente à proposição de que o país precisava desenvolver um componente blindado para suas forças armadas – as divisões ou brigadas Panzer, equipadas com tanques e outros veículos blindados. Quando Hitler assumiu o poder em 1933, ele teve condições de montar uma demonstração para o novo líder, inclusive motocicletas, tanques experimentais e veículos blindados de reconhecimento, operando todos em conjunto. Hitler ficou visivelmente impressionado. "É disso que eu preciso! É o que eu quero."

Guderian ficou encantado com o entusiasmo do Führer. Muitos dos seus oficiais superiores que cresceram na infantaria ou na cavalaria eram céticos com a noção de que veículos motorizados teriam um papel crucial nos conflitos do futuro. Ademais, o Tratado de Versalhes proibia explicitamente à Alemanha adquirir ou construir veículos blindados ou tanques. Mas, na opinião de Guderian, isso só provava que "nossos inimigos consideravam o tanque uma arma decisiva", e a Alemanha tinha de se equipar com essas armas o mais cedo possível. Para provar a sua tese, ele fez trazer cópias de tanques para participar de manobras do exército, já que ainda não podia usar tanques de verdade. "Aquelas pobres maquetes pareceram aos velhos soldados da Primeira Guerra Mundial uma coisa tão ridícula que eles tendiam a sentir pena de nós e a não nos levar a sério."

Com Hitler no poder, tudo isso mudou. A Alemanha começou rapidamente a se rearmar, e novas unidades blindadas se tornaram uma parte essencial das novas forças armadas. No outono de 1935, Guderian assumiu o comando da 2ª Divisão Panzer – uma das três novas divisões daquele tipo. Já não era um planejador, mas um comandante operacional de uma unidade que ele tinha se empenhado tanto em criar.

Quando a Alemanha atacou a Polônia em setembro de 1939, os tanques de Guderian desempenharam um papel crucial naquela primeira vitória. Eles avançaram rapidamente até Brest, a cidade com uma fortaleza bem na fronteira soviética, a leste do rio Bug. Depois que as tropas soviéticas invadiram a Polônia do leste, as de Guderian receberam ordens de transferir a cidade para os russos, pois o rio Bug tornou-se a linha demarcatória da divisão germano-soviética da Polônia derrotada. Guderian não gostou de entregar o território que tinha conquistado numa batalha difícil com os poloneses, menos armados, mas corajosos. "Parece muito pouco provável que houvesse algum soldado presente quando o acordo sobre a linha de demarcação e o cessar-fogo foi finalizado", notou ele com elegância nas suas memórias.

Apesar de manter esses pensamentos para si mesmo, Guderian logo se veria abertamente em conflito com seus superiores – até Hitler – no momento do seu maior triunfo. Durante a invasão da França, os Panzers de Guderian praticamente disputaram uma corrida pelo país até a costa, surpreendendo as forças francesas em colapso. O general francês Maurice Gamelin deu uma ordem, que foi interceptada pelos alemães: "a torrente de tanques alemães deve finalmente ser obrigada a parar!". Mas não foram os franceses que interromperam o avanço de Guderian e dos outros comandantes de tanques; foi Hitler. De repente eles receberam ordens de parar diante de Dunquerque, o porto por onde as forças britânicas e francesas fugiam e esperavam evacuação. A Luftwaffe recebeu a tarefa de bombardear o porto, enquanto os tanques ficavam na retaguarda. "Ficamos absolutamente sem fala", lembrou Guderian. "Fomos obrigados a parar tendo Dunquerque bem à nossa vista!"

Alguns dias antes, Guderian tinha ameaçado renunciar quando recebeu ordens de diminuir a velocidade do seu avanço. Ele então começou a entender que, exatamente quando o apoio de Hitler para uma estratégia agressiva para os Panzer começava a dar resultado, o líder alemão "era agora aquele que se assustava com sua própria temeridade", receando que o avanço alemão se estendesse demais por causa da velocidade das unidades Panzer. Mas se essa questão foi logo resolvida, permitindo que Guderian continuasse o seu avanço, Dunquerque era outra história. As unidades de tanques de

Guderian e dos outros comandantes não tiveram permissão para atacar o porto, oferecendo a Londres tempo suficiente para orquestrar a espetacular evacuação de 330 mil soldados britânicos e franceses, que poderiam então voltar a lutar. Tal como Guderian a via, essa poderia ter sido a chance de dar um golpe capaz de alterar o curso da guerra. "Infelizmente, a oportunidade foi perdida devido ao nervosismo de Hitler", queixou-se.

Se estava convencido de que Hitler não tinha sido suficientemente ousado nos dias finais da campanha francesa, logo ele passaria a temer o contrário, quando se espalhou a notícia da invasão da União Soviética. Guderian acreditava que essa seria uma tarefa muito mais difícil do que derrotar a Polônia e a França. Mas a velocidade dos primeiros sucessos, observou ele, "tinha confundido tanto as mentes dos nossos comandantes supremos que eles eliminaram a palavra 'impossível' do seu vocabulário".

Tal como alguns dos outros generais depois da guerra, Guderian talvez tenha exagerado suas dúvidas com relação à invasão da União Soviética. Mas ele certamente estava sobre terreno firme para manifestá-la à época. Com seu conhecimento íntimo da produção de tanques na Alemanha, ele sabia que a oferta de novos veículos estava muito abaixo do que ele considerava necessário, especialmente no caso de uma guerra prolongada contra a União Soviética.

Um encontro com seus colegas russos às vésperas daquele conflito fez Guderian pensar. Na primavera de 1941, uma delegação militar soviética chegou para examinar as escolas e fábricas de tanques alemães. Como ainda fingia observar o pacto nazissoviético e queria manter secretos os seus planos de invasão, Hitler autorizou especificamente a visita e ordenou que os visitantes vissem tudo para não despertar suspeita. Quando os alemães mostraram aos russos o Panzer IV, os russos protestaram que aquele não podia ser o tanque mais novo e mais pesado, como afirmavam os anfitriões. Na verdade, era o melhor tanque dos alemães à época, e Guderian e outros especialistas alemães concluíram com relutância que os russos talvez tivessem algo melhor nas suas próprias linhas de produção. Pouco depois, Guderian teria a oportunidade de confirmá-lo.

Como parte do Grupo de Exércitos do Centro do marechal de campo Von Bock, a Divisão Panzer de Guderian entrou em ação desde o primeiro dia da invasão, cruzando o rio Bug e atacando as tropas soviéticas de surpresa. Mas, dois dias depois, o famoso general escapou por pouco, quase

Hitler e seus generais

perdendo a vida. Enquanto conferenciava com vários altos oficiais sobre os movimentos seguintes, dois tanques soviéticos surgiram de repente, sem serem vistos, de trás de um caminhão incendiado. Ao verem os oficiais inimigos, os tanques russos abriram fogo a curta distância, cegando e ensurdecendo os alemães por um momento. Guderian e dois outros generais se lançaram imediatamente ao chão e sobreviveram; um coronel menos experiente hesitou e foi morto. Num momento em que os alemães pareciam estar a caminho de uma rápida vitória, esse evento mostrou que seus adversários ainda poderiam ser muito perigosos.

Guderian e seus tanques continuaram a avançar para leste, participando das primeiras vitórias que culminaram nas batalhas em torno de Smolensk, em meados de julho. Quando voou ao quartel general do seu grupo de exércitos, em 27 de julho, esperava instruções para continuar avançando para leste para preparar o ataque contra Moscou. Em vez disso, ele ficou atônito ao saber que Hitler tinha ordenado que a sua unidade se juntasse à luta em volta de Gomel, uma cidade localizada a sudoeste de Smolensk – "ou seja, na direção da Alemanha", como Guderian notou com raiva. Em outras palavras, ele recebera ordens para se afastar de Moscou.

De muitas formas, aquilo parecia um erro ainda mais grave que a decisão de fazer parar as próprias forças na França antes que pudessem atingir Dunquerque. Tal como muitos dos seus superiores, ele estava convencido de "que essas manobras da nossa parte simplesmente davam aos russos tempo para organizar novas formações e usar sua inesgotável força humana para a criação de novas linhas defensivas na retaguarda", solapando as chances de se conseguir uma rápida vitória. E, tal como Bock, Guderian teve a chance de se encontrar com o auxiliar de Hitler, Rudolf Schmundt, a quem pediu para transmitir ao Führer a mensagem de que ele devia reconsiderar a sua decisão em favor de "um avanço direto para capturar Moscou, o coração da Rússia".

No início de agosto, as forças de Guderian se envolveram numa batalha ao sul de Smolensk, conseguindo mais uma vitória, dessa vez em Roslavl. Mas seu comandante ainda estava determinado a argumentar contra continuarem mais para o sul e oeste, na direção de Gomel. Seus soldados estavam convencidos de que logo tomariam a direção da capital soviética, e ele via "com o coração pesado" eles colocarem placas que diziam "para Moscou". Bock escreveu no seu diário: "Guderian está mordendo o freio!"

123

No fim de agosto, o marechal de campo concordou em enviar Guderian com o general Halder à Toca do Lobo, o quartel-general militar de Hitler na Prússia Oriental, para uma última tentativa de convencer o líder alemão a mudar de ideia com relação a fazer da capital da Ucrânia, Kiev, o próximo alvo militar prioritário, em vez de Moscou. Mas quando Guderian chegou, o marechal de campo Von Brauchitsch, o comandante em chefe do exército lhe deu um aviso rude: "eu proíbo que você mencione a questão de Moscou para o Führer", declarou. "A operação no sul já foi ordenada. O problema agora é simplesmente definir como será executada. A discussão não tem sentido."

Guderian não era homem de obedecer docilmente. Vendo-se com Hitler numa sala já lotada com oficiais, ele esperou uma oportunidade de defender a sua proposta – e ela chegou rapidamente. Quando Hitler perguntou se suas tropas estavam prontas para "mais um grande esforço", ele respondeu: "se as tropas receberem um objetivo significativo, cuja importância seja evidente para qualquer soldado, sim".

"Você quer dizer, é claro, Moscou?", perguntou Hitler.

Guderian respondeu "sim" e pediu uma oportunidade para explicar suas razões. Quando Hitler concordou, ele expôs todos os argumentos por que Moscou devia ser o alvo: seu papel como importante centro de comunicação e transporte que, uma vez capturado, tornaria difícil para os soviéticos mover homens e suprimentos pelo país; seu papel como importante centro industrial; e seu papel inegável como o centro político do país. Uma vitória em Moscou levantaria o moral dos soldados alemães e devastaria moralmente os russos, acrescentou, e tornaria muito mais fácil conquistar vitórias em outros locais, inclusive na Ucrânia. Teria também um enorme impacto psicológico no resto do mundo. Mas se essa vitória não fosse conquistada logo e as tropas alemãs fossem desviadas para outros locais, "seria então tarde demais para lançar o golpe final por Moscou neste ano", pois a chegada do outono e inverno tornaria a tarefa cada vez mais difícil.

Hitler ouviu Guderian sem interrompê-lo. Mas em seguida, ele lançou uma das suas teorias sobre por que as riquezas agrícolas e matérias-primas da Ucrânia precisavam ser tomadas primeiro, fornecendo aos alemães suprimentos vitais. "Meus generais não sabem nada sobre os aspectos econômicos da guerra", queixou-se. Enquanto ele deixava claro que o próximo alvo deveria ser Kiev, e não Moscou, Guderian ficou atônito ao ver todos os

Hitler e seus generais

outros na sala balançando a cabeça em concordância. No fim da sessão, ele se sentiu completamente só, sem apoio nem mesmo daqueles que haviam concordado antes com seus argumentos.

Por isso Guderian se viu lutando na batalha por Kiev durante a primeira metade de setembro, em vez de se aproximar de Moscou. Usando movimentos em pinça que já tinham usado em Minsk e Bialystok, as forças alemãs cercaram as forças soviéticas, lhes infligiram pesadas baixas e fizeram centenas de milhares de prisioneiros. À parte o combate feroz, os soldados tiveram de enfrentar os efeitos da chuva pesada. Escreveu Guderian:

> só um homem que já tenha experimentado pessoalmente como é a vida nesses canais de lama que chamávamos de estrada terá uma ideia do que os soldados e seus equipamentos tiveram de enfrentar, e será capaz de julgar a situação no *front* e o consequente efeito sobre as nossas operações.

O comandante dos Panzer admitiu que a dura batalha representou uma grande vitória tática para o seu lado. "Mas ainda era questionável se uma grande vantagem estratégica poderia ser conseguida desse sucesso tático", acrescentou. "Tudo dependia disso: antes do início do inverno e do surgimento da lama do outono, o exército alemão seria capaz de alcançar resultados definitivos"? Em outras palavras, o seu aviso para Hitler se revelaria preciso e o restante da janela de oportunidade seria muito curto?

Em consequência da vitória em Kiev, Hitler finalmente deu as ordens para a Operação Tufão. Como primeiro passo, os Panzers de Guderian receberam a incumbência de avançar para o norte na direção de Moscou, tomando Orel e Bryansk. Como sempre, o líder dos Panzers esteve à altura da ocasião. Quando seus tanques entraram em Orel no dia 3 de outubro, as autoridades locais foram pegas completamente de surpresa – tanto que os bondes trafegavam como se fosse um dia normal.

Vasily Grossman, o famoso correspondente de guerra para o jornal *Krasnaya Zvezda*, do Exército Vermelho, lembrou o seu diálogo mordaz com seu editor quando voltou a Moscou depois de cobrir o avanço alemão vindo do sul. "Por que você não escreveu nada sobre a heroica defesa de Orel?", perguntou o editor. Grossman respondeu: "porque não houve defesa".

Mas três dias depois de terem tomado Orel, os alemães receberam sua própria surpresa desagradável. Atacados por tanques T-34 russos, eles sofreram

125

pesadas baixas. "Foi a primeira ocasião em que a vasta superioridade do T-34 russo sobre os nossos tanques se tornou clara", admitiu Guderian. Para ser eficaz contra eles, o motorista de um Panzer IV alemão tinha de manobrar para se colocar atrás do T-34 e atirar com grande precisão na grade acima do motor para colocá-lo fora de serviço. De outros ângulos, os alemães só conseguiam danificar os tanques, mas não imobilizá-los.

Outra descoberta desagradável para Guderian foi que a enorme operação e o combate contínuo estavam cobrando um preço muito alto, não somente em termos de quantidade de baixas e soldados exaustos, mas também em termos de tensão das linhas de suprimento. Pela primeira vez, as unidades Panzer tiveram de enfrentar a falta ocasional de combustível. Porém, mais perturbador, na opinião de Guderian, era a ameaça de mudança de tempo e da falta de roupas quentes para seus soldados. Requisitava repetidamente roupas de inverno e recebia a resposta de que suas tropas as receberiam "no devido tempo", e que ele devia parar de fazer aquelas requisições "desnecessárias". O mesmo acontecia com as solicitações de anticongelante para os motores dos veículos. "Havia tão pouco anticongelante quanto roupas de inverno para os soldados", escreveu causticamente. "A falta de roupas quentes, nos meses difíceis à nossa frente, iria causar os maiores problemas e o maior sofrimento para os nossos soldados – e teria sido a nossa dificuldade mais facilmente evitável."

Tal como Stalin, Hitler assegurava que seus oficiais e homens pagariam um preço mais alto, tanto pelas vitórias como pelas derrotas, do que o provocado pelas ações do inimigo. Como Stalin, ele foi responsável por um número crescente de ferimentos autoinfligidos. Por isso, as forças alemãs que finalmente avançavam sobre Moscou, apesar de ainda vitoriosas e formidáveis, não eram mais o "rolo compressor" que tinham sido nas primeiras semanas da Operação Tufão. Tinham sido castigadas em mais de uma ocasião e começavam a se tornar evidentes as tensões de chegar tão longe, com tamanha velocidade – inclusive as mudanças repentinas de curso e de alvos, como no caso de Guderian. Estavam prestes a enfrentar seu teste mais difícil até então, mas com uma sensação crescente de incerteza quanto a estarem ou não à altura.

As setas do avanço alemão apontavam agora claramente na direção de Moscou.

"Moscou está em perigo"

Era o fim de agosto de 2005, 64 anos depois daqueles primeiros meses da invasão alemã à União Soviética, quando eu acompanhei um trio de pesquisadores numa viagem às densas florestas perto de Vyazma, 200 km a oeste de Moscou. Até hoje, russos de todas as posições sociais se reúnem em pequenos grupos para viagens de pesquisa aos locais das batalhas da Segunda Guerra Mundial, revirando áreas em busca dos restos mortais de soldados, seus equipamentos, armas e todas as raras evidências que possam encontrar para resgatar do anonimato os vencidos. Enquanto os alemães geralmente enterravam seus mortos, o Exército Vermelho – especialmente nos primeiros meses da guerra – sofreu baixas tão pesadas e cedeu tanto território que deixava a maioria dos seus mortos onde tivessem caído. No pós-guerra, Stalin e outros líderes soviéticos se desinteressaram pelos restos mortais, como também não se interessaram pelo nível catastrófico das baixas que produziram. Com um senso de missão que chega quase ao místico, os pesquisadores reúnem o que conseguem e providenciam para que os restos tenham no mínimo um enterro próximo ao adequado, com honras militares, quando possível.

Nos arredores de Vyazma, o primeiro alvo da Operação Tufão quando Hitler finalmente decidiu tomar Moscou, paramos no que parecia ser um pequeno cemitério ao lado da estrada. Havia algumas fileiras de túmulos simples, baixos e retangulares, cada um tendo em cima um capacete militar – em muitos casos com vários buracos de bala. Em modestos monumentos de pedra diante dos túmulos, alguns nomes estavam relacionados. Andrei Palatov, meu guia e líder do grupo *Zvezda* – estrela – composto por 10 pesquisadores, explicou que grupos como aquele tinham fundado o cemitério em 1990. Ao longo dos 15 anos desde então, seu grupo tinha trazido os restos de cerca de mil soldados para serem enterrados ali, e só contavam os restos que estavam mais ou menos completos. Ao todo, 30 mil restos mortais tinham sido enterrados no pequeno cemitério desde 1990, e eles continuavam a reenterrar mais soldados sem interrupção. Cada túmulo representava o último repouso de centenas – às vezes milhares – de caídos.

Em muitos casos é impossível descobrir os nomes dos soldados e oficiais cujos restos são encontrados. Apesar de toda a atenção dada aos militares, a União Soviética não tinha desenvolvido as medalhas simples mas confiáveis que os alemães e outros exércitos tinham, permitindo identificação fácil dos mortos. Os russos faziam para os soldados cápsulas de madeira ou plástico, com tampa rosqueada. A informação de identificação do soldado era escrita num pedaço de papel, enrolado e inserido na cápsula. Mas tudo acabou dando errado. As cápsulas de madeira se deterioravam com o tempo, e o escrito no papel, independentemente do recipiente, tendia a se apagar. Mas, o mais importante, o nome popular da cápsula era *smertny medalyon* – medalhão da morte – e os soldados geralmente a jogavam fora, com medo de que trouxessem azar no campo de batalha. Por isso, poucos nomes estavam relacionados num cemitério que era o repouso final de 30 mil soldados.

Um túmulo separado, adornado com flores frescas, relacionava mais nomes que o normal: continha os corpos de crianças da área que tinham morrido depois da guerra, em geral quando tropeçaram em armas ou munições que explodiram. Apesar de nenhum dos dois lados ter tido tempo de colocar minas, havia muitas granadas, balas de canhão e outros objetos perigosos, que ocasionalmente ainda tiravam vidas dos que se aventuravam na floresta.

Por mais difícil que fosse imaginar que aquele pequeno cemitério ao lado da estrada continha os restos de tantos soldados, era ainda mais difícil

"Moscou está em perigo"

compreender a escala da luta nas vizinhanças de Vyazma. Durante menos de duas semanas no início de outubro de 1941, unidades inteiras do Exército Vermelho foram cercadas e dizimadas pelos alemães. Palatov citou alegações alemãs de que teriam matado 400 mil e capturado mais 600 mil – uma contagem assustadora de um milhão. Os alemães, é provável, inflaram seus números, mas não exponencialmente: não há dúvidas de que as perdas soviéticas totalizaram centenas de milhares na Batalha de Vyazma.

Até aquele momento, apenas a batalha pela tomada de Kiev, às vésperas da Operação Tufão, tinha sido mais mortal. Naquele caso, a recusa de Stalin em permitir aos seus generais entregar a capital ucraniana condenada possibilitou aos alemães cercar as tropas soviéticas e infligir enormes baixas. O general Zhukov e outros comandantes argumentaram que uma retirada evitaria um massacre, permitiria o reagrupamento de forças e a luta em futuras batalhas. Mas Stalin nem quis ouvir e berrou com Zhukov: "como vocês podem pensar em entregar Kiev para o inimigo?" Tal como Hitler, Stalin não hesitava em ignorar o conselho dos seus generais, rejeitando-os com frequência.

Se o cerco do Exército Vermelho em Kiev foi o resultado evidente da recusa de Stalin de permitir o recuo dos seus exércitos, a tragédia seguinte perto de Vyazma foi produto de uma quebra completa de comunicações e comando. No início da Operação Tufão, os governantes soviéticos não perceberam que as forças alemãs se moviam com rapidez para cercar e prender um contingente tão grande quanto possível do Exército Vermelho perto de Vyazma, transformando o lugar no próximo "caldeirão", um inferno de morte e destruição. A missão alemã era simples: cercar e destruir as tropas soviéticas, bloqueando todos os meios de fuga. Quando o comando soviético percebeu o que estava acontecendo ordenou aos seus homens escapar por todos os meios possíveis – e dessa vez Stalin não fez objeção. Mas então já era tarde demais para quase todos. Apenas um número mínimo se salvou.

Boris Oreshkin foi um dos afortunados. "Na nossa literatura quase não se encontra informação sobre essa batalha", notou ele. "É normal: quem gosta de falar das derrotas?" Operando um posto de observação no alto de uma colina com três outros soldados, Oreshkin se sentia na calmaria do centro da tempestade, observando a passagem de uma onda depois da outra de aviões alemães nos dias 2, 3 e 4, e nenhum avião soviético decolar para combatê-los.

129

Via a fumaça e as explosões no horizonte, indicando a direção do ataque alemão, que mirava diretamente Vyazma. Mas quando ele e seus companheiros tentaram informar o que viam, só conseguiram fazê-lo a um soldado de sentinela numa base aérea próxima, que não teve nenhum interesse nos seus avisos. "Acho que nós, quatro soldados comuns, fomos as únicas pessoas que viram com clareza o que se passava", disse ele, sem ironia.

Pouco depois, os alemães começaram a atacar perto deles, e seus aviões jogaram bombas sobre a base aérea e em tudo que conseguiam ver. Em 9 de outubro, Oreshkin era mais um no mar de soldados desesperados que buscavam uma saída do cerco alemão, sob as bombas que caíam do ar, e batidos pela artilharia e fogo de metralhadoras do chão. Os soldados soviéticos receberam ordens de fugir daquele caldeirão, mas o resultado foi o caos. Quando ouviram boatos de que alguns soldados tinham conseguido romper as linhas alemãs, relatou Oreshkin, "as pessoas se livravam das máscaras contra gases, capacetes e mochilas. Todos tinham um único pensamento: ter tempo suficiente para fugir do cerco". Ele mesmo chegou a se livrar da sua sacola de comida, geralmente a última coisa abandonada por um soldado em pânico, por pensar que poderia estar em segurança se conseguisse percorrer uma pequena distância até o outro lado das linhas alemãs.

A viagem foi pura tortura. Oreshkin e os outros passaram a noite correndo cegamente de um lado para o outro na floresta, tentando evitar a metralha e o fogo de artilharia dos alemães. Tanques alemães atiravam a queima-roupa nos soldados soviéticos que tentavam fugir. Em certo ponto, Oreshkin ouviu um som "como se alguém tomasse uma folha de aço e começasse a sacudi-la", e deparou-se com uma luz cegante e o calor forte de uma chama bem na sua frente. A explosão jogou-o ao chão. Quando abriu os olhos, viu que um dos amigos tinha caído ao seu lado com uma enorme ferida aberta entre as omoplatas. Era como se uma estaca gigantesca o tivesse atravessado. "Faça um curativo", o soldado implorou. Oreshkin tentou ajudá-lo, mas não era mais possível, e outra rodada de artilharia jogou-o novamente ao chão.

Na manhã seguinte, quando chegou a uma lagoa onde pôde saciar a sede, Oreshkin se sentiu perdido. "Nunca na minha vida me senti tão exausto quanto naquele dia. Até a morte parecia uma bênção." Então ele viu um jovem tenente rasgar os documentos e jogar sua arma na lagoa. Viu também uma fileira de soldados alemães que se aproximava e soldados soviéticos se

"Moscou está em perigo"

levantando quase sem forças para erguer as mãos em rendição. Ele seguiu o exemplo do tenente e também jogou os documentos e sua arma na lagoa.

Quando se juntou ao grupo de 20 soldados presos, Oreshkin ficou chocado pela confiança desdenhosa dos seus captores.

> Fomos levados a uma aldeia por um único soldado. Ele seguia à nossa frente e nem pensou ser necessário ter uma arma na mão. Tinha certeza de que não faríamos nada com ele, e isso finalmente me abateu, me humilhou e me mostrou a completa desesperança da nossa situação.

Oreshkin sobreviveria milagrosamente não apenas para lutar de novo, mas também para capturar tropas alemãs em 1944, que se sentiriam tão humilhadas e derrotadas como ele. Mas a esmagadora maioria dos que foram presos no cerco em Vyazma não tiveram nenhuma chance de escapar.

Hoje, 64 anos depois, os pesquisadores e eu entramos na floresta a pouco mais de 15 km ao sul da cidade de Vyazma, o centro do caldeirão onde pereceram tantos. Tínhamos caminhado uma pequena distância quando Palatov, que liderava a nossa expedição, parou e desceu numa vala onde seu grupo tinha deixado a sua descoberta mais importante da expedição anterior. Cuidadosamente, ele levantou um saco plástico e tirou um crânio intacto, explicando que o levariam para o pequeno cemitério para ser enterrado ao lado de outros restos humanos que encontrariam nas expedições seguintes. O único crânio que encontramos além daquele foi o de um cavalo – os dois exércitos usavam muitos cavalos – mas a evidência da ferocidade da luta era vista por toda parte. Tal como explicou Yegor Chegrinets, parceiro frequente de Palatov nessas expedições: "aqui não se pode fugir da guerra. Ela cresce do chão".

Logo vi o que ele queria dizer. Depois de montarmos nossas tendas, entramos mais fundo na floresta, interrompida vez por outra por campos abandonados que antes pertenciam às aldeias. Vadeamos pela grama alta, pisando com cuidado para não torcermos o tornozelo em alguma depressão oculta. Durante a luta, as aldeias também foram obliteradas, e em muitos casos nunca foram reconstruídas. Embora estivéssemos a pouco mais de 15 km da cidade, parecia que estávamos num universo diferente, numa floresta com vegetação rasteira densa que cobria até o que antes foram estradas vicinais. Palatov me avisou para não me desgarrar: no ano anterior um par de andarilhos se perdeu na floresta e partiu na direção errada, resultando numa caminhada de quatro dias antes de voltarem à civilização.

Palatov, Chegrinets e Maxim Suslov, o terceiro membro do grupo, ligaram seus detectores de metais e logo o silêncio da floresta foi quebrado pelos bipes constantes quando se aproximavam de alguma coisa com metal abaixo da superfície. Enquanto me avisavam para não tocar nada, começaram a encontrar cartuchos de balas, fragmentos de projéteis e de bombas, granadas, capacetes, baionetas, kits de refeições e peças de pistolas. A frente de um jipe perfurado de balas estava oculta entre algumas árvores, junto com outros veículos, máscaras contra gases e uma bota soviética. Palatov pegou a bolsa padrão de comida de um soldado, o tipo que Oreshkin tinha jogado fora desesperado. Havia muito mais do que eles poderiam carregar, e os pesquisadores deixaram grande parte do que encontraram na floresta. Só levaram objetos para exposição no pequeno museu que tinham criado para esse fim em Moscou.

Em certo momento, notei espantado que faltava alguma coisa nessa floresta agora enganosamente bela e selvagem: toda forma de vida silvestre, inclusive pássaros. Os pesquisadores explicaram que, apesar de ainda haver veados e javalis na floresta e alguns animais menores, nós provavelmente não veríamos nenhum. Os habitantes locais tinham recolhido muitas armas no campo de batalha depois da guerra e atiravam em qualquer coisa que se movesse. Os animais se mantinham longe das pessoas que se aventuravam na floresta e – acrescentaram os meus guias – seria mais inteligente nós fazermos o mesmo, caso notássemos qualquer sinal da presença na área de alguém que não fosse parte do nosso grupo. Isso era particularmente verdadeiro à noite, quando bebidas e tiros andavam de mãos dadas. Não encontramos nenhum estranho durante a nossa excursão, nem animais durante toda a viagem.

À medida que nos aproximávamos de uma grande ravina, Palatov me contou a história de um dos poucos oficiais soviéticos que teve a experiência e a calma necessárias para estender uma arapuca para os alemães, no coração da batalha. Muitos oficiais, como os soldados, entraram em pânico, mas esse oficial em particular tinha calculado que os alemães se esconderiam na ravina durante a noite, antes de iniciarem o ataque. Por isso, ele ordenou aos seus homens que se camuflassem em posições em torno da ravina e,

"Moscou está em perigo"

quando os alemães desceram, como ele tinha antecipado, eles abriram fogo. Foi uma das poucas vezes durante a Batalha de Vyazma em que os russos estiveram em vantagem e conseguiram infligir pesadas baixas aos alemães. Segui Palatov na ravina, e seu detector de metais começou imediatamente a dar sinais. Ele cavou e logo abaixo da superfície encontrou pedaços de um cinturão alemão, cartuchos vazios e até um *pfenig* (moeda local). Era como se o chão falasse para confirmar a história.

Naquela noite, Palatov encontrou na área ao lado do nosso acampamento três granadas que não explodiram. Apesar de o TNT ter se deteriorado ao longo de 64 anos, e não ser particularmente perigoso, a granada ainda tinha o detonador intacto. Ele as mostrou e anunciou: "são polonesas".

Atônito, perguntei como era possível. Palatov explicou que não era incomum encontrar munição polonesa e outros armamentos; o problema era ser impossível saber de que exército eles tinham vindo. Depois que a União Soviética e a Alemanha ocuparam a Polônia em 1939, os dois invasores tomaram todos os suprimentos poloneses em que puderam pôr as mãos e incluíram nos seus arsenais. Era perfeitamente lógico, mas a descoberta me pegou completamente de surpresa. Numa dessas bizarras ironias da história, soldados alemães e soviéticos se mataram com balas e granadas polonesas quando lutaram em Vyazma. E não só em Vyazma. Um relato de A. L. Ugrymov, o chefe do departamento político do distrito de Frunzensky, em Moscou, sobre o desempenho das unidades recém-formadas da "guarda nacional" compostas de moscovitas mobilizadas para defender a capital, informou que muitos soldados inexperientes marcharam para a batalha equipados apenas com "fuzis poloneses tomados como troféus".

Poucas pessoas na região ainda se lembram de alguma coisa daquele período. Mas em 1996, Palatov gravou uma entrevista com Maria Denisova, uma mulher que já morreu. Tinha 15 anos na época da Batalha de Vyazma, e viveu numa das aldeias destruídas, precisamente na área por onde tínhamos acabado de passar. Ela se lembrava de se esconder aterrorizada no porão da sua casa com sua mãe e um soldado russo ferido. Um alemão descobriu a entrada e atirou uma granada que matou o soldado e feriu gravemente a sua mãe. Quando Denisova e sua mãe saíram, todas as casas da aldeia estavam sendo incendiadas. As duas se esconderam numa trincheira abandonada pelos soldados soviéticos em fuga, e sua mãe morreu lá, poucos dias depois, em virtude dos ferimentos não tratados. O pai de Denisova tinha-se escondido em outra trincheira com outros quatro homens, mas os alemães os encontraram e os obrigaram a sair. A camisa de um dos homens estava encharcada de sangue, pois ele tinha acabado de matar uma ovelha. Para os alemães aquilo era uma prova de que eles eram *partisans* e fuzilaram todos.

Depois que a luta terminou, Denisova testemunhou uma cena de puro horror.

> Havia um número enorme de cadáveres por toda parte. Caminhávamos sobre eles como se o chão estivesse atapetado de corpos. Estavam uns ao lado dos outros, e uns sobre os outros. Alguns não tinham pernas, cabeças ou outras partes. Tínhamos de andar sobre eles porque não havia um trecho livre onde pisar. Tudo estava coberto com eles: toda a aldeia e a margem do rio. É horrível lembrar! O rio estava vermelho de sangue, como se só sangue corresse nele.

Ela e outros sobreviventes não tiveram escolha, pegaram cantis espalhados por ali e beberam da água sangrenta do rio, pois a aldeia não tinha cisterna. Também comeram a carne decomposta de cavalos mortos que enchiam a área.

No fim, os habitantes enterraram alguns dos mortos, mas preferiam evitar a floresta onde a parte mais sangrenta da luta tinha ocorrido. Só na primavera seguinte, um ou outro soldado sobrevivente do Exército Vermelho aparecia entre as árvores. "Eram muito feios com as longas barbas que chegavam quase à cintura. Tínhamos medo deles." Mas eles nunca feriam os habitantes sobreviventes da aldeia. "Não sei como sobreviveram nem o que comiam", acrescentou ela, observando que suas roupas estavam tão rasgadas que era impossível saber se eram soldados ou oficiais. Como a área em torno de Vyazma continuou em mãos alemãs durante os dois anos seguintes, é difícil imaginar quantos sobreviveram para ver o final daquela ocupação.

A única sepultura individual que vi estava perto da última aldeia antes da floresta. Era de um general russo que se escondeu entre os aldeões quando os alemães completavam o extermínio das forças soviéticas cercadas. Era um túmulo simples com uma cruz metálica, sem nome, pois ninguém sabia quem era ele. De acordo com os moradores, ele ajudou a salvar algumas crianças locais ensinando-lhes onde se esconder durante a

"Moscou está em perigo"

luta. Trocou a farda por roupas civis, mas os alemães souberam que ele ainda estava na aldeia e exigiram que ele fosse entregue. Colocaram todos os habitantes em linha e anunciaram que iam começar a matar cada décima pessoa até ele ser entregue. Nesse ponto o general deu um passo à frente e foi prontamente executado.

Num lugar onde centenas de milhares pereceram sem deixar rastros, como se nunca tivessem existido, o general sem nome se destaca como um dos poucos de quem alguém ainda se lembra. Dos outros caídos, só a terra se lembra e conta sua história para quem quiser ouvir.

Estrangeiros há muito se deixaram confundir pela forma como os russos exibiram uma resistência aparentemente ilimitada diante do sofrimento e do despotismo. No seu relato clássico da viagem à Rússia em 1839, o francês Marquês de Custine descreveu o país como "um governo absoluto e uma nação de escravos". Na Rússia, acrescentou, "o medo substitui, ou melhor, paralisa o pensamento". Force os russos a explicar sua história e seu comportamento ao lidar com a longa lista de tragédias que compõem a sua história e, mais cedo ou mais tarde, eles começam a falar de *sudba* – o destino. Afinal, mostram os russos, grande parte da vida não é acidental. Como não é acidente o título do romance épico de Vasily Grossman, sobre como os russos suportaram o terror de Hitler e Stalin durante a Segunda Guerra Mundial, ser *Vida e destino*.

Mas o destino pode trazer bênçãos, não só maldições. E Ella Zhukova está firmemente convicta de que a decisão de Stalin de confiar a defesa de Moscou ao pai dela, o marechal Georgy Zhukov, foi uma dessas ocasiões. "Não sou uma pessoa religiosa, mas acredito que ele recebeu um dom do alto", disse ela, falando do fato de seu pai ter recebido "tamanha responsabilidade" pela capital soviética no momento em que parecia impossível parar os alemães. Talvez o destino também estivesse operando quando elevou a essa posição um homem nascido em 1896 numa aldeia chamada Strelkovka. O nome vem da palavra *streltsi*, ou arqueiros, porque foi um dos lugares onde os arqueiros de Ivan, o Terrível, acamparam para defender Moscou dos invasores tártaros.

Em todo caso, o homem encarregado de salvar Moscou, e que chegaria a líder militar supremo do seu país durante o resto da guerra, não era alguém de quem fosse fácil gostar. Era famoso por suas tiradas raivosas, entremeadas de obscenidades ("você não é um general, é um saco de merda!", costumava dizer aos subordinados), e não hesitava quando era necessário sacrificar seus homens no campo de batalha. "Se chegarmos a um campo minado, nossa infantaria atacará exatamente como se ele não estivesse lá", disse ao general Eisenhower depois da guerra.

> As perdas que sofremos por minas pessoais, nós as consideramos iguais às que sofreríamos pelas metralhadoras e artilharia se os alemães tivessem preferido defender a área com corpos fortes de tropas em vez de campos minados.

Nisso, e na punição sem hesitação de qualquer um que desobedecesse às suas ordens, ele foi o general perfeito para um líder como Stalin. Como o ditador, ele era rápido ao ameaçar com a execução. Sua mensagem para os comandantes no campo era brutalmente simples: executem a ordem, não importa que seja suicida, ou será fuzilado por traição. Em setembro de 1941, quando estava em Leningrado, já sob sítio, ele decretou que qualquer soldado que abandonasse o posto sem permissão escrita teria o mesmo destino.

Depois da guerra, o marechal Konstantin Rokossovsky, outro importante comandante durante a guerra que trabalhou próximo a Zhukov, ofereceu uma descrição diplomática, mas reveladora dele.

> Zhukov foi sempre um homem de vontade forte e decisão, brilhante e talentoso, exigente, firme e resoluto. Todas essas qualidades são incontestavelmente necessárias para um grande líder militar e eram inerentes em Zhukov. É verdade que em certas ocasiões a sua dureza excedia o permissível. Por exemplo, no calor da luta nos arredores de Moscou, Zhukov às vezes exibia uma rispidez injustificada.

Diferentemente da maioria dos outros oficiais, Zhukov não fumava e não bebia muito, especialmente se comparado aos padrões russos. Dava valor à boa aparência e não se acanhava de insistir em ser retratado da forma que queria. Em 1940, ele chamou o editor de *Krasnaya Zvezda*, o jornal militar, para se queixar de que ele ia publicar uma foto sua que, estava convencido, não lhe fazia justiça. "Parece que eu sou careca. Você tem muitos artistas, não tem? Não podem consertar isso?" É claro que podiam – e consertaram.

"Moscou está em perigo"

Quando parecia que as defesas de Moscou não se aguentariam, Stalin convocou o general Georgy Zhukov, de Leningrado, e o encarregou de salvar a capital. Tal como seu chefe, Zhukov estava disposto a fazer qualquer coisa para garantir a obediência às suas ordens, inclusive a execução de qualquer um que tentasse recuar. Ele também não hesitava em sacrificar seus homens no campo de batalha, o que provocou um número assustador de baixas.

A Batalha de Moscou

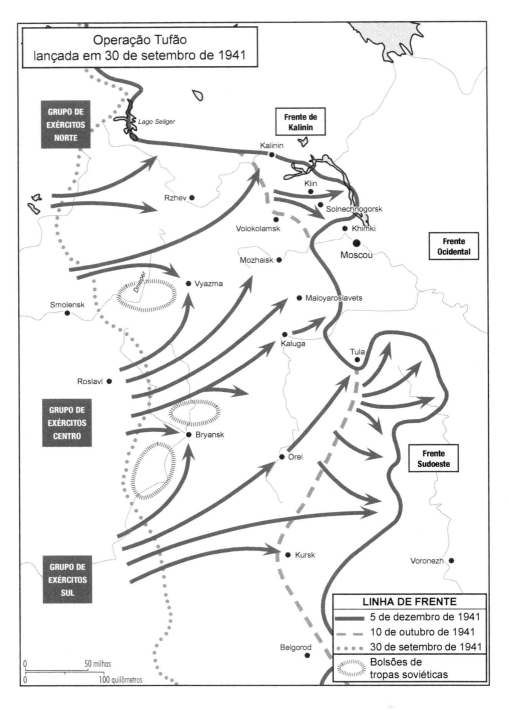

"Moscou está em perigo"

Filho de um sapateiro, Zhukov começou como aprendiz de peleteiro em Moscou, com a idade de 11 anos, e rapidamente aprendeu algumas lições duras. "Sorria e aguente firme quando apanhar", um dos colegas de trabalho lhe ensinou. "Um homem que apanha vale dois que não apanham." Recrutado para o exército czarista em 1915, ele muitas vezes entrava em conflito com os oficiais que o consideravam insolente e impenitente depois das infrações de que era acusado. Mas outros reconheciam o talento e audácia do recruta, e logo ele provou sua coragem em batalha. Em 1919, no Exército Vermelho em luta com os Brancos, ele foi ferido por uma granada. Hospitalizado com vários fragmentos no lado esquerdo e na coxa, ele contraiu tifo.

Mas logo voltou à farda e, como militar profissional, ele se viu frequentemente em viagem, o que não prenunciava relações românticas estáveis. Casou-se com Alexandra Zuikova em 1922, uma união que oficialmente durou mais de 40 anos e resultou no nascimento de duas filhas: Era, em 1928, e Ella, em 1937. Mas em 1929, ele teve uma terceira filha, Margarita, com outra mulher. (Todas as três filhas ainda vivem em Moscou, mas as duas primeiras só souberam da existência de Margarita na década de 1950 e não há amizade entre elas.) Zhukov se envolvia frequentemente com outras mulheres. De acordo com o seu motorista, Aleksandr Buchin, ele manteve um longo caso durante a guerra com uma enfermeira "jovem e bonita" de nome Lidia Zakharova. Em 1957, Zhukov teve uma quarta filha, Maria, com Galina Semyonova, oficial do serviço médico do exército, 30 anos mais moça que ele. Em 1965, aos 69 anos, ele se divorciou de Alexandra para se casar com Galina.

Ainda assim, sua filha Ella, que admite tranquilamente que seu pai tenha tido "algumas amantes", retrata-o como "sempre gentil, atencioso e amoroso para sua família". Ele escrevia cartas curtas para casa que indicam que ele pensava nas filhas. Numa das cartas, escrita em setembro de 1941 para Era e Ella, ele perguntava pela saúde das duas e prometia: "acho que tão logo eu termine com os alemães, vou até vocês ou vocês virão até mim. Por favor, escrevam com mais frequência. Não tenho tempo porque temos batalhas o tempo todo". E mesmo nessa carta para as duas filhas moças, enquanto tentava conter os alemães em Leningrado, ele prometia uma vitória. "Estou planejando não só defender a cidade, mas também persegui-los até Berlim." Numa época em que a situação por toda parte parecia desesperada, foi um grande salto de fé.

Zhukov sabia que tivera sorte por ter sobrevivido aos expurgos que varreram tantos oficiais em 1937. De acordo com sua filha Ella, ele sempre tinha à mão uma pequena mala marrom com duas mudas de roupa e um kit de toalete para o caso de a próxima batida na porta ser para ele. Lembra-se de que ela estava sempre ao lado da cama e que de tempos em tempos sua mãe colocava roupas limpas. Apesar de até uma criança perceber a atmosfera de medo, acrescentou, "nós nunca falamos abertamente disso em casa".

Zhukov só deixou o hábito de manter a mala pronta em 1957, quando Kruschev, que nunca confiou em Zhukov, demitiu-o do seu posto de ministro da defesa e de todos os seus deveres oficiais. Ele tinha ajudado o novo líder soviético a prender Beria e a manobrar para superar os rivais políticos, mas Khruschev temia que Zhukov tivesse ambições políticas próprias. Como o arquiteto militar incontestável da vitória sobre a Alemanha, Zhukov tinha alto prestígio e popularidade.

A desconfiança de Kruschev vinha desde a sua relação com Stalin. Apesar de também ter servido lealmente ao tirano desacreditado, Zhukov tinha trabalhado muito próximo a ele. Ao mesmo tempo ele, mais do que qualquer outro, tendia a falar francamente na presença de Stalin. Assim, Zhukov ficou marcado como alguém que não se deixou intimidar pelo poder, nem mesmo o poder absoluto. O marechal Timoshenko diria mais tarde que Zhukov era "a única pessoa que não temia ninguém. Não tinha medo de Stalin". Talvez fosse verdade, mas a mala pronta indicava uma consciência aguda das consequências, se caísse em desgraça.

E, o que não chega a ser surpreendente, eram claros os limites do que Zhukov podia fazer, particularmente no período dos expurgos, quando ainda não tinha chegado às alturas que atingiria depois. Zhukov escreveria mais tarde, num trecho das suas memórias que foram censuradas até a década de 1990, que os expurgos constituíram "uma enorme epidemia de calúnias" em que "geralmente se caluniavam pessoas honestas e até mesmo amigos íntimos". Ele também afirmou nas suas memórias que tentou proteger os oficiais que tinha condições de ajudar – ou pelo menos não prejudicá-los, enquanto os interrogadores conduziam a sua caça às bruxas.

Quando serviu no Distrito Militar da Bielo-Rússia, ele foi interrogado em Minsk por F. I. Golikov, membro do conselho militar. Perguntado sobre Rokossovsky e outros oficiais que tinham sido presos, Zhukov os defendeu

"Moscou está em perigo"

como "verdadeiros patriotas". Quando teve outra chance de responder à mesma pergunta, ele respondeu: "sim, ainda hoje eu os considero verdadeiros patriotas e comunistas dedicados".

De acordo com o relato de Zhukov, Golikov ficou visivelmente irritado com a resposta. Seu rosto ficou vermelho e ele perguntou se não achava perigoso "elogiar inimigos do povo." Mas Zhukov manteve-se firme e disse que não sabia por que aqueles oficiais tinham sido presos.

Golikov, então, mudou de atitude e apresentou relatórios de que Zhukov era rude com os subordinados e oficiais políticos. Zhukov reconheceu que às vezes tinha a língua ferina, mas afirmou que agia assim somente com quem não tinha bom desempenho. Finalmente, o interrogador lhe perguntou sobre boatos de que Ella, sua filha mais nova, era batizada – o que, se verdadeiro, poderia tê-lo condenado no ato. Ele negou e Ella está convencida até hoje de que não há razão para acreditar que o boato fosse outra coisa que não mais uma parte da campanha generalizada de mentiras.

Zhukov afirmou mais tarde que considerava os expurgos um período de loucura que custou as vidas de muitos bons oficiais. Andrei Gromyko, o veterano ministro de relações exteriores, relatou tê-lo ouvido dizer: "É claro, eu os considero vítimas inocentes". E, referindo-se à vítima mais proeminente, o aristocrático comandante que transformou o Exército Vermelho numa força moderna de luta, ele acrescentou: "Tukhachevsky foi uma perda especialmente danosa para o exército e o estado". Ella Zhukova também relata que ele condenou os expurgos – mas, é claro, essas condenações vieram depois da morte de Stalin. Apesar de ter-se queixado nas suas memórias de que os oficiais expurgados teriam sido substituídos por "pessoas novas que não tinham tanta experiência", ele fez parte de uma nova geração de líderes militares cujas carreiras foram aceleradas para preencher aquela lacuna. Na verdade, ele admite que teve a sorte de não ter sido promovido mais rapidamente, pois nesse caso ele se tornaria um alvo mais visível, e teria sido mais difícil evitar ser expurgado. Em outra ocasião, quando lhe disseram que talvez houvesse novas acusações contra ele, admitiu: "na verdade, eu estava nervoso, porque naquela época era muito fácil ser rotulado como 'inimigo do povo'".

No verão de 1939, Zhukov enfrentou o primeiro teste das suas habilidades de liderança militar. Forças japonesas tinham atacado tropas soviéticas na Mongólia, uma ação que Zhukov mais tarde caracterizaria como uma tentativa de Tóquio de expandir seu império e avaliar a capacidade de luta do vizinho soviético. Quando assumiu o comando do Primeiro Grupo de Exércitos Soviéticos, Zhukov demonstrou sua disposição de ordenar aos seus soldados enfrentar as situações mais perigosas, com plena consciência de que eles teriam de pagar um alto preço. Num exemplo, os japoneses atacaram com uma grande força numa área onde Zhukov não tinha acesso a reservas de infantaria. Ele, então, mandou seus tanques para a batalha sem o apoio da infantaria, sabendo que isso iria resultar em pesadas baixas – que foi exatamente o que aconteceu. A brigada soviética perdeu cerca da metade dos seus tanques e homens, mas os japoneses também sofreram pesadas perdas e seu ataque fracassou. Como explicou Zhukov, isso justificou plenamente o sacrifício dos seus homens.

Mas Zhukov também aumentou pacientemente suas forças para garantir que elas teriam uma sólida vantagem em homens e poder de fogo, quando lançou o seu grande ataque no que ficou conhecido como a Batalha de Khalkin Gol no dia 20 de agosto. Apesar da feroz resistência dos japoneses, as forças de Zhukov conquistaram uma vitória decisiva no final do mês, e duas semanas depois o Japão assinou um acordo com a União Soviética e a Mongólia terminando formalmente as hostilidades. Os dois lados sofreram pesadas perdas, mas o Exército Vermelho surgiu como o vencedor incontestável. Os japoneses agora sabiam que a União Soviética era um adversário que não poderiam se dar o luxo de subestimar – fato que mais tarde determinaria o seu modo de pensar, quando a aliança com a Alemanha levantou a questão de eles apoiarem Hitler atacando do leste.

Por seu papel na orquestração dessa vitória, Zhukov recebeu o título de Herói da União Soviética e, mais importante, atraiu a atenção de Stalin. No mês de maio seguinte, ele foi nomeado comandante da região militar de Kiev. Durante as primeiras conversas cara a cara com Stalin, o ditador soviético quis discutir a bem-sucedida campanha contra os japoneses e, tirando baforadas do seu cachimbo, interrogou-o sobre o desempenho dos soldados e dos oficiais. Stalin ouviu atentamente e insistiu com ele para aplicar as lições que tinha aprendido no seu novo posto no distrito de Kiev, incluindo-as nos seus cursos de treinamento. Quando voltou para o seu quarto no Hotel Moskva naquela noite, Zhukov teve dificuldade para dormir. Estava impressionado pela seriedade de Stalin e atenção ao detalhe, e pela postura calma. "Se ele é sempre assim, não entendo a razão de tantos boatos de que ele é um monstro", refletiu, indicando uma atitude mental muito diferente da que viria atribuir a si próprio mais tarde. "Naquela época, eu não era capaz de acreditar nas coisas más."

Mesmo na versão completa das suas memórias, que foi publicada na década de 1990, Zhukov escreveu defensivamente sobre a incapacidade de Stalin de preparar a União Soviética para o ataque alemão, e os primeiros sucessos do inimigo. Stalin tentava evitar por todos os meios possíveis uma guerra com a Alemanha, explicou.

> O líder soviético não era covarde, mas ele compreendeu claramente que já era muito tarde para os importantes preparativos para uma guerra tão grande contra um inimigo tão forte. Ele compreendeu que estávamos atrasados [...] com o rearmamento das nossas tropas com novas armas e a reorganização das forças armadas.

Zhukov preferiu evitar questionar o motivo daqueles preparativos não terem ocorrido antes – e, é claro, a responsabilidade direta de Stalin por essas falhas. Mas não foi tão reticente quando mostrou que Stalin tinha mantido para si a maioria dos relatórios de inteligência mais importantes sobre as intenções da Alemanha, evitando que Zhukov e outros líderes militares tomassem conhecimento deles. "Não recebi de Stalin as informações que estavam nos relatórios que ele recebia pessoalmente", disse Zhukov. Embora esses relatórios tivessem sido mostrados a outros membros do Politburo, "foram ocultos dos comandantes militares do país". Quando tentou descobrir a razão dessa omissão, foi informado que eram ordens de Stalin. Em outra ocasião, no início de 1941, Zhukov e o marechal Timoshenko perguntaram diretamente ao líder soviético. "Vocês serão informados somente sobre as coisas que precisam saber", respondeu secamente Stalin.

No dia 11 de setembro, quando parecia que os alemães estavam quase tendo sucesso no avanço sobre Leningrado, o líder soviético despachou Zhukov para substituir o marechal Voroshilov, que claramente não estava à altura da tarefa de defender a cidade. "A situação lá é quase desesperadora", um Stalin abatido disse a Zhukov. O recém-chegado logo começou a dar ordens, afastando e alterando as atribuições daqueles que não cumpriam bem as suas missões, insistindo que os soldados parassem de recuar e lançassem novos ataques, quaisquer que fossem as chances, ou enfrentariam o pelotão de fuzilamento se desobedecessem. No final do mês, o avanço alemão tinha sido contido, e se fixou no que se tornaria o bloqueio de 900 dias da cidade para fazer os seus habitantes sucumbir à fome.

A provação deles seria horrenda: com a queda rápida das provisões de alimentos, 632.253 civis morreriam durante o cerco, de acordo com números soviéticos oficiais. Mas as ações de Zhukov – e um pouco de sorte – evitaram que os alemães chegassem à vitória. O que Stalin e seus generais não perceberam de início é que na segunda metade de setembro, Hitler já estava redistribuindo muitas das suas tropas, preparando-se para a Operação Tufão, o ataque a Moscou, o que aliviou a pressão sobre Leningrado.

Nos primeiros dias de outubro, quando os alemães cercaram as unidades do Exército Vermelho no caldeirão de Vyazma, outros soldados naquela área tentavam desesperadamente fugir para não serem presos em cercos semelhantes. Vasily Grossman, escritor e correspondente do *Krasnaya Zvezda*, testemunhou esses acontecimentos e registrou no seu caderno as impressões que não seriam publicadas no seu jornal. "Eu pensava já ter visto retiradas, mas nunca tinha visto nada como o que estou vendo, e nunca poderia imaginar coisa igual", escreveu.

> Êxodo! O Êxodo Bíblico! Os veículos se movem em oito filas, ouvimos o rugido de dezenas de caminhões tentando ao mesmo tempo arrancar as rodas da lama. [...] Vimos também multidões de pedestres com mochilas, pacotes, malas. [...] Há momentos em que sinto vivamente como se tivéssemos sido transportados no tempo para a era das catástrofes bíblicas.

Os líderes soviéticos continuaram a receber más notícias. Um piloto soviético relatou que uma coluna de tanques alemães estava a pouco mais de 150 km a sudoeste do Kremlin, movendo-se continuamente ao longo da estrada – e não parecia haver defesas soviéticas capazes de contê-las antes que chegassem a Moscou. Alarmado, o comando soviético enviou um segundo avião que confirmou a observação. O chefe da polícia secreta ficou furioso e despachou um dos seus subordinados para avisar ao comandante da força aérea em Moscou, Nikolai Sbytov, que ele e seus pilotos poderiam enfrentar prisão por "covardia e disseminação de pânico". Mas um terceiro avião confirmou as más novas, e Stalin percebeu o quanto a situação era

"Moscou está em perigo"

desesperadora para a capital soviética. Como observou Zhukov, "pairava sobre Moscou a grave possibilidade de ruptura das linhas".

Na noite do dia 6 de outubro, Stalin convocou Zhukov em Leningrado, ordenando-lhe que voltasse imediatamente a Moscou. No dia seguinte, o líder soviético, que sofria um acesso grave de gripe, recebeu-o no seu apartamento no Kremlin. "Ouça, estamos enfrentando problemas graves na frente ocidental, e ainda assim não consigo receber nenhum relatório detalhado sobre o que está acontecendo", queixou-se Stalin. A missão de Zhukov: dirigir-se imediatamente ao quartel-general da frente ocidental em rápida desintegração e informar-se sobre o que estava se passando. Na verdade, a sua missão era nada menos que evitar que os alemães marchassem sobre Moscou e declarassem a vitória.

Física e emocionalmente exausto, Zhukov embarcou num carro e partiu de imediato para o quartel-general, uma viagem difícil que durou até tarde da noite. Durante a viagem, em pelo menos duas ocasiões ele pediu ao motorista para parar e desceu para uma corrida de algumas centenas de metros para se manter alerta. Não precisava que lhe dissessem que o seu destino – e o destino do país – dependia da sua capacidade de se manter alerta e imaginar o que poderia ser feito para evitar o desastre em formação.

O outro lado da moeda do pessimismo de Stalin que se aprofundava era a disposição eufórica de Hitler com relação à Operação Tufão. Em setembro, o oficial da SS, Otto Günsche, que mais tarde de tornaria o assistente pessoal do líder alemão, visitou o quartel-general de Hitler na Toca do Lobo. Quando perguntou a alguns dos oficiais ali postados se era ali que o Führer planejava passar o inverno, eles riram como se a ideia fosse absurda. "Passar o inverno? O que você está pensando?", respondeu um deles. "Estamos lutando uma *Blitzkrieg* [guerra-relâmpago] contra a Rússia.". Em seguida, referindo-se ao retiro favorito de Hitler nos Alpes Austríacos, acrescentaram: "o Natal nós vamos comemorar em Obersalzberg, como sempre".

Hitler chamou Günsche à sua sala de conferências para ouvir suas impressões da frente oriental. A julgar pela saudação alegre de Hitler – estava assoviando baixinho para si mesmo –, ele esperava boas notícias. Apesar de admitir que os russos estavam lutando duro, Günsche não o

145

desapontou: disse que o moral entre os ss estava alto e eles estavam felizes por estar lutando.

Hitler ofereceu uma previsão: "vamos quebrá-los logo, é só uma questão de tempo". Então, descrevendo como suas Divisões Panzer, com mais de 200 mil tanques, estavam se preparando para o assalto, acrescentou: "Moscou vai ser atacada e vai cair, então teremos ganhado a guerra". Uma vez derrotadas as forças soviéticas e as tropas alemãs chegando aos Urais, parariam lá e a Luftwaffe ficaria encarregada de bombardear quaisquer tropas que tentassem se reagrupar mais a leste. Quanto aos russos, nas áreas não ocupadas, eles poderiam morrer de fome. Quando se despedia de Günsche com a saudação nazista, ele prometeu: "como reformador da Europa, vou garantir que uma nova ordem seja imposta naquela terra de acordo com as minhas leis!".

Mesmo quando o tempo começou a mudar no início de outubro, trazendo as primeiras neves e chuva que logo cumpririam o papel de atrasar o avanço alemão, Hitler continuou suas ruminações sobre o que reservava à Rússia quando estivesse firmemente sob o domínio alemão. Ao jantar, no dia 17 de outubro, ele falou de enormes projetos de construção e da necessidade de lançar estradas por toda parte. De acordo com um dos presentes, que anotou os pontos altos da conversa, Hitler expôs suas visões do futuro:

> nos pontos de cruzamento dos grandes rios, vão surgir cidades alemãs como centros da Wehrmacht, polícia, administração e autoridades do Partido. Ao longo das estradas serão instaladas grandes fazendas, e logo a estepe monótona, com sua aparência asiática, vai ficar muito diferente. Dentro de 10 anos, quatro milhões de alemães estarão instalados aqui, e dentro de vinte anos, pelo menos 10 milhões.

Os colonos viriam de lugares tão distantes como a América, continuou, não só da Alemanha. A premissa implícita: haveria um mundo controlado pela Alemanha quando a União Soviética fosse derrotada. Quanto aos ucranianos, russos e outros povos daquela terra derrotada, "a população nativa não receberá educação nem assistência". Em outras palavras, o destino deles seria a escravização total, e a produção do seu país só beneficiaria os conquistadores.

Os comandantes de Hitler estavam mais preocupados com o objetivo imediato: garantir que suas tropas continuassem o avanço, enquanto se preparavam para atacar Moscou pelo sul, pelo oeste e pelo norte. Um dia depois de os tanques de Guderian terem entrado em Orel sem oposição, em 3 de outubro, o Chefe do Estado-Maior do Exército, Halder escreveu no seu diário que tudo seguia de acordo com os planos. "Guderian chegou a Orel e agora avança pelo espaço vazio. [general] Hoepner rompeu as posições inimigas e chegou a Mozhaisk" – uma cidade a cerca de 100 km a oeste de Moscou, que era o centro da principal linha de defesa soviética. A noroeste de Moscou, as tropas avançavam na direção de Rzhev, uma cidade que era vista como um ponto importante de concentração para as unidades que deveriam executar a porção norte do movimento em pinça para Moscou.

Mas Guderian não estava convencido de que tinha "o espaço completamente aberto" para o norte de Orel na direção de Moscou. Além da descoberta de que os tanques soviéticos T-34 mostravam ser mais bem projetados para combate que os seus Panzers, Guderian estava perturbado pelos sinais de que os defensores soviéticos, em relação ao início das operações, estavam fazendo um trabalho melhor de organização dos contra-ataques, mesmo quando estavam inferiorizados em armamentos. Enquanto a infantaria do Exército Vermelho atacava de frente, seus tanques atacavam os flancos dos tanques alemães. "Estavam aprendendo", admitiu Guderian. E ele preocupava-se com o impacto sobre o moral dos seus soldados. "A dureza da luta estava gradualmente deixando suas marcas nos nossos oficiais e soldados. [...] Era assustador observar como nossos melhores oficiais foram afetados pelas batalhas mais recentes."

Ainda mais alarmante era que os primeiros dias de outubro trouxeram os indícios de mudança do clima. A primeira neve caiu durante a noite de 6 para 7 de outubro e, apesar de ter sido apenas uma prévia do inverno russo que se aproximava, os oficiais de Guderian pediram botas, camisas e meias quentes – e tudo aquilo estava racionado. Apesar dos avisos que irritava o alto-comando com aquelas requisições repetidas, Guderian continuou requisitando – sem chegar a lugar algum.

As primeiras neves não prejudicaram, mas, com as chuvas que se seguiram, ajudaram a transformar as estradas russas em "horríveis pântanos de lama", como as descreveu Guderian. No dia 12 de outubro, ele se queixou, "nossas tropas estavam presas na lama, imobilizadas". Ainda conseguiram ajudar a fechar o cerco de outro caldeirão, dessa vez em Bryansk, ao sul da ação maior em Vyazma. Mas no momento em que o comando alemão emitiu a ordem de cercar Moscou, as tropas de Guderian – que deviam se ocupar da parte sul da missão – viram-se cada vez mais atoladas na resistência contínua e pelo clima. De fato, aquela ordem de cercar Moscou nem chegou a elas.

Embora muitos generais no campo ainda estivessem convencidos de que seriam capazes de dar a vitória que Hitler exigia, não estavam nem de longe tão otimistas quanto o Führer com relação à inevitabilidade dela – e certamente não tão certos quanto ao preço que seus homens teriam de pagar por ela. Já tinham sentido o gosto da resistência soviética e do clima russo, e reconheciam que teriam de enfrentar uma luta de verdade.

Pelo que Zhukov sabia, os alemães tinham razão ao acreditar que estavam em vantagem e que poderiam chegar a Moscou. "O inimigo pensou que as forças soviéticas estavam enfraquecidas, desmoralizadas e incapazes de defender sua capital", escreveu mais tarde. Em 6 de outubro, a noite em que viajou para o quartel-general da frente ocidental em seguida ao encontro com Stalin, Zhukov conferenciou com seus generais e percebeu que a situação era realmente horrível. Os comandantes tinham perdido contato com os exércitos cercados, próximo a Viazma e, como expressou Zhukov, "não havia mais uma frente contínua no oeste, e as lacunas não podiam mais ser fechadas porque o comando não tinha mais reservas". Com o benefício da visão em retrospectiva, ele afirmou que sabia que com bom planejamento e liderança, as forças soviéticas ainda poderiam conter os alemães – mas sua descrição da situação real sugere que ele não tinha certeza.

Zhukov telefonou a Stalin às 2h30 da madrugada do quartel-general da frente ocidental para lhe dar o relatório prometido. Como sempre, o líder soviético estava acordado àquela hora tardia. "O principal perigo agora é que a estrada para Moscou está quase completamente desprotegida", explicou o comandante exausto. "As fortificações ao longo da linha Mozhaisk são muito fracas para evitar o rompimento pelos blindados alemães. Temos de concentrar forças na linha de defesa de Mozhaisk com a máxima rapidez, de onde for possível." A linha a que Zhukov se referia corria do norte para o sul por cerca de 220 km, a uma distância de cerca de 100 km da capital, e deveria ser defendida a todo custo por suas tropas.

"Moscou está em perigo"

A fim de ganhar tempo necessário para montar aquelas defesas, cerca de 4 mil cadetes de duas academias militares Podolsk – uma de infantaria, outra de artilharia – receberam ordens de preencher uma das maiores lacunas na linha por onde as tropas alemãs avançavam perto de Maloyaroslavets. De acordo com as lembranças do pós-guerra soviético, os esforços heroicos de início espantaram os alemães e atrasaram o seu avanço por vários dias cruciais. Um sobrevivente, o cadete S. Leonov, teria dito que exultou com os primeiros sucessos. "Vemos os alemães. Eles estão fugindo. Não acreditamos nos nossos olhos. Mas não é um sonho: os inimigos estão fugindo de nós – cadetes."

Mesmo que fosse verdade, teria sido apenas um episódio passageiro. Boris Vidensky, o sobrevivente que depois se tornou historiador militar, relembrou o terror imediato dos bombardeios alemães que mataram muitos dos cadetes seus companheiros, e os folhetos descendo como folhas secas dos aviões com o convite: "jovens vermelhos, rendam-se a nós!" Apesar de os cadetes já estarem usando roupas quentes, sobretudos e chapéus que os alemães não tinham, estavam absolutamente inferiorizados em armas. Vidensky explicou que, como cadete de artilharia, especializado em canhões, no início ele nem sabia como atirar com uma metralhadora. E embora os alemães representassem a ameaça de morte à sua frente, havia outra ameaça vindo na direção oposta. Vidensky se referia às tropas mandadas para atirar em qualquer soldado que tentasses recuar. "Era a primeira vez que eu via as unidades de bloqueio da NKVD. Estavam atrás de nós." Mas não importa quais fossem os seus pensamentos na época, relembrando mais de 60 anos depois, ele expressou aprovação daquela tática de terror. "A ideia era resistir aos alemães a qualquer preço. Aquela insensibilidade nos deu a vitória."

Os relatos oficiais indicam que cerca de 80% dos cadetes pereceram naqueles poucos dias de luta. Unidades espalhadas por outros locais, inclusive outros grupos de cadetes, também participaram da defesa improvisada de uma linha cheia de buracos. Como no caso das centenas de milhares de soldados que morreram ou foram feitos prisioneiros no caldeirão de Vyazma, Zhukov afirmaria que esses sacrifícios não foram "em vão", pois ganharam tempo para aqueles que desesperadamente montavam defesas em torno de Moscou, cavando trincheiras e construindo casamatas e barreiras antitanque, e se preparando para o pior. Também ganharam tempo para os generais reorganizarem suas unidades, montar linhas de defesa e convocar todos os soldados ainda disponíveis.

Mas o primeiro instinto de Stalin, como sempre, foi punir os que ele considerava culpados por não terem contido o avanço alemão e por permitirem que tantos soldados fossem cercados em Vyazma. Depois de ouvir os relatórios iniciais de Zhukov, ele deu-lhe o comando de todas as forças que defendiam Moscou e demitiu vários altos oficiais responsáveis. Apesar de ter pouca simpatia por outros oficiais demitidos, Zhukov defendeu o general Ivan Konev, argumentando que necessitava dele como seu segundo em comando. O líder soviético concordou com relutância, mas certificou-se de que a nova equipe sabia onde estava pisando. "Se Moscou cair, as duas cabeças vão rolar", disse. Como sempre, não havia possibilidade de atribuir culpa a Stalin, não importa o que acontecesse.

Zhukov calculou que tinha somente 90 mil homens para evitar que os alemães que se aproximavam tomassem a capital. "Eram forças longe de adequadas para operar uma linha contínua de defesa." Por isso, as tropas foram enviadas para defender as principais cidades e posições. Os oficiais, de Zhukov para baixo, sabiam que tinham de fazer o possível para distribuí-las efetivamente, tentando adivinhar onde os alemães atacariam em seguida. "Todos trabalhavam dia e noite", Zhukov escreveu mais tarde. "As pessoas literalmente desabavam de cansaço e falta de sono. Mas todos fizeram o possível no seu posto – às vezes até o impossível." A principal motivação, concluiu, era "um sentimento de responsabilidade pessoal pelo destino de Moscou". Mas os alemães continuaram a abrir buracos nas linhas de defesa, e Zhukov percebeu que o máximo que poderia esperar era atrasar o avanço alemão tempo suficiente para poder fortalecer os defensores mais próximos da cidade.

Enquanto se erguiam apressadamente barreiras antitanque nas estradas para a capital, e os ataques aéreos alemães obrigavam os moscovitas a correr em busca de proteção nas estações do metrô da cidade, até os pronunciamentos oficiais soviéticos – que sempre tentavam evitar as más notícias – soavam cada vez mais pessimistas. A mídia soviética não noticiou o discurso de Hitler no dia 2 de outubro anunciando que o avanço "final" sobre Moscou tinha começado, mas o vice-ministro de Relações Exteriores, Solomon Lozovsky, admitiu indiretamente que isso podia ser verdade quando disse aos jornalistas estrangeiros que a captura de qualquer cidade não iria alterar o resultado final da guerra. "Se os alemães desejam ver algumas centenas de milhares de seus homens mortos, vão ser bem-sucedidos – pelo menos nisso", disse ele no dia 7 de outubro. Naquela mesma noite, um relatório sobre as notícias mencionava pela primeira vez "luta violenta na direção de Viazma".

No dia seguinte, o diário do exército *Krasnaya Zvezda* declarou que "a própria existência do estado soviético está em perigo", e exigiu de todos os soldados que "aguentem firme e lutem até a última gota de sangue". Era parte de um processo que Zhukov chamaria de explicação "da gravidade da situação, o caráter imediato da ameaça a Moscou, ao povo soviético". Novas instruções convocavam todos os moscovitas a ajudar a construir uma linha de defesa fora da cidade, nos limites da cidade, e linhas de defesa ao longo dos bulevares internos e externos já dentro da cidade, preparando assim para a possível luta de rua. No dia 13 de outubro, o chefe do partido em Moscou, Aleksandr Shcherbakov, disse numa reunião de ativistas: "não podemos fechar os olhos. Moscou está em perigo".

E ainda assim, os alemães continuavam a se aproximar. No dia 14 de outubro capturaram Rzhev. Apesar de ficar a 200 km a noroeste de Moscou, era o portão de entrada para as tropas alemãs que avançavam do norte, e sua queda significava que eles agora pareciam bem posicionados para tanto. Rzhev logo se tornaria a cena de uma matança em massa numa escala comparável à de Viazma, outro caldeirão infernal que iria consumir um número enorme de soldados. Mas naquele momento, as derrotas gêmeas em Vyazma e Rzhev assinalavam que o fim do jogo por Moscou já tinha começado, e muitos moscovitas passavam a aceitar que ele não duraria muito nem terminaria bem.

Os cidadãos soviéticos comuns só tinham de ler ou ouvir os anúncios oficiais para chegar a essa conclusão. Já não tinham de ler nas entrelinhas, como faziam normalmente, para entender o que estava acontecendo. Um comunicado oficial na manhã do dia 16 declarou: "durante a noite de 14 para 15 de outubro, a posição na frente ocidental piorou. As tropas fascistas alemãs lançaram contra nossas tropas enormes quantidades de tanques e infantaria motorizada e romperam as nossas defesas em um setor".

Os alemães fechavam o cerco, as pinças estendidas e, como admitia o próprio governo soviético, estavam rompendo as defesas. A organização do

Partido Comunista de Moscou pedia "uma disciplina de ferro, uma luta sem piedade contra até as menores manifestações de pânico, contra os covardes, desertores e disseminadores de boatos". Mas isso não impediu que se espalhassem boatos de que as tropas alemãs já estavam nos arredores da capital, ou se deixasse vazar que o governo e as embaixadas estrangeiras já evacuavam o principal quadro de pessoal. No dia 13 de outubro, Stalin publicou ordens de evacuação dos mais importantes funcionários do partido, governo e militares para Kuibyshev, a cidade no rio Volga que havia sido escolhida para servir como a capital temporária se Moscou caísse.

Não impediu também o sentimento crescente de alarme entre os moscovitas comuns, que contemplavam nervosos a possibilidade de serem abandonados para enfrentar sozinhos os conquistadores e os invasores alemães. De repente, muitos deles agarraram seus pertences e também decidiram fugir, mas tinham de descobrir por si mesmos a saída da cidade em perigo.

Moscou estava à beira do pânico – não num sentido metafórico, mas no sentido literal da expressão.

"A fraternidade do homem"

Não eram apenas os moscovitas, nem Hitler ou Stalin, que monitoravam ansiosamente o avanço alemão sobre a capital soviética. Não é exagero dizer que o mundo estava acompanhando. Winston Churchill estava certamente observando, com a esperança de que o lado soviético pudesse reter as forças de Hitler tempo suficiente para aliviar a pressão sobre o seu país, que resistia sozinho há tanto tempo contra uma máquina militar que tinha triunfado em todos os lugares que havia atacado na Europa. Franklin D. Roosevelt certamente observava, pois sabia – mesmo que não tivesse confiado essa informação aos seus compatriotas – que mais cedo ou mais tarde os Estados Unidos seriam inevitavelmente atraídos para esse conflito global. Certamente os governantes militares do Japão estavam observando, monitorando com cuidado o progresso das forças alemãs e avaliando se deviam continuar à margem ou atacar a União Soviética do leste se o país estivesse a ponto de cair.

Depois dos sucessos iniciais da Operação Barbarossa, muitos funcionários estrangeiros estavam pessimistas com relação às chances da Rússia – e reconheciam que, caso se justificasse o seu pessimismo, as implicações mais amplas seriam verdadeiramente assustadoras. Na edição de 4 de agosto de 1941 da revista *Life*, Hanson W. Baldwin, o mais respeitado escritor militar do país, publicou "Plano para a vitória". Apesar do otimismo do título, o artigo era um pedido desesperado para que os Estados Unidos entrassem na guerra, precisamente porque as perspectivas da União Soviética pareciam tão sombrias.

O futuro depende em grande medida da campanha da Rússia. Uma vitória em dois ou quatro meses na Rússia (por "vitória" quero dizer aniquilação do grosso do Exército Vermelho) vai colocar a Alemanha numa posição estratégica muito mais forte que a anterior.

Ao controlar os recursos da Ucrânia e de outras partes da União Soviética, argumentou, a Alemanha se tornará "imune a bloqueio" e teria "completado a conquista da Europa". E acrescentou: "A 'Nova Ordem' de Hitler terá mãos livres para se desenvolver até sua fruição política e econômica".

Hanson reconheceu que outro resultado seria teoricamente possível. "Por outro lado, se o avanço alemão no interior da Rússia se reduzir à futilidade napoleônica, o próprio Hitler talvez tenha de enfrentar uma derrota final", escreveu. Mas nisso ele não apostava. Na melhor das hipóteses, acreditava, Hitler só venceria na Rússia depois de uma longa campanha que iria solapar a força da Alemanha e daria mais tempo à Grã-Bretanha para recompor suas forças. "Mas, com base na experiência passada – no nosso conhecimento limitado do Exército Vermelho, e nas operações do primeiro mês – o mundo pode esperar na Rússia mais uma vitória alemã rápida e decisiva", concluiu sombriamente. O resultado seria evidente para a Grã-Bretanha. "Se a Rússia e seus recursos caírem facilmente na órbita nazista, a vitória ficará claramente além do alcance da Grã-Bretanha", escreveu. "O máximo que ela pode esperar é uma paz negociada."

É certo que Hanson defendia essa hipótese para recomendar que seu país se juntasse ao esforço de guerra a fim de conter Hitler, insistindo que nenhuma outra ação além dessa teria esperança de sucesso. Mas o seu pessimismo com relação às chances da Rússia era genuíno – e compartilhado por todos à época. Nas vésperas da invasão alemã da União Soviética, que as potências ocidentais sabiam estar próxima, mas Stalin se recusava a ver, a opinião dominante era de que ali se tinha um desastre em formação.

No dia 16 de junho de 1941, o embaixador britânico em Moscou, Sir Stafford Cripps, informou ao Gabinete de Guerra que o consenso entre diplomatas da capital soviética era que a Rússia não seria capaz de se defender da invasão alemã por mais de três ou quatro semanas. Depois da informação de Cripps, John Dill, chefe do Estado-Maior Imperial, disse ao Secretário do Exterior Anthony Eden que o lado soviético poderia resistir um pouco mais, mas seria imprudente contar com mais de seis ou sete semanas de luta. Ivan

"A fraternidade do homem"

Maisky, o embaixador soviético em Londres, sabia do pessimismo dos seus anfitriões. Funcionários da defesa britânica, escreveu ele, estavam convencidos de que os alemães "atravessariam a Rússia como faca na manteiga", permitindo assim que Hitler se tornasse "senhor da Rússia".

Ainda assim, Churchill e seus ministros estavam ansiosos para ver os alemães concentrarem seu poder de fogo contra a União Soviética, forçando Stalin a se juntar à aliança antinazista depois de quase dois anos de ostensiva "amizade" com a Alemanha. Na manhã de 22 de junho, o mordomo de Churchill apresentou-se no quarto de Eden e o presenteou com um grande charuto numa bandeja de prata. "Com os cumprimentos do primeiro-ministro, os exércitos alemães invadiram a Rússia", anunciou. Como Eden notou mais tarde, "foi possível saborear o alívio, mas o charuto ficou para depois". Em vez disso, ele e Churchill começaram imediatamente a discutir como reagir, levando à primeira de uma longa série de aberturas para o novo e – como imediatamente se tornou evidente – difícil aliado.

O primeiro-ministro Winston Churchill e o secretário do Exterior Anthony Eden. Os líderes britânicos estavam determinados a ajudar o esforço de guerra soviético. Mas Churchill se enfureceu com os pedidos incessantes de Stalin para que a Grã-Bretanha abrisse uma nova frente no continente europeu, e com seus pedidos igualmente irrealistas de enormes quantidades de aviões, tanques e outros suprimentos.

A Batalha de Moscou

À medida que a luta se aproximava cada vez mais de Moscou, britânicos, americanos, japoneses e outros diplomatas enviaram para seus governos relatórios cada vez mais sombrios sobre as chances de que o assalto alemão pudesse ser contido. Mas nem todos concordaram com esse prognóstico, e estouraram as tensões que há muito se aqueciam entre colegas em algumas missões. Moscou fora posta numa panela de pressão no período anterior à guerra, quando as embaixadas tenderam a ferozes batalhas internas, baseadas nas diferentes avaliações do regime de Stalin, exacerbadas ainda mais pela perspectiva sempre presente de os alemães conquistarem a cidade. Com o destino de Moscou pendendo da balança, os diplomatas – e os funcionários mais altos em Londres e Washington – viram-se envolvidos num debate não só sobre o que aconteceria, mas também sobre como o Ocidente deveria responder aos pedidos de ajuda dos soviéticos.

O enviado do presidente Roosevelt, Harry Hopkins, com Stalin durante sua visita a Moscou em agosto de 1941. Um funcionário russo ficou eufórico com a "óbvia simpatia de Hopkins pela União Soviética".

"A fraternidade do homem"

Apesar de se concentrarem na urgente questão de qual deveria ser a política do Ocidente, esses debates continham premissas explícitas ou implícitas relativas à natureza do sistema soviético e à personalidade de Stalin que vinham desde as primeiras reuniões entre os enviados ocidentais e a liderança do Kremlin. E o debate sobre aquelas premissas e suas implicações políticas continuariam durante toda a guerra, e até depois dela. Eles começaram a entrar em foco no momento de maior perigo para Moscou.

Ao contrário dos seus antecessores republicanos, Roosevelt estava ansioso para estender ajuda para o Kremlin, dando fim a um longo período em que os Estados Unidos e grande parte do Ocidente ainda tratavam os líderes soviéticos como representantes de um regime ilegítimo, perigoso e – muito possivelmente – transitório. No dia 16 de novembro de 1933, o presidente assinou um acordo com o ministro do Exterior, Maxim Litvinov, estabelecendo relações diplomáticas entre os dois países. Em seguida indicou William Bullit como o primeiro embaixador americano na União Soviética. Bullit também se tornaria o primeiro enviado, mas não o último, que Roosevelt despachou para Moscou e que logo ganharia uma perspectiva sobre o regime soviético que o colocaria em choque com seu chefe em Washington.

Nascido numa rica família de Filadélfia em 1891 e formado em Yale, Bullit estava ansioso para servir ao presidente que tanto admirava e ficou radiante por ter sido escolhido para um posto tão importante. Em 1914, ele tinha visitado Moscou com sua mãe, no momento mesmo em que estourava a Primeira Guerra Mundial. Logo depois da Revolução Bolchevique de 1917, ele entrou para o Departamento de Estado e se tornou um fervoroso advogado do reconhecimento do novo regime soviético, que ele via como uma experiência promissora de uma nova forma de governo. Em novembro de 1919, enviado à Rússia numa missão de reconhecimento de fatos, ele expandiu o seu mandato para ajudar a negociar diretamente com Lenin um armistício na guerra civil. O líder bolchevique, relatou ele, era um "homem notável – muito franco e direto, mas também cordial, com grande senso de humor e serenidade". Por qualquer critério, Bullit parecia ser o enviado que Roosevelt queria: alguém que compartilhava a sua predisposição positiva em relação à União Soviética e a crença de que seria possível uma nova era de cooperação e progresso.

Menos de um mês depois da assinatura do acordo Roosevelt-Litvinov, em novembro de 1933, Bullit chegou para uma estada curta em Moscou, com o plano de voltar em seguida para os Estados Unidos para suas preparações finais antes de se mudar e instalar a embaixada na capital. Levou como seu assistente e intérprete George Kennan, um jovem funcionário do serviço diplomático que tinha trabalhado muito no conhecimento da língua russa. Kennan mais tarde descreveria Bullit como "encantador, brilhante, bem educado, imaginativo, um homem do mundo capaz de se equiparar intelectualmente com qualquer um". Mas também observou que esse "ótimo embaixador" era muito impaciente. "Ele veio para a Rússia com muitas esperanças, e queria vê-las realizadas imediatamente."

Essas grandes esperanças estavam completamente evidentes durante sua visita inicial a Moscou, em dezembro de 1933. Num longo jantar com "talvez 50 brindes", como recordou Bullit, o enviado se viu festejado por Stalin e a alta cúpula do Kremlin, todos lá para convencê-lo da importância que davam à nova relação com Washington. Depois de Stalin ter-lhe prometido um bom local para a nova embaixada, Bullit contou, "estendi a mão para apertar a de Stalin e, para meu espanto, ele tomou minha cabeça nas duas mãos e me deu um grande beijo! Engoli atônito e, quando ele ofereceu o rosto para um beijo, eu o dei".

Mas, por mais atônito que estivesse, Bullit não deixou de registrar outras impressões, menos lisonjeiras do líder soviético. Tinha esperado "um homem muito grande com rosto de ferro e voz trovejante", mas se viu diante de alguém que era "bem baixo, o alto da sua cabeça chegava ao nível dos meus olhos, e de físico comum, rijo, mas não poderoso". E Bullit se impressionou pelo contraste entre Stalin e seu antecessor. "Com Lenin, a pessoa se sentia imediatamente na presença de um grande homem: com Stalin, eu sentia que estava conversando com um cigano rijo com raízes e emoções além da minha experiência", escreveu.

Ainda assim, o novo enviado estava numa disposição otimista quando, depois de concluir suas atividades em Washington, voltou a Moscou em março de 1934. Convenceu-se de que a boa recepção que tivera em dezembro se transformaria numa relação amistosa entre os dois países e, em particular, entre as autoridades soviéticas e a equipe da sua nova embaixada. Pelo contrário, os funcionários soviéticos pareciam fazer questão de fazê-lo se desiludir dessa noção. Recusaram seus pedidos de uma taxa de câmbio

"A fraternidade do homem"

razoável para o rublo para que a embaixada não tivesse de seguir o exemplo de outras missões e comprasse seus rublos no estrangeiro e os trouxesse pela mala diplomática. Também restringiram o uso de um avião pequeno que tinha trazido a um raio de 15 km, tornando-o virtualmente inútil. E nas questões mais importantes, como o débito pendente da Rússia com os Estados Unidos desde os tempos dos czares, ele não conseguiu fazer nenhum progresso, embora a ideia fosse tratar dessa questão para facilitar a extensão de créditos ao regime soviético.

A jovem e ansiosa equipe de embaixada se viu lutando diariamente apenas para poder funcionar, na sua sede provisória no Savoy Hotel e na nova residência do embaixador, conhecida como Spaso House, uma mansão que antes pertencera a um comerciante de peles e que necessitava de pesadas reformas. Além de Kennan, a equipe incluía outro futuro embaixador em Moscou, Charles "Chip" Bohlen e Charles Thayer, formado em West Point, que mais tarde escreveria livros sobre a Rússia. Apesar de tentarem ampliar os contatos com os russos, Bullit e sua equipe, em geral, eram frustrados em todos os esforços, e recebiam recusas ásperas dos que eram parte – e em muitos casos, logo seriam vítimas – daquele regime infernal.

Karl Radek, um revolucionário que logo perderia a vida nos expurgos, disse a Bohlen:

> vocês ocidentais nunca vão entender o bolchevismo. Vocês consideram o bolchevismo um banho quente cuja temperatura pode ser aumentada ou diminuída para atender ao banhista. Não é assim. Ou você está cem por cento no banho e o apoia integralmente, ou você está cem por cento fora dele, e é integralmente contra ele.

Essas atitudes, combinadas com a luta diária para prover as necessidades mais básicas da embaixada, levaram os americanos a se sentirem isolados e combatidos. "Nós nos víamos como um bastião solitário e exposto da vida governamental americana, cercado por um verdadeiro oceano de má vontade oficial soviética; nós nos orgulhávamos das nossas realizações precisamente por causa de toda essa adversidade", lembrou Kennan.

Bullit logo percebeu que a embaixada teria também de se preocupar em manter a segurança num estado de obsessão com a espionagem de todos, inclusive dos diplomatas. Ele próprio era sempre seguido por quatro senhores em roupas civis, que se sentavam diante da sua residência sempre que ele lá estava. Os funcionários soviéticos insistiam que eles o protegiam e se recusavam a retirá-los. Devido aos esforços de Bullit, seis fuzileiros navais foram enviados a Moscou para guardar a embaixada, dando início a uma prática que depois seria estendida a todas as embaixadas americanas no mundo. Mas essa ação gerou seus próprios problemas. Como relatou Bohlen, ele viu "uma mulher russa muito pintada" entrar no Savoy e declarar ao recepcionista que queria subir ao quarto do Sargento O'Dean, um dos fuzileiros. Quando o recepcionista perguntou para quê, ela respondeu: "sou a sua professora de russo". Bohlen relatou que a segurança foi aumentada quando a embaixada se instalou no novo local na rua Mokhovaya, mas aquela com certeza não foi a última vez que mulheres russas seriam usadas para comprometer os fuzileiros em serviço em Moscou.

Bullit logo perdeu todas as ilusões com o regime que antes vira como uma inspiração. Escreveu a Roosevelt que "a atmosfera de lua de mel evaporou", e se frustrou de tal forma com seus contatos com o Kremlin que informou ao Secretário de Estado, Cordell Hull, que "talvez fosse melhor paralisar todas as relações comerciais e financeiras" até o lado soviético adotar uma atitude mais positiva. Com Roosevelt, ele argumentou que, apesar de manter ligações pessoais tão amistosas quanto possível com os funcionários soviéticos, os americanos deviam "deixá-los ver com toda clareza que se não estiverem dispostos a avançar e comer a cenoura, eles vão receber o cacete no traseiro". Em outras palavras, Washington não devia se adaptar ao regime de Stalin a qualquer preço.

Não foram apenas as questões bilaterais que produziram o novo pensamento de Bullit. Tal como Kennan, Bohlen e outros, ele sentiu alarmante e depressiva a atmosfera de crescente paranoia e xenofobia gerada pelos expurgos. Em março de 1936, ele escreveu numa carta a um amigo que estava chocado com o alcance das prisões, e observou que as vítimas que conhecia pessoalmente "eram sem dúvida leais ao regime soviético". Um mês depois, ele avisou ao secretário Hull que era uma política soviética fazer amizade com os democratas "a fim de no final levar mais facilmente esses democratas ao pelotão de fuzilamento".

Mas Roosevelt não gostou da nova perspectiva, nem das recomendações de uma política mais dura. Não quis acreditar que o regime de Stalin tinha

"A fraternidade do homem"

avançado tanto no caminho do terror arbitrário como indicava a evidência, pois ainda aceitava a noção de que a União Soviética iria desenvolver instituições mais democráticas e abandonar as noções mais agressivas de disseminação do comunismo para outros países. O presidente estava mais próximo das opiniões do único membro da embaixada que aceitava consistentemente a propaganda soviética. O tenente-coronel Philip Faymonville, o principal adido militar, relatou que as vítimas dos expurgos eram culpadas, e acreditava que houve apenas "casos individuais" de violência contra camponeses durante a brutal campanha de coletivização de Stalin. De acordo com Bohlen, "o viés definitivamente pró-russo de Faymonville" fazia dele "o elo fraco da equipe".

De fato, Faymonville solapou seu próprio embaixador, deixando claro para os funcionários soviéticos que discordava das suas políticas. Esses oficiais, por sua vez, queixavam-se abertamente de Bullit, e elogiavam o adido militar. Yevgeny Rubinin, funcionário sênior do ministro do Exterior, observou que as agências do governo tinham "uma atitude muito amistosa para com Faymonville". Em Washington, Roosevelt decidiu que queria alguém na embaixada que recebesse o mesmo tipo de elogio. No final de 1936, ele tinha encontrado o seu homem: Joseph Davies, que logo adotaria Faymonville como aliado e iria alterar radicalmente o teor dos relatórios da missão em Moscou.

Um amigo do presidente, parceiro de golfe e – graças à sua segunda esposa, Marjorie Merriweather Post, herdeira da General Foods – importante contribuinte para a campanha, Davies, não conhecia nada sobre a Rússia. O que para Stalin era ótimo. O ministro do Exterior Litvinov ficou eufórico com o relatório enviado pelo embaixador soviético em Washington: "Davies não entende nada dos nossos negócios, mas está cheio de desejo de trabalhar conosco em completa cooperação e executar rigorosamente as instruções de Roosevelt".

Para Kennan e outros na embaixada, tudo isso soava como más notícias. "Se o presidente queria nos insultar e zombar dos nossos esforços de desenvolvimento das relações soviético-americanas, essa indicação foi a sua melhor providência", declarou Kennan. Junto com vários dos seus colegas, Kennan chegou a considerar a possibilidade de renunciar em protesto, mas recuaram, sentindo que o novo embaixador merecia uma chance. Ainda assim, Davies reconheceu desde o início que enfrentava oposição interna.

161

Apesar de elogiar o desempenho de Kennan num relatório para o Departamento de Estado, ele maquinou sua transferência para Washington argumentando que ele já estava em Moscou "há tempo demais".

Do ponto de vista do Kremlin, Davies era um embaixador de sonho – alguém cego para o que se passava à sua frente e totalmente disposto, até ansioso, a aceitar as racionalizações mais transparentes e absurdas do regime para suas ações. Suas observações sobre os líderes soviéticos eram nada menos que absurdas. "Stalin é um homem muito forte e capaz, prático, dono de muito bom senso e sabedoria", escreveu no seu diário no dia 11 de março de 1937. "Molotov é um homem excepcional, com grande capacidade mental e sabedoria." Numa carta à filha, em 9 de junho de 1938, quando se preparava para deixar Moscou, ele continuou no mesmo tom.

> Ele [Stalin] tem um humor malicioso. Tem uma grande mentalidade, aguda, esperta e, acima de tudo, sábia, pelo menos assim ela me parece. Se você puder imaginar uma personalidade que seja o oposto exato do que poderia conceber o mais radical antistalinista, então você será capaz de fazer um retrato desse homem.

Davies compareceu a muitos dos mais infames julgamentos dos expurgos, enviando relatórios para Washington que diferiam muito pouco dos relatos soviéticos de propaganda daqueles eventos. No seu relatório para o Secretário Hull sobre o julgamento de Bukharin e outros altos líderes bolcheviques, ele escreveu:

> minha opinião, no que se refere aos réus, crimes suficientes de acordo com o direito soviético foram estabelecidos pelas provas além de dúvida razoável e justificaram o veredicto de culpado de traição e a determinação da sentença definida pelos estatutos criminais soviéticos.

Ou seja, o regime de Stalin estava perfeitamente justificado ao executá-los.

Numa mensagem anterior a Hull, sobre a execução do marechal Tukhachevsky e de outros generais do Exército Vermelho, Davies afirmou que grande parte do corpo diplomático em Moscou estava convencido "de que o acusado devia ser culpado de um crime que na União Soviética mereceria a pena de morte". E concluiu: "o regime de Stalin, política e inter-

"A fraternidade do homem"

namente, está quase com certeza mais forte do que antes. Toda oposição potencial foi eliminada".

Na verdade, muitos outros diplomatas não eram tão crédulos com relação às racionalizações soviéticas da onda de execuções – e ficaram atônitos com o comportamento de Davies. Um funcionário da embaixada alemã relembrou que até mesmo o embaixador do seu país, conde Von Schulenburg, sentiu "indignação e perplexidade" ao saber do comparecimento de Davies aos julgamentos de fachada. Charles Bohlen, que tinha voltado para a embaixada depois de um período em Washington, ficou chocado com os relatórios de Davies e tentou adivinhar os seus motivos. "Ele desejava ardentemente fazer um sucesso da linha pró-soviética e provavelmente refletia as visões de alguns assessores de Roosevelt para reforçar sua posição política no país", escreveu. E enquanto Davies afirmava que Stalin estava fortalecendo o seu país, Bohlen chegou à conclusão contrária:

> não conseguia entender por que Stalin preferiu, numa época em que a União Soviética era ameaçada pela Alemanha e pelo Japão, demolir a estrutura do oficialato que ele próprio tinha erguido e destruir a liderança do Exército Vermelho.

Como Bohlen notou causticamente, Davies nunca pediu sua opinião a respeito dos julgamentos, preferindo discuti-los com o coronel Faymonville, o adido militar que invariavelmente confirmava a versão soviética dos acontecimentos, e com os correspondentes americanos da mesma inclinação. O seu favorito entre eles era claramente Walter Duranty, repórter do *New York Times* ganhador do Prêmio Pulitzer, que negou a existência da fome na Ucrânia durante a campanha de coletivização forçada e que, em geral funcionava como descarado apologista de Stalin. "Sempre me sentirei em dívida com Walter Duranty, que dizia a verdade como a via, e tem os olhos de um gênio", escreveu Davies no seu diário.

Quando publicou seu livro *Mission to Moscou* (Missão em Moscou), pouco depois de os alemães terem lançado o ataque contra a União Soviética, Davies sentiu-se mais do que nunca impelido a oferecer uma explicação benigna de todo o comportamento soviético.

A Batalha de Moscou

> Na minha opinião, o povo russo, o governo soviético e os líderes soviéticos são movidos basicamente por conceitos altruístas. Seu objetivo é promover a irmandade do homem e apurar a sorte do homem comum. Querem criar uma sociedade em que os homens possam viver como iguais, governados por ideais éticos. São devotados à paz.

Como acreditava em quase tudo que seus anfitriões soviéticos lhe tinham dito, Davies também aceitou suas garantias de que o país estava pronto para se defender. "É meu juízo que o governo soviético e seu exército são muito mais fortes do que geralmente se acredita em certas áreas da Europa", escreveu a Roosevelt, em 18 de janeiro de 1939, do seu novo posto na embaixada de Bruxelas.

Quanto ao impacto dos expurgos no exército, ele escreveu depois da invasão alemã: "não havia quintas colunas na Rússia em 1941 – eles mataram todos. O expurgo limpou o país e o livrou da traição".

No dia 7 de setembro de 1939, poucos dias depois de os alemães terem invadido a Polônia para iniciar a Segunda Guerra Mundial, um novo adido militar chegou para assumir seu posto na embaixada americana em Moscou. Seu nome era Ivan Yeaton, e o major do exército chegou com um conjunto de premissas sobre a União Soviética oposto ao que Davies e Faymonville tinham adotado. Suas primeiras experiências só reforçaram a convicção de que a Rússia de Stalin era um submundo sinistro e violento. Yeaton mal tinha acabado de desfazer as malas, lembrou nas suas memórias inéditas, quando o Exército Vermelho atacou a Polônia partindo do leste e o adido militar polonês chegou à sua porta. "Recebemos ordens de evacuar a embaixada dentro de poucas horas e só podemos levar uma mala", explicou o polonês.

> Fui avisado de que tão logo eu deixe a embaixada, vou ser preso e possivelmente fuzilado. Portanto, eu tenho de fugir. Vai custar muito dinheiro; por isso eu agradeceria se você comprar uma parte ou todo o meu equipamento de casa pelo seu preço.

Yeaton lhe ofereceu o dinheiro que tinha à mão, comprando toda a sua adega a 1 dólar a garrafa, e nunca mais viu o seu colega polonês, embora tenha ouvido mais tarde que a NKVD o estava procurando em Kiev. Relem-

"A fraternidade do homem"

brando o destino de milhares de oficiais poloneses fuzilados no ano seguinte na floresta de Katin, o americano explicou: "ele não tinha nada a perder com uma tentativa desesperada de fuga". E Yeaton se apressou a registrar o que estava acontecendo com outros, cujos países estavam caindo sob o domínio soviético. Escreveu:

> a esposa do embaixador da Letônia, uma anfitriã cativante, encantadora e graciosa, que por toda a sua vida sempre teve empregados, foi vista com um grupo de mulheres prisioneiras esperando para ser embarcada num vagão de carga num trem que ia para leste.

Desconfiado, Yeaton de imediato despediu o seu motorista russo, que era "um tanto demasiadamente cheio de si". Duas semanas depois, o americano o encontrou na rua com a farda de capitão da NKVD, comandando os quatro "guardas" cuja atribuição era segui-lo dia e noite. "Ele riu na minha cara", contou Yeaton. Não havia nada que o novo adido pudesse fazer, mas ele estava decidido a seguir uma rotina muito diferente da de Faymonville, cujos aposentos ele herdou. Desprezava o antecessor por "acreditar nas notícias que recebia dos soviéticos", e procurou outros adidos militares de outras embaixadas que eram igualmente críticos. "O que abriu outras portas para mim era o desprezo e o medo do comunismo unânimes de todas as missões em Moscou", afirmou. Essas observações deixaram a impressão de que seus relatórios eram enviados de uma capital diferente da que fora habitada por Davies e Faymonville.

Yeaton também lançou uma campanha para aumentar a segurança da embaixada. Observou que muitos funcionários do consulado davam festas repletas de jovens russas "generosamente oferecidas" pela NKVD.

> Essas "moças de festas" eram linguistas bem treinadas e informantes conhecidas nos círculos de inteligência como "pombas". Depois de comparecer a algumas dessas festas, fiquei pasmo com a liberdade com que aqueles rapazes discutiam negócios da embaixada diante das pombas.

E fez outra observação: "também ficou claro, pelo menos para mim, que havia homossexuais no grupo. Do ponto de vista da segurança, era uma situação perigosa". Sem informar aos colegas, ele pediu ao FBI para enviar um especialista em homossexualidade a Moscou. Um agente chegou para uma visita e, como Yeaton registrou satisfeito, "uma semana depois, um grupo de solteiros foi enviado de volta para casa".

Ações como essa não tornaram Yeaton uma figura popular na embaixada, nem entre os diplomatas que compartilhavam a sua visão desanimadora do ambiente. Mas o novo embaixador, Laurence Steinhardt, logo passou a apreciar os membros da equipe que não adotavam a cegueira deliberada de Davies e Faymonville.

Um advogado bem estabelecido na comunidade judaica de Nova York, que já tinha servido como embaixador na Suécia, Steinhardt, era um democrata liberal com, do ponto de vista de Roosevelt, excelentes ligações familiares. Seu tio, Samuel Untermeyer, era um grande contribuinte de campanhas, abertamente simpático à União Soviética. Quando indicou Steinhardt para o posto em Moscou, o presidente acreditava que ele estaria mais na tradição de Davies do que na de Bullit. Mas, como observou Yeaton, Steinhardt logo se mostrou "pronto a enfrentar as táticas soviéticas de obstrução quando necessário". Tão logo o novo enviado começou a exibir essas tendências, os oficiais soviéticos zombaram dele em termos particularmente virulentos. Konstantin Umansky, o embaixador soviético em Washington, relatou que Steinhardt era "um rico burguês judeu saturado do cheiro ruim do sionismo".

Em pouco tempo, Steinhardt se irritou com a perseguição rotineira de diplomatas em Moscou – a vigilância constante e o clima de suspeita, além da prática soviética de tornar a vida diária tão difícil e cheia de restrições quanto possível. Tal como Bullit, ele começou a cobrar uma política americana de reciprocidade, que permitisse ao Departamento de Estado tratar os diplomatas soviéticos em Washington da mesma forma, e adotou a abordagem de que o comportamento americano deveria responder na mesma moeda às ações soviéticas. Apesar de antes ter rejeitado recomendações semelhantes, Roosevelt pareceu mudar de ideia depois da série de ações soviéticas em seguida ao pacto Molotov-Ribbentrop – a invasão da Polônia, a ocupação dos Estados Bálticos e a invasão da Finlândia. "Acho que devemos responder a cada contratempo soviético com um contratempo semelhante contra eles", disse a Hull e ao Subsecretário de Estado, Sumner Welles, em dezembro de 1940.

Apesar das restrições, Yeaton se movia na medida do possível, observando cuidadosamente o que estava acontecendo. Dava longos passeios, e nos primeiros meses de 1940 observou que, à medida que mais homens eram

"A fraternidade do homem"

convocados para o serviço militar, "mais e mais mulheres e meninos substituíam operários adultos". Um dia, um caça experimental, tendo a bordo o projetista, desintegrou-se ao voar quase diretamente sobre ele. A polícia isolou os destroços com rapidez, e o Ministério do Exterior respondeu a um pedido de informações de Yeaton, alegando que tal acidente não tinha acontecido. Mas alguns dias depois a imprensa soviética relatou que o projetista tinha morrido, dando a entender que por causas naturais.

No dia 18 de junho de 1941, Yeaton viu um diplomata alemão embarcando seus dois boxers premiados num avião para a Alemanha, o que o levou a informar a Washington que Hitler deveria atacar "dentro de alguns dias". Quando veio o ataque, o motorista de Yeaton foi convocado, o que lhe permitiu dirigir ele mesmo. E logo ele descobriu que os guarda-costas também tinham desaparecido, resultado da necessidade desesperada de mão de obra – não uma mudança na política soviética. Mas Yeaton decidiu explorar ao máximo a situação. Logo tinha recebido um bom número de citações da milícia por violação das regras de tempo de guerra, inclusive dirigir à noite e tentar sair discretamente da cidade em direção ao campo de batalha a oeste. Ao comparar suas anotações com as de outros estrangeiros na capital e com os relatos dos refugiados que desertavam da luta, ele fez uma avaliação bem pessimista das chances da União Soviética de conter os alemães. "Se meus relatórios pareciam seguir mais a linha da propaganda alemã que as informações oficiais soviéticas, eu não percebia e não descobri nenhuma evidência em que basear um relatório otimista", lembrou mais tarde.

Mas não foi o pessimismo de Yeaton sobre a situação militar o que lhe trouxe problemas. Afinal, sua opinião de que o Exército Vermelho não suportaria o assalto alemão não era rara. Foi a combinação daquele pessimismo com sua aversão instintiva ao regime de Stalin que o levou a se opor às políticas que logo seriam defendidas por Churchill e Roosevelt, em resposta ao ataque alemão à União Soviética. Naqueles meses de verão de 1941, aquelas políticas se tornaram tanto uma questão de disputas públicas quanto de disputas pessoais.

Na noite anterior à invasão alemã, Churchill ofereceu um banquete no seu retiro no campo, Chequers, para o secretário do Interior, Eden, o secretário do Gabinete, Edward Bridges, o embaixador americano, John Winant, e suas esposas. O líder britânico declarou que a invasão da União Soviética era agora uma certeza, e que Hitler esperava poder contar com o apoio de direitistas da Grã-Bretanha e dos Estados Unidos para aquela ação. O ditador alemão ia descobrir que estava errado. Churchill garantiu aos seus convidados que a Grã-Bretanha faria tudo ao seu alcance para ajudar a Rússia naquele conflito. Winant acrescentou que a mesma certeza valia para o seu país.

Depois do jantar, Churchill e seu secretário pessoal, John Colville, andaram pelo campo de croqué e continuaram a tratar do mesmo tema. Colville lhe perguntou se, como um autêntico anticomunista, ele não se sentia perturbado pela ideia de ajudar o Kremlin. "De forma alguma. Eu só tenho um objetivo: a destruição de Hitler, e por isso a minha vida é muito simplificada. Se Hitler invadisse o inferno, eu faria, no mínimo, uma referência favorável ao diabo na Câmara dos Comuns."

Acordado às quatro na manhã seguinte, com as notícias do ataque alemão, Churchill preparou uma comunicação pelo rádio a ser transmitida pela BBC naquela noite. Seria um dos discursos mais memoráveis, prometendo à nação lutar pela vitória total contra Hitler. "Vamos lutar contra ele em terra, vamos lutar contra ele no mar, vamos lutar contra ele no ar, até que, com a ajuda de Deus, tivermos livrado a terra da sua sombra e libertado o seu povo do seu jugo", entoou. Declarou que "qualquer homem ou estado que lute contra o nazismo terá a nossa ajuda", e acrescentou:

> segue-se portanto que daremos toda ajuda à Rússia e ao povo russo. Vamos apelar a todos os nossos amigos e aliados em todas as partes do mundo para tomarem o mesmo curso, e segui-lo, como nós, fiel e constantemente até o fim.

Churchill não tinha esquecido o comportamento anterior do Kremlin, nem se forçou a acreditar que Stalin de repente tinha-se tornado o parceiro ideal. Escrevendo sobre a invasão da Rússia por Hitler, maliciosamente, ele observou:

> Assim, os delírios de ódio contra a Grã-Bretanha e os Estados Unidos que a máquina de propaganda soviética lançou no ar da meia-noite foram sufocados na madrugada pela canhonada alemã. Os maus não são sempre espertos, nem os ditadores estão sempre certos.

"A fraternidade do homem"

Mas provavelmente nem mesmo o arguto primeiro-ministro percebeu quanto tempo, energia e frustração lhe custariam sustentar a relação com o ditador que agora era seu aliado.

Desde o início, Stalin e sua *entourage* frequentemente ignoravam seus novos aliados ocidentais, ou simplesmente os rejeitavam. Churchill ficou atônito por seu discurso emocionado de 22 de junho, de apoio à União Soviética, ter sido recebido sem qualquer reação do Kremlin. Sentindo "opressivo" aquele silêncio, Churchill escreveu para Stalin no dia 7, prometendo mais uma vez toda ajuda possível à Rússia. Só no dia 18 de julho, quase quatro semanas depois do discurso de Churchill, Stalin escreveu ao primeiro-ministro para lhe agradecer as garantias de apoio. Mas aquela primeira carta também continha a exigência que o Kremlin iria apresentar consistentemente, a partir de então: a criação de uma segunda frente contra Hitler no Ocidente – ou seja, que a Grã-Bretanha enviasse tropas para lutar no continente contra os alemães.

Churchill respondeu com mal disfarçada impaciência que seu país não estava em posição de lançar um ataque ao continente naquela época. Explicou:

> Você deve se lembrar de que estamos lutando sozinhos há mais de um ano, e que, apesar de nossos recursos estarem aumentando, e vão aumentar mais a partir de agora, estamos numa situação de grande tensão tanto internamente, como no Oriente Médio [...].

Seguir-se-ia uma fila contínua de exigências e queixas do lado soviético e, como disse Churchill, "recebi muitas rejeições e raramente uma palavra gentil". E acrescentou: "o governo soviético tinha a impressão de que nos prestava uma grande honra por estar lutando no seu próprio país por suas próprias vidas".

Embora se visse lutando para conter a irritação, Churchill enfrentava pouca oposição interna à sua política de auxílio aos russos. Do outro lado do Atlântico, Roosevelt também tinha oferecido "toda ajuda possível à Rússia", mas havia vozes públicas e privadas discordantes. O ex-presidente Herbert Hoover avisou que "estamos prometendo ajuda a Stalin e sua conspiração militante, contra todos os ideais democráticos do mundo" e que, se os Estados Unidos entrarem na guerra e ajudarem a tornar possível uma vitória soviética, isso facilitaria as ambições expansionistas de Stalin. O Senador Harry Truman apresentou o que soava como uma abordagem mais friamente calculada. Declarou, no dia em que os alemães atacaram a União Soviética:

> Se virmos que a Alemanha está ganhando, devemos ajudar a Rússia, e se a Rússia estiver ganhando, ajudar a Alemanha, e assim deixar que os dois matem o maior número possível, embora eu não queira ver Hitler vitorioso sob nenhuma circunstância.

Até George Kennan, então servindo na embaixada americana em Berlim, escreveu para Loy Henderson, antigo colega em Moscou e agora novamente no Departamento de Estado, para lhe avisar que "não devemos fazer nada no país que dê a impressão de que estamos seguindo o caminho que Churchill parece ter tomado, de oferecer apoio moral para a causa russa". Argumentou que a Rússia "não tem direito a reclamar simpatias ocidentais", pois ela claramente não luta pelos mesmos ideais que o Ocidente. "Essa opinião não impede a oferta de ajuda material sempre que atenda aos nossos interesses", concluiu. "Mas impediria tudo que possa nos identificar política ou ideologicamente com o esforço de guerra russo." Outros funcionários civis e militares do governo tinham uma preocupação puramente prática: havia sentido em enviar ajuda militar, ou de outra natureza, para a União Soviética se, como muitos previam, ela não conseguiria se defender? Se os pessimistas estivessem certos, os alemães tomariam todos os suprimentos tão logo completassem a conquista.

Mas Roosevelt e seus auxiliares mais imediatos não tinham intenção de aceitar esse conselho. Na verdade, eles logo superariam Churchill e sua equipe ao derramar elogios sobre a Rússia pelo seu esforço de guerra e ao adotar a abordagem de não ver nada errado que justificasse qualquer consideração real de obtenção de concessões de Stalin em troca da ajuda. Na teoria e prática, logo se tornou claro que Roosevelt via os russos como um aliado digno de apoio incondicional. A noção de Steinhardt de reciprocidade nas relações, que o presidente tinha brevemente endossado, foi inequivocamente superada pela nova política.

O homem certo para essa política era Harry Hopkins, um dos assessores mais próximos do presidente cuja inclinação pró-soviética já tinha atraído a atenção de Moscou. Em meados de julho, Hopkins foi despachado para Londres para consultas com Churchill sobre como cumprir a promessa de ajuda para a Rússia, e o primeiro-ministro apresentou-o ao embaixador soviético Maisky. O enviado russo ficou encantado pela "óbvia simpatia de

"A fraternidade do homem"

Hopkins pela União Soviética" e saiu convencido de que ele era "muito mais simpático" às necessidades soviéticas do que Churchill. Nas suas memórias, Maisky escreveu: "Harry Hopkins permaneceu com uma das pessoas mais avançadas entre as principais personalidades no mundo burguês durante a Segunda Guerra Mundial".

Hopkins era muito afinado com o pensamento do antigo embaixador Joseph Davies, que ainda agia como conselheiro de Roosevelt sobre a Rússia e jantava regularmente com o embaixador soviético Umansky, em Washington. Como seria de se esperar, Davies era um advogado fervoroso da ajuda à Rússia e, refletindo a linha oficial do Kremlin, buscava enfatizar seu lado positivo, mesmo durante as primeiras semanas da Operação Barbarossa, quando o Exército Vermelho sofria enormes perdas. Na carta *My dear Harry* a Hopkins do dia 18 de julho, Davies declarou: "a resistência do exército russo tem sido mais eficaz do que geralmente se esperava". Ao mesmo tempo, ele argumentava que os russos continuariam a resistir mesmo que os alemães ocupassem grande parte do seu território. Tudo isso significava que, não importando a dificuldade da situação militar, a ajuda ocidental à Rússia não seria em vão.

Não foi acidente o adido militar favorito de Davies ter reemergido na mesma época. Depois de o coronel Faymonville ter voltado de Moscou, o Departamento da Guerra o tinha banido por sua reputação de apologista do regime de Stalin. Mas no dia 13 de julho, ele foi nomeado para a Divisão de Relatórios de Ajuda, que supervisionava o *Lend-Lease*, o programa de ajuda militar que, até aquele ponto, canalizava suprimentos para a Grã-Bretanha. Apesar de o general James Burns ser o responsável formal por essa operação, o programa de ajuda era a área de trabalho de Hopkins. Faymonville foi designado para ajudar a pôr nos trilhos o programa de ajuda aos russos, o que ele fez com o entusiasmo usual.

Foi ele quem acompanhou a missão militar soviética quando chegou a Washington, em 26 de julho, para pressionar seus anfitriões por ações mais rápidas. Faymonville estava tão ansioso para agradar os soviéticos que chegou a lhes mostrar documentos secretos, gerando acusações posteriores de que ele teria violado regulamentos militares. Mas Hopkins e – por extensão – Roosevelt garantiram que nenhuma providência fosse tomada contra Faymonville. De fato, logo ele assumiria responsabilidades mais amplas no programa russo.

171

Mais ou menos na mesma época, Hopkins saiu de Londres para Moscou. Quando a RAF o levou até Archangel, ele teve o primeiro gosto da hospitalidade oficial soviética: uma refeição "monumental" de 4 horas, com muitos pratos, principalmente peixe frio e caviar, e os inevitáveis brindes de vodca. "Vodca tem autoridade", relatou ele mais tarde. "Não é coisa com que um amador possa brincar." Então, depois de apenas duas horas de sono, embarcou para Moscou, onde foi recebido pelo embaixador Steinhardt.

Nas primeiras conversas, Hopkins quis saber se Steinhardt considerava precisos os relatórios do major Yeaton, então adido militar. Steinhardt respondeu que seria um erro subestimar os russos, pois sua história indicava que eles sempre defenderam a sua terra. Mas o embaixador mostrou que era extremamente difícil saber em que pé estavam realmente as coisas, pois a obsessão do Kremlin com a confidencialidade e o medo dos estrangeiros significavam que os diplomatas em Moscou só podiam reunir fragmentos de informação e impressões do que estava acontecendo.

Durante a visita de três dias a Moscou, Stalin ofereceu um tipo de recepção pessoal em várias horas de conversas cara a cara que deixaram o visitante claramente assombrado – e confiante – de que tinha recebido informações privilegiadas. Depois de transmitir suas mensagens de apoio de Roosevelt e de Churchill, Hopkins teve acesso a uma visão geral da situação militar e a uma discussão detalhada dos suprimentos que o Kremlin esperava receber. Apesar das derrotas sofridas pelo seu exército, Stalin insistiu que os alemães tinham subestimado suas forças. "Stalin disse que seus soldados não consideravam a batalha perdida apenas porque os alemães, em um ou outro ponto, tinham rompido as defesas com suas forças mecanizadas", Hopkins relatou mais tarde. O líder soviético observou que as tropas alemãs se abriram demais numa frente muito extensa e "até já falta combustível para os tanques alemães".

Mais significativos, os pedidos específicos de suprimentos de Stalin, como baterias antiaéreas, alumínio para construção de aviões, combustível de alta octanagem para aviões e mais de um milhão de fuzis, indicavam que ele esperava uma guerra de longa duração. "Deem-nos baterias antiaéreas e alumínio e poderemos lutar por três ou quatro anos", disse a Hopkins. Afirmou também que a resistência atrás das linhas alemãs já estava tornando a vida difícil para os invasores. Ademais, Hopkins poderia ver por si mesmo que Moscou era uma cidade bem preparada para os ataques aéreos: *blackout*

"A fraternidade do homem"

completo à noite e, quando os bombardeiros apareciam no céu, eram recebidos por violento fogo antiaéreo.

Stalin argumentou que os Estados Unidos se veriam obrigados a se juntar à luta contra Hitler, e disse ao seu visitante para transmitir a Roosevelt a mensagem de que estava disposto a receber na frente russa tropas americanas com seu próprio comando. Como observou um surpreso Hopkins no seu relatório, "eu lhe disse que duvidava que nosso governo, no caso de uma guerra, iria querer um exército americano na Rússia, mas que transmitiria a mensagem ao presidente". A recusa constante das autoridades soviéticas a permitir que Yeaton e outros adidos militares visitassem a frente, muito menos que participassem de qualquer ação ali, sugeriu que Stalin estava simplesmente lançando aquela oferta para efeito dramático.

Hopkins se impressionou tanto pela aparência e discurso de Stalin quanto pela sua mensagem. "Ele falava tal como sabia que suas tropas atiravam – duro e no alvo", lembrou mais tarde. Descreveu o líder soviético como

> uma figura austera, vigorosa e determinada, calçando botas que brilhavam como espelhos, calças *baggy* e uma blusa justa. Não usava nenhum ornamento militar nem civil. Um homem com os pés firmemente plantados no chão, o jogador de defesa dos sonhos de um técnico de futebol americano. [...] As mãos são enormes, duras como sua mente.

Não chega a surpreender, portanto, que Hopkins não tivesse paciência com o major Yeaton, o adido militar que enviava relatórios prevendo a derrota soviética, quando se encontraram no desjejum da embaixada. O visitante logo contou a Yeaton que estava convencido de que a União Soviética sairia vitoriosa do conflito, e que os Estados Unidos ofereceriam "toda ajuda econômica e militar possível". Essa ajuda, acrescentou, "nunca seria usada como barganha".

Yeaton ficou desanimado. Aludindo à pouca saúde de Hopkins, o adido militar escreveu mais tarde: "seu entusiasmo para nos envolver nessa guerra e sua disposição de negociar com Stalin numa base de 'eu confio em você' me dão razões para me perguntar se sua doença afetou a sua mente". Diante de Hopkins, Yeaton lançou seus argumentos contrários, explicando sua visão bem mais pessimista da situação militar e a natureza do regime de Stalin. "Quando impugnei a integridade e os métodos de Stalin, ele [Hopkins]

173

A Batalha de Moscou

não suportou mais e me fez calar com um intenso 'não quero mais discutir esse assunto'", relatou Yeaton.

Na manhã seguinte, Yeaton tentou uma reconciliação. Pediu desculpas a Hopkins por tê-lo irritado e pediu sua ajuda. Se os Estados Unidos e a União Soviética seriam aliados, explicou, era importante que ele pudesse se mover livremente para avaliar a situação militar. Em outras palavras, era preciso dizer ao Kremlin para deixar de restringir os movimentos dos adidos militares estrangeiros. Yeaton relatou que Hopkins respondeu com "um 'não' frio e enfático". Não poderia haver uma evidência mais convincente de que Hopkins falava sério quando disse a Yeaton que a ajuda americana nunca seria usada como alavancagem com os russos, nem mesmo em questões de procedimento. Seria uma ajuda verdadeiramente incondicional.

Não foram só os americanos que se dividiram nas previsões sobre a União Soviética ser capaz de resistir ou não aos invasores alemães. Em despachos interceptados pela NKVD, dois adidos militares japoneses estacionados em Moscou transmitiam avaliações diametralmente opostas aos seus superiores em Tóquio. Em abril, o coronel Michitake Yamaoka, o adido mais antigo, previa uma invasão no verão e estava convencido de que os alemães seriam vitoriosos no final do ano. O correspondente de um jornal japonês que mantinha contato com Yamaoka escreveu no seu diário, em 19 de julho: "o destino de Moscou será decidido dentro de uma semana". No dia 11 de agosto ele previu: "Moscou deve cair no início de setembro".

Mas o capitão Takeda Yamaguchi, o adido da marinha, relatou em 11 de agosto que o objetivo inicial dos alemães de chegar à vitória dentro de dois meses era irrealista. "Se for conduzida de acordo com esses planos, a guerra sem dúvida será perdida e devemos esperar uma situação extremamente perigosa no futuro", escreveu ao Ministério da Marinha. O resultado, previu ele, seria uma guerra demorada. Ao relatar o avanço alemão do sul até Moscou, em setembro, ele acrescentou que o Exército Vermelho tinha tido "bastante sucesso" em infligir perdas ao inimigo, principalmente às unidades do general Guderian.

Isso era muito mais que um debate acadêmico. Em abril de 1941, o Japão e a União Soviética tinham assinado um pacto de neutralidade de cinco anos,

"A fraternidade do homem"

mas Stalin tinha medo de que o Japão decidisse atacar do leste, especialmente se os alemães parecessem estar a ponto de ganhar uma vitória rápida. Dentro da embaixada alemã em Tóquio, o espião soviético Richard Sorge relatava a pressão persistente dos alemães para os japoneses se juntarem à luta. No dia 1º de julho, o ministro do Exterior Ribbentrop tinha argumentado num telegrama para o seu colega japonês que "o iminente colapso da principal força militar da Rússia e presumivelmente do próprio regime bolchevique oferece aos japoneses uma oportunidade única" de tomar Vladivostok e continuar avançando. "O objetivo dessas operações", acrescentou Ribbentrop, "deveria ser os japoneses, no seu avanço para oeste, encontrarem as tropas alemãs que avançavam para leste, antes mesmo de se instalar a estação fria".

Foi um caso de exagero retórico, já que nem mesmo os principais generais da Alemanha consideravam o encontro desses dois exércitos, o que teria exigido que os dois exércitos avançassem milhares de quilômetros antes do inverno. Mas a ideia era instigar o Japão a atacar. E enquanto as intenções do Japão continuassem incertas, Stalin sentia que não podia se dar o luxo de redistribuir grande número de soldados do Extremo Oriente Soviético para ajudar seus companheiros que tentavam conter o avanço em direção a Moscou. Assim, o Japão pairava cada vez maior no pensamento estratégico do líder soviético.

Durante sua visita a Moscou, Hopkins tinha discutido essa situação com Molotov. O americano relatou que, embora não esperasse um golpe imediato, o ministro do Exterior soviético "sentia que os japoneses não hesitariam em atacar, se ocorresse uma ocasião propícia". Molotov disse a Hopkins que, dada essa incerteza com relação às intenções do Japão, ele esperava que Roosevelt pudesse avisar aos japoneses que qualquer ação semelhante poderia induzir os Estados Unidos a se juntar à defesa da Rússia. Hopkins respondeu cautelosamente que o governo dos Estados Unidos estava monitorando a situação "com grande atenção", mas não queriam ser "provocativos" nas suas relações com o Japão.

Mas, de outras formas, Roosevelt e seus conselheiros buscavam demonstrar que estavam respondendo rapidamente – e de forma positiva – aos pedidos soviéticos de ajuda. Em 2 de agosto, Roosevelt escreveu uma nota direta a Wayne Coy, a quem foi entregue a supervisão do programa de ajuda soviética enquanto Hopkins estava longe. O presidente chamou a atenção para o fato de ter-se queixado na última reunião do gabinete, seis semanas depois da invasão alemã, que os Estados Unidos não tinham feito "quase nada" em termos de entregas reais de suprimentos pedidos pelos russos. "Francamente, se fosse russo, eu estaria me sentindo enrolado pelos Estados Unidos", queixou-se. Ordenou a Coy que "com toda a minha autoridade, aja com força – seja a rebarba sob a sela para pôr as coisas em movimento". E concluiu com uma ordem seca: "pé na tábua!"

No famoso encontro de cúpula no mar, entre 9 e 12 de agosto, Roosevelt e Churchill repassaram a situação na Europa e no Extremo Oriente, e prepararam uma declaração conjunta de princípios conhecida como a Carta do Atlântico. Entre outras, estavam as promessas de que não haveria alterações territoriais "que não estejam de acordo com os desejos livremente expressos dos povos interessados" e todos deverão ser livres "para escolher a forma de governo sob a qual irão viver".

Na teoria, esses princípios poderiam ter levantado de imediato preocupações com relação aos objetivos de longo prazo da União Soviética, pois Stalin já pressionava pela aceitação dos ganhos políticos e territoriais do seu país tornados possíveis pelo agora defunto pacto Molotov-Ribbentrop. Mas isso não era prioritário na ocasião. Baseado no relatório de Hopkins sobre sua visita a Moscou, Roosevelt e Churchill discutiram a melhor forma de responder às exigências de Stalin e enviaram a ele uma declaração conjunta em 14 de agosto. "Neste momento, estamos cooperando para oferecer o máximo de suprimentos mais urgentemente necessários", asseguraram a ele. "Muitos navios já partiram das nossas costas e outros partirão em futuro imediato." Mas atentaram para não haver expectativas grandiosas, pois a guerra acontecia em muitas frentes e eles tinham de alocar com cuidado seus recursos. Propuseram então enviar uma delegação anglo-americana de alto nível a Moscou, para desenvolver um detalhado plano de ação conjunta que garantisse um programa efetivo de ajuda para a Rússia.

Temendo que Hopkins não estivesse disposto a mais uma viagem a Moscou, Roosevelt designou Averell Harriman, presidente da Union Pacific Railroad, para a missão. Churchill indicou Lord Beaverbrook, o barão da imprensa e ministro de Suprimentos, para representar o lado britânico. Embora os dois homens se mostrassem ansiosos para mostrar o que podiam fazer para ajudar o esforço de guerra soviético, seus líderes já exibiam algu-

"A fraternidade do homem"

As divisões Panzer do general Heinz Guderian avançaram para leste até Smolensk em menos de um mês. Guderian insistiu com Hitler para lhe permitir continuar seguindo diretamente para Moscou, mas o ditador alemão ordenou que suas tropas primeiro tomassem Kiev. Como Guderian tinha previsto, a ordem foi um erro enorme. Atrasou o avanço em direção a Moscou até o clima começar a mudar e Stalin ter condições de convocar reforços da Sibéria.

mas diferenças de atitude. Churchill disse a Beaverbrook: "sua função será não apenas propor a formação de planos para ajudar a Rússia, mas também cerificar-se de que não seremos sangrados no processo".

Do outro lado do Atlântico, Roosevelt estava mais preocupado em encontrar formas de apresentar a sua política russa sob a melhor luz possível.

A Batalha de Moscou

Em 11 de setembro, ele se encontrou com o embaixador Umansky e sugeriu que os russos poderiam ajudar a própria causa, publicando o seu suposto compromisso com a liberdade de religião, já que isso "poderia ter um ótimo efeito educacional antes que o próximo projeto de lei de *Lend-Lease* seja apresentado no Congresso". Ao mesmo tempo, Roosevelt desejava tranquilizar os russos de que os americanos iriam a Moscou como amigos. Um dos principais sinais foi a decisão de incluir o coronel Faymonville, o antigo adido militar, na delegação de Harriman.

Apesar de estar também comprometido em oferecer a Stalin suprimentos militares vitais, Churchill era mais calculista no tratamento do líder soviético – e não ia permitir que o líder soviético ou seu enviado lhe impusesse decisões que poderia lamentar. Em 29 de agosto, ele escreveu a Stalin que, em resposta aos pedidos do embaixador Maisky de mais aviões caça, 40 Hurricanes chegariam a Murmansk em 6 de setembro, e que 200 Tomahawks também estavam sendo preparados. Ofereceu mais 200 Hurricanes, completando um total de 440 caças "se os seus pilotos puderem usá-los eficazmente". Mas ele preveniu o líder russo contra expectativas irrealisticamente altas, pois "os caças são a base da defesa do país" e eram necessários também no Norte da África. Polida, mas firmemente, o primeiro-ministro explicava que tinha de atender primeiro às necessidades do seu país.

Em 4 de setembro, Maisky apareceu com a resposta de Stalin – "a primeira mensagem desde julho" do líder soviético, como observou Churchill causticamente. Admitindo que a posição das forças soviéticas tinha se "deteriorado consideravelmente" nas três semanas anteriores, Stalin deixava claro que avaliava a oferta de Churchill insuficiente para ajudar a reduzir a velocidade do avanço alemão no seu território. Para alterar a situação, declarou ele, a Grã-Bretanha "tinha de criar no ano em curso uma segunda frente em algum ponto dos Bálcãs ou na França, capaz de retirar da frente oriental 30 ou 40 divisões", fornecer à União Soviética 30 mil toneladas de alumínio até o início de outubro e oferecer "um mínimo mensal de ajuda" de 400 aviões e 500 tanques.

Não contente em permitir que a carta de Stalin falasse por si, Maisky se queixou de que a Rússia já estava há 11 semanas sob ataque, lutando sozinha para repelir a enorme concentração de forças alemãs lançadas contra ela. Churchill tinha simpatia pelos problemas da Rússia, mas irritou-se quan-

"A fraternidade do homem"

do Maisky perguntou, de forma quase ameaçadora, como a Grã-Bretanha poderia esperar ganhar a guerra se permitia que a Rússia fosse derrotada. "Lembre-se de que há apenas quatro meses nesta ilha nós não sabíamos se vocês viriam contra nós, do lado alemão", respondeu o primeiro-ministro.

> Na verdade, nós achávamos muito provável que viessem. Na época tínhamos certeza de que no final seríamos vencedores. Nunca pensamos que a nossa sobrevivência dependeria de qualquer forma da sua ação. O que quer que aconteça, e o que quer que vocês façam, não têm direito de nos censurar.

Maisky recuou. "Calma, por favor, meu caro sr. Churchill", pediu ele. Como lembrou o embaixador soviético, "comecei a temer que na sua grande irritação ele pudesse dizer muita coisa desnecessária".

Stalin não facilitou as coisas quando enviou um telegrama em 15 de setembro com mais uma sugestão. "Parece-me que a Grã-Bretanha poderia sem risco desembarcar em Archangel entre 26 e 30 divisões, ou transportá-las através do Irã até as regiões meridionais da URSS", escreveu. "Assim se poderia estabelecer uma colaboração militar entre as tropas soviéticas e britânicas no território da URSS." Churchill ficou atônito que Stalin pudesse acreditar, ainda que por um instante, que a Grã-Bretanha estivesse em posição de contemplar uma ação como aquela. "É quase inacreditável que o chefe do governo russo, com todos os conselhos dos seus especialistas militares, pudesse se comprometer com tais absurdos", escreveu o primeiro-ministro nas suas memórias num acesso de cólera. "Não havia como discutir com um homem que pensava em termos de irrealidade absoluta."

Mais tarde, Maisky mostrou que entendia a necessidade de um gesto ocasional para ajudar a manter as tensões sob controle. Por exemplo, quando foi publicada uma nova edição de *Guerra e Paz*, a esposa de Maisky deu de presente um exemplar para a sra. Churchill com a inscrição: "1812-1942: destruímos o nosso inimigo de então, vamos destruir o nosso inimigo de hoje".

Mas no verão de 1941, era difícil encontrar entre a comunidade estrangeira de Moscou alguma sensação de confiança que o inimigo seria destruído. Para os americanos, a fragilidade da situação ficou clara quando uma bomba de mil libras (pouco mais de 450 kg) explodiu a menos de 50 metros da Spaso House, estourando quase todas as janelas da residência do embaixador Steinhardt. Moscou não se sentia de forma alguma segura.

Em 28 de setembro, a delegação anglo-americana liderada por Beaverbrook e Harriman chegou a Moscou. Quentin Reynolds, que tinha tentado sem sucesso um visto para a Rússia como correspondente de guerra, conseguiu entrar como agente de imprensa da delegação. Collier's Weekly, seu empregador, tinha concordado em "emprestá-lo" pela duração da missão. Dadas as notícias terríveis de que os alemães se aproximavam rapidamente de Moscou, ele queria chegar lá de qualquer maneira. No voo, em um bombardeiro do exército, ele se sentou na cabine gélida ao lado do coronel Faymonville. "Ele era um dos poucos americanos que eu conhecia que duvidavam que os alemães conquistariam a Rússia", lembrou.

Enquanto os outros membros da delegação se reuniam em subcomitês com seus colegas soviéticos, Beaverbrook e Harriman se reuniram três dias consecutivos com Stalin, por três horas a cada vez. Na primeira reunião, o líder soviético repassou toda a situação militar, detendo-se particularmente na relação de 3 por 1, às vezes 4 por 1 entre os tanques alemães e soviéticos. Então passou descrever a sua lista de desejos – tanques e canhões antitanque, aviões, artilharia antiaérea, e até arame farpado. Dirigiu-se a Beaverbrook e mais uma vez levantou a possibilidade de tropas inglesas se juntarem às forças soviéticas na Ucrânia. Tal como seu primeiro-ministro, o enviado britânico não ofereceu encorajamento. Harriman tentou levantar a questão da liberdade religiosa, observando que era uma preocupação do povo americano, mas Stalin nem se deu ao trabalho de responder. Ainda assim, Harriman e Beaverbrook gostaram da primeira sessão, relatando que tinha sido "extraordinariamente amistosa".

Mas a noite seguinte foi outra história. "Stalin estava muito agitado, andando de um lado para o outro e fumando sem parar, e pareceu a nós dois estar sob intensa pressão", contou Beaverbrook. Apesar de os dois visitantes terem concluído mais tarde que ele devia estar preocupado com os relatos indicando que os alemães estavam a ponto de tomar Moscou, eles se assustaram com seu comportamento aparentemente brusco, deliberadamente rude. Quando Beaverbrook lhe entregou uma carta de Churchill, Stalin mal a olhou e deixou-a na mesa, ignorando-a ostensivamente.

Na questão dos suprimentos, o líder soviético foi mais combativo que agradecido. "Por que os Estados Unidos só podem me dar 1.000 toneladas de placas para blindagem de tanques – um país com uma produção de mais

"A fraternidade do homem"

de 50 milhões de toneladas"? – cobrou de Harriman. Quando o americano tentou explicar que era preciso tempo para aumentar a capacidade de produção desse tipo de aço, Stalin retrucou: "só é preciso acrescentar as ligas". A única vez em que ele pareceu agradecido foi quando Harriman ofereceu 5 mil jipes americanos e perguntou imediatamente se poderia receber mais.

No dia seguinte, os alemães proclamaram que as conversações tinham sido um fracasso. O chefe de propaganda Joseph Goebbels exultava dizendo que não poderia haver acordo entre os visitantes e os "bolcheviques". Mas quando a dupla desanimada de Beaverbrook e Harriman chegou ao Kremlin para a última reunião, Stalin imediatamente sinalizou uma mudança de tom. "Cabe a nós três provar que Goebbels é um mentiroso", declarou.

Beaverbrook respondeu, percorrendo a lista de suprimentos pedida pelo lado soviético, mostrando quais a Inglaterra e os Estados Unidos poderiam entregar mais rapidamente, acrescentando algumas sugestões. Apesar de também ter indicado quais suprimentos seriam mais difíceis de obter, Stalin estava visivelmente feliz. Maxim Litvinov, ex-ministro do Exterior que servia como intérprete durante as conversações, saltou e exultou: "agora nós vamos ganhar a guerra".

Os visitantes estavam encantados. "A reunião terminou da maneira mais amistosa possível", relatou Harriman. "Stalin não fez nenhum esforço para esconder seu entusiasmo. Tive a impressão de que ele estava plenamente convencido de que a Inglaterra e os Estados Unidos falavam sério." Beaverbrook observou com atenção o líder soviético, chegando mesmo a notar que o seu hábito de rabiscar incluía "desenhar inúmeras figuras de lobos no papel e encher o fundo com lápis vermelho", enquanto Litvinov traduzia as observações dele. Falando em seu próprio nome e no de Harriman, o visitante inglês ofereceu suas conclusões sobre Stalin. "Temos de gostar dele: um homem gentil, que, quando agitado, tem o hábito de andar pela sala com as mãos às costas", declarou. "Fumava muito e quase não demonstra impaciência." Era como se estivessem tão aliviados por terem encontrado um Stalin mais cordial na última reunião que baniram toda lembrança do Stalin grosseiro que tinham visto antes.

Mas outros membros da delegação eram mais observadores – e menos inclinados a ver somente o que queriam ver. O general Hastings Ismay, que chefiava o contingente militar britânico, observou que Stalin se movia sorrateiro como um animal selvagem em busca da presa, e seus olhos eram espertos e cheios de astúcia. Nunca olhava ninguém nos olhos, Mas tinha grande dignidade e sua personalidade era dominante. Quando entrava em qualquer sala, todos os rostos russos se congelavam em silêncio, e a expressão de caça nos olhos dos generais mostrava claramente o medo constante em que viviam. Era nauseante ver homens corajosos reduzidos aquele servilismo abjeto.

Reynolds, o correspondente americano que servia como agente de imprensa da missão, ficou atônito por uma razão bastante diferente, quando viu Stalin chegar para cumprimentar Beaverbrook e Harriman. Dos retratos do líder soviético, Reynolds esperava alguém "enorme, ameaçador, carrancudo". Em vez disso, "o homenzinho de pernas curvas que caminhava na nossa direção, com um enorme sorriso no rosto ao ver Beaverbrook e Harriman, era uma contradição desmoralizadora da imagem pública", lembrou. "Imagino que usasse sapatos altos." Reynolds citou um correspondente britânico que teria dito: "ele parece o jardineiro italiano bondoso que vem duas vezes por semana".

No banquete de despedida no Kremlin, um verdadeiro festim oferecido a britânicos e americanos – como Reynolds anotou cuidadosamente – "uma orgia de 23 pratos", com caviar em tigelas enormes, cogumelos *sautés* em creme azedo, esturjão em molho de champanhe e pilafe com codorna. Tudo isso acompanhado de intermináveis brindes de vodca, com os copos enchidos instantaneamente de garrafas de diferentes variedades da bebida. "Festejando assim, achei difícil lembrar que os alemães estavam a apenas 150 km de Moscou – ou lembrar as filas de famintos dessa sociedade sem classes sem dúvida esperando agora mesmo à porta das lojas de alimentos", escreveu Reynolds. Stalin pode não tê-lo impressionado, mas a cena surreal o fez se perguntar se ele era um exemplo moderno do imperador tocando violino enquanto Roma ardia.

O jornalista americano ficou em Moscou depois da partida do restante da delegação para cumprir o desejo de ver o que aconteceria em seguida na capital soviética. Não foi a única pessoa a perder o voo de volta. Hopkins discretamente fez Faymonville ficar para trás para tratar do programa *Lend-Lease* na Rússia, o que equivalia a contornar o embaixador Steinhardt e outros membros da equipe da embaixada que viam o oficial como alguém no bolso dos russos. Pro-

"A fraternidade do homem"

testaram sem sucesso. Roosevelt, Hopkins e Harriman queriam naquele posto alguém que agradasse ao Kremlin, e agora eles tinham o seu homem.

Ninguém ficou mais irritado por essa manobra que Yeaton, que acusava Faymonville de "ser inegavelmente um cativo da NKVD". O adido militar era igualmente mordaz na sua caracterização da "atitude obsequiosa de Harriman com relação a Stalin". Mas sua principal preocupação era prever a rapidez com que os alemães tomariam Moscou – algo que cada vez mais ele considerava inevitável. Enquanto as unidades de milícia e trabalhadores que ainda fossem encontrados cavavam trincheiras e instalavam armadilhas antitanque nos arredores da cidade, Yeaton concluiu: "a questão era saber quem chegaria primeiro, os alemães ou as primeiras nevascas da estação".

No dia 14 de outubro, Yeaton decidiu passar a noite na dacha da embaixada, a 18 km da cidade na estrada para Smolensk. "Meu moral estava baixo e eu precisava do ar do campo", relembrou. Acordou na manhã seguinte com o som do fogo de artilharia, e quando olhou pela janela, ele viu soldados do Exército Vermelho montando metralhadoras no pátio da frente. Convenceu-se de que era o fim. "Sabia que nunca mais veria aquele lugar", escreveu.

Quando voltou à Spaso House, em 15 de outubro, essa visão era praticamente unânime entre os americanos reunidos. O embaixador Steinhardt já tinha enviado sua mulher para a Suécia, por segurança, e o objetivo do grupo era discutir os procedimentos de evacuação para todos os demais. De acordo com Charles Thayer, um dos funcionários originais na embaixada, Yeaton previu que a capital só se aguentaria por mais 36 horas. Mesmo Faymonville, como Thayer se lembrava, "tinha perdido completamente a coragem e lhes deu mais 5 horas antes que os alemães chegassem". Durante essa discussão, Molotov convocou Steinhardt ao Kremlin e lhe deu instruções para evacuar todos os americanos para Kuiybishev, a cidade no Volga a cerca de 1.000 km que supostamente deveria servir como a nova base do governo quando a capital caísse.

Molotov disse a Steinhardt e Cripps, o embaixador britânico, que também tinha sido convocado: "a luta por Moscou vai continuar e a luta para derrotar Hitler vai se tornar mais furiosa". Mas quando os dois embaixadores pediram para ficar na capital enquanto ele e Stalin ficassem, Molotov recusou, dizendo que iria se juntar a eles em Kuibyshev dentro de um ou dois dias. A mensagem parecia clara: a luta por Moscou continuaria fora de Moscou.

Steinhardt voltou à Spaso House e contou à equipe a notícia de que todos tinham de se apresentar na estação Kazan para tomar um trem à noite. Passou a mesma mensagem aos correspondentes, dizendo a eles que, junto com os censores, também deveriam partir logo. "Nessa questão a decisão não é de vocês", declarou ele.

Depois de horas andando pela estação, os estrangeiros reunidos – diplomatas e jornalistas de todos os países representados na capital soviética – embarcaram num trem com 33 vagões e uma locomotiva "que frequentemente parecia se cansar", como disse Reynolds. Os diplomatas viajavam nos carros "macios", e os jornalistas nos carros "duros", mas a viagem de cinco dias, a passo de lesma, não foi confortável para ninguém. O suprimento de água potável acabou no primeiro dia, e poucos carros eram aquecidos. Mas a boa nova para Moscou foi que começou a nevar em 16 de outubro. "A neve se transformou numa tempestade de cinco dias e foi a melhor defesa de Moscou", observou Yeaton.

Quando os estrangeiros exaustos tiveram a primeira visão do seu novo lar – uma cidade sombria no Volga, que ainda assim os espantou com suas luzes à noite, pois estava muito longe a leste e lá não havia necessidade dos *blackouts* que eram a norma em Moscou –, nenhum deles viu alguma razão para acreditar que seria possível evitar que os alemães tomassem a capital. Afinal, Molotov tinha praticamente admitido que ela cairia. Representado por aqueles diplomatas e jornalistas, o mundo ainda observava, mas achava cada vez mais difícil agarrar-se ao fio de esperança de que outro resultado ainda fosse possível.

Pânico em Moscou

Se há um tema sempre presente nos relatos oficiais da Grande Guerra Patriótica, é que o povo russo nunca hesitou na luta contra os invasores alemães, por mais desesperada que fosse a sua situação ou o tamanho dos sacrifícios exigidos dele. O povo sempre acreditou, assim nos dizem esses relatos, na justiça da sua causa e na inevitabilidade da vitória, não importando quanto tempo fosse necessário. Resumindo, o patriotismo heroico era a ordem do dia. Mas nenhum dia destrói esse mito de forma mais decisiva que o 16 de outubro de 1941.

No momento mesmo em que diplomatas e jornalistas deixavam a capital soviética, a cidade explodiu em pânico. Foi um pânico que os historiadores soviéticos queriam esquecer, e isso explica a razão por que seus relatos da Batalha de Moscou são geralmente tão abreviados e cheios de omissões e distorções gritantes. Não há passe de mágica capaz de conciliar as duas versões dos acontecimentos – as altamente "sanitizadas" e a realidade do colapso da lei e da ordem, que incluía saques, greves e outros atos, antes inimagináveis, de desafio direto ao regime, que se viu num momento em que a maioria dos moscovitas estava convencida de que sua cidade estava prestes a ser tomada pelos alemães. A cidade não estava unida: estava dividida e perigosamente perto de sair de controle.

"Uma ameaça paira sobre Moscou e nosso país", escreveu o *Izvestia* naquele dia. "Como sempre, o povo soviético encara o perigo de frente." Não tanto, pois houve uma corrida em busca das saídas da capital soviética. Apesar de haver uma evacuação oficial de funcionários do governo e do partido, das principais fábricas e de outras instalações consideradas essenciais para a continuação do regime, muitos habitantes da cidade fugiram por conta própria. Nesse caso, os registros estatísticos contam a história: em 1º de janeiro de 1941, a população de Moscou era de 4.216.000 e, com refugiados de outras regiões mais que compensando os que saíram de Moscou, a população da cidade tinha aumentado para 4.236.000 em setembro. Mas desde então, a população da cidade começou a diminuir dramaticamente – para 3.148.000 em outubro e, em janeiro de 1942, para somente 2.028.000.

Em 16 de outubro, a corrida para fugir era quase um estouro. Dmitri Safonov, que trabalhava numa fábrica de artilharia perto de Moscou que devia ser evacuada para os Urais, tinha acabado de voltar para a cidade para recolher alguns pertences e ficou assustado com o que viu. "Toda Moscou parecia estar correndo para algum lugar", lembrou ele. Carros e caminhões carregados de pertences pessoais, enquanto muitas pessoas que corriam sem destino pelas ruas "não sabiam para onde ir nem o que fazer". Alguns diziam já ter visto alemães dentro da cidade. Na estação ferroviária, onde esperava tomar um trem, Safonov viu malas, sacolas, roupas, lâmpadas e até um piano abandonados por aqueles que tentavam, ou já tinham conseguido, embarcar em qualquer coisa que estivesse saindo. As plataformas estavam lotadas de pessoas. Em comparação com sua visita de duas semanas antes, "eu mal reconheci a cidade", disse ele.

Enquanto cidadãos comuns lutavam para conseguir qualquer lugar num trem, mesmo abandonando seus pertences pessoais, os mandachuvas do partido e os gerentes de fábricas vociferavam com os despachantes da ferrovia que tinham o direito de levar tudo que quisessem. "Tentavam levar pianos, mesas, sofás e outros móveis", lembrou F. Rostovtsev, o chefe da estação Leninskaya, que chefiava os despachos de todos os trens envolvidos na evacuação desde 14-16 de outubro. "Exigiam 'consigam mais vagões para mim, minha mulher e o resto'". Acrescentou que a tripulação tinha de ignorar essas exigências incessantes e forçar os evacuados a "controlarem seus apetites".

Nas estradas para o leste, geralmente não havia ninguém para manter uma aparência mínima de ordem, pois a polícia, quase sempre onipresente, tinha desaparecido por completo. Vários moscovitas aparentemente afortunados que possuíam carro para sair da cidade tiveram uma surpresa muito desagradável. "Algumas pessoas paravam automóveis na estrada", escreveu G. V. Reshetin, editor de arte. "Arrancavam motoristas e passageiros dos carros, espancavam-nos e jogavam no chão todos os seus pertences." Alguns dos agressores se aboletavam nos carros, enquanto outros pareciam participar apenas por vingança. Reshetin testemunhou uma multidão gritando "matem os judeus!" antes de atacar um carro com um homem idoso e uma jovem com pacotes de documentos. Os dois foram arrancados e o rosto do homem sangrava, pois ele foi espancado repetidamente. A jovem tentava defendê-lo, gritando que ele não era judeu e que eles estavam apenas transportando documentos – mas sem sucesso. Embora já tivesse testemunhado pequenos incidentes antissemitas antes, Reshetin ficou "chocado" pela violência do episódio.

Em quase toda parte, parece, as regras normais já não se aplicavam e os serviços normais já não eram esperados. Os cinemas eram fechados para "reformas", o metrô parou de correr e os bondes que ainda operavam geralmente não paravam por estarem lotados. Slava Yeremko, que na época tinha 14 anos, lembra a estranha visão do banco do Estado ao lado do seu edifício: "não havia ninguém no banco – as portas estavam abertas e havia dinheiro no chão". Grupos grandes corriam diante dele a caminho da estação Bielo-Russa, aparentemente desinteressados pelo banco, ou pelo dinheiro espalhado.

Yuliy Labas, que tinha só 8 anos, lembra-se de sair com a mãe para buscar leite. Já estava acostumado à visão de balões no ar com redes penduradas destinadas a prender os aviões alemães, mas agora ele olhou para cima e viu uma novidade. Fumaça negra subia da chaminé da sede da NKVD na praça Lubianka, ao lado de onde ele vivia, e neve negra no chão. "Eles deviam estar queimando papéis", disse ele.

Não muito longe do seu apartamento próximo ao edifício do Comitê Central, Ella Braginskaya, que tinha 15 anos, também viu cinzas negras e papéis parcialmente queimados esvoaçando, e pessoas saqueando as lojas na vizinhança. "A maioria dos saqueadores eram mulheres, não homens", disse ela. Os saqueadores também atacavam lojas em outras partes da cidade, embora testemunhas não mencionem a preponderância de mulheres entre eles. Apesar de as lojas de alimentos racionados até aquela data serem os principais alvos, nada mais estava protegido, inclusive os apartamentos abandonados pelos moscovitas que já tinham partido. Saqueadores também atacaram a agora vazia embaixada britânica.

Valeria Prokhorova, então com 22 anos, graduada do Instituto de Línguas Estrangeiras, lembra os saques e outra visão comum. "As pessoas jogavam fora literatura comunista e retratos dos líderes do partido", disse ela. De fato, os moscovitas esvaziavam seus apartamentos e escritórios dos retratos obrigatórios de Stalin e Lenin, ao lado dos volumes de Marx e outras literaturas comunistas. As latas de lixo estavam cheias desse detrito do regime de Stalin, que ninguém teria coragem de jogar fora em qualquer outra época. Muitos o faziam por medo de que os alemães, que esperavam a qualquer momento, os identificassem como comunistas. Mas alguns moscovitas deram vazão à sua raiva acumulada. Prokhorova ouviu pessoas amaldiçoando Stalin. "Sofríamos de fome e eles nos diziam que estamos vivendo no país mais rico", eles diziam, segundo ela. "E agora? Onde está Stalin? Ele nos abandonou."

Tamara Bylinina, a jovem viúva de um oficial militar que tinha sido executado durante os expurgos de alguns anos antes, estava cavando trincheiras com outras mulheres nos arredores de Moscou quando se espalhou o rumor de que os alemães se aproximavam. As mulheres correram para a cidade, e Bylinina voltou ao seu apartamento comunitário, que dividia com cerca de uma dúzia de outras pessoas. Os retratos de Stalin e de Lenin tinham desaparecido das paredes, e alguém tinha incinerado uma coleção de 12 volumes de textos e discursos de Lenin. "As pessoas tinham medo de que os alemães pudessem executá-las por adorar aqueles ídolos", explicou.

Mas o medo se misturava com uma excitação evidente e, vez por outra, com a ansiedade de receber bem qualquer um que expulsasse do Kremlin os ocupantes de então. "Ótimo, eles já sugaram bastante o nosso sangue", disse um dos seus vizinhos. Depois de ouvir que Hitler teria dito que queria tomar chá em Moscou, alguns dos seus vizinhos colocaram seus samovares na mesa. "Foi feito para saudar os alemães", disse ela.

Ella Braginskaya, a moça de 15 anos que vivia próximo do edifício do Comitê Central, lembra-se de que se preocupava com o fato de que seus

Pânico em Moscou

vizinhos talvez vissem a ocupação alemã como uma chance de acertar as contas. Sua mãe judia era muito impopular, contou, tanto por sua "arrogância" – tinha dito à filha que ela era de uma família boa demais para brincar com os filhos do proletariado – quanto pela religião. A melhor amiga de Ella era uma menina chamada Valya, a filha de um funcionário comunista. À medida que os alemães se aproximavam de Moscou, Ella era saudada por vaias quando passava pelo pátio do seu prédio. "Você está vivendo seus últimos dias", gritavam. "Logo os alemães vão chegar e matar você e Valya."

Nem todos agiam assim. Pelo menos uma vizinha, uma mulher que vivia no térreo, prometeu a Ella e sua mãe: "os alemães são gente decente. Vamos cavar um porão e vocês se escondem lá, e mais tarde tudo vai ficar certo".

E enquanto incontáveis moscovitas fugiam para leste, outros ainda partiam para o *front* para tentar evitar que os alemães tomassem a cidade. Durante o caos de 16 de outubro, Valeria Prokhorova e vários amigos foram à estação Bielo-Russa para se despedir de dois voluntários que partiam para a luta – Aleksandr Aniks, seu professor favorito do instituto de línguas, e Grisha, marido da sua vizinha. Correram no escuro pela neve misturada com chuva, carregando um pacote de comida que tinham conseguido reunir das suas magras rações. Na estação, encontraram o trem e, como estava um breu, correram ao lado dos trilhos gritando "Grisha! Aleksandr!"

Milagrosamente, encontraram os dois homens, abraçaram-nos e lhes deram a comida, enquanto a vizinha se despedia do marido com um beijo. Quando o trem começou a sair, o professor gritou: "meninas, digam a todos que vamos defender nosso país. Vamos proteger vocês todos!" Poderia ter sido uma cena de um filme de propaganda – não fora por um motivo. "Ele não disse nada sobre Stalin", observou Prokhorova. "Partiu para lutar por seu país."

Quando as moças tomaram o caminho de casa, lembrou Prokhorova, as ruas estavam cheias de "criminosos e bêbados" e não havia nenhum policial à vista. "Parecia o dia do juízo final", disse ela.

Posicionados entre as tropas alemãs e Moscou, soldados como Albert Tsessarsky sabiam que não estavam bem equipados para evitar o dia do juízo final. Estudante de medicina que tinha se apresentado como voluntário para servir depois que os alemães atacaram, Tsessarsky foi designado para uma unidade de 33 homens cuja principal arma era uma metralhadora quebrada que eles não conseguiam operar. No início de outubro, a unidade foi deslocada para oeste de Moscou, perto de Mozhaisk, a cidade no centro da linha de defesa a cerca de 100 km da capital. Eles tinham então uma metralhadora funcionando, que apontaram para os alemães posicionados do outro lado do rio Moscou. Sua missão era cavar abrigos subterrâneos onde se esconderiam se os alemães rompessem as frágeis defesas soviéticas. Naquele local, Tsessarsky e sua unidade se veriam atrás das linhas inimigas, onde deviam continuar operando, reunindo informações e assediando os alemães sempre que possível.

Como assistente médico da unidade, Tsessarsky foi enviado com um motorista a Moscou em busca de suprimentos, lá chegando em 16 de outubro. Nessa viagem à capital, ficou chocado quando não viu nenhum soldado soviético. "A estrada de Minsk estava aberta." Se os alemães cruzassem o rio, percebeu, "todos eles poderiam marchar sobre Moscou".

Uma vez na capital, Tsessarsky foi diretamente ao centro da cidade, passando pelo Teatro Bolshoi, e não viu nenhum policial. Mas viu girando no ar as cinzas e os pedaços de documentos queimados de que todos se lembravam naquele dia. Apresentando-se no depósito de suprimentos médicos, o gerente examinou sua lista de remédios requisitados e mandou-o embora com praticamente nada, alegando que ele não tinha as autorizações adequadas. Mas disse que ele poderia voltar mais tarde e tentar novamente.

Tsessarsky saiu, então, para encontrar sua esposa Tatyana, que ainda estudava medicina e vivia num dormitório próximo do instituto de medicina. Tatyana tinha saído de Moscou em 15 de outubro para visitar a família em Dmitrov, a mais de 60 km de distância e voltaria na tarde seguinte para uma Moscou muito diferente. Como o metrô já não corria, pela primeira vez desde que fora construído, ela teve de percorrer a pé o longo caminho até o dormitório, para descobrir que estava quase vazio. A maioria dos estudantes e funcionários tinha fugido, e o chão dos quartos e as salas do instituto estava coberto com os pertences e papéis que tinham deixado para trás na pressa da partida. "Tinham fugido e abandonaram tudo."

> Para mim, 16 de outubro foi um dia sem igual – o pior da minha vida. Nada igual aconteceu comigo nem antes nem depois. As pessoas que sabem da guerra e dos militares dizem que, se os alemães tivessem tido noção do que estava acontecendo naquele dia, teriam facilmente tomado a cidade.

Tatyana ficou aliviada ao ver o marido, retornado pelo menos brevemente do *front*, mas não foi suficiente para acalmar os seus medos com relação ao que aconteceria em seguida. Os dois viram uma suástica pintada no muro diante do dormitório. "Nem todo mundo se sentia patriótico", observou Tatyana. "Havia muitas pessoas que se sentiam lesadas. A maioria esqueceria esses sentimentos quando começou a luta, mas nem todos." Presumivelmente uma dessas pessoas foi responsável pela pintura da suástica no muro.

Depois de passar a noite com a mulher no dormitório quase vazio, Tsessarsky resolveu atender à sugestão do gerente e voltou ao depósito para buscar os suprimentos que tinha ido buscar. Descobriu que todos, com exceção de um funcionário solitário, tinham abandonado o depósito. "Leve o que você quiser", disse-lhe o funcionário. Tsessarsky se lembra com satisfação: "enchemos o caminhão com remédios e voltei para minha unidade".

Tsessarsky somente teve sucesso na sua missão por causa do colapso de praticamente toda autoridade na capital. Mesmo no dia 17 de outubro, a manhã seguinte ao pânico, as autoridades ficaram estranhamente silenciosas. Enquanto os programas de rádio pediam calma, a única boa notícia foi que os alemães não tinham chegado durante a noite.

Mas, para a maioria dos moscovitas, isso não significava que eles não iriam chegar. Muito tempo depois da guerra, Mikhail Maklyarsky, um alto oficial da NKVD que era um dos principais membros da equipe encarregada da preparação da atividade subterrânea na Moscou ocupada pelos alemães, admitiu para seu filho, Boris, algo que contrariava os relatos oficiais segundo os quais os habitantes da capital nunca vacilaram na certeza da vitória. "Ele me disse que 98 de cada 100 moscovitas pensavam que Hitler conquistaria Moscou mais cedo ou mais tarde", disse Boris. Com sua mãe e outras esposas e filhos de altos oficiais da NKVD, Boris, que tinha apenas 8 anos na época, foi evacuado para Kuibyshev em julho. Quando se tratou das suas próprias famílias, as autoridades do Kremlin já tinham decidido muito cedo que Moscou não era segura.

No dia 18 de outubro, o chefe da diretoria da NKVD em Moscou e região, Mikhail Zhuravlev, apresentou um longo relatório sobre "a reação do povo ao fato de o inimigo se aproximar da capital". Em particular, ele focalizava "o comportamento anarquista" dos operários de fábrica nos dois dias anteriores. Alguns exemplos:

> Alguns operários da fábrica n° 219 [...] atacaram carros com evacuados de Moscou que viajavam na rodovia dos Entusiastas. [...] Começaram a tomar os pertences dos evacuados. Seis carros foram atirados na ravina por esse grupo.

Em outra fábrica, o diretor de pessoal, de nome Rugan, encheu o carro de comida e tentou sair do terreno da fábrica. "No caminho, ele foi parado e espancado pelos trabalhadores. Os soldados da guarda da fábrica estavam bêbados."

Trabalhadores de uma fábrica de sapatos receberam o salário com atraso "devido à falta de notas" na filial local do banco estatal. "Os trabalhadores que protestavam demoliram os portões e entraram na fábrica. Casos de roubo de sapatos foram detectados."

Buzanov, diretor da fábrica Frente Vermelha, tentou acalmar seus operários distribuindo doces. "Durante a distribuição dos doces, houve uma briga entre alguns dos operários bêbados."

Perto de uma fábrica de couro sintético,

> um grupo de operários parou um carro com membros das famílias evacuadas de empregados. Alguns passageiros foram impiedosamente espancados e seus pertences foram tomados. No mesmo local, quatro carros foram destruídos.
> Os trabalhadores não receberam salários na fábrica n° 58. Alguns operários gritaram "vamos espancar os comunistas!" O grupo de trabalhadores moldou uma chave para o depósito de produtos químicos, roubaram álcool e se embebedaram.

Na fábrica n° 8, houve uma "agitação contrarrevolucionária", inclusive o saque dos pertences de um grupo de trabalhadores e suas famílias selecionadas para evacuação, e um ataque incendiário ao depósito. "O dano do fogo chegou a 500 mil rublos."

> Cerca de 500 estudantes da escola de comércio da fábrica Stalin se reuniram para receber o pagamento. O diretor da escola, Samoilov, não estava presente, pois tinha fugido de Moscou. Os estudantes não receberam seu dinheiro e começaram a destruir a escola. Rasgaram livros [...] quebraram armários, roubaram roupas quentes e coisas de comer.

Pânico em Moscou

O relatório também relacionava incidentes de roubo de gado nas fazendas coletivas na região de Moscou, aparentemente por fazendeiros que se preparavam para fugir. Um grupo de empregados de fazendas coletivas tentou assaltar um escritório da NKVD. E, o que foi mais alarmante, às 2h da tarde do dia 17 de outubro, nas aldeias de Nikulino e Toropovo, "bandeiras brancas foram içadas em algumas casas das fazendas coletivas". Não eram uma preparação para rendição a qualquer autoridade soviética: esperavam os alemães.

O relatório de Zhuravlev indicava que o colapso de autoridade não foi completo. Em alguns casos, a NKVD "com ajuda de ativistas do partido e guardas de fábrica" prenderam os perpetradores. Em outros casos, ele observou que oficiais foram enviados para investigar os incidentes. E patrulhas especiais da NKVD foram distribuídas pela cidade para tentar restaurar a ordem. Mas a impressão dominante deixada pelo relatório é que a NKVD e outros "órgãos", como era chamada a máquina soviética de repressão, estavam lutando uma batalha perdida com uma população que já não era intimidada por eles.

Durante o pânico inicial de 16 de outubro, até mesmo as unidades da NKVD estavam por vezes indecisas quanto à forma como deviam reagir. Aleksandr Zevelev, estudante de história que tinha se apresentado como voluntário para o serviço no dia da invasão alemã, e que foi designado para a NKVD, viu-se numa patrulha na rua Gorky, a principal via no centro da cidade. "Havia saques", lembrou ele. "Lojas de alimentos foram deixadas abertas e as pessoas saqueavam, então tínhamos de pará-las. Estavam roubando açúcar, pão e farinha.". Ele também viu saqueadores tirando alimentos de um restaurante perto da estação Mayakovsky do metrô. Embora ele e os outros rapazes da sua unidade estivessem armados com fuzis, não atiraram. Limitaram-se a gritar para os saqueadores pararem e então relataram os incidentes aos superiores, que supostamente deviam enviar outros para fazer as prisões. Era como se os encarregados de impor a ordem já não soubessem o que impor.

Mas outros na NKVD ignoravam a confusão nas ruas e agiam como se nada tivesse mudado. Uma cena tipificava a sensação surrealista daquele dia notável. À meia-noite, milhares de prisioneiros políticos foram levados marchando à praça diante da estação ferroviária Kursky. Entre eles, vários cientistas proeminentes e acadêmicos, inclusive o geneticista Nikolai Vavilov. Andrei Sukhno, um colega e prisioneiro, descreveu mais tarde a sua provação:

> Guardas com cachorros cercaram a praça e nos ordenaram que ficássemos de quatro. No dia anterior tinha nevado, era a primeira neve do ano, e ela tinha derretido. As pessoas pararam [de quatro] na lama fria. Tentaram evitar as poças maiores, mas ficaram muito próximas umas das outras e os guardas reagiram violentamente. [...] E assim ficamos de quatro durante seis horas.

Os prisioneiros foram, então, levados a um trem para Saratov. Vinte e cinco prisioneiros foram apertados em cada compartimento destinado a abrigar cinco passageiros, e a viagem de 700 km levou duas semanas de sofrimento. Apesar de Sukhno ter vivido para contar a história, Vavilov morreu de inanição dois anos depois na prisão de Saratov. Ironicamente, seu irmão, Sergei Vavilov, que também era cientista, chegou a tal proeminência que, em 1945, Stalin o convocou ao Kremlin para indicá-lo para chefiar a Academia de Ciências da URSS. Durante o encontro, Sergei perguntou pelo destino do seu irmão. Na sua presença, Stalin tomou o microfone e chamou Beria. "Lavrenty, o que aconteceu a Nikolai Vavilov?", perguntou ao chefe da NKVD. "Morto?" Então, sem nenhuma sombra de ironia, o líder soviético acrescentou pesaroso: "oh, e perdemos um homem como ele".

Enquanto a maioria da liderança do Kremlin permanecia em estranho silêncio durante o caos de 16 de outubro, Anastas Mikoyan interveio pessoalmente na greve da fábrica de automóveis Stalin. Depois que o diretor da fábrica o chamou pedindo ajuda, o membro do Politburo foi até lá e encontrou cerca de 5 mil a 6 mil empregados protestando diante dos portões trancados da fábrica. Os trabalhadores imediatamente reconheceram Mikoyan e o bombardearam com perguntas. Por que não recebiam os salários há duas semanas? Por que estavam trancados do lado de fora da sua própria fábrica? Por que o governo havia fugido de Moscou com os funcionários do partido e do Komsomol na fábrica? Por que ninguém lhes explicava nada?

Mikoyan os ouviu e então fez o possível para acalmar a situação.

> Companheiros, por que vocês estão com tanta raiva? Há uma guerra e tudo pode acontecer. Quem lhes disse que o governo saiu de Moscou? Esses boatos são provocações: o governo não fugiu. Quem tem de ficar em Moscou está em Moscou. Stalin está em Moscou, Molotov também – todas as pessoas que têm de estar aqui estão aqui.

Admitiu que alguns departamentos tinham sido evacuados devido ao fato de que "o *front* se aproximava da cidade". Mas assegurou aos operários que o governo operava de acordo com planos bem preparados e que eles não deviam se preocupar com seus salários, pois já tinham recebido alguns pagamentos extras. "Agora vocês devem manter a calma, obedecer às instruções definidas pela situação de guerra. Precisamos de serenidade e disciplina para enfrentar o inimigo."

A intervenção pessoal de Mikoyan acalmou as coisas e os operários se dispersaram gradualmente. Mas ele tinha evitado algumas das perguntas e suas respostas foram em geral mentirosas. Ele não mencionou que Stalin tinha dado ordens a muitos altos funcionários para deixarem Moscou e que, naquele momento, a maioria dos seus assessores esperava que o líder soviético se juntasse a eles em breve. Nem disse aos operários que o motivo por que eles estavam trancados do lado de fora era que explosivos já tinham sido instalados no terreno da fábrica para destruí-la. No dia 15 de outubro Stalin tinha emitido uma diretiva para "explodir fábricas, depósitos e instituições que não pudessem ser evacuados, além de equipamentos elétricos do metrô (excluindo tubulações de água e sistemas de esgoto)". A fábrica de automóveis era uma dessas instalações especificadas.

Mas alguns operários tinham sido informados dos relatos de que a NKVD estava instalando explosivos nas suas fábricas. Isso gerou, como lembrou mais tarde o chefe de contrainteligência da NKVD da região de Moscou, Sergei Fedoseyev, "um incidente grave" na fábrica nº 6, uma fábrica de defesa que também tinha sido designada como objeto a ser explodido para não cair nas mãos dos alemães. O equipamento da fábrica tinha sido embalado em caixas especiais para ser enviado para leste de Moscou, onde deveria ser montado para que a produção fosse retomada. Mas quando despachavam as caixas, os administradores entraram em pânico e decidiram instalar também as suas famílias nos carros. "Os empregados da fábrica viram tudo isso e se enfureceram, o que provocou o início de um protesto", relatou

Fedoseyev. "Exigiram que se abortasse a evacuação e que a fábrica não fosse fechada. Tinham medo de perder o emprego."

Nesse ponto, um dos operários gritou que a fábrica poderia explodir a qualquer momento e as tensões aumentaram dramaticamente. Aterrorizados, os operários indicaram cinco pessoas para revistar a fábrica e insistiram para que um alto oficial da segurança, I. M. Serov, os acompanhasse. Apesar de saber que os explosivos já tinham sido instalados, Serov fingiu não saber de nada quando acompanhou os operários na sua ronda. Como estavam bem escondidos, os explosivos não foram encontrados.

Isso não terminou o minidrama. Serov rapidamente informou aos seus superiores do incidente. Apesar de os administradores da fábrica terem precipitado a confrontação, ao decidirem enviar suas famílias, o governo ordenou à NKVD que prendesse os líderes da demonstração. Os agentes detiveram cerca de 15 pessoas. "Foram todos fuzilados alguns dias depois, e só foram reabilitados em 1953", observou laconicamente Fedoseyev. Aquele, é claro, foi o ano da morte de Stalin, o que tornou possível a reabilitação póstuma de pelo menos algumas das suas milhões de vítimas.

O tratamento desses operários que protestavam – de início com cautela e até com uma aparente disposição de atender às suas preocupações, depois com uma reação violenta mais típica – refletiu a incerteza inicial da liderança do Kremlin seguida de uma súbita determinação. Em termos mais precisos, ele refletiu as ações de Stalin numa época em que, mais uma vez, o líder russo inicialmente manteve todos tentando adivinhar o que ele pretendia fazer.

Por que Stalin desapareceu da vista de todos, e grande parte do seu governo se manteve em silêncio, durante aqueles dois dias em meados de outubro, quando tudo indicava que Moscou iria cair e os bandidos tomavam conta das ruas? O que ele estava fazendo e o que passava pela sua mente?

No dia 14 de outubro, quando o humor em Moscou se tornava cada vez mais volátil, Stalin se encontrou com Georgi Dimitrov, que, como chefe da Internacional Comunista, o Komintern, mantinha contatos com os movimentos comunistas de todo o mundo. Conhecedor do círculo íntimo do líder, Dimitrov foi abalado pelo grau a que todos consideraram inevitável a evacuação. "Como a própria Moscou passava a ser parte da frente de batalha, devem-se fazer preparativos para o pior cenário possível", escreveu ele no seu diário. Molotov lhe deu instruções claras: "a evacuação é necessária. Aconselho que você parta antes do fim do dia". De acordo com Dimitrov, a mensagem de Stalin para os dois era simples: "Moscou não pode ser defendida como Leningrado".

Mudando de assunto, o ditador lançou uma lista de queixas contra Ernst Thälmann, o líder dos comunistas alemães que na época estava preso no campo de concentração de Buchenwald. Thälmann, acusou ele, não era um comunista comprometido e seus textos mostravam que ele fora manchado pela ideologia fascista, embora Hitler o tenha aprisionado tão logo chegou ao poder. Por isso, os nazistas não o matavam, concluiu Stalin. (Na verdade, Thälmann foi executado em Buchenwald, dois anos depois). Mais uma vez o ditador demonstrava sua obsessão por descobrir os menores sinais potenciais de heresia entre seus seguidores, mesmo numa época em que seu mundo ameaçava cair à sua volta.

Enquanto Molotov e Dimitrov se preparavam para partir, Stalin continuou: "é preciso evacuar antes do fim do dia!" De acordo com Dimitrov, isso foi dito com a mesma tranquilidade com que ele teria dito "hora do almoço"! Apesar de Stalin não dizer especificamente quando o seguiria, Dimitrov estava convencido de que seria muito em breve.

Dimitrov e Molotov tomaram o mesmo trem para Kuibyshev. Durante a viagem, no dia 17, eles se encontraram no trem com vários outros altos funcionários na hora do chá, as mentes focalizadas no destino da capital que estavam deixando para trás. "Todos estavam bem-humorados, apesar de muito preocupados. Todos esperavam a captura iminente de Moscou pelos alemães", Dimitrov registrou no seu diário. Num apelo aos comunistas de todo o mundo, ele tentou enfatizar o positivo – os planos para reinstalação das indústrias soviéticas no leste e a continuação da luta contra Hitler – mas sua principal mensagem era um apelo "para que não cedessem ao desalento diante dos sucessos temporários da gangue fascista".

Muito depois da guerra, Molotov iria negar que o humor estivesse tão sombrio ou que Stalin tivesse pensado em abandonar a capital, ainda que estivesse enviando seus assessores mais próximos para Kuibyshev. "Bobagem. Ele nunca teve dúvidas", insistiu Molotov. "Não ia sair de Moscou. Fui para Kuibyshev por dois ou três dias e deixei Voznesensky no comando. Stalin tinha me dito: 'Veja como eles estão se instalando lá e volte imediatamente'."

Mas Molotov foi leal a Stalin até o fim, e não iria admitir o quanto seu patrão hesitava durante aqueles dias cruciais no meio de outubro – ou a gravidade da situação. Dimitri Volkogonov, ex-general do Exército Vermelho e biógrafo de Stalin, argumentou que o líder soviético estava tão profundamente abalado pela ameaça a Moscou que "foi atormentado por pressentimentos alarmantes".

Tudo estava preparado para a evacuação de Stalin: um trem especial, completamente equipado e esperando na estação, e – caso fosse necessário fazer uma saída ainda mais rápida – seu Douglas DC3 especial e três outros aviões também estavam preparados para partir. Na noite de 15 de outubro, Stalin decidiu ir para sua dacha – mas lhe disseram que ela já estava minada em preparação para os alemães, e que ele não devia ir para lá. Irritado, Stalin ordenou aos seus auxiliares que "retirassem as minas" e anunciou que ia manter o plano de passar a noite lá. Essa decisão provavelmente era mais uma questão de Stalin afirmar o seu poder de determinar qualquer coisa que quisesse do que uma indicação de que ele tinha decidido se ia ou não deixar Moscou.

No dia seguinte, Stalin voltava ao Kremlin quando, de acordo com um dos seus guarda-costas, foi saudado pela visão de pessoas carregando sacos de farinha, pacotes de linguiças, presuntos, caixas de macarrão – em outras palavras, tudo que tinham saqueado das lojas. Ele ordenou ao motorista que parasse, desceu e foi imediatamente cercado pela multidão. Alguns aplaudiram, e alguém lhe perguntou: "companheiro Stalin, quando vamos parar o inimigo?".

"Tudo tem seu tempo certo", respondeu Stalin.

O fato de o líder soviético não ter condenado ninguém pelo saque só mostrou o quanto as desordens nas ruas o tomaram de surpresa.

Ao chegar ao Kremlin, ele disse à sua *entourage* que não somente as embaixadas estrangeiras, mas também o governo devia ser evacuado para Kuibyshev. Alguns ministérios deviam ser espalhados em várias cidades, mas Kuibyshev seria a capital no exílio. E Stalin declarou que os membros do Politburo também deviam partir. Quanto aos seus próprios planos, ele anunciou: "vou partir amanhã de manhã". Era a mesma mensagem que Molotov tinha passado aos diplomatas estrangeiros: o líder vai seguir em breve.

Mikoyan não gostou do plano. "Por que temos de partir hoje, se você vai amanhã? Nós também podemos seguir amanhã." Observou que o líder do partido em Moscou, Schcherbakov, e Beria, da NKVD, só poderiam deixar a cidade depois de terem feito os preparativos finais para a resistência subterrânea que seria deixada para trás. E acrescentou: "vou ficar e irei com você amanhã".

Stalin não opôs objeções, e voltou sua atenção para os preparativos para a tomada pelos alemães, decidindo que fábricas e outras instalações deveriam ser explodidas e recebendo relatos militares de como o exército continuaria a tentar interromper o avanço dos atacantes, recuando para as linhas de defesa mais próximas, até chegarem à estrada de contorno de Moscou.

Mas Mikoyan fez a viagem a Kuibyshev. Stalin tinha insistido para que Molotov fosse até lá para ver se as novas instalações funcionavam a contento. "Deixe Mikoyan ir comigo", implorou o ministro do Exterior. Apesar de ter tentado de início objetar, Mikoyan percebeu que não tinha escolha. Stalin aprovou a ideia e lhe disse: "por que você não vai com ele?" Não era uma pergunta, era uma ordem. Tal como Molotov, ele iria passar alguns dias em Kuibyshev antes de voltar a Moscou.

Durante todos esses acontecimentos, Stalin guardou para si o que pensava. Leu uma nova biografia do marechal Mikhail Kutuzov, que tinha liderado o exército russo até a vitória sobre Napoleão em 1812, e sublinhou a observação de que "até o último minuto ninguém sabia o que Kutuzov pretendia fazer".

A sensação de perigo era palpável. Mikoyan relatou que tropas alemãs em motocicletas foram vistas a cerca de 25 km da dacha da sua família, que ficava a 15 km a sudoeste de Moscou. Isso significava que as tropas estavam a cerca de 40 km dos limites da cidade. Outros relatos colocavam os batedores alemães ainda mais perto, embora fosse difícil separar o que era verdade do que não passava de boato.

Do ar, os alemães deixavam clara a sua presença numa base quase diária com novos ataques aéreos. Stalin foi forçado a buscar abrigo na estação de metrô Kirovskaya, onde podia trabalhar e dormir num compartimento especialmente preparado num trem, oculto do resto da estação e dos outros trens por painéis de compensado. Mas em pelo menos uma ocasião, Stalin testemunhou um bombardeio fora da proteção da estação. Ao voltar para sua dacha nas primeiras horas do dia, ele saiu do carro ao som do fogo antiaéreo contra um grande grupo de bombardeiros alemães iluminados por fachos de holofotes dos defensores de Moscou. Ele se recusou a se mover mesmo quando um fragmento de bomba caiu no chão perto dele. Seu chefe de segurança o pegou e entregou a Stalin. Ainda estava quente.

Não se sabe se naquele momento Stalin sentiu coragem ou medo, mas ele não tinha certeza quanto aos seus próximos movimentos, quando parecia que o colapso de Moscou poderia vir de dentro ou de fora no dia 16 de outubro. O marechal da Força Aérea, Golovanov, o viu sentado no seu escritório naquele dia, perguntando repetidamente: "o que devemos fazer? O que devemos fazer?".

Como muitos moscovitas estavam convencidos de que Stalin já tinha fugido, essa era uma questão muito mais que pessoal. Sua decisão de ficar ou partir poderia ser vista como um sinal de desespero ou decisão. Que era provavelmente a razão por que ele agonizou durante o que pareceram dois dias sem fim.

No livro sobre seu pai, Sergo Beria afirma que o chefe da NKVD insistiu que o líder soviético ficasse. De acordo com esse relato, o Beria mais velho disse a Stalin: "se você for, Moscou será perdida. Para garantir a sua segurança, podemos transformar a Praça Vermelha numa pista de pouso. O exército e o povo devem saber que você está em Moscou". Quando Schcherbakov, chefe do partido em Moscou, e outros altos funcionários insistiram para que ele tomasse a decisão contrária, Stalin lhes teria dito: "sua atitude pode ser explicada de duas maneiras. Ou vocês são traidores e não prestam para nada, ou vocês não passam de idiotas. Prefiro encarar vocês como idiotas".

O relato do jovem Beria não é necessariamente confiável, pois ele desejava colocar o pai sob a melhor luz possível. Retrospectivamente, todos os altos funcionários soviéticos queriam ser vistos como de acordo quanto à necessidade de Stalin continuar em Moscou. Mas naqueles dias, eles não tinham nenhuma certeza de que Moscou resistiria, e a última coisa que qualquer um deles queria era ser associado com um curso de ação que resultasse na captura ou morte de Stalin.

No fim, é claro, a decisão cabia exclusivamente a Stalin – mas ele não tinha pressa em tomá-la. No dia 18 de outubro, ele foi à estação onde o seu trem especial o esperava. Alguns relatos alegam que era a estação Ka-

Pânico em Moscou

lanchevskaya, outros dizem que era a estação Kursky. Quando estava próximo ao seu centésimo aniversário, em 2005, Pavel Saprykin insistiu que era a estação Kursky, pois ele trabalhava lá naquele dia e tinha ajudado a preparar o trem especial. E ele viu Stalin naquele dia crucial. Saprykin se lembra que o líder soviético foi até o trem, andou na plataforma ao lado dele – mas não embarcou. Preferiu sair da estação.

Jurando não sair de Moscou, Stalin de repente reassumiu o governo, voltou à tática que tinha usado ao longo de toda a sua carreira – a força bruta. Em 19 de outubro, ele decretou a lei marcial e ordenou às tropas da NKVD que saíssem às ruas e atirassem em qualquer um que lhes parecesse suspeito, enquanto os tribunais de emergência receberam poderes para lidar com praticamente qualquer saque e violação da lei e da ordem – o que também significava sentenças imediatas de morte. Os membros sobreviventes das patrulhas da NKVD, como Yevgeny Anufriyev, são cautelosos ao descrever o que realmente fizeram, mas não evitam discutir suas instruções. "Tínhamos uma ordem espantosa de fuzilar espiões e desertores no local. Tínhamos ordens de fazer isso, mas não sabíamos como identificar quem era espião. Então, a ordem não teve maior significância." Talvez no caso dele não tivesse – mas, relutantemente, ele indicou que houve outros, muitos outros casos em que teve. "Bem, muitas coisas estúpidas foram feitas naquela época. O que mais eu posso dizer?", acrescentou.

Não existe contagem confiável de quantos moscovitas pereceram no aperto que se seguiu, mas a mensagem foi ouvida com toda clareza: Stalin tinha voltado ao poder, e poucas pessoas desconheciam o que isso significava. Os saques acabaram abruptamente, e os moscovitas que ficaram na cidade começaram a sentir uma nova determinação de evitar que os alemães tomassem a cidade.

Até moscovitas, como Valeria Prokhorova – que não confiava no regime que tinha varrido tantos parentes nos expurgos –, receberam bem a mudança. "Começamos a sentir que éramos defendidos, sentíamos que o regime defendia a nossa terra. Ninguém se importava com Stalin, mas muitas pessoas lutavam pela nossa terra."

O pânico ameaçou mais que a ordem interna da capital; ameaçou solapar todo o esforço de defesa de Moscou contra os alemães, desmoralizando sua população, os militares e até os líderes. Muito tempo depois desses eventos, vários russos ainda acham extremamente difícil discuti-los, sobretudo porque foram quase responsáveis por uma implosão que teria tido consequências desastrosas – e por ser tão diferente da imagem popular alimentada pelos propagandistas do regime, de um povo bravo e sempre unido a resistir aos agressores alemães.

Nas suas memórias, o marechal Zhukov insistiu respeitosamente que a maioria dos moscovitas tinha se portado bem em meados de outubro.

> Mas, como diz o dito popular, em toda família há ovelhas negras e, também nesse caso, covardes, semeadores de pânico e aproveitadores começaram a fugir da capital em todas as direções, espalhando boatos de pânico sobre uma rendição inevitável.

A proclamação do estado de sítio, ou lei marcial, era necessária para "mobilizar soldados e civis de Moscou para repelir o inimigo e [...] evitar a repetição do pânico gerado por elementos provocadores em 16 de outubro". Apesar de expresso na retórica soviética, sua declaração representa uma admissão de que muitos mais que algumas "ovelhas negras" se envolveram, e muito mais estava em jogo do que sugere o relato oficial.

Talvez o exame mais honesto das emoções dolorosas e conflitantes desencadeadas pelo que aconteceu em 16 de outubro esteja no clássico romance de guerra de Konstantin Simonov, *Os vivos e os mortos*. Muito depois da guerra, seu principal personagem "achava intolerável lembrar Moscou como estava naquele dia, assim como é intolerável ver o rosto da pessoa amada distorcida pelo terror". Apesar de elogiar o heroísmo dos que continuaram a lutar contra os alemães, Simonov reconheceu que a guerra parecia ter tomado um rumo "desastroso", e "houve outras pessoas naquele dia prontas no seu desespero a acreditar que os alemães entrariam amanhã". Claramente perturbado pela lembrança do frenético êxodo em massa da cidade, ele acrescentou o importante aviso de que "para ser justo, apenas uns poucos milhares daquelas dezenas de milhares poderiam ser condenados mais tarde pela história". Em outras palavras, o pânico, ainda que dificilmente louvável, era absolutamente compreensível.

* * *

Pânico em Moscou

Numa carta para a mulher ou namorada, Heinrich Lansen, um dos soldados alemães que avançavam sobre Moscou, escreveu no dia 8 de outubro:

> a vitória próxima sobre o Exército Vermelho deveria ser e será nossa. O poderoso Führer prometeu terminar vitoriosamente a campanha mais difícil da história antes do início do frio severo. [...] Querida, em breve o seu desejo do final da guerra será realizado. Moscou, o baluarte do bolchevismo mundial, deverá cair dentro de poucos dias e o restante do Exército Vermelho será aniquilado junto com a capital inimiga. [...] Talvez quando você estiver lendo estas linhas, a guerra no leste já esteja terminada.

A carta de Lansen nunca chegou à Alemanha, tendo terminado nas mãos da NKVD – quase certamente depois de o autor ter perecido. Mas, quando escreveu aquelas palavras, Moscou parecia extremamente vulnerável e suas previsões, ainda que inspiradas pela propaganda nazista, estavam longe de estratosféricas. Para evitar que se mostrassem precisas, os líderes políticos e militares soviéticos tiveram de mobilizar todos que puderam

Para fazer parar os tanques alemães, civis russos cavaram uma rede enorme de trincheiras, armadilhas e barreiras de madeira nos arredores de Moscou. Ao mesmo tempo, funcionários soviéticos supervisionavam a evacuação de fábricas e departamentos do governo para o leste. Por volta do final de 1941, metade da população já tinha fugido ou sido evacuada.

convocar para reforçar as defesas vacilantes da capital. Não bastava acalmar o pânico. As autoridades precisavam que os habitantes de Moscou contribuíssem, fazendo desse um gigantesco esforço militar-civil conjunto.

Com a maioria dos homens já vestindo farda, equipes de mulheres, ao lado de rapazes jovens demais para servir, construíam enormes redes de trincheiras, armadilhas antitanque e barreiras feitas de árvores derrubadas, entrelaçadas por arame farpado que, consideradas em conjunto, estendiam-se por milhares de quilômetros nas estradas que levavam à cidade. Trabalhando noite e dia, eles também cavavam milhares de bases de artilharia. E na própria capital, montaram barricadas de rua para o caso de os alemães superarem todos os obstáculos. Irina Bogolyubskaya, adolescente à época, lembra-se de como os soldados chegaram ao seu apartamento em outubro e de como sua família se convenceu de que seria despejada. Mas eles instalaram uma metralhadora na janela dando para a rua em baixo. "Estavam se preparando para a luta de rua", concluiu ela.

"Os moscovitas transformaram sua cidade numa fortaleza inexpugnável", afirmava um dos relatos oficiais. "Todo edifício se tronou um bastião, toda rua uma área fortificada. Moscou estava eriçada de barricadas, armadilhas antitanque de metal e arame farpado." Zhukov relatou que mais de meio milhão de habitantes da região de Moscou, principalmente mulheres, participavam desse esforço gigantesco, e que seu exemplo levantou dramaticamente o moral das tropas, "aumentando sua força e disposição de luta".

Pelos relatos soviéticos desse período, essas alegações eram exploradas por todo o seu valor como propaganda, afastando rapidamente o pânico, as lutas e o caos para apresentar o retrato de uma cidade muito mais unida do que era na realidade. Ainda assim, muitos moscovitas estavam determinados e dedicados, fazendo todo o possível para contribuir para a defesa da sua cidade, não importa o quanto estivessem abalados pelo êxodo de tantos vizinhos, pelo breve, mas assustador quase colapso de toda autoridade, ou pelas dificuldades que sofriam durante um período prolongado de racionamento agudo de alimentos, com carência mais acentuada de pão.

O outro sofrimento – e perigo – eram os bombardeios aéreos alemães. Desde o primeiro, em 22 de julho, Moscou conviveu com bombardeios regulares. De acordo com um relatório da NKVD apresentado em 24 de novembro de 1941 a Beria, Schcherbakov e outros altos oficiais, houve 90 bombardeios alemães da cidade durante os primeiros cinco meses da guerra. "Aviões inimigos soltaram 1.521 bombas de demolição e 56.620 bombas incendiárias sobre a cidade", informava ainda o relatório. Por causa desses ataques, 1.327 morreram, 1.931 foram gravemente feridos e 3.122 sem gravidade. Apesar de os jovens, sobretudo mulheres jovens, correrem pelos tetos dos edifícios para se livrarem das bombas incendiárias antes que provocassem grandes danos, os dispositivos iniciaram 1.539 incêndios. Tomadas em conjunto, os dois tipos de bombas destruíram 402 edifícios de apartamentos e provocaram danos em outros 852; 22 fábricas também foram destruídas e outras 102 instalações industriais foram parcialmente destruídas. Contagens posteriores que incluíram bombardeios subsequentes elevaram esses números: 2.196 mortos num total de 7.708 baixas; 577 edifícios de apartamentos destruídos e 5.007 danificados; 71 fábricas destruídas e 88 danificadas.

Mas esses relatos podem ter subestimado os danos. Nas suas memórias, o comandante de ar de Moscou, Nikolai Sbytov, só se lembra da contagem do ataque de um dia, 10 de outubro. Ele relatou que 70 aviões alemães participaram, 10 dos quais foram derrubados. "As bombas atingiram o Teatro Bolshoi, a estação Kursky, e o telégrafo central", escreveu ele. "Cinquenta edifícios de apartamentos foram destruídos, 150 moscovitas morreram, 278 se feriram sem gravidade e 248 gravemente". Acentuando que esse foi "apenas mais um ataque" de um total de 122 durante todo o período dos bombardeios sobre Moscou, que se estendeu até a primavera de 1943, Sbytov declarou que isso demonstrou uma contagem de baixas muito mais alta que geralmente relatado. "A simples aritmética há de mostrar que Moscou se transformou num cemitério não somente para a aviação alemã, mas também um túmulo para milhares e milhares da população civil."

Todos os moscovitas viviam com medo desses ataques aéreos, refugiando-se nas estações do metrô, que serviam como abrigos antibombas, sempre que soavam as sirenes. Mas os avisos às vezes chegavam tarde demais. Irina Bogolyubskaya, a jovem que viu os soldados instalando uma metralhadora na janela do seu apartamento, entrou no edifício do telégrafo central para enviar um telegrama no dia do ataque descrito por Sbytov. Planejava entrar depois na fila diante da loja de alimentos, do outro lado da rua. De repente, uma explosão destruiu as janelas do edifício do telégrafo central. "Um avião soltou uma bomba que caiu entre a loja e o telégrafo central", lembrou ela.

"Foi horrível." Quando saiu correndo do edifício, ela viu que quase todas as pessoas na fila diante da loja de alimentos morreram, e muitas outras se feriram com gravidade.

Os bombardeiros também atacaram os civis despachados para os arredores da cidade para preparar as linhas de defesa. Olga Sapozhnikova e outros operários da tecelagem de algodão Trekhgorka receberam ordens para cavar trincheiras a vários quilômetros do centro da cidade. "Foram dias terríveis", disse ela ao correspondente britânico Alexander Werth. Referindo-se aos alemães pelo termo insultuoso popular, ela acrescentou: "no primeiro dia fomos metralhados por um *fritz* que mergulhou. Onze meninas foram mortas e quatro feridas".

Vera Stepanova, que tinha 16 anos e vivia no centro, relembra que a primeira vez que foi surpreendida num bombardeio ela se congelou de medo, completamente incapaz de correr. O avião inimigo veio tão baixo que "tive a sensação de que podia ver os pilotos alemães", disse ela.

O Kremlin também não foi poupado pelos bombardeios. Mikoyan relatou que tinha notícias de seis vezes em que as bombas alemãs caíram sobre o território desse enclave da liderança durante a guerra. Uma caiu no palácio do Kremlin, mas não explodiu, e outra errou por pouco uma das igrejas do Kremlin e também não explodiu. Mas em outra ocasião, uma bomba explodiu as janelas do salão de recepção de um edifício e, em um caso, Mikoyan e seu guarda de segurança da NKVD foram jogados no chão pela força de uma explosão perto do portão Spassky, que matou duas pessoas. Quando uma bomba atingiu o edifício do Arsenal, cerca de 30 soldados morreram. Em 28 de outubro, Malenkov foi convocado ao Kremlin por Stalin, apenas para ser informado de que o edifício do Comitê Central, de onde tinha acabado de sair, tinha sido atingido diretamente por uma bomba. "Salvei a sua vida", disse Stalin.

Ainda assim, os alemães não foram tão bem-sucedidos com seus ataques aéreos, que nunca chegaram a nada semelhante à escala e ferocidade da blitz de Londres, e não foram nem de longe tão eficazes. De acordo com os números do Museu de Defesa de Moscou, somente cerca de 3% dos edifícios da cidade sofreram danos durante os bombardeios, muito longe da destruição extensiva na capital britânica. E, mesmo que as mortes de civis em Moscou tenham sido subestimadas, foram muito menores que as mais de 20 mil mortes em Londres.

Pânico em Moscou

Os alemães não estavam em posição de montar o tipo de ataque aéreo maciço sobre Moscou que conduziram contra a capital britânica. E logo descobriram, com os aviões que podiam usar na batalha, como era difícil penetrar o intenso fogo antiaéreo que encontravam na aproximação de Moscou e na própria cidade. O tenente Richard Wernicke, que pilotava um dos notórios bombardeiros de mergulho Ju-87 Stuka, lembrou como ficou surpreso, junto com os outros pilotos alemães, com a chuva de fogo antiaéreo que enfrentavam ao mergulhar sobre os alvos. "Era terrível: o ar estava cheio de chumbo, e eles atiravam com grande precisão. Nunca tínhamos visto coisa igual antes", disse ele, aludindo ao fato de os aviões alemães terem encontrado pouca resistência nos primeiros meses da guerra.

Não foi por acidente. A liderança soviética tinha concentrado cerca de 40% de todas as suas baterias antiaéreas na capital ou no seu entorno. Havia baterias antiaéreas no alto do Moskva Hotel, ao lado da Praça Vermelha, e na dacha de Stalin, nos arredores da capital. A cidade também instalou gigantescos holofotes operados por mulheres que se alternavam dia e noite, sete dias por semana, em turnos de quatro horas. "Vestiam roupas de homens e tinham o cabelo cortado curto, rente à pele, porque tinham medo de várias doenças, tifo e piolho", relembrou Tatyana Petrova, cuja mãe servia numa unidade de holofotes. "Era muito importante pegar rapidamente os aviões alemães no movimento cruzado dos holofotes para determinar sua altitude, direção e velocidade." A informação era então transferida para as baterias antiaéreas para que pudessem fazer pontaria. Como obstáculo final, havia os *blimps*, dirigíveis mantidos sobre a cidade com redes penduradas que conseguiam reter alguns aviões voando baixo. O lado soviético afirmou ter derrubado 1.392 aviões alemães sobre Moscou.

Os pilotos alemães descobriam todo tipo de perigo antes mesmo de terem alcançado a capital. Canhões surgiam de bases ocultas de artilharia, e os novos caças soviéticos Yak-7 apareciam no céu. "Eram muito perigosos", lembrou Wernicke. "Mergulhavam logo atrás de nós." Depois do golpe inicial que destruiu a força aérea soviética, os alemães não tiveram muito com que se preocupar. Durante a Batalha de Moscou isso começou a mudar.

Tal como os soldados no chão, os pilotos alemães começaram a entender a ferocidade do clima russo. Eles também não tinham recebido roupas de inverno. Na terra, isso significava que eles estavam sempre com frio – e voando a 5 mil metros, eles literalmente congelavam em temperaturas que chegavam a -45ºC. "Ninguém suportava o frio", disse Wernicke, ainda tremendo com a lembrança de como isso diminuía as chances de sobrevivência. Durante novembro e dezembro de 1941, quase a metade dos 100 aviões da sua esquadrilha, que decolava de uma pista em Kalinin, ao norte de Moscou, não retornou das suas missões.

Mas o perigo real para Moscou estava no chão, não no ar. Seriam as tropas dos dois lados em terra quem determinaria o resultado da batalha, e o Kremlin tentou lançar tropas novas de todas as formas possíveis. Durante o pânico na cidade, em 16 de outubro, a região de Moscou informava ter reunido 11.500 voluntários para "as brigadas comunistas" ou unidades de guarda da pátria. Como consistiam de trabalhadores que não tinham sido convocados anteriormente, ou, em alguns casos, que tinham sido rejeitados por razões de saúde, aquele número se reduziu a 10 mil no final do mês.

Desde o início, esses lutadores recém-formados estavam em grave desvantagem. Recebiam as sobras de armas, em geral armas obsoletas polonesas, francesas ou de outra marca estrangeira, algumas datando da Primeira Guerra Mundial. Muitas delas eram defeituosas ou não tinham a munição adequada. Eram problemas que vinham desde o início da invasão alemã, quando os primeiros voluntários foram reunidos apressadamente. Abram Gordon, que tinha acabado de se formar no Instituto Pedagógico do Estado, apresentou-se de imediato como voluntário. Viu-se numa unidade equipada com fuzis poloneses sem nenhuma bala. Vestindo qualquer uniforme que pudesse ser remendado, eles mal pareciam soldados comuns. Gordon se lembrava de ter resgatado um companheiro voluntário de nome Petrovsky, que tinha sido cercado por uma multidão gritando que ele era espião alemão, o que fez a polícia correr até a cena. "Nosso companheiro vestia uma farda preta, carregava um estranho fuzil polonês e, com sua barba e bigode, foi confundido com um paraquedista alemão."

Mesmo quando receberam armas soviéticas mais modernas, os voluntários tiveram poucas chances de treinar com elas antes de se verem em ação. "Não era definitivamente um treinamento suficiente, pois muitos de nós manuseávamos armas pela primeira vez na vida", disse Gordon. Mas logo foram lançados em batalha contra os tanques alemães, às vezes armados apenas com granadas e coquetéis molotov. Em muitos casos, eram praticamente missões suicidas.

Pânico em Moscou

E a morte podia vir de qualquer lado. Boris Kagan, um jovem engenheiro que se ofereceu como voluntário no dia 15 de outubro, viu-se no meio de uma batalha a cerca 40 km de Moscou. Quando sua unidade chegou à aldeia, ele viu soldados soviéticos fugindo dos alemães. "De repente um oficial [soviético] alto saiu correndo armado de uma casa e começou a atirar nos soldados que fugiam", disse ele. Quatro soldados foram mortos.

Durante a luta na segunda metade de outubro, o comando militar de Zhukov lançou um apelo às tropas pedindo coragem "nessa grave hora do nosso Estado". Era uma mensagem de patriotismo:

> A Pátria nos convoca para nos erguermos como um muro indestrutível e barrar a chegada das hordas fascistas à nossa amada Moscou. Precisamos agora, como nunca antes, de vigilância, disciplina de ferro, organização, ação determinada, vontade inflexível da vitória e a disposição ao autossacrifício.

Para a liderança soviética, como sempre, isso se traduzia em disposição para o sacrifício de qualquer um que lhes parecesse merecedor – como bem o demonstrou o fuzilamento dos soldados em fuga. O Kremlin não via razão para recuar na sua política de terror, tivesse ou não alguma coisa a ver com a luta em andamento. Pelo contrário, a máquina de repressão continuou a funcionar, geralmente com intensidade redobrada. Poucos dias depois do apelo de Zhukov, os carrascos de Stalin voltaram ao trabalho – atacando dessa vez os que tinham sobrevivido aos julgamentos dos expurgos da década de 1930. Entre as vítimas: as viúvas do marechal Tukhachevsky e de vários outros altos oficiais julgados e fuzilados em 1938, e os famosos pilotos de caça da Guerra Civil Espanhola, Pavel Rychagov e Yakov Smushkevich. Nada, nem mesmo os esforços desesperados para salvar Moscou, foi capaz de interromper o derramamento de sangue interno.

Com a chegada dos primeiros trens especiais de evacuação no meio de outubro, Kuibyshev começou a se ajustar ao seu papel como capital soviética alternativa – uma designação que manteria até o verão de 1943, quando já não era considerada necessária. Liderados por altos funcionários e diplomatas estrangeiros, acompanhados de teatros e orquestras inteiros de Moscou, os recém-chegados triplicaram a população da cidade, de 300 mil

209

para 900 mil. Muitos habitantes locais tiveram 24 horas para deixar seus apartamentos para os funcionários do governo e embaixadas estrangeiras, e não se fez nenhuma provisão para acomodá-los em outro lugar. A mensagem era simples: como locais, eles tinham de se arranjar, mudando para a casa de parentes ou de quem quer que se dispusesse a recebê-los.

Como se poderia esperar, uma das principais prioridades dos funcionários despachados para Kuibyshev era preparar acomodações seguras para Stalin, no pressuposto de que ele teria de ser relocado para lá. Apesar de escritórios e acomodações serem rapidamente preparadas num edifício de cinco andares no centro da cidade, os funcionários não estavam dispostos a economizar na proteção completa para seu líder, no caso de os alemães continuarem a avançar depois de Moscou. Fizeram planos para a construção de um enorme *bunker* enterrado fundo no terreno, cuja existência foi mantida em segredo não somente durante a guerra, mas até o fim da União Soviética quase cinco décadas mais tarde.

A construção do *bunker* só começou em fevereiro de 1942, quando 597 operários de construção civil altamente experientes vindos de Moscou chegaram especialmente para tocar o projeto. Trabalhavam de 16 a 18 horas por dia e escavaram 25 mil metros cúbicos de terra para construírem o *bunker* a 36 metros de profundidade: o que fazia dele o *bunker* mais profundo do mundo, o equivalente a um edifício de 12 andares abaixo da superfície. O de Hitler no seu quartel-general da Toca do Lobo, no leste da Prússia, tinha menos de 15 metros de profundidade. Terminado em novembro de 1942, o salão principal do *bunker*, que deveria ser a área de trabalho de Stalin, era do tamanho da estação Aeroport do metrô de Moscou, e foi construído com materiais semelhantes. Hoje o *bunker* é um museu e abrigo de emergência, capaz de acomodar 600 pessoas.

Mas depois de ter imposto a lei marcial em Moscou que acabou com os saques e outras agitações, Stalin decidiu que não seria evacuado – pelo menos não naquele momento. Como provou com a construção do *bunker*, ele não estava descartando completamente aquela possibilidade. Mas seu instinto lhe dizia que devia ficar em Moscou o máximo possível, reconhecendo que sua presença ali poderia ter um enorme impacto psicológico. Temendo ou odiando Stalin, muitos moscovitas e os soldados soviéticos que tentavam defendê-los, observavam todos os seus movimentos. Não é difícil entender que o pânico tenha começado quando se espalharam os boatos de que ele estava saindo de Moscou, ou que já teria deixado a cidade, e, depois, que as pessoas tivessem se animado quando souberam que ele ainda estava na capital.

Com a aproximação do dia 7 de novembro, o aniversário da Revolução Bolchevique, que seria normalmente a ocasião de uma exibição grandiosa do poder militar soviético, Stalin espantou Molotov e Beria ao perguntar: "como vamos fazer a parada militar? Talvez duas ou três horas mais cedo?".

Nenhum dos dois amigos, nem o comandante militar de Moscou, o general Pavel Artemyev, tinha contemplado a possibilidade de realizar a parada militar numa época em que os alemães se aproximavam cada dia mais de Moscou e seus aviões executavam ataques aéreos regulares contra a cidade. Artemyev disse claramente que uma parada era impossível.

Mas Stalin já tinha decidido. "As defesas antiaéreas em torno de Moscou devem ser reforçadas", declarou.

> Os principais líderes militares estão no *front*. O [general] Budenny deve assumir a parada e o general Artemyev estará no comando. Se houver um ataque aéreo durante a parada e houver mortos e feridos, eles deverão ser removidos o mais rápido possível e a parada deve continuar. Um filme deverá ser feito e distribuído por todo o país. Os jornais devem fazer uma ampla cobertura da parada.

Acrescentou que aproveitaria a ocasião para fazer um discurso. "O que você acha?" Molotov levantou a objeção óbvia. "Mas, e o risco? Haveria risco, embora eu tenha de admitir que a resposta política aqui e no exterior seria enorme."

"Então está decidido!", Stalin concluiu. "Tome as providências necessárias."

Era quase como se o líder soviético soubesse alguma coisa - ou tivesse razão para esperar alguma coisa - que provasse que o risco valia a pena.

Sabotadores, malabaristas e espiões

Durante o verão de 2005, no meio do *boom* de construções em Moscou, os habitantes da cidade descobriram uma lembrança do legado da Batalha ocorrida na capital 64 anos antes. Quando os operários começaram a demolir o Moskva Hotel, o marco da era Stalin, próximo à Praça Vermelha, descobriram mais de uma tonelada de explosivos nas fundações do edifício. Felizmente, o TNT tinha deteriorado ao longo do tempo e não havia detonadores – sugerindo que ou o hotel teria servido como depósito de explosivos, ou as autoridades não tinham completado os preparativos para explodir o edifício. Mas, independentemente do que tenha acontecido, não há dúvida de que o hotel figurou no plano da liderança soviética para uma Moscou ocupada pelos alemães. A ideia era receber os alemães com tantas explosões de edifícios e instalações importantes quantas fosse possível.

A Batalha de Moscou foi cheia de planos secretos e atividades conspiratórias – a maioria organizada pela NKVD, a organização que sempre operava nas sombras. No início de outubro, os chefes da NKVD trabalhavam com a premissa de que os alemães logo ocupariam Moscou, e a única resistência que sobraria seriam as células subterrâneas que conseguissem organizar. Em uma das três gráficas ocultas que pretendiam

A Batalha de Moscou

manter em operação sob os narizes dos novos senhores da capital, estavam guardadas provas tipográficas, as primeiras do que prometia ser uma série de panfletos.

> Companheiros! Deixamos Moscou devido aos ataques contínuos dos alemães. Mas agora não é a hora de chorar. Sabemos que os russos tiveram às vezes de deixar Moscou e depois libertá-la do inimigo. Morte aos invasores alemães! (Comitê Subterrâneo do Partido)

E os chefes da NKVD trabalharam freneticamente para fazer a morte acontecer na Moscou ocupada pelos alemães. Além de plantarem explosivos em toda a cidade, eles treinaram agentes que ficariam para trás, atuando em uma rede de comunicações clandestinas instalada em estações de rádio e locais de troca de informações. O objetivo era claro: matar nazistas importantes em todas as oportunidades, privá-los de estruturas vitais e sabotar seus esforços para manter o controle dos territórios conquistados.

Como se poderia esperar, a parte dos assassinatos foi a que mais atraiu os homens encarregados na Lubyanka, o quartel-general dos que conduziam uma guerra sistemática de terror contra seu próprio povo em nome de Stalin. A perspectiva de alvejar os amigos de Hitler era bastante para bombear adrenalina no seu sistema e fazê-los pensar, como diríamos hoje, fora de esquadro. De repente, estavam livres para imaginar os planos de assassinatos que não foram necessários quando perseguiam "inimigos" internos que não tinham chance de revidar. Aqueles esquemas exigiam uma combinação sem precedentes de criatividade e coragem, pois os planejadores sabiam que seus opositores estrangeiros eram tão desumanos quanto eles próprios.

Mikhail Maklyarsky, um dos oficiais mais antigos da NKVD encarregados dos preparativos, propôs o esquema mais audacioso. Recrutou quatro artistas que planejariam o espetáculo das suas vidas numa Moscou ocupada. Entre eles havia Nikolai Khokhlov, de 19 anos, que sabia como entreter multidões assoviando músicas. "A situação não parece boa, Nikolai", Maklyarsky disse ao adolescente. "Aparentemente vamos ter de entregar a cidade. Por um período curto, é claro. Mas, de qualquer forma, se os alemães entrarem em Moscou, eles terão de se sentir como se tivessem acabado de entrar num ninho de vespas."

As vespas, nesse caso, deviam ser Khokhlov e os outros membros do grupo teatral: Sergei Panilov, um experimentado escritor de esquetes; Tasya

214

Ignatova, cantora; e uma jovem a quem todos se referiam simplesmente como Nina, a malabarista.

A atribuição do grupo era cair nas boas graças dos invasores alemães oferecendo-se para entretê-los. "Os alemães gostam de arte, especialmente se não for muito séria", Maklyarsky explicou a Khokhlov. O grupo iria tentar arrancar um convite para se apresentar diante do alto-comando alemão quando estivessem comemorando a vitória, possivelmente na Casa das Colunas, perto do Kremlin.

> Talvez até Hitler honrasse o espetáculo com sua presença. Imagine um grande espetáculo de palco para o comando nazista! Generais alemães. Funcionários de estado, todo tipo de ministro [...] e, então, de repente, uma explosão [...] uma, duas granadas.

Não importa quem morresse naquelas explosões, a mensagem de que os russos continuariam a resistir, apesar da perda da sua capital, seria sonora e clara.

Os quatro artistas foram submetidos a treinamento num apartamento de Moscou, onde Khokhlov lembra ter tido "o primeiro grande amor" de sua vida com Ignatova, a cantora. Seus contatos da NKVD entregavam grandes estoques de armas, explosivos, dinheiro, cartões de racionamento e comida. Eles também recebiam aulas de como usar o novo arsenal, que incluía barras amarelas que pareciam sabão, mas eram na verdade TNT e uma variedade de estopins, detonadores, bombas e armadilhas. Apesar de terem de esperar instruções dos seus superiores que logo abandonariam Moscou, todos sabiam que sua tarefa principal era dar o centro do palco para Nina, a malabarista, na grande comemoração da vitória alemã. Durante o espetáculo, ela deveria observar os vips alemães. Então, no clímax do espetáculo, ela lançaria os pinos, carregados de granadas e outros explosivos nos seus alvos, matando tantos quanto possível.

Quando o governo se preparava para abandonar Moscou, no dia 15 de outubro, Maklyarsky convocou os dois homens do grupo, Khokhlov e Panilov. Percorreram um corredor de Lubyanka cheio de funcionários freneticamente destruindo documentos. Quando chegaram à sala de Maklyarsky, ele estava ao telefone dando uma ordem: "está bem. Agora ouça. Prenda-a imediatamente e execute-a ao amanhecer". Voltou-se para os dois jovens, oferecendo uma explicação brusca de que os alemães tinham atraído uma agente da NKVD que tinha sido enviada numa missão. Ele, então, combinou a ameaça implícita com uma mensagem mais suave.

> O que posso dizer a vocês, rapazes? Nada de bom. Estamos saindo de Moscou, os tanques alemães já estão nos arredores da cidade. Aguentem firme – e lembrem-se do que vocês estão defendendo. Não fiquem excitados. Esperem as comunicações e instruções.

Já velho, Pavel Sudoplatov, o superior imediato de Maklyarsky, ainda gostava de se lembrar da estrela do espetáculo "elegantemente girando os pinos e então atirando-os nos alemães". Boris Maklyarsky, filho do inventor do esquema, relembra que, depois que os alemães foram forçados a recuar dos arredores de Moscou, Sudoplatov foi ao apartamento onde o quarteto ensaiava para lhes dizer que o espetáculo estava cancelado. Sem a plateia alemã, o espetáculo já não tinha mais sentido, e os artistas foram informados que estavam liberados. Para sua surpresa, o grupo ficou visivelmente desapontado, embora Khokhlov dissesse mais tarde que eles também ficaram aliviados, pois a pressão fora afastada. Ainda assim, eles esperavam ansiosos o espetáculo mais desafiador – e perigoso – de suas vidas.

Esse quase fracasso por pouco não pôs fim na carreira de riscos de Khokhlov. De acordo com Boris Maklyarsky, Khokhlov, "apesar de sua aparência pouco atraente, se provaria muito corajoso e dotado de sangue frio". Aprendeu a falar fluentemente o alemão e foi lançado atrás das linhas inimigas, passando por oficial alemão para organizar o assassinato de Wilhelm Kube, o comissário geral de Hitler para a Bielo-Rússia, também conhecido como o "carniceiro" da província. Depois da guerra, Khokhlov tentou repetidamente se livrar do serviço secreto, mas seus patrões se recusavam a liberá-lo. Pelo contrário, eles o treinaram para trabalhos no exterior que incluíam sabotagem e "a liquidação física de nossos inimigos". Como explicava, ele recebeu ordens "para se tornar um assassino – um assassino a serviço do Estado Soviético".

Mas Khokhlov foi ficando cada vez mais desiludido com o sistema soviético. Ainda durante a guerra, ele soube a verdadeira história do seu pai, que ele não havia conhecido muito bem, porque tinha se divorciado quando ele ainda era muito pequeno. Seu pai servia como comissário num batalhão do exército durante a Batalha de Moscou, e ele cometeu o erro de confidenciar a um dos seus soldados que Stalin era culpado pela desordem e pelo colapso da frente quando os alemães atacaram. Acrescentou que era difícil saber qual seria o mal menor, se Hitler ou Stalin. Convencido de que estava sendo testado, o soldado imediatamente delatou as observações. O resultado foi a transferência do pai de Khokhlov para um batalhão penal, o tipo de unidade que era enviada primeiro para a batalha com a expectativa de que quase todos pereceriam. E foi o que aconteceu rapidamente com o pai de Khokhlov.

O padrasto de Khokhlov – "um excelente advogado que provavelmente não sabia nem como segurar um fuzil", como dizia Khokhlov – apresentou-se como voluntário para defender Moscou e também morreu em ação quase imediatamente. "O exército precisava de carne de canhão", observou amargamente Khokhlov. "Zhukov conquistou todas as suas vitórias dizimando milhões. A matança não teve precedentes."

Em 1954, quando a Guerra Fria já corria a pleno vapor, os superiores de Khokhlov em Lubyanka despacharam-no numa missão para organizar o assassinato de um proeminente emigrado russo em Berlim Ocidental. Mas ele preferiu avisar ao alvo designado, cooperou com agentes da inteligência americana na interceptação de outros membros da sua equipe, e desertou para o ocidente. Mais tarde ele escreveu suas memórias, *In the Name of Conscience: The Testament of a Soviet Secret Agent*, e deu aulas de psicologia na Universidade do Estado da Califórnia, em San Bernardino, até se aposentar em 1992. Também nesse ano, o presidente Boris Yeltsin anistiou-o, e ele pôde voltar para Moscou pela primeira vez, quando então chegou a fazer uma visita a Lubyanka, o famoso quartel-general de seus antigos patrões.

Enquanto este livro estava sendo escrito, Khokhlov ainda desfrutava a vida tranquila de um professor emérito na ensolarada Califórnia. Analisando em retrospecto o esquema inventado por Maklyarsky para o seu grupo de artistas, ele não hesita em responder se eles poderiam ou não ter sucesso caso os alemães tivessem ocupado Moscou. "Não, nunca. Os alemães nos teriam localizado e seríamos enforcados." Observou que, como membros da comunidade artística, trocava-se boatos e logo todos saberiam o que todo mundo estava fazendo, e isso significava que os informantes logo saberiam tudo que precisassem saber. O fato de estarem gastando os recursos alocados a eles também os teria tornado facilmente identificáveis. "Na verdade, era uma charada que nunca teria funcionado."

Mas, na época, ele e os outros acreditavam que poderiam ter sucesso. "O traço mais importante do cidadão soviético é a ingenuidade. Vivíamos na névoa criada não somente pelo clima, mas pela propaganda soviética. Naquela época as pessoas não falavam de perigo."

Além do grupo muito especial de Khokhlov, a NKVD distribuiu vários agentes para serem deixados em Moscou para trabalhos clandestinos na cidade. Um memorando altamente secreto para Beria, encaminhado por Naum Eitingon – um dos mais altos oficiais da NKVD encarregados daquelas atividades – datado de 14 de outubro, relacionava uma lista parcial ao lado da missão de cada um. O primeiro, "grupo diversionista terrorista", identificado pelas iniciais "z.r.", era composto por três subgrupos, cada um com dois lutadores e um especialista em munições. "Há depósitos secretos com explosivos e armas", relatou o memorando.

> Além desses, há explosivos fora de Moscou, no local de testes do Comissariado Nacional de Agricultura. O comandante do grupo tem dois rádios – um deles em reserva para o caso de o primeiro apresentar defeito. Operadores de rádio para os dois aparelhos foram selecionados e treinados. Todos os membros do grupo têm histórias de vida e apartamentos secretos. Os membros do grupo se ligam com os comandantes de grupo por meio de agentes especiais.

Eram esses os grupos que deveriam executar a diretiva de Stalin emitida um dia depois, em 15 de outubro, com a ordem de explodir fábricas e outras instalações que não pudessem ser evacuadas. Outros grupos de agentes mencionados no memorando de Eitingon tinham nomes como Pescadores, Os Velhos, Os Fiéis, Os Selvagens e A Pequena Família.

O relatório também incluía descrições breves de alguns agentes, identificados por seus nomes em código, e suas missões mais especializadas. O agente Markov, comandante de Os Selvagens, por exemplo, era um ex-ladrão. A missão do grupo era "atos de terror contra oficiais do exército alemão". O agente Grip Vice, membro da Pequena Família, é descrito como "um engenheiro, esportista, de origem nobre". O relatório informava que sua mãe havia sido condenada a oito anos no Gulag por ter tido relações com funcionários da embaixada alemã em Moscou, mas Grip Vice "é um agente fiel". Sua missão: "juntar-se a organizações fascistas de esportes e juventude para chegar a alguma posição administrativa e executar algum grande ato de terror". O agente Poet, comandante de antigos oficiais do Exército Vermelho com experiência de combate, "deverá executar diversões no sistema de transporte ferroviário".

Além dos explosivos, os grupos tinham vários instrumentos à sua disposição. Uma componente de Os Velhos de nome Gerasimova "tem a missão de publicar folhetos antifascistas e para isso ela recebeu uma máquina de escrever". O agente Minério de Ferro, engenheiro e antigo oficial no exército czarista, também deveria publicar folhetos e "conduzir operações de inteligência". "Recebeu uma máquina de escrever e uma câmera", explicou o relatório. O agente Kako, proprietário de restaurante, devia "conduzir operações de inteligência e terror" usando seu restaurante "para reuniões secretas e como depósito de armas". Para tornar mais fácil o seu trabalho, acrescentou o relatório, "Kako recebeu uma quota de álcool". Entre outros locais usados como cobertura para os agentes havia o ateliê de um escultor, o escritório de um notário, uma clínica médica e um teatro.

Como sempre, a NKVD se interessava particularmente por identificar cidadãos soviéticos que não eram leais à causa. O agente Construtor, descrito como engenheiro ferroviário e homem de negócios muito bem-sucedido de origem nobre, "tem muitas ligações entre os brancos emigrados, ex-generais do exército czarista e muitos duques". Sua atribuição era reunir membros da inteligência "que não acreditam que vamos vencer a guerra" e prepará-los "para receber os alemães". Ele devia então fundar uma construtora e circular entre os altos círculos sociais sob o regime de ocupação. "Deverá se responsabilizar por tarefas de inteligência e outras mais ativas", mencionou sucintamente o relatório, sem especificar se as "tarefas mais ativas" incluíam o assassinato de colaboradores ou se isso seria deixado a cargo de outros agentes.

Outro relatório discutia como os agentes deviam ser alertados para evacuar os escritórios da NKVD e incendiar os edifícios no momento em que os alemães estivessem a ponto de tomar a cidade. Uma opção, explicava o documento, era manter dez corneteiros que soariam um sinal. Mas o relatório acrescentava que algumas pessoas talvez não entendessem o que significava o sinal, e que havia o risco de agentes alemães descobrirem o plano. A outra opção, que era claramente a preferida, era equipar com rádios os edifícios visados, para ter certeza de que o sinal seria recebido e de que todos soubessem que era chegado o momento dos ataques incendiários e da rápida evacuação dos prédios.

À medida que a ofensiva alemã se aproximava, a NKVD se preocupava cada vez mais em plantar explosivos e minas necessárias para atingir o objetivo. Nas suas memórias datadas de 4 de abril de 1994, Sergei Fedoseyev, chefe da seção de contrainteligência da região Moscou da NKVD, explicou que fábricas que ainda poderiam ser usadas para produzir armamentos eram alvos prioritários. Apesar do enorme esforço para transferir indústrias chave para leste, esse serviço estava longe de ser completado. Fedoseyev também mencionou a necessidade de 20 toneladas de explosivos para demolir as 12 pontes da cidade.

Numa reunião de instruções, Fedoseyev e outros oficiais da NKVD ouviram que Otto Skorzeny, o oficial da SS que já conquistara uma reputação de implacável eficiência, e que mais tarde iria arrancar Benito Mussolini da prisão, estava encarregado de uma "seção técnica" das forças alemãs que se aproximavam. Sua missão: tomar e defender os edifícios do Partido Comunista na cidade, a Lubyanka da NKVD, o telégrafo central e outras instalações de alta prioridade antes que alguma coisa acontecesse a eles. Com isso em mente, a NKVD despachou especialistas para verificar se tudo estava pronto para frustrar esses planos.

Igor e Natalya Shchors estão entre os últimos membros sobreviventes das equipes da NKVD que se prepararam para o trabalho subterrâneo numa Moscou ocupada. São também um casal verdadeiro: começaram como estranhos em suas missões em 1941, mas instruídos para desempenharem o papel de marido e mulher, pouco a pouco o teatro se tornou realidade. Em 1944, eles se casaram e um ano depois começaram a família. Depois de todo esse tempo, eles ainda sentem certo desconforto ao discutir como de uma missão da NKVD floresceu um verdadeiro amor. "No início foi difícil", lembrou Natalya, sentada no pequeno apartamento na Estrada do Anel do Jardim, no centro de Moscou. Seus olhos azuis brilharam quando olhou Igor, sentado rigidamente na poltrona ao lado da janela. "Mas desde aquela época estamos juntos"

Numa família com seis filhos, Igor nasceu em 1913 e cresceu na Ucrânia, onde Stalin lançou sua campanha de terror da coletivização forçada, resultan-

Sabotadores, malabaristas e espiões

do numa fome artificialmente induzida que causou milhões de mortes. Igor se lembra bem. Apesar de sua família receber cartões de racionamento para pão, as lojas geralmente não tinham pão durante vários dias em seguida. "As pessoas invadiam as lojas para conseguir pão, e nós o comíamos imediatamente para que ninguém o tomasse de nós. Houve até casos de canibalismo."

Ainda assim, ele conseguiu ser o melhor aluno na escola, particularmente em matemática, e foi escolhido para estudar no Instituto de Engenharia de Montanha, em Leningrado, onde, se lembra bem, "eu comia mais pão". Como engenheiro de montanha, aprendeu tudo sobre explosivos e completou um curso de artilharia de dois anos que lhe permitiu formar-se como oficial. Em março de 1940, foi convocado para servir na NKVD e recebeu instruções para se apresentar em Lubyanka, em Moscou. De lá, ele foi designado para uma escola especial da agência numa área de floresta nos arredores da cidade. A casa de madeira onde estava instalada a escola era cercada de arame farpado, e os alunos não tinham permissão para sair do local sem informar aos superiores exatamente onde estavam e quem visitariam.

A escola se destinava de início a ensinar línguas estrangeiras, mas também estava preparada para familiarizá-los com os costumes e comportamento dos países aonde eles poderiam ser enviados, para se misturarem à população da melhor forma possível. E, é claro, aprendiam espionagem básica. No final do curso, deveriam estar prontos para operar como agentes ilegais num país estrangeiro.

Igor chegou lá no fim de agosto de 1940, e se lembra dos primeiros exercícios de vigilância externa, arrombamento de cofres e de habilidades necessárias para evitar a captura. (Para o exame final, tinham de enganar o instrutor que os seguia.) Os estudantes usavam sobrenomes falsos e não tinham permissão para perguntar sobre a história dos colegas. Igor recebeu o sobrenome Schlegov, mas pôde continuar usando o seu próprio nome.

Foi indicado para um grupo de 12 estudantes de francês, mas havia outros grupos que estudavam inglês, alemão e italiano – 48 estudantes ao todo, homens e mulheres. Lembra-se de um dos seus instrutores, "um criminoso talentoso que foi libertado e transformado em instrutor". Numa época em que era comum o racionamento de alimentos, Igor aprendeu a comer ostras e *foie gras*. "Devíamos saber comer aquelas comidas para o caso de comparecermos a um evento elegante na França", disse ele. Foram orientados também

221

a degustar vinho e outras bebidas que exigem uma abordagem diferente do vira-vira de vodca na Rússia. A fim de estar preparado para a outra ponta do espectro social, um dos instrutores se especializou no ensino aos alunos do rude francês coloquial. Os alunos foram informados de que, uma vez chegados à França, deviam abrir um salão de beleza, um bar ou um hotel que seria usado como cobertura para suas operações de espionagem.

Igor completou formalmente o curso em 20 de junho de 1941, graduando-se como tenente da NKVD. No dia seguinte, ele e um colega graduado foram ao mercado comprar comida e vinho para uma pequena comemoração, mas um dos atendentes correu a lhes dizer do anúncio de Molotov do início da guerra. Ao voltarem à escola, eles receberam instruções para esperarem novas ordens. Uma semana depois, Igor foi designado para OMSBON, as forças especiais da NKVD.

Como membro daquela unidade, ele se submeteu a mais treinamento militar, mas estava impaciente para entrar em ação e implorou uma nova designação. Depois do discurso de Stalin no dia 3 de julho, convocando o povo a se juntar à resistência, Igor mandou um telegrama diretamente a Pavel Sudoplatov, o chefe da NKVD encarregado das "tarefas especiais", que respondeu com um convite para ele ir a Lubyanka. Aconselhou ao jovem tenente, ansioso e recém-formado, que mantivesse a calma, assegurando a Igor que logo ele descobriria um meio de usá-lo. "A guerra vai durar muito tempo", acrescentou Sudoplatov.

Igor se viu, então, participando de um pequeno grupo de homens com instruções para se preparar para viagens que poderiam levá-los diretamente para a luta. Dois dos homens foram enviados a Smolensk, mas um deles pisou numa mina e morreu imediatamente, enquanto o outro perdeu uma perna. Igor também devia ir para oeste, mas o rápido avanço das forças alemãs levou seus chefes a mudar suas ordens. Ele foi trazido de volta a Moscou, onde seu caminho se cruzaria com o de Natalya.

Nascida em 1919 numa aldeia de Pavelkovo, a cerca de 250 km ao sul de Moscou, Natalya também conhecia bem a privação. Era a 12ª criança da sua família e, quando tinha apenas 2 anos, sua mãe morreu. Criada pela irmã mais velha, ela adorava esportes e, entre 1937 e 1941, estudou no Instituto Joseph Stalin de Cultura Física, em Moscou. Praticou todos os esportes, desde a ginástica até hóquei no gelo, e fez cursos de medicina esportiva, fisiologia, anatomia, massagens, além de matemática e física. Em

Sabotadores, malabaristas e espiões

1940, participou da parada de esportes na Praça Vermelha. Lembra-se com saudade de se equilibrar sobre uma motocicleta e carregar flores quando o seu grupo desfilava diante de Stalin e dos outros líderes soviéticos. Estava nervosa? "Nunca tive medo de nada", afirma ela. Mais tarde, quando os alemães começaram a lançar pequenas bombas incendiárias sobre a cidade, Natalya estava entre os jovens que vigiavam os tetos e, para evitar o incêndio dos edifícios, jogavam longe as bombas que não tinham explodido.

Quando completou seus estudos no verão de 1941, Natalya estava ansiosa para entrar para o exército, mas o diretor do seu instituto lhe disse que ela tinha sido chamada ao edifício do Komsomol, no centro da cidade. Lá, ela e quatro outras moças se viram numa reunião com um oficial da NKVD, que lhes perguntou: "vocês não têm medo de ir para a guerra"? Todas, inclusive uma adolescente que logo se tornaria lendária, de nome Zoya Kosmodemyanskaya, responderam que era exatamente o que queriam. Ali mesmo elas preencheram o formulário de inscrição na NKVD.

Um dia depois, Maklyarsky, o mesmo assistente de Sudoplatov que tinha trabalhado com os artistas no plano de assassinatos, designou Natalya para uma unidade OMSBON, atuando como enfermeira em Stroitel, uma cidade na região de Moscou. Ela tinha aprendido primeiros socorros quando trabalhava em tempo parcial num instituto de medicina ("eu não tinha medo de sangue", diz ela). Parte do seu treinamento OMSBON foi aprender a atirar e a fazer explosivos.

No início de outubro, um supervisor do hospital disse às enfermeiras que um oficial da NKVD estava chegando para conduzir entrevistas com elas. Era Maklyarsky, que as saudou com um sorriso e chamou-a de Natalie, em vez de Natalya, que era a forma mais comum do seu nome. "Natalie, gostaríamos que você executasse uma ordem especial de Stalin", disse ele, e acrescentou que ela devia ir para Moscou.

No dia seguinte, Natalya e duas outras mulheres se viram no quarto 1212 do famoso Hotel Moskva, o mesmo edifício pesado e sombrio ao lado do Kremlin, onde foram descobertos explosivos em 2005. Receberam novos uniformes, mas as botas de Natalya eram quatro números acima do dela. Caminhando com dificuldade, ela foi escoltada até Lubyanka por Maklyarsky, à sala de Bogdan Kobulov, braço direito de Beria. Kobulov estava sentado a uma mesa enorme, com vários oficiais em torno.

223

"O que você sabe fazer? Sabe dirigir?", quis saber Kobulov.

Natalya respondeu que sabia, mas só tinha carteira de motociclista. "Também jogo hóquei e pratico esportes", acrescentou.

A mente de Kobulov estava longe. "E se você fosse uma esposa fictícia?", perguntou. Na preparação de alguma missão secreta, a NKVD às vezes colocava homem e mulher em casamentos falsos, o que lhes permitia trabalhar juntos sem levantar suspeitas. O comando presumia que um jovem casal "casado" atrairia menos atenção do que um homem ou mulher solteiros.

Ainda hoje Natalya sorri ao se lembrar. "Senti o coração palpitar por um momento e fiquei vermelha. Mas disse: 'se tiver de fazer isso pelo meu país, eu faço'." A falta de entusiasmo era compreensível, pois ela tinha um namorado chamado Dmitry, que já havia lhe pedido em casamento. Desde a convocação dele, em 1939, os dois ainda trocavam cartas. Mas ela sentiu que não tinha escolha e concordou em fingir ser a esposa de um homem que ainda não conhecia.

Natalya voltou ao quarto 1212 do Hotel Moskva, onde a NKVD lhe fornecia "lindos vestidos, sapatos e roupa de cama". Então, o telefone tocou e ela recebeu instruções para se apresentar no quarto 525. Lá foi apresentada a Igor e informada de que um motorista os levaria ao apartamento designado para o casal em Rublevo, nos arredores de Moscou. Não era um começo romântico de vida a dois. Como nem o motorista da NKVD devia saber que eles não eram casados de verdade, no carro Igor passou o braço em torno de Natalya, mas ela se enrijeceu, para não deixar dúvida de que não estava à vontade.

O desconforto não diminuiu quando chegaram ao apartamento. O emprego oficial de Igor era trabalhar na estação ferroviária local, e também na brigada de resgate encarregada de apagar incêndios na área. As casas de madeira pegavam fogo facilmente com os ataques aéreos ou, se os alemães se aproximassem bastante, pela artilharia. E havia as tarefas de preparação das atividades de sabotagem. Tudo isso significava que Igor raramente estava no apartamento, pois em geral dormia no trabalho, onde quer que fosse. Depois de levar Natalya para a nova residência, ele deixou-a sozinha. O desconforto da situação dos dois talvez o tivesse incentivado a agir assim.

Depois que ele saiu, Natalya examinou o pequeno apartamento de um quarto: tinha uma cama, uma mesa e uma cadeira – e, ela se lembra, pontas de cigarro por todo o chão. Varreu o chão, fez a cama e, quando a noite caiu, tentou dormir. Mas estava nervosa demais para se acalmar, e às 5h da manhã ela saiu para passear no bosque próximo para clarear a cabeça. Naquele momento, Igor voltou e entrou em pânico ao não vê-la. Imediatamente, ele contatou Maklyarsky e Sudoplatov, que a repreenderam por não ter informado Igor de onde estava.

A tarefa oficial de Natalya era monitorar o conteúdo químico da água fornecida à região. Mas a tarefa mais importante era ajudar Igor nos preparativos para a resistência depois que os alemães tomassem a cidade. Ele deveria continuar trabalhando na estação ferroviária de Rublevo, usando o trabalho como disfarce para atuar como ligação entre os diversos grupos de resistência e manter o governo, provavelmente já evacuado para Kuibyshev, informado sobre o que estava acontecendo na capital ocupada.

As autoridades soviéticas já tinham colocado explosivos ou minas nos principais edifícios, como o Teatro Bolshoi, onde os alemães mais importantes poderiam comparecer, e nas estradas e em outras instalações públicas. Igor sabia tudo sobre aquelas minas, pois estavam embaladas em caixas especiais antimagnéticas desenvolvidas no Instituto de Engenharia de Montanha de Leningrado, onde ele tinha estudado; assim, era praticamente impossível detectar a presença delas. Mas, no que se refere à estação de Rublevo, onde ele trabalhava, Igor tinha um documento especial de Molotov, o braço direito de Stalin, proibindo às tropas soviéticas em retirada de incendiar ou explodir a estação. A ideia era mantê-la funcionando como um centro de resistência.

Outro privilégio especial de Igor: numa época em que quase todos os carros eram requisitados para a frente de batalha, ele recebeu um M-1 para suas rondas e para lhe permitir enviar mensagens de rádio de diferentes locais. Era um veículo de prestígio, geralmente usado por altos funcionários do governo. A almofada do assento da frente era uma criação tipo James Bond: por fora parecia perfeitamente normal, mas era preenchida com uma bateria de 5 kW que alimentava o rádio.

A NKVD deu a Igor e Natalya documentos falsos e um novo sobrenome: Shevchenko. Às vezes, Igor saía só; outras, Natalya se juntava a ele e o ajudava na sua miríade de tarefas. Como bom aluno de matemática, Igor se lembra de que enterrou 4.400 litros de combustível, em 110 latões de leite, que ele depois desenterraria e usaria para fazer explosivos. Ele também enterrou sacos de dinamite, armas e granadas para uso da resistência. Quando o acompanhava, Natalya ajudava a camuflar os esconderijos, cobrindo-os com folhas e capim.

Como engenheiro, ele também monitorava os sistemas de água e esgoto, marcando os locais por onde poderia fazer entrar os lutadores da resistência.

A última responsabilidade levou-o a uma convocação à dacha de Stalin. Devido a uma bomba alemã perdida, o fornecimento de água à casa começou a vazar. O comandante da guarda pessoal do ditador ordenou: "você tem de consertar o vazamento imediatamente!" Igor manteve a calma e ordenou aos outros guarda-costas que começassem a cavar para descobrir onde estava o vazamento. Depois de três horas, ele completou o conserto e foi condecorado com a Ordem da Estrela Vermelha. Foi um dos poucos cujo encontro com o tirano terminou bem.

Dmitry, o namorado de Natalya no exército, continuou a escrever diariamente. E Natalya ainda estava tão incomodada pelo casamento fictício que foi a Maklyarsky e pediu para ser transferida para uma unidade *partisan*. O chefe da NKVD nem quis saber.

Durante esse tempo, para manter a simulação do casamento, Igor pediu a ela para tratá-lo por seu primeiro nome, em vez do mais formal Igor Aleksandrovich. Agia como um marido amoroso e tentou fazê-la relaxar. Como contou, trabalhar na clandestinidade significava representar seus papéis com convicção, pois disso dependia a vida dos dois. Com o passar do tempo, ambos se acostumaram com a representação e deixaram de vê-los como papéis de atuação. Em 1943, quando Moscou já não estava ameaçada, Natalya foi enviada a uma escola de comunicação por rádio durante quatro meses. Como os estudantes não tinham autorização para sair do local, Igor visitava-a todas as noites. Casaram-se – de verdade – em 1944. Quando o velho amigo Dmitry voltou da guerra em 1945, ela e Igor já tinham um filho de cinco meses.

Quando visitei o casal em maio de 2004, Natalya – baixinha, curvada, mas ainda ativa – contou o resto da história da família: quatro filhos, um deles morto, três netos e três bisnetos. O casal idoso vive com uma filha, genro e neto no apartamento de dois quartos num edifício da época de Stalin, com teto alto, fúnebres janelas duplas que deixam passar bem pouca luz, e a surrada mobília soviética. As estantes guardam lembranças da guerra, especialmente de agentes da NKVD, e os brinquedos do neto – carrinhos, jogos do *Star Wars* e o último livro de Harry Potter numa linda edição russa. Encaminharam petições a todos os responsáveis pedindo um apartamento separado para a família da filha. Doente e cansado, Igor não parece particularmente interessado em continuar lutando

Sabotadores, malabaristas e espiões

por essa causa. Mas sempre pronta a entrar em ação, Natalya ainda tinha um fio de esperança. "Escrevemos para Putin." Ainda estava esperando uma resposta.

Para cada história com um final feliz, em que os protagonistas sobreviveram, existem incontáveis outras com finais trágicos durante a Batalha de Moscou. Mas os líderes soviéticos cuidaram para que casos especialmente selecionados fossem bem usados, transformando as vítimas em figuras míticas cuja coragem inspirava os outros a seguir o seu exemplo, não importando o preço. Zoya Kosmodemyanskaya, a moça de 18 anos que se apresentou como voluntária para o trabalho subterrâneo junto com Natalya Shchors, estava no alto dessa lista.

Na lembrança de Natalya daquele único encontro com Zoya, ela era uma adolescente "alta, bonita, com cabelos cortados curtos como um menino". O que mais você poderia dizer dela? "Dava para ver que era uma boa moça!"

Era também corajosa, e pagou o preço mais alto por sua coragem. Despachada no fim de novembro de 1941 numa missão incendiária na aldeia de Petrischevo, ocupada pelos alemães, a 90 km de Moscou, ela foi capturada, torturada e executada. Essa parte da sua história está clara, mas existem relatos diferentes do resto dela, e uma omissão importante em todas as versões oficiais posteriores.

Apesar de todos os riscos de confiar nos registros de interrogatórios da NKVD, que eram em geral produto de métodos tão brutais como os da Gestapo, o relatório oficial do interrogatório de Vasily Klubkov, um dos dois soldados do Exército Vermelho enviados com Zoya na mesma missão, parece ser preciso nas principais linhas da história da jovem. Datado de 11-12 de março de 1942, o documento "altamente secreto" oferece uma transcrição do interrogatório de Klubkov que começou às 10h da noite e continuou até às 5h da manhã. Klubkov foi capturado pelos alemães, e a NKVD preparou a transcrição como evidência de que ele foi um dos que traíram Zoya e passaram a trabalhar para os alemães. De acordo com boatos, alguns aldeões poderiam ter traído Zoya, mas nenhuma menção a essa possibilidade aparece no relatório, nem em qualquer outra versão oficial dos acontecimentos.

Tal como Zoya, Klubkov tinha 18 anos, trabalhava no correio, tinha sete anos de escolaridade e entrou para o exército apenas um mês antes dessa primeira missão desastrosa. Um grupo de três pessoas, formado por Zoya, Klubkov e um soldado chamado Boris Krainov, recebeu armas, alimentos e garrafas cheias de combustível – mais conhecidas como coquetéis molotov – antes de ser enviado para a missão. O trio caminhou quatro dias até chegar à vila, tendo atravessado a floresta no meio da noite. Depois de atingirem seu destino, decidiram se separar para incendiar edifícios em diferentes partes da aldeia.

Klubkov disse aos interrogadores da NKVD que, ao se aproximar da casa que deveria incendiar, ele viu que Zoya e Boris já tinham iniciado o fogo nos edifícios a eles designados. Disse que atirou o seu coquetel molotov, mas que,

Por ordens de Hitler, os alemães desencadearam um reino de terror por toda parte onde chegavam. Com isso, mesmo aqueles que inicialmente saudavam os invasores como libertadores logo se voltaram contra eles. As atrocidades, como o enforcamento de supostos *partisans* soviéticos, só contribuíram para a convocação do povo por Stalin.

Sabotadores, malabaristas e espiões

"por qualquer razão, ele não queimou". Naquele momento, ele viu guardas alemães e correu para a floresta a cerca de 300 metros. "Quando cheguei à floresta, dois soldados alemães saltaram sobre mim e tomaram a minha arma, duas sacolas com cinco garrafas de explosivos e uma sacola de comida." Observou que a sacola de comida tinha também um litro de vodca.

Os alemães trouxeram o prisioneiro para o quartel-general da aldeia, onde um oficial se encarregou dele. Esse homem imediatamente apontou uma arma a Klubkov e exigiu que ele dissesse quem mais o tinha acompanhado na sua missão. De acordo com a transcrição, Klubkov confessou imediatamente. "Fui covarde. Estava com medo de ser fuzilado."

O oficial deu uma ordem aos soldados alemães, que logo saíram da casa. Nesse ponto, Klubkov também disse ao oficial que fazia parte de uma unidade de reconhecimento de 400 homens baseada em Kuntsevo, uma aldeia nos arredores a sudoeste de Moscou, e que essa unidade estava enviando pequenas equipes "diversionistas", em geral composta de cinco a dez pessoas, atrás das linhas inimigas.

Alguns minutos depois os soldados trouxeram Zoya. Klubkov disse que não sabia se eles também tinham capturado Boris. Sob o olhar de Klubkov, os alemães começaram a interrogar a nova prisioneira. Quando lhe perguntaram como executou o ataque, Zoya negou que tivesse ateado fogo a coisa alguma. "O oficial começou a bater em Zoya e exigiu que ela respondesse às perguntas", relatou Klubkov. "Mas ela se recusou a dizer qualquer coisa."

Quando os alemães perguntaram se aquela era realmente Zoya e o que ele sabia dela, Klubkov confirmou sua identidade e o fato de ela ter começado incêndios na parte sul da aldeia. Zoya se manteve em silêncio obstinado e, cada vez mais frustrados, vários outros oficiais a desnudaram e bateram nela com cacetes de borracha por duas ou três horas, tentando forçá-la a romper o silêncio. "Matem-me, mas eu não direi nada", teria declarado Zoya. Klubkov acrescentou: "depois, eles a tiraram da sala e eu nunca mais a vi".

Os detalhes do que aconteceu em seguida a Zoya são incertos, pois sua história foi depois retratada numa peça e filme, e pintada em propaganda, que não se qualificam como fontes históricas incontestáveis. De acordo com alguns relatos, os alemães arrastaram-na pela aldeia com um cartaz em torno do pescoço, antes de torturá-la mais, cortar seu seio esquerdo e depois enforcá-la. Quando as tropas soviéticas finalmente chegaram à aldeia, encontraram seu corpo congelado e mutilado ainda pendurado na forca.

Na versão em filme, a história de Zoya assume um significado mais simbólico. O filme afirma que ela nasceu em 21 de janeiro de 1924, o dia da morte de Lenin. Um trecho mostra Lenin sendo velado, sobrepondo essa imagem com a do bebê Zoya, que manterá vivo o espírito dele. Ela cresce num lar amoroso, seus pais lhe ensinam as virtudes comunistas. Quando irrompe a guerra, ela imediatamente se apresenta como voluntária para perigosas missões de *partisans*. O filme mostra sua captura e tortura, e como ela é levada à forca caminhando descalça na neve. Na cena da execução, os aldeões estão muito aterrorizados ao ver uma linda moça enfrentar corajosamente a morte, gritando no último instante: "Stalin está chegando!". Não há nada sutil na mensagem: Stalin será o salvador.

Mas os autores do filme não hesitaram em alterar os fatos quando parecia necessário para os seus fins, a começar do nascimento de Zoya. O registro público é claro: Zoya nasceu em 13 de setembro de 1923, alguns meses antes da data mostrada no filme, e certamente não no mesmo dia em que Lenin morreu. Nina Tumarkin, cujo livro *The Living and the Dead: The Rise and Fall of the Cult of World War II in Russia* examina o processo de criação de mitos em ação na União Soviética, descobriu que a situação familiar de Zoya também estava longe da que foi mostrada no filme.

Zoya, escreve Tumarkin, "teve uma vida familiar trágica que a impeliu ao suicídio". Seu pai, que é retratado no filme saindo para o *front* no começo do filme, já estava morto naquela época – fuzilado, ao lado do avô de Zoya, durante a campanha de terror de Stalin na década de 1930. Influenciada por um tio que era um comunista dedicado e pelo desejo da sua mãe de limpar o nome da família, ela se ofereceu como voluntária para o grupo *partisan* local do Komsomol, apesar de naquela época este ser o caminho para a morte quase certa, ainda mais naquela região. "A floresta era esparsa e o terreno plano", diz Tumarkin. "Não havia cobertura para os *partisans*, nem oportunidade para eles realizarem nada a não ser tornarem-se exemplos de heroísmo ao se deixarem matar."

Depois da morte de Zoya, sua mãe trabalhou intensamente para fazer dela uma heroína nacional. "Ela me disse: 'vou morrer como heroína ou voltar como heroína'", declarou a mãe. Em 1944, ela também insistiu com o irmão mais novo de Zoya, na época ainda menor de idade, para se apresentar como voluntário. Ele também foi morto – mais uma vítima do zelo da sua mãe.

Sabotadores, malabaristas e espiões

Quanto a Vasily Klubkov, o companheiro adolescente capturado pelos alemães, a transcrição do seu interrogatório na NKVD vários meses mais tarde conta o resto da história. Depois que levaram Zoya embora, o oficial alemão lhe disse: "agora você vai trabalhar para a inteligência alemã. De qualquer forma, você já traiu sua pátria. Vamos treinar você um pouco e mandar para a frente soviética".

"Aceitei a oferta do oficial para trabalhar para a inteligência alemã", disse ele aos seus interrogadores da NKVD. Passou então a descrever outros prisioneiros de guerra soviéticos que conheceu quando foi enviado para treinamento especial em Krasny Bor, uma cidade perto de Smolensk. Lá oficiais alemães explicaram como ele e outros deveriam voltar para as unidades do Exército Vermelho, alegando que tinham fugido da prisão. A missão específica de Klubkov era voltar à sua antiga unidade, onde poderia descobrir quais grupos estavam para ser despachados para trás das linhas alemãs, transmitindo essa informação aos chefes inimigos.

Quando "escapou", ele conseguiu voltar à sua unidade, mas logo foi preso e começaram os interrogatórios. Da transcrição do seu interrogatório durante a noite entre 11 e 12 de março, fica claro que ele já estava quebrado, queria confessar tudo que seus interrogadores pediam. As premissas de Stalin eram que qualquer soldado soviético que se deixasse capturar era por definição um traidor, e que qualquer um que conseguisse fugir de uma prisão alemã era duplamente suspeito. Seus interrogadores certamente sabiam que deviam compartilhar o mesmo conjunto de princípios. O que implicava tirar de Klubkov o tipo de confissão que apenas bastasse para comprovar a certeza.

Klubkov talvez estivesse dizendo a verdade, pois é fácil imaginar um adolescente aterrorizado em sua primeira missão concordar com as exigências dos seus captores alemães. Mas não há meio de saber com certeza como ele realmente se comportou, pois ele sem dúvida estava também aterrorizado quando foi interrogado pela NKVD. Ou saber quanto do que ele disse sobre Zoya era verdade, pois a NKVD talvez já estivesse preparando a transcrição com a ideia de elevá-la a um estado mítico. Só o destino de Klubkov era certo. Nos arquivos centrais do atual serviço secreto russo, hoje conhecido como FSB, o relatório "secreto" do seu julgamento posterior em 3 de abril de 1942 acompanha a transcrição do interrogatório de Klubkov. É um documento muito curto, que contém a confirmação de que ele traiu Zoya e sua pátria "devido à minha própria covardia".

A Batalha de Moscou

O veredito do tribunal: "execução por fuzilamento, sem confisco de propriedade devido à sua inexistência".

Enquanto os alemães se aproximavam cada vez mais de Moscou, Stalin valeu-se de outro tipo de agente para uma missão secreta, um que trabalhava secretamente em Tóquio para a GRU, o braço da inteligência militar do Exército Vermelho. Seu nome era Richard Sorge, o mesmo espião que enfureceu o líder soviético antes de 22 de junho de 1941, ao bombardear Moscou com avisos de que Hitler estava pronto para atacar. No final do verão e início do outono de 1941, o Kremlin precisava desesperadamente saber se as forças japonesas se preparavam para atacar do leste a enfraquecida União Soviética, pois seu aliado alemão insistia que o fizesse. Se isso parecesse provável, ou mesmo possível, Stalin teria de manter um grande contingente de suas tropas preso na Sibéria, em vez de deslocá-las para ajudar na defesa de Moscou. Tudo isso significava que nada poderia ser mais valioso que informações precisas de Tóquio – e ninguém ali tinha um histórico melhor que o de Sorge, por mais que Stalin o desprezasse.

Nascido de mãe russa e pai alemão, Sorge não se limitava a flertar com o perigo – ele o cortejava. Trabalhando oficialmente como correspondente do *Frankfurter Zeitung* em Tóquio, ele colhia informações da embaixada alemã e de altos oficiais japoneses que passava de imediato para Moscou. Habilidosamente, ele controlava sua identidade dupla, mesmo quando bebia muito. Tinha relações com uma ampla variedade de mulheres japonesas e estrangeiras, inclusive a esposa do embaixador alemão, Eugen Ott. Suas façanhas fascinaram até mesmo os ocupantes do Japão no pós-guerra, que ele não viveu para ver. De acordo com um relatório da inteligência militar dos Estados Unidos, ele era "íntimo de 30 mulheres em Tóquio durante os anos de serviço, inclusive a esposa do seu bom amigo, o embaixador alemão, a esposa do assistente externo do embaixador e a amante desse mesmo assistente".

Mas os maiores riscos ele assumia ao discordar abertamente das previsões alemãs de que tão logo tomariam Moscou e venceriam a guerra. Com efeito, ele se apresentava como um alemão patriota suficientemente confiante para expressar suas dúvidas. "Essa guerra é criminosa! Não temos chance de vencer!" disse ao embaixador Ott, pouco depois da invasão alemã. "Os japoneses

Sabotadores, malabaristas e espiões

riem quando dizemos que estaremos em Moscou no fim de agosto!" Nos seus contatos com funcionários japoneses, ele também argumentava que os cálculos alemães estavam extravagantemente errados, fazendo o possível para solapar os esforços de Ott e de outros alemães para convencer os japoneses que deviam se juntar ao seu país para esmagar a União Soviética. Por certo havia método na aparente loucura de Sorge: Ott, por exemplo, estava convencido de que as manifestações de Sorge provavam que ele não escondia nada. Ademais, o embaixador alemão gostava realmente de Sorge e, mais oportunista que nazista dedicado, ele não se propunha a relatar aquelas visões heréticas.

Além do seu papel como agente soviético, Sorge também ocultava o fato de estar muito mais preocupado do que deixava transparecer com a possibilidade de um ataque japonês contra a União Soviética. Como Ott sempre confiava nele, o espião sabia que o embaixador alemão tentava entender os sinais confusos que recebia dos seus anfitriões: às vezes eles sugeriam que o Japão iria agir como bom aliado dos alemães e se lançar no conflito com a União Soviética, e em outros momentos eles pareciam extremamente hesitantes. Os japoneses se lembravam de como o general Zhukov os tinha derrotado em 1939, razão por que pelo menos alguns deles eram céticos com relação às afirmações dos alemães de que conquistariam uma vitória fácil contra o mesmo comandante. Mas essas lembranças preocupavam mais os políticos que os líderes militares, preparados para a ação. "Agora é chegada a oportunidade de destruir a URSS", proclamou o general Sadao Araki.

Em julho, os japoneses deram início a uma nova mobilização, enviando mais tropas para a Manchúria. Ott queria acreditar que o significado disso é que Tóquio se preparava para atacar a Rússia. Quanto a Sorge, mais tarde admitiu que para ele isso foi "causa de ansiedade". Mas os japoneses se concentravam nas suas ambições imperiais no sul, enviando mais tropas para expandir a sua Esfera de Coprosperidade da Ásia Oriental Ampliada – apesar das tensões crescentes com os Estados Unidos e a Grã-Bretanha. Em 28 de julho, suas forças tomaram as bases francesas na Indochina. A questão era se Tóquio estava pronta para se mover nas duas direções.

Pressionado por seus superiores em Moscou, Sorge ainda não podia oferecer uma resposta clara. Em 30 de julho, relatou: "o Japão terá condições de entrar na guerra a partir da segunda metade de agosto, mas só o fará caso o Exército Vermelho seja realmente derrotado pelos alemães, resultando em capacidade mais fraca de defesa no Extremo Oriente". Acrescentou que um importante informante japonês "está convencido de que se o Exército Vermelho contiver os alemães diante de Moscou, o Japão não fará nenhum movimento". Em outras palavras, a Batalha de Moscou seria o fator único e mais crucial da decisão do Japão.

Isso deixou o Kremlin numa situação típica do Ardil-22. Tirar um número significativo de soldados do Extremo Oriente para enviá-los para Moscou seria um reforço desesperadamente necessário, que poderia determinar o resultado daquela batalha. Ao mesmo tempo, isso provaria ser um grave erro de cálculo se fosse visto como um convite ao ataque japonês do leste, possivelmente dando o golpe de misericórdia no regime soviético sitiado. Mas essa charada desapareceria se Sorge pudesse oferecer as garantias de que os japoneses não iam atacar, as quais o Kremlin necessitava desesperadamente.

Sorge não tinha dúvidas quanto à importância da sua missão, e acionou seus colaboradores e fontes inocentes para recolher toda inteligência que pudessem. Discutiu os sinais conflitantes com Hotsumi Ozaki, um jornalista japonês de esquerda que se tornou seu amigo e cúmplice de espionagem. No início de agosto, Ozaki tinha recolhido relatos de que os japoneses atacariam a União Soviética em 15 de agosto. Sorge lhe disse que Ott tinha ouvido os mesmos relatos e acreditava neles. Mas Ozaki observou que os japoneses tinham plena consciência do fato de que em alguns locais a ofensiva alemã estava encontrando resistência mais dura do que esperava, o que sugeria cautela. E se os japoneses decidissem atacar, sabiam que tinham de fazê-lo logo ou se arriscariam a uma guerra no inverno da Sibéria.

No dia 11 de agosto, Sorge escreveu outra nota ambivalente para Moscou, refletindo essas considerações. Observou que os japoneses acompanhavam atentamente a luta germano-soviética e as perdas alemãs à medida que continuavam seu avanço. Ele observou também as tensões crescentes com os Estados Unidos, que aumentavam as pressões por uma decisão em relação a quais deveriam ser as prioridades japonesas. Com a aproximação do inverno, acrescentou ele, "nas próximas duas ou três semanas, a decisão do Japão será tomada". Mas se o tom do relatório sugeria que o Japão provavelmente não atacaria, ele protegia suas apostas de uma forma que não poderia ser considerada tranquilizadora. "É possível que o alto-comando tome a decisão de intervir sem prévia consulta", escreveu.

Algumas semanas depois, Sorge e Ozaki recolhiam sinais bem mais encorajadores. O adido naval alemão Paul Wenneker disse a Sorge que a marinha japonesa queria avançar para o sul e descartava um ataque à União Soviética, pelo menos naquele ano. E enquanto relatava a força militar japonesa na Manchúria, Sorge acrescentou orgulhosamente algumas informações vitais a que tivera acesso. "Muitos soldados receberam bermudas [...] e disso se pode entender que muitos deles serão enviados para o sul." Especificamente, ele mencionou que os japoneses discutiam planos de ocupação de Tailândia e Bornéu. Em outra mensagem, ele transmitiu notícias que Ozaki tinha recolhido de altos funcionários do governo sobre sua atitude com relação a um ataque contra a União Soviética. "Decidiram não lançar a guerra este ano, repito, não lançar a guerra este ano." Era uma linha que transmitia triunfo e alívio.

Stalin acreditaria nele? Como sempre, o ditador soviético suspeitava de um espião que se dava tão bem com a comunidade alemã em Tóquio, e era conhecido por seu estilo livre de vida. Desde que tinha irritado Stalin com seus relatórios precisos prevendo o ataque alemão, seus próprios chefes na inteligência militar tinham especulado que ele talvez fosse um agente do outro lado. Durante os expurgos, alguns oficiais condenados por acusações forjadas de espionar para a Alemanha ou o Japão tinham mencionado Sorge – o que foi suficiente para estabelecer a culpa por associação.

Mas dessa vez Sorge informava algo que o Kremlin esperava fosse verdadeiro. E em meados de setembro, Ott e outros diplomatas alemães admitiam que não havia chance de os japoneses responderem positivamente aos seus pedidos de intervenção. Pelo contrário, Tóquio estava determinada a expandir o alcance da sua atividade no sudeste da Ásia, e via os Estados Unidos como o principal obstáculo às suas ambições. Em Moscou, o general Alexei Panfilov, comandante de tanques que servia como chefe temporário da inteligência militar, ofereceu um raro apoio a Sorge. "Considerando suas grandes possibilidades como fonte e a confiabilidade de uma quantidade significativa de relatórios anteriores, este relatório inspira confiança."

Como Sorge viria a admitir mais tarde, somente em setembro o Kremlin começou a ter "completa confiança nos meus relatórios" de que a invasão não iria acontecer. Por isso, Stalin finalmente se sentiu à vontade para tomar a decisão de enviar uma grande parte das forças no Extremo Oriente da

União Soviética para defender Moscou. No começo de outubro, os "siberianos", como eram chamados, foram transportados para o coração da União Soviética. Um total de cerca de 400 mil soldados foram relocados nesse período do final de 1941 e início de 1942, fazendo a viagem que durava entre uma e duas semanas em trens especiais apressadamente organizados. Cerca de 250 mil foram despachados para defender Moscou, e os outros para Leningrado e outras regiões de luta. A chegada dessas novas tropas, a maioria equipada com roupas adequadas para o inverno, alteraria dramaticamente a situação dos defensores de Moscou – e chocaria os alemães que tinham chegado lutando até muito perto da cidade.

Em meados de outubro, Sorge escreveu o que seria o seu último despacho para Moscou. Mais uma vez, ele demonstrou a confiabilidade das suas fontes japonesas ao prever que "a guerra com os Estados Unidos deverá começar em futuro muito próximo". Mas o relatório nunca foi enviado. Os japoneses finalmente descobriram a sua espionagem e o prenderam, junto com Ozaki e outros membros do seu grupo de espiões, no dia 18 de outubro. Durante incansáveis sessões de interrogatório, ele admitiu a sua atividade e foi condenado à morte. Mas seus capturadores não tiveram pressa de executá-lo. Na verdade, eles o mantiveram na prisão até o final de 1944.

A guerra então ia mal para o Japão, que tinha pouco interesse em antagonizar a União Soviética, que poderia se juntar à guerra no Pacífico. Oficiais japoneses tinham sugerido várias vezes que gostariam de trocar Sorge por um prisioneiro japonês mantido pelos soviéticos. A cada tentativa encontraram uma recusa. A resposta padrão, num caso relatado como tendo vindo diretamente de Stalin, foi: "Richard Sorge? Não conheço pessoa com esse nome".

O líder soviético não iria salvar alguém que sabia tanto sobre os avisos que ele tinha recebido – e ignorado – quando Hitler se preparava para invadir o seu país. E não se comoveu pelo fato de a última informação de Sorge confirmando que os japoneses não iam atacar a União Soviética em 1941, tivesse sido um fator crucial para a Batalha de Moscou. No dia 7 de novembro de 1944, o 27º aniversário da Revolução Bolchevique, Sorge foi enforcado.

"O mein Gott! O mein Gott!"

A luta em outubro ainda não tinha produzido vitória decisiva para nenhum dos dois lados. As unidades alemãs estavam a 60 km de Moscou, e em alguns pontos até mais perto. Embora os invasores estivessem cansados, esgotados e as suas linhas muito extensas, eles ainda ameaçavam cumprir a promessa de Hitler de tomar e aniquilar a capital soviética. O pânico na cidade tinha-se acalmado, mas Stalin e sua *entourage* não estavam nem de longe convencidos de que o pior já tivesse passado. Mesmo com a chegada de novas tropas da Sibéria, não havia garantia de que Moscou poderia evitar o desastre.

Foi nesse momento que Stalin insistiu em executar seu maior gesto de desafio – uma grandiosa comemoração de 7 de novembro, dia do 24º aniversário da Revolução Bolchevique. Estava convencido de que, precisamente porque o destino de Moscou ainda era incerto, um evento tão teatral poderia oferecer aos defensores da cidade um surto de confiança muito necessário. Ou melhor, desde que nenhuma falha produzisse o resultado oposto.

A primeira parte das cerimônias não transmitiu uma mensagem positiva. No dia 6 de novembro, os líderes soviéticos se reuniram na estação Maiakovsky do metrô para um discurso de Stalin aos delegados do Soviete da Cidade de Moscou e funcionários civis e militares. Sentados em cadeiras trazidas do Teatro Bolshoi para a ocasião, os dignitários reunidos aplaudiram quando Stalin, acompanhado de Molotov, Mikoyan e outros líderes do Kremlin, chegou num trem vindo de uma estação próxima. Transmitidas pelo rádio e para serviços de alto-falantes, as cerimônias começaram com uma explosão de música patriótica, seguida pelo discurso do líder à nação. Tudo isso foi pensado para máximo efeito inspirador.

Isso talvez tenha funcionado para quem ouvia o rádio, mas não necessariamente para os oficiais reunidos abaixo do chão na estação de metrô. O correspondente britânico Alexander Werth observou que todos sabiam que o local fora escolhido por causa do perigo dos bombardeios alemães para qualquer coisa acima do chão. "Como mais tarde me disseram muitos dos que compareceram à reunião, o ambiente subterrâneo da cerimônia era estranho, deprimente e humilhante." Acrescentou que o discurso de Stalin "foi uma mistura estranha de negro abatimento e total autoconfiança".

Foi assim mesmo. Ao falar sobre o perigo que o país enfrentava desde que os alemães tinham lançado seu ataque, ele declarou:

> Hoje, como resultado de quatro meses de guerra, devo enfatizar que esse perigo – longe de diminuir – pelo contrário, aumentou. O inimigo capturou a maior parte da Ucrânia, Bielo-Rússia, Moldova e Estônia, além de várias outras regiões, penetrou no Donbass,* e paira como uma nuvem negra sobre Leningrado e ameaça nossa gloriosa capital, Moscou.

Também avisou que o inimigo "está usando toda a sua força para capturar Leningrado e Moscou antes que chegue o inverno, pois sabe que o inverno não guarda nada de bom para ele".

Mas, se essa parte do discurso pintava um retrato sombrio, ele também afirmou que as heroicas tropas soviéticas "tinham forçado o inimigo a perder rios de sangue" e que a *Blitzkrieg* [guerra relâmpago] já tinha fracassado. Ele então apresentou estatísticas que deveriam comprovar o quanto os alemães padeciam, apesar de momentos antes ele ter tido de admitir que foi seu exército a sofrer uma devastadora série de derrotas. "Em quatro meses de guerra, perdemos 350 mil mortos, 378 mil desaparecidos e 1.020.000

---

* N. T.: Donets Basin, região da bacia do rio Donets na Ucrânia.

homens feridos", afirmou ele. "No mesmo período, o inimigo perdeu mais de 4.500.000 mortos, feridos e presos."

Como já demonstraram historiadores ocidentais, o Exército Vermelho geralmente tinha mais baixas que a *Wehrmacht* – mesmo mais tarde na guerra, quando já somava vitórias sucessivas e expulsava os alemães. Durante todo o período do conflito, o Exército Vermelho perdeu três vezes mais homens que os alemães. Os números de Stalin, que supostamente refletiam as perdas durante a série das primeiras vitórias alemãs, não passavam de fantasia. "É extremamente duvidoso que alguém na Rússia tivesse acreditado naqueles números", escreveu Werth. Mas, como observou o correspondente britânico, eles deveriam reforçar sua afirmativa mais ampla de que a *Blitzkrieg* tinha fracassado por não ter conseguido produzir o colapso rápido da sua vítima, como o que tinha alcançado na Polônia e Europa Ocidental.

Para explicar "as dificuldades militares temporárias" do Exército Vermelho, Stalin ofereceu várias desculpas. Apesar de proclamar o fato de a Grã-Bretanha e os Estados Unidos estarem agora aliados à União Soviética, a primeira desculpa que deu foi "a ausência de uma segunda frente na Europa", o que permitiu aos alemães se concentrarem na frente oriental. "A situação agora é tal que nosso país está lutando sozinho a guerra de libertação, sem ajuda militar de ninguém." Evidentemente, ele nunca mencionou como os alemães puderam invadir a Polônia graças à sua aliança com a Rússia, ou durante quanto tempo a Grã-Bretanha tinha lutado sozinha antes da Operação Barbarossa.

Da mesma forma, ele atribuiu a culpa pelas derrotas à "carência de tanques e também, em parte, de aviões", apresentando o problema como apenas uma questão de capacidade de produção, sem nunca reconhecer as enormes perdas

Depois do pânico de meados de outubro, com saques, greves e a fuga em massa de Moscou, Stalin surpreendeu a sua equipe ao insistir na parada de 7 de novembro na Praça Vermelha, o aniversário da Revolução Bolchevique. Uma forte nevasca minimizou o perigo de ataques aéreos alemães, e Stalin pôde demonstrar que ainda controlava a cidade.

que foram resultado direto da sua recusa em acreditar que os alemães iriam atacar quando o fizeram. Jurou que a indústria soviética seria capaz de gerar um aumento de "muitas vezes" na produção de tanques e de outros armamentos – e, de fato, a verdade dessa previsão seria comprovada posteriormente durante a guerra, apagando a inicial vantagem dos alemães em armamentos.

Mas o saldo das evasivas e promessas foi menos importante que a invocação do dever patriótico de resistir aos invasores que "já caíram ao nível de animais selvagens". Representando o conflito como mais uma de uma longa série de defesas da Mãe Rússia, ele lembrou aos seus ouvintes as grandes figuras da história nacional – todos, desde Pushkin e Tolstoi até os lendários comandantes militares Aleksandr Suvorov e Mikhail Kutuzov, este último que derrotou os exércitos de Napoleão. "O destino de Napoleão não deve ser esquecido", proferiu ele. Também mencionou Lenin, mas o foco era na luta nacional, e não na ideológica, pela sobrevivência.

E, por fim, houve a sua promessa de muito mais que a vitória: "Os invasores alemães querem uma guerra de extermínio contra os povos da URSS. Bem, se os alemães querem uma guerra de extermínio, eles a terão." Seria olho por olho ou, mais precisamente, vingança a qualquer preço.

A tradicional parada militar na Praça Vermelha, a parte mais arriscada das cerimônias, foi programada para as 8h da manhã seguinte – embora somente os envolvidos diretamente, que tiveram de jurar segredo, sabiam a hora e os detalhes. A maioria dos comandantes das unidades militares que deveriam participar receberam informações sobre os planos às 2h da madrugada, pouco antes de terem de organizar suas tropas. Quando os soldados, tanques e artilharia se reuniam no frio do início da manhã, diminuiu o medo de um ataque aéreo alemão. Apesar de os aviões soviéticos ainda patrulharem o céu cinzento, uma pesada nevasca começou na hora do desfile, tornando os ataques aéreos muito improváveis. Do portão do Kremlin, o marechal Budyenny surgiu montado num cavalo branco com o sabre desembainhado, e se juntou a Stalin e aos outros líderes do Kremlin no Mausoléu de Lenin para a revista das tropas.

Durante a noite, espalharam areia na Praça Vermelha e nas ruas próximas, mas ela desapareceu nos ventos e na nevasca da manhã, o que tornou particularmente difícil o trabalho das brigadas de artilharia e tanques, pois tinham de operar sobre superfícies escorregadias e neve em movimento.

"O mein Gott! O mein Gott!"

Com Stalin e o alto-comando assistindo, alguns soldados tiveram de empurrar peças recalcitrantes de artilharia. Dois tanques pesados pararam no meio da praça e tomaram a direção errada, provocando um momento de alarme seguido de alívio quando ficou claro que era apenas um erro de comunicação. Mas os soldados, em sua maioria, marcharam pela Praça Vermelha sem incidentes – e imediatamente saíram marchando da cidade para se juntar de novo à luta na frente de batalha próxima.

Com ventos fortes castigando a neve naquela manhã, a voz de Stalin não foi bem ouvida. A maioria dos que marchavam na Praça Vermelha naquele dia registraram apenas a sua presença, não a sua mensagem. "Marchamos diante do mausoléu e o vimos", lembrou Aleksandr Zevelev, membro da OMSBON. "Ele acenou com o braço."

Mas o que importava era exatamente a presença de Stalin. Na véspera da parada, Leonid Shevelev, novo recruta, não entendia por que seus instrutores perdiam tempo treinando movimentos de marcha. "Para nós era inacreditável: o inimigo estava perto de Moscou e nós treinávamos marcha para a parada", disse ele. Mas bem cedo na manhã de 7 de novembro eles descobriram a razão – e sua participação lhes deu um enorme impulso moral. "Tínhamos ouvido que Stalin havia saído da capital", disse Shevelev, referindo-se aos boatos que circularam antes. "Era muito importante para nós ver que nosso líder tinha preferido ficar conosco em Moscou. E isso nos fez marchar com a mesma determinação como se estivéssemos batendo os pregos do caixão dos nazistas que avançavam."

Outro voluntário do OMSBON presente naquele dia, Yevgeny Teleguyev observou que a importância da parada foi ela ter acontecido. Quando a sua unidade chegou ao *front*, vindo diretamente da Praça Vermelha, os soldados que os recebiam já tinham ouvido relatos do que tinha acontecido. "É verdade que houve uma parada em Moscou?" Teleguyev e os outros responderam: "houve, e nós participamos dela". Teleguyev se lembra que os soldados ficaram assombrados com o testemunho deles.

Mas Stalin queria muito mais do que simplesmente provar que estava em Moscou. Como os técnicos de som não conseguiram uma gravação clara do seu discurso na parada, e os câmeras tiveram problemas em conseguir boas imagens do líder, ele concordou em ler novamente o seu discurso no dia seguinte para obter uma boa gravação e trilha sonora. O discurso que a maioria dos cidadãos soviéticos ouviu pelo rádio no dia 8 de novembro e o filme que viram de Stalin supostamente passando as tropas em revista foram geradas numa sessão encenada no Kremlin. O líder soviético não ia permitir que o mau tempo frustrasse seus esforços para transmitir sua mensagem.

Como já tinha feito no discurso da estação Mayakovsky, o líder soviético admitiu que muito território tinha sido "temporariamente perdido" e que "o inimigo está diante das portas de Leningrado e de Moscou". Porém, mais uma vez ele se jactou de as tropas soviéticas estarem infligindo pesadas baixas aos invasores, e insistiu em que os alemães estavam "exaurindo suas últimas forças". "O inimigo não é tão forte como alguns supostos intelectuais aterrorizados o representam", acrescentou – uma declaração que enfatizou o seu ódio aos "intelectuais" e preparou sua previsão de que a guerra iria terminar em desastre não somente para as tropas alemãs, mas também para seus senhores. "Mais alguns meses, mais uns seis meses, talvez um ano – e a Alemanha hitlerista há de desabar sob o peso de seus próprios crimes", declarou ele.

Acreditando ou não nas suas próprias palavras, Stalin sabia que tinha de unir seus compatrícios. Um meio era sinalizar sua determinação de convocar tantos soldados quantos fossem necessários para rechaçar os invasores. "Nossas reservas de homens são inesgotáveis", afirmou. Outro era repetir e expandir sua ladainha dos heróis russos – começando dessa vez pelos guerreiros dos séculos XII e XIV, Aleksandr Nevsky e Dmitri Donskoi, terminando mais uma vez com o marechal Kutuzov, o arquiteto da vitória sobre Napoleão. "Deixemos as imagens másculas dos nossos grandes ancestrais [...] nos inspirar nesta guerra!" Era um apelo descarado ao tipo de patriotismo que não fazia distinção entre o novo e o antigo regimes. Assim, ele também admitia que o país enfrentava tamanho perigo que não podia depender da lealdade ao Partido Comunista para chegar à vitória.

Apesar de todas as profecias de vitória e de se vangloriar das perdas alemãs tão inflacionadas, Stalin buscava desesperadamente garantias de que não seria descoberto em erro. Por volta do dia 19 de novembro, ele telefonou ao marechal Zhukov e perguntou: "você tem certeza de que teremos condições de salvar Moscou? Estou perguntando com o coração sangrando. Diga-me com toda honestidade, como membro do Partido".

"Não há dúvida de que vamos salvar Moscou", Zhukov lhe disse. Mas aproveitou a oportunidade para pedir a designação de mais dois exércitos para a defesa da capital e mais 200 tanques.

"Fico feliz por você ter tanta certeza", respondeu Stalin. Prometeu a Zhukov dois exércitos de reserva no fim de novembro, mas disse que não tinha como atender ao pedido de tanques. "Por enquanto não temos tanques", disse.

Apesar de ter de corresponder com as garantias que Stalin pedia, Zhukov não estava tão tranquilo como queria parecer. Elena Rzhevskaya, que fez relatos extensivos sobre suas próprias experiências de guerra, conheceu Zhukov quando ele escrevia suas memórias em 1964. Na época, o famoso líder militar estava esquecido, vítima da luta política no Kremlin, e falou abertamente com ela dos momentos cruciais da guerra. "O marechal Zhukov considerava novembro de 1941 o mês mais crítico e agourento para Moscou, quando o destino da cidade foi decido em batalha", lembrou ela.

Apesar de todo o tom de desafio demonstrado no aniversário da Revolução Bolchevique, Stalin e seus generais sabiam que a luta pelo controle de Moscou – e do país – poderia evoluir a favor de qualquer dos dois lados.

Hitler continuou a exalar confiança de que suas forças em breve sairiam vitoriosas, e as pessoas encarregadas de manter o moral dos soldados faziam o máximo para incentivá-los. Uma proclamação dirigida aos soldados alemães em outubro declarava:

> Soldados! Moscou está à sua frente. Ao longo de dois anos de guerra, todas as capitais do continente se curvaram diante de vocês, vocês marcharam pelas ruas das melhores cidades. Falta Moscou. Forcem-na a se curvar, mostrem a ela a força das suas armas, caminhem pelas suas praças. Moscou significa o fim da guerra! (O Alto-Comando da Wehrmacht)

Mas muitos oficiais e homens que realmente lutavam começavam a ser tomados de dúvidas. Apesar de a série de vitórias iniciais parecerem confirmar que o Exército Vermelho não seria capaz de resistir, havia também as primeiras indicações de que o inimigo que tinham aprendido a desprezar só seria esmagado com dificuldade – por mais terríveis que fossem suas perdas.

O general Ewald von Kleist, que comandava a Primeira Divisão Panzer, ficou atônito pela recusa de algumas unidades do Exército Vermelho a se renderem sob nenhuma circunstância. "Os russos são tão primitivos a ponto de não se renderem nem quando estão cercados por uma dúzia de metralhadoras", lembrou ele depois da guerra, quando estava preso em Nuremberg. "Eu diria que há uma diferença entre a bravura alemã e a bravura russa no sentido de que a primeira é lógica e a segunda brutal."

Um soldado alemão enviado para a frente oriental em agosto de 1941 descreveu seu choque ao descobrir que o Exército Vermelho empregava o mesmo tipo de tática de onda humana que era usada na Primeira Guerra Mundial. Os ataques soviéticos "eram executados por massas de homens que não tentavam se esconder, mas confiavam no puro peso dos números para nos esmagar", escreveu ele. Num desses ataques, "as linhas de homens se estendiam para direita e esquerda da nossa frente, superando-a completamente, e toda a massa de soldados russos veio marchando sólida e incansavelmente à frente".

Ao descrever a imagem diante de si como "uma visão inacreditável, o alvo dos sonhos de um metralhador", ele acrescentou:

> circulava o boato de que os comissários calculavam o número de metralhadoras que tínhamos, multiplicavam pelo número de balas por minuto que elas eram capazes de atirar, calculavam quantos minutos um corpo de soldados levaria para cruzar a área e acrescentavam ao número final mais alguns milhares de homens. Assim, alguns homens conseguiriam romper as nossas linhas [...].

O alemão estava convencido de que o ataque que via tinha sido calculado precisamente daquela forma.

> A 600 metros abrimos fogo e seções inteiras da primeira onda simplesmente desapareceram, deixando aqui e ali alguns sobreviventes caminhando resolutamente para frente. Era estranho, inacreditável, desumano. Nenhum dos nossos soldados teria continuado a avançar sozinho.

Quando as metralhadoras alemãs superaqueciam devido ao fogo contínuo, o lado soviético continuava a mandar mais ondas de soldados. "Os 'Ivans'", como ele os chamava, continuavam a atacar durante três dias e ele nunca viu nenhum maqueiro durante todo aquele tempo.

"O número, duração e fúria daqueles ataques nos tinham exaurido e entorpecido completamente. Para não esconder a verdade, eles nos davam medo", admitiu o alemão. Observou que isso deprimiu muitos dos homens da sua unidade, que agora percebiam que tinham pela frente uma luta bem mais difícil

"O mein Gott! O mein Gott!"

do que tinham esperado. "Que íamos vencer, não havia dúvida, mas aquilo em que estávamos engajados seria uma guerra longa, dolorosa e dura", concluiu.

Muitas unidades alemãs se envolveram em batalhas menos dramáticas, e não se expuseram àquelas táticas de ondas humanas. Mas elas também estavam descobrindo que a luta na Rússia era diferente de qualquer outra que tiveram de enfrentar até então. O tenente Kurt Gruman, do 185º Regimento de Infantaria, 87ª Divisão de Infantaria, ponderou os contrastes ao escrever no seu diário no dia 17 de novembro de 1941, quando participava do avanço na direção de Moscou. Revendo o tempo passado na França, ele se lembrava amorosamente das "belezas do campo em Versalhes", "das noites agradáveis no salão do clube, sentado nas poltronas fundas com um copo de absinto ou uma garrafa com o rótulo 'Martel', 'Henessy' ou 'Montmousseau'", e a "luz inebriante" de Paris.

Quando Gruman participou da invasão da União Soviética no dia 22 de junho, sua vida mudou imediatamente. As primeiras batalhas correram com relativa tranquilidade, mas logo ele estava envolvido na luta em Smolensk, onde cada vitória chegava com um preço mais alto. "Sempre vou me lembrar das batalhas ferozes e das pesadas perdas sofridas pelos dois lados." Seu espírito se animou com os sucessos da "grande ofensiva de outubro". "O grande cerco de que participamos há de entrar na história com o nome 'a Batalha de Bryansk e Vyazma'", escreveu. "Nada seria capaz de nos fazer parar; superamos rapidamente campos minados e pontes caídas."

Apesar de lembrar das dificuldades de "uma estação de verdadeiro atoleiro" de lama que o forçou a aprender a cavalgar, Gruman se orgulhava de terem cruzado "o campo de Borodino, onde Napoleão tinha lutado" e então atravessado a vau o rio Moscou. Apesar do primeiro encontro com as divisões siberianas, sua fé na vitória parecia inabalada. "O ataque contra Moscou já tinha começado", notou com clara satisfação.

Gruman era evidentemente um oficial leal, mas as entradas do seu diário tratavam cada vez mais das privações enfrentadas pelos alemães. No dia 16 de novembro, ele registrou que "sua unidade recebeu por fim alguns pares de botas de inverno" do comando do regimento – deixando poucas dúvidas de que estava com raiva, pois a maioria dos homens ainda não tinha as suas. Enquanto nota que a manhã de inverno era linda e que a paisagem nevada "encanta", ele sugere que se podia suportar o frio "dessa

245

atmosfera maravilhosa de inverno" durante o dia, "mas à noite, ele nos tortura". Na manhã seguinte, escreveu que o termômetro mostrava -9°, e "a manhã estava linda, quase como um conto de fadas".

Mas Gruman sabia que aqueles primeiros sinais do inverno, e a certeza de que as temperaturas se tornariam muito mais baixas, não eram um bom presságio. Estava preocupado não somente com seus homens, mas também com os cavalos da sua unidade. "Os pobres animais estavam exaustos. A falta de forragem e o frio tiveram consequências – todos os cavalos ficavam ao ar livre", escreveu.

A saúde dos animais de transporte não era uma questão sem importância. Apesar da sua reputação de exército altamente moderno e mecanizado, a força de invasão alemã dependia, e muito, de cavalos. Ainda existiam algumas unidades tradicionais de cavalaria, mas os cavalos eram usados sobretudo para arrastar artilharia e suprimentos. Quando os veículos se atolavam na lama traiçoeira da Rússia, como geralmente acontecia, os cavalos os soltavam. Como relatou o general Günther Blumentritt, chefe do Estado-Maior do Quarto Exército do Grupo de Exércitos do Centro:

> a infantaria agora desliza no barro, enquanto muitas parelhas de cavalos são necessárias para arrastar os canhões para frente. Todos os veículos com rodas afundam no barro até os eixos. Até os tratores só conseguem se mover com grande dificuldade. Grande parte da nossa artilharia logo ficou presa.

Estima-se que os alemães tenham usado 750 mil cavalos durante os primeiros estágios da Operação Barbarossa, e um total de 2,5 milhões durante toda a guerra contra a União Soviética. Na média, cerca de mil cavalos morriam em cada dia de luta.

Apesar de bombas e balas matarem a maioria dos cavalos, muitos morriam de ataques cardíacos causados por esforço excessivo, particularmente durante a estação da lama; outros sucumbiram às doenças e ao frio. Os russos tinham cavalos capazes de suportar muito melhor as baixas temperaturas que aqueles reunidos pelos alemães nos seus territórios ocupados. Na verdade, seus cavalos morriam no frio mais depressa que os homens.

Como sua unidade recebeu ordens de avançar, Gruman registrou mais queixas. "Os mapas eram tão imprecisos que era mesmo impossível usá-los. [...] Obstruções e engarrafamentos por todo o caminho. Gostaria de poder

"O mein Gott! O mein Gott!"

ter matado alguns motoristas e comandantes de comboios. [...]" O céu estava de "um vermelho feroz" do fogo de artilharia, e os soldados caíam enquanto "os mísseis explodem entre as árvores". Um dos maiores medos dos homens eram as famosas *katyushas*, ou "órgãos de Stalin", o nome da nova artilharia de foguetes disparada de caminhões. Embora seus homens não tivessem enfrentado aquela arma, ele observou que outros lhe tinham dito que "o efeito das explosões dos foguetes sobre o moral é muito maior do que sua força destruidora".

O moral da unidade de Gruman estava cada vez mais instável mesmo sem as *katyushas*. O tenente observou em 24 de novembro: "a cada dia a capacidade de combate da unidade se enfraquecia". Duas semanas antes, a companhia tinha 70 homens, mas agora estava reduzida a 40. Ele relatou que alguns dos melhores oficiais tinham morrido tentando dar exemplo de coragem para seus homens, e "os novos comandantes substitutos não conheciam bem as suas obrigações" e "não tinham consciência", usando todas as oportunidades para se colocarem na retaguarda enquanto os outros morriam.

Mas, acima de tudo, Gruman avisava sobre os perigos da exaustão.

> Nossos homens, que vinham lutando desde o início de agosto, estavam cansados. O peso do moral era extremo. O grito de "médico!" acompanhava a luta como fogo descontrolado, e o grito de "metralhadora à frente!" não era ouvido. Esses tristes episódios antes eram desconhecidos no nosso regimento.

Relembrando os soldados corajosos que tinha visto em outras batalhas, acrescentou: "aquele guerreiro não pode ser criado de uma companhia numericamente pequena, cansada, infestada de piolhos."

Num trecho datado de 25 a 29 de novembro, ele escreveu que "éramos incapazes de quebrar a resistência do inimigo" e que tinham enterrado mais homens. Enquanto observava que outras unidades ainda avançavam sobre a capital soviética, ele já não acreditava que ele e seus homens estariam entre os que conquistariam "a glória de chegar primeiro a Moscou". Pelo contrário, ele esperava isso de *Schneller Heinz!*, o famoso comandante de Panzers Heinz Guderian, que avançava do sul. "Nossas esperanças de entrar em Moscou vindo de sudoeste estão com as unidades de tanques de Guderian", concluiu.

* * *

Guderian, que antes estivera plenamente convencido de que realizaria aquelas esperanças, sentia-se agora assolado de dúvidas quanto à capacidade de seus tanques terem sucesso naquela tarefa. Pouco depois de ter tomado Orel em 3 de outubro, seus tanques tiveram de enfrentar mais T-34s soviéticos e sofreram pesadas baixas. "Até agora fomos superiores em tanques, mas a partir de agora a situação se inverteu. [...] Por isso, desaparecia a perspectiva de uma vitória rápida e decisiva." Para o lado soviético esse julgamento parecia prematuro, pois ainda não tinham, nem de longe, o número necessário de tanques de que precisavam. Ainda assim, não havia dúvida de que os T-34s, mesmo em número limitado, faziam notar com grande efeito a sua presença.

O outro fator importante era o tempo. A lama de outubro era um adversário desanimador. "Os russos são um obstáculo muito menor que a umidade e a lama!" O marechal de Campo Fedor von Bock, comandante do Grupo de Exércitos Centro, queixou-se no dia 21 de outubro no seu diário de guerra. Acompanhando o avanço de Guderian na direção de Tula, a cidade produtora de armas que guardava a estrada para Moscou pelo sul, Bock escreveu no dia 30 de outubro: "a fraca vanguarda de Guderian chegou à região ao sul de Tula, que é defendida pelo inimigo. Tudo mais está atrasado nas estradas lamacentas".

Um dia depois, Bock acrescentou que "nossas perdas se tornaram muito consideráveis", e relatou que Hitler exigia uma explicação para a falta de progresso. "Ele provavelmente se recusou a acreditar nos relatórios escritos, o que não deve ser surpresa, pois qualquer um que não tenha visto essa lama não pode considerá-la possível", escreveu ele amargamente.

Guderian se exasperava tanto pelas ordens vindas de Hitler quanto pelas condições que tinha de enfrentar. Quando seus tanques começaram a avançar de Orel para Tula, na única estrada que ligava as duas cidades, descobriram que os russos tinham explodido as pontes e minado extensas áreas dos dois lados da estrada. Além do clima e dos contra-ataques soviéticos, isso dificultava ainda mais os esforços de reabastecimento. O resultado foi o racionamento de combustível ter começado a limitar a velocidade do avanço. Quando recebeu a ordem de Hitler no dia 28 de outubro pedindo "unidades rápidas" para tomar as principais pontes, ele ficou furioso. Observou que seus tanques atingiam uma velocidade máxima de 20 km por

"O mein Gott! O mein Gott!"

hora na estrada Orel-Tula, e escreveu: "já não havia mais 'unidades rápidas'. Hitler estava vivendo num mundo de fantasia".

Na noite de 3 para 4 de novembro, o frio extremo congelou a lama das estradas, tornando mais fácil o avanço dos tanques de Guderian. Mas o alívio que sentiu foi compensado pelos maus pressentimentos quanto às consequências que a queda de temperatura poderia provocar em seus solda- dos – e aumentou sua raiva pelas decisões anteriores de Hitler que atrasa- ram o avanço sobre Moscou até aquela data tardia. "É um sofrimento para os soldados e uma pena para a nossa causa que o inimigo tenha ganhado tempo, enquanto nossos planos são adiados até que o inverno esteja mais avançado", escreveu numa carta de 6 de novembro.

> Tudo isso me entristece muito. Com a maior boa vontade do mundo não há nada que se possa fazer com relação aos elementos. A chance única de um único grande ataque desaparece cada vez mais, e não vai ocorrer nova- mente. Como as coisas vão terminar, só Deus sabe.

Quando a temperatura caiu para -15°C no dia 12 de novembro e depois para -22°C no dia seguinte, Guderian foi convocado para uma reunião dos comandantes dos exércitos do Grupo de Exércitos Centro que só o irritou ainda mais. Nas Ordens para a Ofensiva de Outono, 1941, que o alto-co- mando revelou naquela reunião, o plano de ação para o Segundo Exército Panzer chegava ao surreal. Sua atribuição era tomar Gorky que, observou Guderian, estava a 640 km de Orel e a 400 km "a leste" de Moscou. A ideia era cortar as linhas de comunicação da capital soviética com a retaguarda. "Não era o mês de maio e não estávamos lutando na França!" Guderian notou, zombeteiro. Com o apoio do seu superior imediato, ele escreveu um relatório explicando porque "o Exército Panzer já não era capaz de executar as ordens emitidas para ele".

Quando voltou às suas unidades no campo, ele estava ainda mais desa- nimado. No dia 14 de novembro, visitou a 167ª Divisão de Infantaria. "A situação de suprimento está ruim", lembrou Guderian. "Não havia dispo- nibilidade de camisas de neve, graxa de botas, roupas de baixo e, acima de tudo, calças de lã. Uma grande proporção dos homens ainda vestiam calças de *denim*, e a temperatura estava em 8°C abaixo de zero!" Algumas horas depois, ele chegou à 112ª Divisão de Infantaria, onde a situação era igual.

Se alguns soldados ainda conseguiam controlar o frio, era apenas devido ao que tinham conseguido tomar do inimigo. "Nossos soldados tomaram sobretudos e quepes de pele russos, e somente o emblema nacional mostrava que eram alemães." Os suprimentos de roupas de inverno oferecidos por seu próprio exército eram tão parcos que constituíam "mera gota no oceano", acrescentou.

Alguns dias depois, as mesmas tropas exaustas da 112ª Divisão de Infantaria teriam uma surpresa aterradora. Tropas siberianas recém-saídas dos trens do Extremo Oriente, e completamente equipadas com uniformes de inverno, lançaram um ataque total que balançou os alemães. Guderian tentou explicar aos homens o que tinha acontecido – mas não procurou disfarçar as dimensões do desastre. "Antes de julgar o desempenho dos soldados, é preciso ter em mente que cada regimento já tinha perdido 500 homens para o frio, que também devido ao frio as metralhadoras não atiravam, que nossos canhões antitanque de 37 mm não tiveram efeito contra os T-34", escreveu ele. "O resultado de tudo isso foi o pânico. [...] Essa foi a primeira vez que isso aconteceu durante a campanha russa, e foi um aviso de que a capacidade de combate da nossa infantaria estava no fim e que não se devia esperar que ela executasse tarefas difíceis."

Apesar de Guderian talvez ter chegado a essa ideia um pouco mais tarde do que deu a entender, ele se alarmava cada vez mais pelo contraste entre "seus homens mal vestidos e mal alimentados" e "os siberianos descansados, bem alimentados, vestidos em roupas aquecidas, plenamente equipados para a luta no inverno". Ao escrever sobre as batalhas de novembro, enquanto tentava chegar a Tula e fracassava, ele acrescentou: "só um homem que conhecesse tudo aquilo seria capaz de verdadeiramente julgar os eventos que ocorrem agora".

Guderian e outros generais no campo começavam a reconhecer que não eram apenas os soldados siberianos que lutavam com determinação maior do que a que tinham encontrado até aquele ponto. Havia uma convicção crescente entre muitos soldados soviéticos de que aquela era uma luta nacional, algo que não estava tão evidente nos primeiros dias da invasão.

Em Orel, por aqueles dias, Guderian conheceu um velho general czarista que lhe disse: "se vocês tivessem chegado há vinte anos, nós os teríamos recebido de braços abertos. Mas agora é tarde demais". Referindo-se

"O mein Gott! O mein Gott!"

à devastação da guerra civil russa após a Revolução Bolchevique, o general czarista acrescentou: "estávamos começando a nos pôr de pé, e agora chegam vocês e nos atrasam 20 anos e temos de começar tudo de novo. Agora estamos lutando pela Rússia e nessa causa estamos todos unidos".

Esses sentimentos não eram acidentais. Eram em parte resultado das políticas brutais dos nazistas nos territórios já ocupados que destruíram as ilusões das populações locais, e dos soldados soviéticos que acreditavam que os novos senhores mostrariam um pouco de clemência. Mas foram também resultado direto da mudança de tom que emanava do Kremlin. Como relataria mais tarde o general das Waffen-SS, Max Simon, "a essa época (verão e outono de 1941), um conceito 'nacional' ainda não tinha penetrado nas mentes dos soldados no *front*; e só foi proclamado por Stalin no fim do outono". Por essa data, até alguém como o antigo general czarista que Guderian conheceu era receptivo a apelos nacionais que vinham dos comunistas contra quem ele tinha lutado.

A decisão de Stalin de usar as comemorações do Dia da Revolução em Moscou para proclamar esses objetivos nacionais – por oposição aos ideológicos – logo começaria a produzir resultados.

Vasily Grossman, escritor e correspondente de guerra do *Krasnaya Zvezda*, refletiu sobre as diferenças entre os exércitos opostos que lutavam entre si, e contra os elementos naturais, primeiro a chuva e a lama, depois as temperaturas congelantes. "Os alemães não são tão bem preparados para o sofrimento físico, quando um homem 'nu' enfrenta a natureza", escreveu no seu caderno de notas.

> Um russo é criado no sofrimento, e suas vitórias são duramente conquistadas. Os alemães, por sua vez, são preparados para vitórias fáceis baseadas na superioridade tecnológica, e cedem ao sofrimento causado pela natureza. O general Lama e o general Frio ajudam o lado russo. (Mas é verdade que somente os fortes são capazes de fazer a natureza trabalhar a seu favor, enquanto os fracos ficam à mercê da natureza.)

Independentemente do grau de verdade nas generalizações de Grossman, o soldado do Exército Vermelho não era um super-homem, nem física nem psicologicamente. Muitos dos soldados que lutavam para defender Moscou sentiam-se tão exaustos quanto seus adversários. Eles também lutavam contra os elementos da natureza, e tentavam se manter bem alimentados e aquecidos. Seus superiores monitoravam nervosamente a sua disposição, procurando sinais de problemas.

O departamento de censura da região militar de Moscou afirmou num memorando interno que tinha censurado 2.505.867 cartas entre 15 de novembro e 1º de dezembro, ou seja, toda a correspondência daquele período. Apesar de afirmar que quase todas as cartas demonstraram que o moral estava alto, ele relatava o confisco de 3.698 cartas e o apagamento de trechos em outras 26.276. Como quase todos os soldados sabiam com certeza que suas cartas poderiam ser e seriam censuradas, o fato de uma parte das correspondências ter demonstrado "baixo moral, ligado a questões de provisões e roupas quentes", e outras conterem "propaganda antissoviética", indica que as autoridades tinham sérias razões de preocupação.

"A comida é realmente ruim. Logo não vou poder mais me mover por causa da fome", escreveu um soldado de nome Ptashnikov. Semyon Leskov foi mais descritivo: "você sabe como está frio e estamos sentados nas trincheiras usando botas frias", escreveu.

> Estamos aqui sentados, tremendo, e os alemães nos bombardeiam dia e noite. Querem por todos os meios chegar a Moscou, mas estamos aqui ao lado do rio e não vamos permitir que eles passem. Às vezes temos comida suficiente, mas em geral não temos, porque sempre mudamos de posição para lutar.

As queixas pelo frio e da comida eram amplamente ecoadas. "Você quer que eu descreva o meu serviço. [...] Você sabe que é muito frio no inverno e que não temos pão suficiente. Já não tomamos banho há dois meses, e todos têm muitos piolhos", escreveu N. I. Folimonov à sua mulher ou mãe. Outro soldado se queixou: "Eles nos dão a comida suficiente apenas para nos mantermos vivos. E nossa vida é realmente muito difícil – só prisioneiros vivem assim, e soldados não deviam ter de suportar essas condições. [...] Temos só repolho e batatas para comer". V. Sorokin relatou que sua unidade só recebia "cinco colheres de sopa" pela manhã, o que devia ser suficiente para mantê-los ativos até a noite.

"O mein Gott! O mein Gott!"

As cartas mais alarmantes eram as que ligavam as condições deploráveis com previsões de derrota. Escreveu E. S. Suslin:

> Onde quer que vamos, os alemães nos cercam e perseguem como cães caçam coelhos. Não acredite nem nos jornais nem no rádio – eles contam mentiras! Vimos tudo e eu vi como os alemães caçam nossos soldados e não sabemos para onde correr. Não temos armas suficientes para lutar nem veículos para nos movermos. Falta combustível, e assim nossos soldados abandonam tanques e veículos e correm.

Outra carta, assinada com o sobrenome Dronov, passou da queixa por rações insuficientes para a previsão: "os alemães vão tomar Moscou dentro de alguns dias – não acredite nos jornais". Todas essas cartas foram confiscadas.

No momento mesmo em que alguns soldados se desencorajavam, outros respondiam à convocação de voluntários para defender a capital. As autoridades de Moscou tinham conseguido expandir as brigadas comunistas ou unidades de guarda nacional, que eram compostas por uma combinação de voluntários e recrutas. Por volta do fim de novembro, suas fileiras já atingiam 48 mil soldados – um crescimento de cinco vezes desde outubro, quando se organizaram os primeiros grupos. Unidades civis logo se transformaram em formações militares regulares. Algumas foram organizadas como unidades antitanque, enquanto outras foram preparadas para a luta de rua se os alemães conseguissem entrar na cidade; e outras foram rapidamente distribuídas em posições que guardavam as estradas para a capital.

Foi uma distribuição escassa – e eles sabiam. Mesmo com os novos recrutas se juntando às suas fileiras, as unidades de vanguarda mal constituíam uma força de peso para conter os alemães. Albert Tsessarsky, o ordenança médico que foi a Moscou buscar suprimentos no dia 16 de outubro, estava de volta com sua unidade de guarda nacional, com 33 homens, nas proximidades de Mozhaisk, a 100 km de Moscou. Com cerca de 400 a 500 soldados inimigos à sua frente, no outro lado do rio Moscou, eles sabiam que não tinham chance de parar os alemães com sua única metralhadora, caso eles decidissem atacar.

Mas as tropas da guarda nacional desenvolveram um plano inteligente para tornar os alemães nervosos com relação à possibilidade de ataque. Começando no início de novembro, eles patrulhavam a margem do rio com dez

A Batalha de Moscou

homens de cada vez – em outras palavras, com um terço da sua força total. Normalmente, uma patrulha desse tamanho só seria lançada por uma unidade muito maior – exatamente a impressão que queriam passar. A ideia era levar os alemães a acreditar que eles tinham muito mais homens do que realmente tinham. Embora estivessem vestindo roupas de inverno e *velenki* (botas russas de feltro), cada unidade de dez homens só saía durante duas horas por vez. "Era o máximo que suportávamos passar no frio", afirmou Tsessarsky.

Na outra margem do rio os alemães, que careciam de uniformes de inverno, se encolhiam no acampamento e não pareciam ansiosos por se mover. Nem quando o rio congelou os alemães tentaram cruzar – o que aliviou e desorientou Tsessarsky e os outros russos, que sabiam que não seriam capazes de contê-los se cruzassem.

Mas uma noite alguns dos habitantes locais que tinham sido cercados no lado alemão tentaram fugir através do gelo. Os alemães de repente voltaram à vida, ligaram um holofote e atiraram nos civis em fuga. "Foram cenas terríveis", lembrou Tsessarsky.

> Lembro-me de uma mãe que cruzava o rio com uma criança sobre um trenó. Quando chegou onde estávamos, ela nos pediu para ficarmos com o bebê, mas ele tinha sido morto. Na manhã seguinte, vimos muitos cadáveres sobre o gelo, que estava vermelho de sangue.

Tsessarsky tratou os feridos da melhor maneira que podia. "Minha primeira prática médica foi lá", afirmou ele. Alguns dos aldeões trouxeram seus mortos. Como era impossível enterrá-los na terra congelada, Tsessarsky e os outros soldados escreveram os nomes dos mortos e prenderam nas roupas, oferecendo vagas esperanças de que teriam um enterro adequado na primavera. "Até hoje não sei o que aconteceu aos corpos", acrescentou, ainda perturbado por aquela lembrança, quando descrevia aquele período 65 anos depois.

Aquela noite no rio era uma lembrança terrível do que os alemães eram capazes e do que devia esperar alguém que fosse surpreendido na mira deles.

Stalin e Zhukov sabiam que não podiam contar com as unidades de guarda nacional para conter ou enganar os alemães durante muito tempo, e que seriam as divisões siberianas que lhes ofereciam a grande esperança de evitar que Hitler tomasse Moscou. Apesar de as tropas que foram apressadamente

"O mein Gott! O mein Gott!"

transferidas do Extremo Oriente soviético serem conhecidas como "siberianas", nem todas se originavam daquela região. Alguns dos homens lutavam as primeiras batalhas, e estavam entre os sobreviventes de unidades que tinham sido praticamente exterminadas. Transferidos para o Extremo Oriente, misturaram-se a unidades recém-organizadas que estavam sendo treinadas lá. Logo retornaram às frentes de batalha nos acessos a Moscou, quando Stalin se convenceu de que não seria atacado ao leste pelo Japão.

Boris Godov estivera numa brigada aerotransportada perto de Kiev no início da guerra e sofrera um ferimento no estômago quando escapava do cerco alemão da capital da Ucrânia. Depois de se recuperar num hospital na região de Moscou, ele foi designado para a 413ª Divisão Siberiana – despachada no final de outubro para defender Tula, a cidade produtora de armas ao sul de Moscou, dos soldados alemães liderados, entre outros, pelo general Guderian. "Tula ficava na estrada para Moscou, e ninguém sabe se Moscou teria sobrevivido se não tivéssemos vencido os alemães lá", disse, orgulhoso.

Mas Godov e seus colegas soldados da Divisão Siberiana logo descobriram que não estavam preparados para a intensidade da luta que enfrentariam – e para a qual, em alguns casos, não contavam com equipamentos adequados. É verdade que tinham boas roupas de inverno: *valenki* ou botas, jaquetas de algodão e lã, sobretudos e capas brancas de camuflagem. A cozinha de campo também era melhor que na maioria das outras unidades, oferecia sopa quente e *kasha* pela manhã e à noite, e até 100 ml de vodca quando o tempo esfriava. As más notícias eram o início dos bombardeios aéreos logo depois de terem chegado, e o fato de não contar com as armas necessárias para rechaçar os ataques terrestres.

Num dos casos, uma unidade de artilharia descobriu que tinha recebido projéteis muito pequenos para seus canhões, deixando-a à mercê dos tanques alemães. "Todo o regimento de artilharia pereceu, pois não podiam fazer nada", lembrou Godov. Muitos soldados morreram tentando explodir tanques alemães com granadas de mão, pois esta era a única arma que podiam usar. Dos 15.400 homens da divisão de Godov, só 500 sobreviveram. Porém, Guderian fracassou na tentativa de chegar a Tula – e, em consequência, no que esperava que fosse o avanço final do sul na direção de Moscou.

Em outras partes do *front*, os invasores já tinham penetrado na região da Grande Moscou, que se compunha de 87 distritos. Em novembro e dezembro,

A Batalha de Moscou

tropas alemãs controlavam completamente 17 deles e ocupavam partes de outros dez. Quem vivia nos arredores da capital nunca sabia com certeza se o próximo soldado a aparecer seria amigo ou inimigo.

Durante aquele período incerto, Natalya Kravchenko, a filha de um artista de Moscou que tinha morrido um ano antes, vivia na dacha da família, na aldeia de Nikolina Gora, cerca de 50 km a oeste de Moscou. Na estrada fortemente castigada por fogo de artilharia que levava a aldeia à capital, havia 17 pontos de verificação, operados por soldados do Exército Vermelho. De repente foram todos abandonados, e os sons de batalha – de armas leves e de artilharia que os aldeões antes ouviam – desapareceram com a mesma rapidez. "Foi um momento muito difícil", lembrou Kravchenko. "Os silêncios eram as coisas mais assustadoras durante a guerra."

Kravchenko, sua irmã e avó estavam em casa quando o silêncio foi quebrado por um estranho ruído. "Não entendemos de onde vinha o som e saímos para verificar", explicou ela. Bem em frente da casa, ao longo de toda a estrada da aldeia, estavam as tropas siberianas, dormindo pesadamente e roncando. "É difícil imaginar a velocidade com que avançavam as tropas siberianas. Costumavam dormir somente duas ou três horas por dia." Aquela era uma das suas paradas para dormir, e os soldados exaustos aproveitavam-na completamente.

Quando acordaram, os soldados pediram água, que as mulheres Kravchenko derramaram nos seus capacetes. Partiram marchando e a luta logo recomeçou nas proximidades. A dacha de Kravchenko foi transformada num posto de primeiros socorros para os feridos. As cortinas da família, os cobertores e lençóis foram todos usados para improvisar salas de operação, onde os feridos eram tratados sobre as grandes mesas de desenho do ateliê do pai. A intensidade da luta logo convenceu as Kravchenko a voltar para Moscou, pois a cidade começava a parecer mais segura que os arredores, onde não se tinha como escapar da carnificina.

Os siberianos não tinham essa opção. Vladimir Edelman foi um dos homens que tinham acabado de chegar do leste. Tal como Godov, ele não era realmente siberiano. Judeu ucraniano, ele também lutou na batalha por Kiev em setembro. Ao contrário de muitos dos seus parentes que estavam entre as vítimas do massacre de judeus em Babi Yar, ele fugiu da sua cidade natal e terminou numa unidade de infantaria na região de Omsk

"O mein Gott! O mein Gott!"

composta principalmente de cadetes militares siberianos e graduados recentes das escolas militares.

Como tenente com experiência de combate, Edelman foi colocado no comando de uma unidade de 25 homens. Quando os oficiais superiores vieram verificar a habilidade dos soldados como atiradores, irritaram-se pelo que viram inicialmente: em vez de se posicionarem no chão e apontarem de acordo com os regulamentos, os siberianos se relaxavam e apontavam da posição que lhes era mais confortável. Os oficiais censuraram Edelman por não lhes ter ensinado as posições e procedimentos corretos. Mas quando viram os alvos em que eles atiravam, eles logo esqueceram todas as reclamações. "Eles eram excelentes atiradores porque eram caçadores", explicou Edelman. Numa escala de 1 a 10, a contagem de acertos da maioria era de 9 ou 10.

Enquanto ainda estava na Sibéria, Edelman e os outros homens receberam roupas de baixo longas, suéteres, coletes de pele, calças de algodão e lã, luvas, casacos de inverno e chapéus de pele. Guardavam as armas de mão e rádios debaixo do casaco para que não congelassem. Edelman admitiu que naquele ponto da guerra os alemães tinham melhores rádios, metralhadoras e morteiros, e os russos iriam tentar tomar seus equipamentos sempre que possível. Mas depois que ele e seus 25 homens foram transferidos para a região noroeste de Moscou, Edelman percebeu rapidamente que a grande vantagem dos seus homens era a farda de inverno. Às vezes o termômetro caía até -40°C em novembro e dezembro, e os alemães sofriam muito mais com essas temperaturas.

Não eram somente os soldados alemães que congelavam; os lubrificantes nos seus tanques e outros veículos também congelavam. As tropas alemãs nos acessos a Moscou não tinham recebido anticongelante nem correntes para rebocar os veículos atolados. Em alguns casos, os aviões alemães deixavam cair cordas para as tropas, que seriam usadas para esse fim. À medida que as temperaturas despencavam, os problemas de transporte ficavam mais sérios – e a responsabilidade disso eram as expectativas exageradamente otimistas de uma vitória rápida que também explicavam o fato de os planejadores alemães não terem fornecido uniformes de inverno.

Não havia dúvidas de que os verdadeiros siberianos sentiam menos o frio que a maioria dos russos e certamente bem menos que os alemães. "Estávamos muito entusiasmados e mostramos a eles que lutávamos bem", disse Edelman. "Mas o severo inverno russo nos ajudou muito." Durante novembro e a maior parte de dezembro, explicou, ele e seus homens não puderam se lavar. Finalmente chegaram a uma aldeia onde havia um *banya*, ou casa de banhos simples – a água fria só era disponível nos poço ao ar livre. "Os siberianos tomavam seu banho de vapor e depois pulavam na neve", lembrou Edelman atônito. Incapaz de fazer o mesmo, ele esfregou sabão em todo corpo no banho de vapor, depois correu até o poço para jogar água fria sobre o corpo e correu de volta para o banho de vapor. Os siberianos precisaram ajudá-lo a se enxaguar e enxugar para que ele se aquecesse de novo.

Uma visão contínua vividamente desenhada na memória de Edelman: um grupo de alemães capturados parados num entroncamento onde ele dirigia o trânsito no frio extremo. Eles usavam fardas de verão, com casacos leves e sem chapéus. Os únicos sons que emitiam eram suspiros, gemidos e as palavras "*O mein Gott! O mein Gott!*". Vez por outra um deles caía morto no chão.

Em outra ocasião, quando ele conduzia seus homens por um campo coberto de neve perto de Volokolamsk, Edelman percebeu que estavam literalmente caminhando sobre cadáveres abaixo da superfície branca, tão amontoados depois de uma batalha recente que era impossível evitá-los. "Os campos no entorno de Moscou estavam cheios de centenas de milhares de cadáveres", observou ele. "É difícil descrever o que estava acontecendo ali." Muitos morreram devido às minas plantadas pelos russos para atrasar os invasores alemães, e depois pelos alemães para retardar o avanço do Exército Vermelho que veio expulsá-los.

Quando forçaram o inimigo a recuar, Edelman e seus homens às vezes encontravam corpos congelados de alemães empilhados como lenha. Os alemães sobreviventes tinham evidentemente esperado poder enterrar os que tinham caído quando o terreno descongelasse na primavera.

Apesar de toda conversa a respeito do entusiasmo dos seus homens, Edelman admite relutante que eles foram submetidos a brutal disciplina. "Vi o fuzilamento de desertores", disse ele. "Vi isso no meu batalhão." Ele não se recusava a discutir lembranças que muitos veteranos preferiam suprimir, colocando-as no contexto dos terrores normais de combate.

> Na primeira vez em que você tem de sair de uma trincheira e correr diretamente para as armas do inimigo, seu coração dispara e você se encharca em suor frio. Você corre e os homens à sua esquerda e direita caem, e você sabe que a qualquer momento o mesmo pode acontecer a você.

"O mein Gott! O mein Gott!"

Como oficial, ele acrescentou: "você tem de atacar e acreditar que seus soldados vão seguir você".

E se alguém não quisesse sair da trincheira para segui-lo? Edelman olhou para o outro lado e respondeu: "quando você vê que alguém fica para trás, você lhe bate na cara. Há regras diferentes na guerra. Por que eu deveria atacar e você não? Não é hora de sentimentos".

Os siberianos ajudaram a recapturar várias cidades e aldeias a noroeste de Moscou, mas pagaram um alto preço por suas vitórias. Dos 25 homens sob o comando de Edelman quando entraram na Batalha de Moscou no fim de outubro, somente três ainda estavam com ele em janeiro de 1942. "Os outros estavam mortos, feridos ou congelados", disse ele. "Minhas mãos e pés também congelaram, mas ainda assim continuei lutando." Edelman foi ferido cinco vezes durante a guerra e condecorado por bravura depois da Batalha de Moscou. Sua mãe, que fugiu de Kiev, recebeu duas vezes a notificação de que ele estava morto.

Apesar do seu evidente patriotismo e coragem, Edelman estava ansioso por esclarecer uma questão. "É um mito que as pessoas gritassem 'pela pátria! Por Stalin!' Nunca vi ninguém gritar isso. Há muitos mitos e só se pode descobrir a verdade pouco a pouco."

A verdade com relação aos siberianos, como se deu com outros que participaram da defesa de Moscou, permaneceu logo abaixo da superfície dos campos e aldeias onde tantos lutaram e morreram. Semyon Timokhin cresceu em Toropovo, uma pequena aldeia na região de Kemerovsky, na Sibéria. Tinha apenas 7 anos quando a batalha pela capital atingia o seu clímax, e seu pai foi recrutado e despachado para a região de Moscou. Quando seu trem se aproximava do destino, bombardeiros alemães atacaram – e ele foi gravemente ferido. "O braço dele foi dilacerado, e ali terminou a guerra para ele", lembrou Semyon.

Semyon cresceu com relatos vívidos das provações dos siberianos. Seu tio Vladimir Timokhin também foi enviado naquele outono para lutar nos arredores de Moscou, e contou de uma noite particularmente horrível. Por volta das 3h da madrugada, uma enorme explosão sacudiu o quartel e uma parte do edifício simplesmente desapareceu. Vladimir saltou do seu catre, olhou para fora e viu que o chão estava branco – apesar de não estar coberto de neve no dia anterior. Na verdade, ainda não havia neve. Mas os soldados receberam pijamas brancos na véspera, e eram seus pijamas e corpos que estavam espalhados sobre a terra escura.

Crescendo depois da guerra, Semyon seguiu uma carreira militar, chegando ao nível de general no exército, especializado em aviação. Depois de se afastar da sua última atribuição como chefe da aviação da área Moscou, recebeu um lote de terreno não muito longe de Snegeri, uma aldeia a noroeste de Moscou, onde os siberianos tinham participado de batalhas brutais de tanques e infantaria. "Comecei a cultivar e cercar o terreno e descobri ossos por todo o lugar", disse ele. Acontece que os habitantes locais tinham tentado enterrar os que tinham morrido no final de 1941 e início de 1942, quando os corpos começaram a descongelar na primavera. "Todo esse território com mais de 200 lotes de terreno era um enorme cemitério", explicou Semyon.

Um pedaço de terra tão perto de Moscou era uma posse valiosa, mas como ele já sabia o preço que os siberianos haviam pagado ali, ele não conseguiu tratá-lo como mais um lugar onde cultivar repolho, tomates, salsa, maçãs e peras como tinha planejado. "Não consegui continuar lá", explicou. Os fantasmas de siberianos como ele expulsaram-no da sua terra.

"Não seja sentimental"

Por volta do final de novembro, Stalin e seus generais começaram a perceber que tinham sobrevivido à pior parte do avanço sobre Moscou. Sabiam que os alemães tinham estendido demais suas linhas, careciam de suprimentos e morriam de frio. Sabiam também que naquele momento Hitler não dispunha de reservas para convocar ninguém como os siberianos para lançar na batalha. E sabiam que seus homens que correram a defender sua cidade, haviam lutado com todas as suas forças, em sua grande maioria. "Nossos soldados tinham plena consciência da sua responsabilidade pessoal pelo destino de Moscou, pelo destino da pátria, e estavam determinados a morrer para não deixar o inimigo entrar em Moscou", escreveu mais tarde o marechal Zhukov. Apesar do tom propagandístico dessa avaliação, ela foi em geral precisa.

Mas nada disso significava que Stalin estivesse pronto a facilitar as coisas para seus generais ou seus homens. Zhukov sentiu isso na pele quando o líder soviético o convocou por causa de um relatório dizendo que Dedovsk – uma cidade a noroeste de Moscou, a apenas 30 km do Kremlin – havia sido abandonada por suas tropas e tomada pelos alemães.

"Você sabia que eles ocuparam Dedovsk?", perguntou Stalin.

"Não, companheiro Stalin, eu não sabia", respondeu Zhukov.

"Um comandante deve saber o que se passa no *front!*", estourou o ditador. Ele, então, ordenou a Zhukov que fosse imediatamente para a área e organizasse "pessoalmente um contra-ataque para retomar Dedovsk".

Quando Zhukov objetou, dizendo que não devia sair do quartel-general numa época tão tensa, Stalin nem quis ouvir. "Esqueça, nós vamos resolver isso de alguma forma", informou-o asperamente, acrescentando que o chefe do Estado-Maior poderia assumir o seu posto enquanto ele estivesse fora naquela missão.

Zhukov logo descobriu a verdadeira história. O general Konstantin Rokossovsky, cujo 16º Exército era responsável por aquela região, explicou que Dedovsk não tinha caído em poder dos alemães. Na verdade, suas tropas estavam lutando ao longo da estrada de Volokolamsk, mais ao norte, para evitar que os alemães rompessem as defesas em direção a Dedovsk e Nakhabino. Durante a luta, os alemães tinham tomado uma aldeia chamada Dedovo. Os nomes eram suficientemente parecidos para alguém confundi-los. "Era claro que o relatório que Stalin tinha recebido estava errado", lembrou Zhukov.

Mas quando chamou o quartel-general para explicar o mal-entendido, Stalin explodiu numa raiva e exigiu que Zhukov retomasse a aldeia. Não importava que o local não tivesse nenhum valor tático ou estratégico, nem que ele estivesse pensando em outro lugar quando tinha dado a ordem original. O general não ia se livrar tão facilmente.

Obediente, Zhukov foi para o campo e disse a Rokossovsky e a outro general para tomarem a aldeia dos alemães. Na verdade, isso significava deslocar tropas para recuperar algumas casas. Com batalhas bem mais importantes por todos os lados, de início eles discordaram, mostrando que seria um desvio desnecessário, que resultaria em enviar uma companhia de fuzileiros através de uma ravina profunda, retirando-a da batalha principal. Em vez de se envolver numa discussão sem razão, Zhukov lhes disse que era uma ordem de Stalin, e deu fim à polêmica.

Quando, em 1º de dezembro, Zhukov informou a conclusão bem-sucedida daquela missão sem sentido, disseram-lhe que Stalin tinha convocado-o três vezes. "Onde está Zhukov?", perguntou, aparentemente esquecido de que ele próprio o tinha enviado em uma missão. "Por que ele saiu?"

"Não seja sentimental"

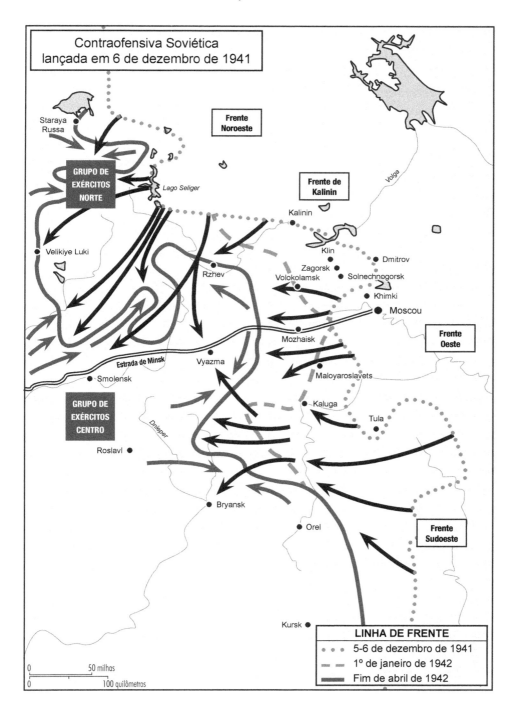

Naquele mesmo dia, tropas alemãs tinham lançado um novo ataque em outra parte do *front* que até então estivera tranquila. Finalmente, de volta ao seu quartel-general, Zhukov chamou Stalin para discutir este último ataque. Quando estavam terminando, o líder soviético mencionou a missão anterior. "Bem, e o que você diz de Dedovsk?"

Zhukov sabia que não adiantaria repetir que a cidade nunca estivera em perigo, e que o líder soviético a tinha confundido com uma pequena aldeia. Ele apenas informou que suas tropas expulsaram os alemães de Dedovo. Enfatizar o fato de que Stalin recebera informações erradas, aumentado a gravidade do erro ao se recusar a reconhecê-lo, só poderia prejudicar a si próprio. Nos seus contatos com Stalin, Zhukov ousava ser mais franco do que qualquer outro, mas também não tinha ilusões quanto aos riscos de provocar sua ira.

Sob esse aspecto, Stalin e Hitler administravam suas campanhas militares de maneiras semelhantes. Os dois ditadores intimidavam regularmente os seus generais, negando sua autoridade sempre que lhe parecia adequado. Mas no final de novembro e início de dezembro, os dois líderes estavam numa nova posição em relação um ao outro. A rápida marcha do exército alemão através da Rússia tinha-se interrompido às portas de Moscou, e o Exército Vermelho estava em posição de contra-atacar em algumas áreas, em vez de simplesmente continuar recuando. Essa situação iria testar a liderança militar de Stalin e de Hitler de novas formas.

Enquanto Stalin ordenava a Zhukov lançar a primeira contraofensiva no dia 6 de dezembro, Hitler respondia com enorme atraso aos apelos dos seus generais e reconhecia o quanto as suas tropas estavam exaustas e dispersas numa grande extensão e ordenou a interrupção, durante o inverno, do avanço para tomar Moscou e outros objetivos-chave. A diretiva 39 de Hitler, emitida em 8 de dezembro, declarava: "o severo inverno que chegou surpreendentemente cedo no leste e as dificuldades consequentes de transporte de suprimentos nos forçam a abandonar imediatamente todos as principais operações ofensivas e passar à defensiva".

Tal como a recusa de Stalin em admitir a verdade sobre a confusão entre Dedovsk e Dedovo, a diretiva de Hitler era deliberadamente enganadora ao lançar sobre o inverno a culpa por todos os problemas do seu exército. Seus próprios erros – em particular o fato de não planejar uma campanha de inverno – tiveram pelo menos culpa igualmente grande. E enquanto o líder alemão ostensivamente permitia às suas tropas assumir posições defensivas, a realidade era bem mais complicada e desoladora no campo. Ele ainda se recusava a ouvir seus generais. A recusa de Stalin a ouvi-los nos momentos críticos também seria muito custosa, mas a fé inabalável de Hitler no seu próprio gênio militar teria consequências ainda mais graves nessa nova fase da Batalha de Moscou.

Os dois ditadores eram parecidos de outra maneira: ambos exigiam que seus exércitos lutassem essa guerra sem nenhuma consideração pelos conceitos mais rudimentares de humanidade. Tratamento brutal não era apenas tolerado, mas era incentivado, até exigido. No lado alemão, a propaganda nazista insistia todos os dias na mensagem às tropas de que seus inimigos eram *Untermenschen* ou sub-humanos. No lado soviético, a doutrina racista não era oficialmente parte da ideologia comunista, mas desenvolveu muito rápido sua própria força.

Ilya Ehrenburg, tal como Konstantin Simonov, era um famoso correspondente de guerra para o jornal do exército *Krasnaya Zvezda*, e escreveu suas linhas mais citadas sobre os alemães em 1942.

> Agora sabemos. Os alemães não são humanos. Agora a palavra "alemão" tornou-se o insulto mais terrível. Não falemos. Não nos indignemos. Matemos. Se você não matar um alemão, ele o matará. [...] Se você já matou um alemão, mate outro. Não há nada mais alegre que cadáveres alemães.

Apesar de esse artigo ter sido publicado depois de terminada a Batalha de Moscou, sentimentos semelhantes permeavam a cobertura da guerra de Ehrenburg e de outros durante a luta em torno da capital. O que não chega a surpreender. Foi Stalin quem deu o tom para todos os propagandistas no seu discurso na estação Mayakovsky do metrô no dia 6 de novembro, quando prometeu: "bem, se os alemães querem uma guerra de extermínio, eles vão tê-la".

Desde o início da guerra, o líder soviético não deixou dúvida de que, nesse processo, não se preocupava com o número de mortos entre o seu próprio povo. Já em setembro, Stalin ouviu relatos de que as forças alemãs que atacavam Leningrado tinham colocado velhos e crianças à sua frente como escudos humanos. O líder soviético respondeu denunciando "o porco alemão" por essa tática, mas deu instruções claras aos seus generais para não se preocuparem com as baixas civis.

> Meu conselho é: não sejam sentimentais, esmaguem nos dentes os cúmplices do inimigo por opção ou contra a vontade. Agridam os alemães e seus delegados, quem quer que sejam, com tudo que tiverem, destruam o inimigo, sejam eles inimigos por opção ou contra a vontade.

Abram Gordon, que tinha se apresentado como voluntário logo após a formatura no Instituto Pedagógico do Estado em Moscou, aprendeu rapidamente o que significava em termos práticos essa abordagem deliberadamente desumana da guerra. No início de outubro, ele fazia parte de uma unidade designada para bloquear o avanço alemão em direção à capital, pela estrada de Varsóvia. Os 2 mil homens eram superados em armas e números. Durante um dia de batalha intensa eles tentaram desesperadamente parar os tanques alemães com granadas e coquetéis molotov até quando mesmo essas frágeis armas se esgotaram. Apenas cerca de 300 a 350 dos soldados soviéticos ainda estavam vivos e em condições de se moverem no final do dia. Sua única esperança era recuar para a floresta sob a cobertura da noite, deixando para trás os mortos e os gravemente feridos. "Só se pode imaginar o que teria acontecido a eles no dia seguinte quando os alemães ocuparam o território", disse Gordon.

Nos estágios finais da batalha, Gordon e outros soldados encontraram dez alemães perdidos que se renderam de imediato. "Tínhamos de decidir o que fazer com eles", lembrou Gordon, ainda visivelmente infeliz com aquela lembrança. "O fato é que tínhamos de recuar para a floresta o mais rápido possível. Não podíamos trazê-los conosco e não podíamos libertá-los."

Muitos veteranos soviéticos preferem nem mencionar incidentes como esse, e Gordon claramente gostaria de parar por aí. Mas pressionado a esclarecer o que estava sugerindo, ele acrescentou: "tivemos de fuzilá-los". E admitiu que era um dos homens designados para compor o pelotão de fuzilamento. "Tive ordens de matá-los. Por muito tempo essa lembrança me atormentou, mas agora eu entendo perfeitamente que essas medidas eram necessárias. Éramos soldados em guerra, onde ou você mata ou é morto."

"Não seja sentimental"

A situação se inverteu quando os alemães o capturaram. Levado para um pátio enorme, ele se viu atrás de uma cerca de arame farpado com milhares de outros prisioneiros de guerra soviéticos. Os captores alemães puseram-nos em fila e começaram a marchar para oeste, presumivelmente para um dos campos de prisioneiros, que tinham instalado atrás da linha de frente.

Naquele momento Gordon se viu na primeira de uma série de situações de perigo imediato. Olhando diretamente para ele, um guarda alemão gritou a pergunta: "você é judeu"? Como ele próprio admitiu, suas feições morenas deixam pouca dúvida quanto à resposta. Aterrorizado demais para responder, de repente ele ouviu alguém ao seu lado gritar a resposta: "não, ele é do Cáucaso". Gordon está convencido de que aquelas palavras lhe salvaram a vida.

Os prisioneiros foram forçados a marchar mais de 50 km antes de terem permissão para descansar ao lado da estrada. Lá ele conheceu o tenente Nicolai Smirnov, que já pensava em fugir. Quando o oficial sugeriu a Gordon que tentassem se esconder em uma das muitas pilhas de feno próximas, o soldado não pensou duas vezes. Calculou que suas chances de sobrevivência na prisão eram quase zero.

Durante cerca de duas horas, os dois homens se arrastaram com dificuldade até as pilhas de feno, pois queriam ter certeza de que os guardas não os veriam. Conseguiram e se afundaram em uma das pilhas, passando umas três ou quatro horas lá. Durante esse tempo outros prisioneiros notaram sua ausência e, calculando o que tinham feito, decidiram fazer a mesma coisa. Mas quando chegaram às pilhas de feno, os guardas os viram. Logo o ar se encheu de gritos quando os alemães começaram a fincar suas baionetas nos locais onde eles acabaram de se esconder, e a atirar em outros. Como Smirnov e Gordon estavam no fundo da pilha, os dois sobreviveram ilesos.

Quando a escuridão já era completa e os alemães retomaram a marcha dos prisioneiros, Smirnov e Gordon finalmente saíram da pilha e começaram a voltar para o território controlado pelos soviéticos. Com a ajuda dos aldeões que lhes deram comida e orientação, eles encontraram suas tropas. Mas sua provação não tinha terminado.

Ao lado de vários outros homens que conseguiram fugir ou simplesmente se perderam das suas unidades, eles foram enviados de volta a Moscou para serem torturados pelos interrogadores militares. Smirnov e Gordon decidiram contar sua história, incluindo tudo, até o breve período de prisão nas mãos dos alemães. Calcularam que não poderiam ser considerados prisioneiros de guerra – traidores aos olhos do regime de Stalin –, pois tinham conseguido fugir em muito pouco tempo.

Mas o serviço de contrainteligência considerava igualmente suspeita uma volta rápida, pois isso poderia ser uma indicação de que eles estavam espiando para os alemães. Levado para o mesmo dormitório onde dormia quando era estudante, Gordon descobriu que aquele local fora transformado num centro de interrogatórios. Quando chegou a sua vez de enfrentar o interrogatório, ele foi levado para a sala 13, a mesma onde tinha vivido antes. Parecia uma estranha coincidência.

Mas não havia tempo para nostalgia. O oficial que o interrogou obviamente não acreditou na sua história e não deixou dúvida de que o considerava um possível espião. "Sou judeu", Gordon declarou frustrado, tentando demonstrar que não teria condição de convencer os alemães a poupá-lo, mesmo que se dispusesse a espionar para eles. Isso finalmente convenceu o interrogador a liberá-lo, enviando-o de volta ao serviço militar. "Foi a única vez na minha vida em que minha origem me ajudou", observou Gordon com ar infeliz.

Smirnov não teve tanta sorte. Seu interrogador o despachou para um campo de prisioneiros em Mordovia, uma região a sudeste de Moscou, onde morreram muitas vítimas do Gulag. Como oficial, ele era duplamente suspeito e foi enviado oficialmente para lá para poder ser examinado com mais detalhe. Gordon soube mais tarde, quando tentou descobrir o que tinha acontecido com o corajoso tenente que inventara o meio de ele fugir, que Smirnov morrera no campo de prisioneiros cerca de quatro meses depois. A causa oficial de morte foi tuberculose.

Elena Rzhevskaya, a futura escritora que aprendera alemão e sempre servia como intérprete do Exército Vermelho durante os interrogatórios dos prisioneiros de guerra alemães, lembrou seu espanto quando descobriu que o inimigo operava sob regras diferentes. Ao interrogar um tenente alemão, parte de um grupo de 16 homens que se renderam quando foram cercados por forças soviéticas, ela lhe perguntou se sua ação seria considerada traição. "Não, não é", respondeu o tenente, acrescentando que seus homens lutavam melhor por saberem que podiam se render se fosse necessário. Relembrando

"Não seja sentimental"

aquele encontro décadas depois, Rzhevskaya ainda parecia surpresa. "Ao contrário dos soldados soviéticos, os soldados alemães não eram punidos [por seu próprio lado] por serem capturados", disse ela. "Os que sobreviviam eram até promovidos."

Mas muitos alemães já estavam mal quando eram capturados e vários não sobreviviam às provações subsequentes. Tal como outros soldados soviéticos, Rzhevskaya conheceu alemães capturados que pareciam quase cômicos no desespero de se proteger do inverno frígido – vestindo qualquer roupa que conseguissem tomar da população local, geralmente mulheres, pois os homens tinham ido para a guerra.

Rzhevskaya se lembrava em particular de um prisioneiro de guerra, logo depois de ter sido preso:

> O alemão estava congelado, tinha pingentes de gelo no rosto e nas roupas. Estava enrolado num grosso xale de mulher, e o chapéu estava sobre o xale, que era bastante grande para envolver todo o seu corpo. Ele também usava botas de palha do tipo que os alemães obrigavam os habitantes locais a fazer para eles.

Sua aparência bizarra de início lhe oferecia um pouco de proteção, levando os russos a sorrir, em vez de descarregar a raiva sobre eles. Ele percebeu e ergueu as mãos para mostrar que estavam enfiadas em meias de lã, em vez de luvas, aumentando o efeito cômico.

Mas, como Rzhevskaya notou, o humor mudou quando o prisioneiro foi levado para uma cabana para ser interrogado. "Como estava quente na cabana, os pingentes de gelo começaram a derreter do seu rosto e ele começou a perder a camuflagem engraçada", disse ela. "Ele pareceu confuso e começou a tocar o rosto como se tentasse segurar sua armadura que se derretia."

As visões dos chamados "fritz do inverno"– os alemães que estavam reduzidos a tomar qualquer roupa dos habitantes locais para se manterem aquecidos – tornaram-se fonte de lembranças dos veteranos soviéticos. Albert Tsessarsky, o ordenança médico que foi mandado com seu pelotão de guardas nacionais para bloquear o avanço alemão sobre Moscou em Mozhaisk, se lembrava do que viu quando sua unidade se juntou à contraofensiva em 6 de dezembro. Depois de cruzar o rio Moscou congelado, os soldados soviéticos encontraram os cadáveres de alemães abandonados pelos companheiros em retirada. Um alemão morto usava um sutiã enrolado na cabeça, evidentemente para tentar proteger as orelhas do congelamento. Os outros estavam enrolados em tudo que encontraram para lutar contra o frio, e só usavam botas leves de couro. "Devo dizer que naquele momento senti uma enorme alegria, tamanha satisfação por eles terem recebido o que mereciam", disse ele. Mais tarde, acrescentou, aquelas emoções passaram e ele só se lembrava da visão "horrível" daqueles homens que tinham seguido "cegamente para suas mortes".

Nos primeiros estágios da luta, os alemães capturados exalavam desafio. Zoya Zarubina, outra jovem que agia como intérprete durante os interrogatórios dos prisioneiros de guerra, relembrava o "sentimento inicial de choque ao ver o inimigo sentado do outro lado da mesa – a arrogância deles". Contudo, mais tarde ela os via cada vez mais como "doentes, amedrontados, um fantasma do exército que tinha invadido". Alguns ainda estavam firmemente convencidos de que Hitler venceria, mas muitos deles estavam apenas aterrorizados por tudo que lhes acontecia, abatidos por meses de combate e por um clima implacável.

Para os seus colegas no Exército Vermelho, havia sempre a dimensão adicional do terror imposto por um regime que se recusava a aceitar a possibilidade da rendição. Yevgeny Anufriyev, que estudava arquitetura até o início da guerra, foi designado para um pelotão da NKVD de 80 homens, que deveria atacar os alemães na defesa de suas posições durante a contraofensiva soviética. Vestindo sobretudos brancos camuflados e operando em esquis, eles se moviam depressa – mas logo aprenderam que não estavam tão preparados para o combate como pensavam. "Homens não deviam lutar com esquis em aldeias", observou. "Há os jardins e os portões, e os pés se prendem nos esquis." Durante um dos primeiros ataques, suas metralhadoras se mostraram quase inúteis. "Os homens tiveram de pagar com o próprio sangue pelos erros do alto-comando. Ninguém nos avisou que a lubrificação das armas congelava no inverno. Nossas metralhadoras não funcionavam porque congelavam."

A batalha que se seguiu custou as vidas de muitos dos homens do pelotão. Mas no momento em que tentavam se livrar de uma barragem de fogo inimigo, ninguém pensou em se render. "Não tínhamos permissão para nos render", declarou Anufreyev. Naquele ponto, a maioria dos soldados sabia muito bem as consequências que sofreriam no seu próprio lado, mesmo que sobrevivessem à prisão dos alemães. Escondidos num abrigo e ao descobrir que só tinha três balas, Anufreyev apontou sua pistola para a cabeça, pronto a puxar o gatilho. Naquele momento, outro soldado, que carregava o comandante do pelotão gravemente ferido, gritou para ele: "ajude-me!". De alguma forma, os dois conseguiram carregar o líder e evitar as balas até encontrarem mais soldados e fugir da aldeia. O pedido de socorro salvou as vidas do oficial e de Anufreyev.

O heroísmo das patrulhas em esqui foi mais tarde celebrado em artigos na imprensa soviética relatando que, apesar das taxas de mortalidade extraordinariamente altas, nenhum dos homens se rendeu. "Estávamos prontos a nos matar para não sermos capturados", disse ele. Mas o que produziu determinação tão feroz foi uma mistura de medo e coragem. Stalin estava sempre disposto a puxar o gatilho se seus homens hesitassem.

Hitler estava também determinado em fazer seus homens se levantar e lutar, o que provocou a sua famosa confrontação com o afamado comandante de tanques, Heinz Guderian, e outros importantes generais que ousaram questionar suas decisões. Enfrentando a contraofensiva soviética lançada no dia 6 de dezembro, o ditador alemão começou a exibir comportamento errático e a recusar-se a reconhecer a realidade no campo que em última análise levou à sua queda. Com o benefício da visão em perspectiva, a Batalha de Moscou ofereceu a primeira demonstração clara dos seus erros como líder militar.

Apesar de relutantemente Hitler ter dado a ordem de interromper as operações ofensivas em 8 de dezembro, ele se recusou de modo enfático a aceitar o conselho de quem comandava tropas nas proximidades de Moscou sobre como melhor poderiam se defender e preservar sua força durante o duro inverno. Se os alemães queriam uma chance de retomar o avanço para tomar a capital soviética na primavera, tinham de minimizar suas perdas. Mas, tal como Stalin, Hitler via como sinal de fraqueza toda consideração pelas perdas humanas ligadas às suas políticas, apesar dos sinais crescentes de que o líder soviético era capaz de sacrificar mais homens que o seu colega alemão.

A Batalha de Moscou

Guderian instalou seu quartel-general avançado em Yasnaya Polyana, a propriedade de Tolstoi ao sul de Moscou. Ao descrever sua visita ao local em 2 de dezembro, ele diria mais tarde que "nenhum pedaço de mobília foi queimado, nenhum livro ou manuscrito foi tocado". Isso estava em completo desacordo com o que os soldados soviéticos encontraram quando retomaram o terreno duas semanas depois, ou com o que contaram os habitantes locais. Antes de fugirem, os alemães se aqueceram construindo fogueiras dentro da casa – de acordo com alguns relatos, usando como combustível os manuscritos da biblioteca de Tolstoi. E bem ao lado da sepultura do famoso escritor, eles enterraram cerca de 70 dos seus mortos, deixando destruídos o jardim e o parque. Um grande marco de madeira declarava que eles tinham caído "pela Grande Alemanha".

Maria Shchegoleva, a irmã do curador do museu Tolstoi, disse à jornalista francesa Eve Curie, que visitou o local em janeiro de 1942, que os alemães tentaram incendiar os principais edifícios quando partiram. Depois de lançarem fogo na casa de Tolstoi, na escola e nas construções restantes, eles disseram aos russos que não deviam tentar entrar, pois todos os prédios estavam minados. Disse Shchegoleva:

> Não demos atenção ao aviso, e tão logo os nazistas saíram, começamos a combater o incêndio com os extintores que os alemães não tinham encontrado e que ainda estavam em condições de uso – e com água trazida com dificuldade do poço, coberto de gelo e de 60 centímetros de neve.

Graças a esses esforços, o dano não foi tão devastador: no final de maio de 1942, os russos reabriram o museu em honra à vida e obra de Tolstoi.

Mas Eve Curie observou amargamente que ficou sabendo de uma coisa mais assustadora ocorrida durante a ocupação alemã: os cadáveres de dois russos continuaram pendurados por quatro dias na praça principal da aldeia. "Não podia haver ofensa maior à memória de Leon Tolstoi", escreveu ela.

É concebível que grande parte da profanação tenha ocorrido depois da visita de Guderian a Yasnaya Polyana, mas de qualquer forma, honrar a memória de Tolstoi não seria a principal preocupação de um general alemão, que sabia que suas tropas estavam congelando – no dia 4 de dezembro, por exemplo, ele registrou que a temperatura chegou a -35°C – e que as ulcerações pelo frio estavam provocando pesadas baixas. "O inimigo, o tamanho do país e o mau tempo foram todos subestimados, e agora sofríamos por isso", escreveu ele à sua mulher.

Antes mesmo de Hitler ter dado a ordem de suspender as operações ofensivas, Guderian já tinha concluído que Moscou não poderia ser tomada naquele inverno. Apesar de outras unidades Panzer atacando do noroeste terem chegado a menos de 30 km do Kremlin, observou ele, "elas foram forçadas a abandonar o ataque porque careciam da força necessária para tomar o grande prêmio, agora tão próximo". Guderian estava convencido de que a única forma de preservar a força alemã era recuar suas tropas para posições mais distantes das linhas de frente, se possível para áreas onde suas tropas tinham aberto trincheiras e fortificado-se antes de o terreno se congelar. "Mas isso era exatamente o que Hitler tinha se recusado a permitir", queixou-se.

Os superiores imediatos de Guderian nutriam simpatia por seus apelos, pois reconheciam suas fraquezas antes mesmo de Zhukov lançar sua contra-ofensiva. "As lutas dos últimos 14 dias nos mostraram que a noção de que o inimigo diante do grupo de exércitos entrou em 'colapso' era uma fantasia", escreveu no seu diário o marechal de Campo Fedor von Bock, comandante do Grupo de Exércitos Centro, em 1º de dezembro. Ele completou:

> Parar diante dos portões de Moscou, para onde converge a rede de estradas e ferrovias de quase toda a Rússia Oriental implicava pesadas lutas defensivas contra um inimigo numericamente muito superior. As forças do grupo de exércitos não têm capacidade para tanto, nem por um tempo limitado.

O marechal de campo Von Brauchitsch, comandante em chefe do exército, autorizou Guderian a iniciar recuos limitados, que foram rapidamente executados. Mas Hitler insistiu em passar a mensagem de se tratarem de exceções, e não a regra. Falou a Guderian na noite de 16 de dezembro. Apesar da baixa qualidade da ligação, ele conseguiu transmitir a sua mensagem: o general devia manter sua posição corrente e nenhum recuo adicional seria tolerado. Como observou no seu diário de guerra, o chefe do Estado-Maior do exército, general Franz Halder, Hitler reiterou essas instruções à sua equipe de comando à meia-noite – junto com a desconsideração cheia de desprezo por todos que pediam um recuo mais amplo. "Um recuo geral está fora de questão", registrou Halder. "O inimigo só fez substanciais penetrações em poucos pontos. A ideia de preparar posições na retaguarda não passa de tolice."

O marechal de campo Erich von Manstein fez um paralelo direto entre o comportamento do líder alemão quando começou a sofrer os primeiros resultados negativos, e o do seu colega soviético no início do conflito. "A reação de Hitler, quando ocorreu a primeira crise diante de Moscou, foi adotar o preceito de Stalin de se agarrar obstinadamente a todas as posições", escreveu depois da guerra. "Foi a política que levou os líderes soviéticos à beira do abismo em 1941..."

Quando Guderian foi convocado ao quartel-general de Hitler em 20 de dezembro, o líder alemão já havia demitido Von Brauchitsch, comandante em chefe do exército que tinha concordado com alguns planos de realocação de Guderian, e assumiu ele próprio o comando do exército. Se ainda havia dúvidas de que Hitler acreditava na superioridade da sua capacidade e de que desprezava os seus generais, essa decisão liquidou-as. "Esse pequeno problema de comando operacional é algo que qualquer um é capaz de resolver", disse ele a Halder. "A tarefa do comandante em chefe é treinar o exército nos métodos nacional-socialistas. Não sei de nenhum general que o fizesse como eu o que era para ser feito, por isso decidi assumir eu mesmo o comando do exército."

Hitler também tinha se livrado de Von Bock, o comandante do Grupo de Exércitos Centro, que argumentara, em vão, contra as suas ordens de manter as posições avançadas nos caminhos para Moscou. Guderian sabia que essas decisões não eram um bom sinal para o encontro cara a cara com Hitler, embora ainda esperasse que o líder alemão retivesse alguns sentimentos positivos em relação a ele.

Guderian perdeu as ilusões quanto a essa ideia ao entrar na sala mal iluminada onde Hitler e sua *entourage* o esperavam. "Quando Hitler avançou para me cumprimentar, vi pela primeira vez para minha surpresa uma expressão dura e inamistosa nos seus olhos", escreveu mais tarde. O general dos Panzers que tinha encantado o Führer com seus planos ousados e desempenho brilhante estava agora entrando em território hostil.

Questionado sobre os movimentos do seu exército, Guderian deu sinais da sua intenção em continuar o recuo para as posições mais seguras que Von Brauchitsch tinha autorizado.

"Não seja sentimental"

"Não, isso eu proíbo!", gritou Hitler.

Guderian explicou que a única maneira de evitar perdas desnecessárias de seus homens era continuar com a realocação iniciada. Mas Hitler já tinha tomado a sua decisão e insistiu que as tropas "deviam cavar o solo onde estão e manter todos os metros quadrados de terreno!".

"Cavar o solo já não é viável em muitos lugares, pois ele está congelado até uma profundidade de 1,5 m e nossas ferramentas de escavação não conseguem cortá-lo", respondeu Guderian.

"Nesse caso abram crateras com obuses pesados. Foi o que tivemos de fazer na Primeira Guerra Mundial em Flandres."

"Em Flandres nunca houve o frio que estamos enfrentando. Além disso, preciso da minha munição para atirar nos russos", argumentou Guderian. E, mais uma vez, ele avisou das possíveis consequências de uma estratégia inflexível: "se essas táticas forem adotadas durante o próximo inverno, vamos sacrificar as vidas de nossos oficiais, nossos suboficiais e dos homens indicados para substituí-los, e esse sacrifício terá sido não somente inútil, mas irreparável".

"Você acredita que os granadeiros de Frederico, o Grande, estavam ansiosos para morrer?", retrucou Hitler. "Eles também queriam viver, mas o rei estava certo ao lhes pedir para se sacrificarem."

Quando Guderian lembrou a ele que a maioria dos soldados usavam uniformes de verão, Hitler se recusou a acreditar. "Isso não é verdade", insistiu ele. "O intendente-geral me informou que os uniformes de inverno já foram fornecidos." Guderian observou que, mesmo que tivessem sido fornecidas, as roupas quentes ainda não tinham chegado aos soldados. Acrescentou que tinha descoberto um grande carregamento de roupas que estava há muito retido na estação de Varsóvia, e era improvável que elas fossem enviadas a tempo de ajudar os soldados naquele inverno.

Embora estivesse convencido de que Guderian exagerava os sofrimentos nas linhas de frente, Hitler tinha uma crítica mais fundamental ao general que antes tinha elogiado. "Você está impressionado demais pelo sofrimento dos soldados. Sente muita pena deles."

Do ponto de vista do líder alemão, não poderia haver uma acusação mais grave que aquela, e essa conversa selou o destino de Guderian. Demitido do seu posto e transferido para a reserva, o lendário general dos

O frio severo do inverno chegou cedo, quando as tropas alemãs tentavam tomar Moscou. Como Hitler tinha se convencido de que elas triunfariam antes da mudança do clima, os soldados, em sua maioria, não tinham uniformes de inverno. As tropas soviéticas passaram a capturar um número cada vez maior de soldados alemães malvestidos e congelados.

"Não seja sentimental"

Panzers enviou sua mensagem de despedida aos seus homens no dia 26 de dezembro. "Sei que vocês vão continuar a lutar com a bravura de sempre e que, apesar das dificuldades do inverno e da superioridade do inimigo, vocês vencerão", declarou ele. Mas, por todas as indicações, Guderian já não acreditava nas suas próprias palavras.

Com a contraofensiva soviética em andamento, o Kremlin rapidamente proclamou vitória. No dia 13 de dezembro, o *Pravda* publicou uma história triunfante sob a manchete "Colapso dos planos dos comandantes alemães para sitiar e tomar Moscou. Tropas alemãs derrotadas perto de Moscou". Nos primeiros quatro dias da contraofensiva soviética, entre 6 e 10 de dezembro, o jornal afirmava que o Exército Vermelho tinha retomado mais de 400 cidades e os alemães tinham sofrido cerca de 30 mil baixas. Relatou também a captura de 386 tanques, 4.317 veículos, 101 morteiros e 515 metralhadoras, além da destruição de outros 271 tanques e 565 veículos, 119 morteiros e 131 metralhadoras, e outros armamentos. "Essa informação é incompleta, mas não temos agora a oportunidade de relacionar todos os nossos troféus da nossa ofensiva", acrescentou. Como sempre, era também incompleta de outra forma: o relato não oferecia nenhuma indicação da escala das baixas e perdas soviéticas.

Depois de um resumo do progresso das várias unidades responsáveis por aquelas ações, o artigo citava um boletim alemão de informações do início de dezembro, para desacreditá-lo. "Comandantes alemães vão considerar Moscou o principal alvo, mesmo que Stalin desloque o centro da ação militar para outra área", declarava o boletim. "Alguns comandantes alemães informam que o ataque alemão contra Moscou é tão bem-sucedido que, com bons binóculos já podem ver o que acontece dentro da cidade." O *Pravda* zombava dessas afirmações, concluindo que a cidade tinha sido salva e os alemães estavam derrotados.

A evidência para sustentar aquela afirmação podia ser encontrada nos acessos a Moscou, onde as forças soviéticas forçavam o recuo dos alemães, apesar das ordens de Hitler para suas tropas manterem suas posições. Vasily Grossman, o correspondente de guerra do *Krasnaya Zvezda*, escreveu no seu diário: "tudo está muito diferente do que era no verão. Há muitos veículos alemães quebrados nas estradas e na estepe, várias armas abandonadas, centenas de cadáveres alemães, capacetes e armas espalhados por toda parte. Estamos avançando!".

O tenente Richard Wernicke, que participou dos ataques aéreos contra Moscou no seu bombardeiro de mergulho Ju-87 Stuka, lembrou os relatos horríveis que começou a ouvir de seus companheiros aviadores que participavam de ataques aéreos ao sul da capital. Falavam da "visão inesquecível" de centenas de tanque alemães incendiados em terra. Era particularmente terrível porque os aviadores viam que suas próprias tripulações começaram os incêndios, depois de terem esgotado o combustível ou da pane dos motores. Como tinham de recuar, os soldados eram forçados a adotar medidas como aquelas para evitar que os tanques caíssem em mãos russas.

Em terra, Kurt Gruman, o tenente de infantaria que mantinha um diário enquanto seu regimento tentava abrir caminho lutando até Moscou, observou que aquilo valia para tudo que os alemães tinham trazido consigo. "Tudo precisa ser destruído", escreveu em 15 de dezembro. No dia seguinte, ele se queixou: "o moral e a disciplina durante essa retirada foram submetidos a pesados golpes. Quanta propriedade valiosa se perdeu em vão! Eles nem se incomodam por destruir tudo. Temo que aquelas munições caiam sobre a nossa cabeça".

As linhas de suprimento já não estavam apenas distendidas; tinham-se rompido completamente em muitos casos. Afirmando que as condições terríveis do tempo não permitiam que os aviões decolassem, Gruman refletiu o sentimento geral de desespero. "Agora não podemos mais esperar a chegada de suprimentos", escreveu no dia 21 de dezembro. "O que isso fará a nós? Há um sentimento entre os homens como se tivessem sido postos em serviços por alguém que se esqueceu de enviar substitutos. Não fomos abandonados?" Acrescentou em tom de queixa: "dá vontade de uivar de frustração".

E, como sempre, o frio inclemente aumentava a sensação de desespero. Gruman tentava manter-se aquecido com dois sobretudos e um cobertor, mas ainda sentia que o frio penetrava por todos os lados. Um hospital de campo improvisado estava cheio de homens com ulcerações de 2° e 3° graus provocadas pelo frio. "Pernas inchadas cobertas de pústulas, de forma que já não são mais pernas, mas uma espécie de massa disforme", registrou ele no seu diário. "Em alguns casos, a gangrena já se instalou. Os que conseguiram

"Não seja sentimental"

atravessar o dilúvio de estilhaços, aqui se tornam inválidos." Durante aquele período, em algumas unidades, mais soldados eram aleijados por ferimentos do frio do que por ferimentos no campo de batalha.

Apesar de ainda tentar se obrigar a acreditar que a Alemanha no fim venceria – "não há dúvidas de que no verão os bolcheviques voltarão a sentir o nosso poder" –, seu diário irradiava um desespero crescente. Apareciam cada vez mais referências aos russos penetrando suas posições à medida que os alemães recuavam. Em janeiro, os textos se tornaram mais curtos e a última entrada foi em 17 de fevereiro. Naquele dia ou pouco depois, Gruman também provavelmente morreu. Não há como saber se ele morreu em batalha ou simplesmente de frio.

À medida que os feridos mais graves em batalha ou pelo frio eram enviados de volta para tratamento na Alemanha, tornou-se cada vez mais difícil para o regime de Hitler sustentar a ficção de que a guerra evoluía de acordo com os planos. "Aumenta a ansiedade do povo alemão com relação à frente leste", Joseph Goebbels, o principal propagandista de Hitler, confidenciou em seu diário em 22 de janeiro de 1942: "Mortes causadas pelo frio são um fator especialmente importante nessa ligação." Goebbels se queixava amargamente em especial do "efeito devastador" das correspondências que os soldados enviavam para seus entes queridos. "Palavras não podem descrever o que os soldados estão enviando do *front* para casa", escreveu ele. Aparentemente, as autoridades alemãs eram bem menos eficazes do que suas equivalentes russas em separar as cartas com queixas.

Nem mesmo no seu diário Goebbels admitia a verdade daquelas correspondências. Lançava a culpa pelo tom de muitas das cartas chegadas do *front* em soldados que queriam se sentir importantes dramatizando a sua situação. "A paixão de se exibir tem, nesse caso, um papel considerável", escreveu. "Quando o soldado escreve e exagera, ele não para para pensar que pode estar causando à sua família e parentes muita preocupação." Apesar de declarar que estava recomendando uma doutrinação mais forte dos soldados, ele não dava muita esperança de que isso iria produzir o efeito desejado. "É uma questão de fraqueza humana, contra a qual somos impotentes."

Como seu chefe, Goebbels já culpava os oficiais e soldados por fracassarem, sem aceitar responsabilidade pelas decisões que tiveram como consequência deixá-los naquelas condições extremas de inverno sem nem mesmo roupas adequadas. Se o moral desabava, os culpados eram os soldados. Se não suportavam sem queixas os sofrimentos, é porque não tinham sido adequadamente doutrinados.

Isso convenientemente desprezava dois fatores-chave. O primeiro era a crença de Hitler de que suas tropas poderiam conquistar a vitória antes da chegada do inverno – o que foi um erro fatal de cálculo, devido em grande parte aos seus erros táticos. E o segundo era a decisão do líder alemão relativa às prioridades de transporte.

Ao longo dos primeiros meses de invasão, Hitler teve de decidir-se entre enviar roupas de inverno, alimentos ou munição para o *front*. Precisou avaliar qual das três necessidades atender primeiro, pois a capacidade do sistema ferroviário alemão estava fortemente limitada. O sistema ferroviário soviético operava em bitola larga que não era usada no restante da Europa, e apenas uma pequena parte dos trens alemães estava equipada para ela. Além disso, as locomotivas alemãs quebravam com muita frequência quando a temperatura caía. Apesar de enviar alguns suprimentos de comida e de ordenar às suas tropas que tomassem o que pudessem dos territórios ocupados, Hitler decidiu dar prioridade máxima ao transporte de munições. Quanto às roupas quentes, mesmo quando estavam prontas para o transporte, não havia espaço para elas nos vagões com destino ao leste. Foi, por exemplo, o que se deu com as roupas de inverno que Guderian localizou na estação de Varsóvia.

Numa transmissão pelo rádio em 21 de dezembro de 1941, Goebbels apelou ao povo alemão para doar roupas de inverno para os homens no *front*, pedindo que oferecessem tudo que pudessem para ajudar a manter aquecidos os soldados. Guderian estava convencido de que isso foi resultado direto das suas queixas na sua reunião com Hitler no dia anterior sobre a falta de roupas de inverno. Mas dado os problemas de transporte, essa iniciativa das roupas foi insuficiente, e muito tarde para soldados que tentavam sobreviver ao primeiro inverno da guerra. A maior parte dos agasalhos não chegou a tempo para o período mortalmente frio.

Numa entrada no diário em 6 de março de 1942, Goebbels contou as perdas alemãs em toda a frente oriental, não apenas nas lutas próximo a Moscou, desde o início da Operação Barbarossa. Calculou o número de mortos em 200 mil e o total de mortos, feridos e desaparecidos próximo de um milhão. Anotou, em especial, o impacto das condições de inverno:

"Não seja sentimental"

Até 20 de fevereiro, foram relatados 112.627 casos de congelamento e de ulcerações pelo frio, inclusive 14.357 casos de 3º grau e 62 mil de 2º grau. [...] O número dos que sofreram por causa do congelamento é consideravelmente maior do que tínhamos imaginado de início.

E, mais uma vez, ele se preocupou com o impacto sobre o moral. "Mesmo assim como está, o número final é apenas uma pequena fração do que se espalha como boatos entre o povo", escreveu ele.

Como sempre, a implicação era a de que aqueles sacrifícios não estavam sendo suportados com a dignidade e aceitação estoicas que a liderança nazista exigia e esperava.

Zhukov gostou de ver o seu exército forçar o inimigo a recuar dos arredores de Moscou, mas sabia que os alemães ainda tinham considerável poder de fogo. Também sabia as limitações de suas próprias tropas, que continuavam a morrer em números bem maiores do que as dos alemães, e que os soldados sobreviventes estavam castigados e exaustos. Assim, quando foi convocado à *Stavka*, ou Alto-Comando Supremo, para uma reunião em 5 de janeiro, para discutir a próxima fase da contraofensiva com Stalin, outros líderes políticos e o alto-comando militar, compreensivelmente ele se encheu de cautela. Tinha plena consciência das limitações das forças à sua disposição que teriam de executar as novas ordens.

No início da reunião, o marechal Boris Shaposhnikov, o ríspido ex-general czarista que tinha sobrevivido aos expurgos e ascendido à posição de chefe do Estado-Maior, apresentou uma visão da situação militar. Para tristeza de Zhukov, ele também delineou planos para uma nova ofensiva maciça destinada a não apenas empurrar os alemães para mais longe de Moscou, mas também a quebrar o sítio de Leningrado e a derrotar as forças alemãs na Ucrânia e no Cáucaso. Em outras palavras, o Exército Vermelho deveria atacar em todos os *fronts*.

Shaposhnikov por certo não imaginou aqueles planos sozinho – e ele sabia quem os aprovaria. "Os alemães parecem perplexos por sua derrota em Moscou e estão mal preparados para o inverno", declarou Stalin. "Agora é a hora de lançar uma ofensiva geral."

Zhukov avisou que aquela seria uma estratégia perigosa. Enquanto insistia na continuação da ofensiva na frente ocidental para afastar os alemães

281

de perto de Moscou, ele pediu mais reforços e equipamentos, especialmente tanques para as divisões sob seu comando. "Quanto às ofensivas nas proximidades de Leningrado e no sudoeste, as forças que estão lá enfrentam enormes defesas do inimigo", explicou. "Sem forte apoio da artilharia, nossas forças não terão condições de rompê-las, elas se esgotariam e sofreriam perdas pesadas e bastante injustificáveis." Vindo de um comandante que nunca hesitou em sacrificar seus homens quando isso servia para conquistar seus objetivos, a mensagem era clara: uma ofensiva geral inevitavelmente fracassaria e se mostraria contraproducente.

Nikolai Voznesensky, responsável pelo planejamento econômico de guerra, aliou-se a Zhukov, mostrando que não teria como entregar o equipamento militar necessário para apoiar uma iniciativa tão ambiciosa. Mas Malenkov e Beria logo descartaram suas objeções, alegando que ele sempre exagerava as dificuldades. (Em 1950, durante outra rodada de expurgos, Voznesensky foi julgado e fuzilado.)

Como Zhukov já tinha imaginado, Stalin estava decidido, e nada que ele ou Vosnesensky dissessem faria a menor diferença. "Discuti o assunto com [o marechal] Timoshenko, e ele apoia o ataque", acrescentou o ditador. "Temos de esmagar rapidamente os alemães para que não possam atacar quando chegar a primavera." Houve então um floreio final: "assim, isso, ao que parece, encerra a discussão", disse Stalin.

Ao saírem da reunião, Shaposhnikov se voltou para Zhukov. "Seria tolice discutir. O chefe já decidiu."

Zhukov lhe perguntou por que Stalin tinha se dado ao trabalho de pedir a sua opinião. Shaposhnikov suspirou. "Não sei, meu velho, não sei."

Tal como Hitler, Stalin não gostava de ouvir os seus generais quando tentavam lhe dizer algo que ele não queria ouvir – nem mesmo quando sua obstinação resultasse naquele tipo de "perdas completamente injustificáveis", contra as quais Zhukov o tinha acautelado. Como sempre, o preço humano das suas decisões era a menor das preocupações de Stalin. Em 7 de fevereiro, por exemplo, os alemães interceptaram as ordens transmitidas por rádio aos comandantes soviéticos no campo. O teor da mensagem: os comandantes deviam fazer o possível para poupar munição, mas não os seus homens.

Relembrando aquelas batalhas com suas tantas mortes, Mikhail Geykhman, um tenente de uma das divisões siberianas de artilharia, que

"Não seja sentimental"

participou da ofensiva a oeste de Moscou naquele inverno, torna-se filosófico. "Não estávamos preparados para lutar uma guerra com menos baixas", disse ele. Apesar de afirmar que o moral estava alto porque os soldados avançavam e ficavam cada vez mais convencidos de que seriam capazes de forçar o inimigo a recuar, ele observou que nem mesmo as unidades siberianas, como a sua, estavam tão bem equipadas como acreditavam os alemães – e como acreditava a sabedoria popular. "Não tínhamos suprimentos suficientes de nada", afirmou.

Durante o primeiro inverno da guerra, muitos homens na sua unidade ainda usavam botas curtas com as pernas envoltas em panos, e um chapéu com a forma de capacete chamado *budyonovka*, que também exigia a inserção de um forro extra para manter a cabeça e as orelhas aquecidas. Só perto do final do inverno quase todos os soldados receberam o equipamento padrão: *valenki* – botas compridas de feltro – e *ushanki* – chapéus de pele com grossos protetores de orelhas. Como Goebbels tinha feito no lado alemão, as autoridades soviéticas apelaram aos civis para doarem qualquer coisa quente, inclusive roupas de baixo, para os soldados no *front*.

No que se referia a armamentos, os problemas eram ainda mais graves. Alguns canhões da divisão de Geykhman datavam da guerra civil e estavam montados sobre rodas de madeira, puxadas por cavalos. Muitos oficiais tinham pistolas inferiores às dos oficiais alemães. Quando podiam, tomavam qualquer pistola encontrada num cadáver alemão. Tinham também carência de metralhadoras e armas antitanque. Os momentos mais assustadores para Geykhman e sua unidade ocorreram no início de fevereiro, quando enfrentaram tanques alemães perto de Mozhaisk, a cidade a 100 km a oeste de Moscou, com o pouco poder de fogo que tinham. "Eles avançavam diretamente para nós. Compreendemos que estávamos enfrentando um inimigo muito forte que sabia lutar."

A outra carência era de oficiais experientes. Geykhman, que tinha se apresentado como voluntário depois da formatura no 2º grau, aos 17 anos, era mais novo que a maioria dos estudantes e foi feito tenente depois de um curso de treinamento de apenas três semanas, ainda antes do seu aniversário de 18 anos. Apesar de orgulhoso do seu papel na salvação de Moscou, ele observou que muitos dos melhores oficiais tinham morrido durante os expurgos de antes da guerra – e todos ainda pagavam o preço. "Nossos oficiais não estavam prontos para essa guerra", disse ele. "Só aprendemos realmente a lutar em 1943."

Para completar, não eram apenas os alemães que tinham de agarrar toda oportunidade para roubar comida. Um racionamento estrito de alimentos tinha sido imposto em todas as cidades importantes, como Moscou e Leningrado, logo depois da invasão alemã, e se espalhou por todo o país à medida que a luta se intensificava. Com bizarra precisão, os planejadores determinavam que trabalhadores comuns deveriam receber 1.387 calorias por dia, enquanto os que executavam trabalho mais pesado recebiam 1.913 calorias. Seus dependentes recebiam apenas 750 calorias, e não havia provisões para quem não trabalhasse.

Os soldados geralmente recebiam rações mínimas pelo menos – mas tinham de tentar suplementá-las de toda maneira possível. Yevgeny Teleguyev, o jovem voluntário das forças especiais da NKVD, conhecidas como OMSBON, recordou a busca de comida do seu pelotão quando viajavam em esquis, em geral atrás das linhas inimigas. Numa ocasião, quando suas rações tinham acabado, encontraram um cavalo na floresta e o mataram. Depois tiveram de inventar um meio de esfolá-lo e cozinhá-lo. "Éramos gente da cidade e não sabíamos fazer aquele tipo de coisa", disse ele. Como não tinham um machado para cortar os cascos, eles ferveram as pernas com os cascos e ferraduras intactos.

Outros esfolavam cavalos que já estavam mortos havia algum tempo – o que poderia ser um jeito perigoso de saciar a fome. Um oficial de uma unidade que lutava próximo a Rzhev relatou que seus homens estavam caindo doentes depois de comerem restos decompostos. Mas com alguns soldados morrendo de inanição, era duro conter quem quer que fosse. Se tivessem sorte, os soldados encontravam "poços de batatas" – buracos cavados no chão ou no porão das cabanas, onde os camponeses guardavam suas batatas para o inverno. Como os alemães, eles agarravam tudo que viam.

A guerra logo se reduziu a uma luta pela sobrevivência em todos os níveis. Vera Katayeva, enfermeira designada para os soldados que lutavam ao longo da estrada de Mozhaisk, recordou que depois que o Exército Vermelho retomou a cidade de Mozhaisk em janeiro, a luta além dela concentrou-se numa região estreita perto da cidade, como um corredor encharcado de sangue que ficou conhecido como Vale da Morte. "Soldados alemães e soviéticos passaram três

"Não seja sentimental"

meses ali – janeiro, fevereiro e março – matando-se uns aos outros", disse ela. "O chão estava coberto de cadáveres de homens e cavalos."

No final de janeiro, os alemães não estavam apenas seguindo as ordens de Hitler e mantendo o terreno em diversos locais, mas estavam também lançando pequenos contra-ataques por iniciativa própria. Em 26 de janeiro, Goebbels anotou no seu diário um relatório "extraordinariamente favorável" de um general comandante na frente norte, que afirmava que as forças soviéticas "estavam sendo sangradas até a última gota de sangue". Como escreveu Goebbels:

> ele acredita que a União Soviética vai cair na primavera, desde que tenhamos condições de lançar alguns ataques decisivos. Ainda que não possa agora compartilhar do seu otimismo, mesmo assim acredito que ele tenha algo [...] possivelmente seja verdade que os bolcheviques estejam usando seus últimos recursos e vão entrar em colapso sob um forte ataque.

"Mas não vamos nos prender muito a essas esperanças", acrescentou Goebbels. "Nossos preparativos para a próxima primavera têm de ser feitos como se os bolcheviques ainda tivessem enormes reservas. Isso nos tornará imunes a surpresas e ao revés moral, como os do último verão e outono."

Esses resultados negativos, em particular o malogro na tomada de Moscou como planejado, antes do fim de 1941, tinham claramente abalado a sua confiança. Nas previsões otimistas, ainda que bem-vindas, ninguém mais acreditava automaticamente.

A ofensiva geral de Stalin no início de 1942 não atingiu nenhum dos seus objetivos grandiosos. Novas tentativas de romper o cerco de Leningrado e de retomar o controle de áreas-chave da Ucrânia foram fracassos custosos, mas a derrota mais custosa de todos foi a tentativa de cercar e destruir as tropas do Grupo de Exércitos Centro que ainda ameaçavam Moscou do oeste. Tal como todos os estágios anteriores da Batalha de Moscou, tudo parecia conspirar para produzir máximo sofrimento e máximas perdas – instigados, em quase todos os casos, pelas decisões que fluíam do alto.

Uma dessas decisões foi nada menos que uma política de terra arrasada. No dia 17 de novembro de 1941, Stalin ditou a Ordem n° 428, que declarava: "todos os locais habitados até uma distância de 40-60 km na retaguarda das tropas alemãs e até 20-30 km dos dois lados das estradas devem ser destruídos e reduzidos a cinzas". A destruição devia ser executada de várias formas – por bombardeio aéreo, fogo de artilharia e patrulhas em esquis e guerrilhas de *partisans* armados com bombas de gasolina. Além disso, a ordem estipulava: "cada regimento deve ter uma equipe de voluntários de 20 a 30 homens para explodir e incendiar os locais habitados". Os que se destacassem nessa destruição, acrescentava o documento, receberiam "condecorações especiais".

Tudo isso foi a receita de incontáveis tragédias para civis que esperavam sobreviver à luta desenrolada à sua volta, já que a implementação daquela ordem significava a destruição dos seus pobres lares em pleno inverno. "Se a decisão foi tomada à luz da necessidade militar ou da crueldade insana ainda é uma questão sem resposta", escreveu o biógrafo de Stalin, Dmitri Volkogonov, "mas nos dois casos foi um ato insensível, típico do stalinismo".

Aquelas políticas ofereceram mais uma razão para os habitantes locais desconfiarem de todos os grupos combatentes, inclusive dos *partisans*, que começavam a operar atrás das linhas inimigas. Eles logo aprenderam que os *partisans* poderiam marcar suas casas para destruição e, mesmo quando não fosse esse o caso, sua presença os expunha a brutal retaliação dos invasores alemães. Num relatório ultrassecreto apresentado em 8 de novembro de 1941, N. P. Krasavchenko, um secretário do Komsomol que se vira atrás das linhas inimigas depois da vitória alemã em Vyazma, a pouco mais de 200 km a oeste de Moscou, relatou atitudes "antissoviéticas" depois de ter conseguido fugir. Ele encontrou um *partisan* que lhe disse ter sido forçado a operar sozinho por não poder confiar em ninguém. "Muita gente não gosta de mim por temerem a vingança alemã e ameaçam me entregar", disse ele a Krasavchenko.

Nos seus próprios encontros com os aldeões, o secretário do Komsomol encontrou atitudes semelhantes. "Graças a Deus, não existem *partisans* aqui", informou que eles teriam dito a ele. "Mas se aparecer algum, nós vamos entregá-lo aos alemães." Os aldeões explicaram que, se não o fizessem, os alemães queimariam as suas casas e os fuzilariam. Essas atrocidades alemãs logo começariam a gerar suas próprias consequências, destruindo todas as ilusões de

"Não seja sentimental"

que a população local poderia esperar sobreviver silenciosamente à ocupação, por mais obediente que fosse. Quando as tropas soviéticas começaram a retomar as cidades e aldeias próximas a Moscou, uma visão comum era *partisans* e cidadãos comuns pendurados em forcas improvisadas. Para qualquer um que fosse preso na vizinhança dessa luta titânica não havia saída fácil.

Isso servia duplamente para os guerreiros, em especial os que tinham ordens de executar as orientações mais perigosas dos seus líderes. No lado soviético, isso significava os planos de Stalin e Zhukov de cercar e destruir o Grupo de Exércitos Centro – o principal corpo de tropas soviéticas a oeste de Moscou. A ideia era cercar as forças alemãs próximo a Vyazma, na mesma área em que as tropas soviéticas tinham sido cercadas e virtualmente exterminadas em outubro. Na visão de Stalin, seria um violento golpe contra a máquina de guerra alemã. Mas ao ordenar às forças soviéticas exaustas que avançassem cada vez mais fundo no território inimigo, o plano aumentava o risco de elas se estenderem demais sem meios de proteger seus flancos. Nesse caso, os alemães teriam a chance de cercá-las, em vez de serem cercados.

Para evitar esse resultado, Stalin e seus generais precisavam trabalhar juntos, certificando-se de que a força da tropa seria reforçada em pontoschave. Mas já na primeira fase da ofensiva, o líder soviético demonstrou que se sentia livre para ignorar os pedidos urgentes dos seus comandantes militares – mesmo no caso de Zhukov, que normalmente tinha mais influência do que qualquer outro.

Depois de suas tropas terem conquistado vitórias nas proximidades de Volokolamsk, a noroeste de Moscou, em 19 de janeiro, Zhukov recebeu ordens para desligar uma parte significativa das suas forças, o Primeiro Exército de Choque, permitindo que eles voltassem às reservas. Ele telefonou para Stalin, argumentando que precisava daquela unidade para manter o avanço naquela área crucial. "Não discuta", retrucou Stalin. "Mande a unidade." Quando Zhukov continuou a protestar pelo enfraquecimento das suas forças, o ditador respondeu: "você tem tropas demais – conte-as". Quando nem essa resposta calou Zhukov, Stalin bateu o telefone na cara dele.

Assim que chegou a hora do avanço sobre Vyazma, Zhukov mais tarde admitiria que ele e Stalin cometeram erros cruciais. "Superestimamos a capacidade das nossas forças e subestimamos a do inimigo, e essa noz foi mais difícil de quebrar do que esperávamos", escreveu depois. Mas, tal como se deu no caso da decisão fundamental de lançar uma ofensiva geral, ele jogou a maior parte da culpa nas costas de Stalin. Mostrou que os alemães tinham recuado para as posições defensivas preparadas previamente pelos generais de Hitler, e que tinham começado a reforçar com tropas de reserva trazidas da França. Isso permitiu aos alemães entrincheirar-se para resistir aos ataques, e montar seus próprios contra-ataques.

Zhukov também avisou a Stalin que suas unidades de artilharia tinham uma carência extrema de munição, forçando a infantaria a montar contra-ataques sem nada equivalente a um suporte adequado de artilharia. Stalin não se convenceu e continuou a ordenar mais e mais ataques, muitos dos quais terminaram com contagens de mortos desproporcionalmente altas no lado soviético. "Se não conseguir o resultado hoje, vai conseguir amanhã", Stalin disse a Zhukov. "Se você ataca, pode no mínimo conter o inimigo, e os resultados serão sentidos em outros pontos do *front.*"

Era um pobre consolo para os comandantes e homens despachados para lutar aquelas batalhas, sem o planejamento e apoio que lhes daria uma chance de vitória. Sob o comando do general Mikhail Yefremov, o 33º Exército abriu caminho até a distância de ataque de Vyazma. Aquelas forças deveriam ser completadas por tropas que vinham da região de Kalinin, no norte. Juntas, elas lançariam um ataque decisivo contra o Grupo de Exércitos Centro do inimigo, não somente em Vyazma, mas também até Rzhev, a cidade mais ao norte que continuava sendo um trampolim potencial para um avanço contra Moscou.

A missão das forças soviéticas era cercar e destruir os alemães, mas, de modo geral, elas se viram cercadas. O general Yefremov e o seu 33º Exército, junto com o Primeiro Corpo de Cavalaria do general Pavel Belov, foram isolados atrás das linhas inimigas perto de Vyazma. Durante fevereiro e março, outras forças soviéticas que tentavam expulsar os alemães que cercavam Rzhev tiveram o mesmo destino. A luta era tão próxima que era difícil para o comando soviético organizar os lançamentos de comida e munições por paraquedas, pois o inimigo quase sempre tomava os suprimentos. "Ei, russos! Ivan!", os alemães escarneciam pelos megafones. "*Danke schön* [muito obrigado]. Estamos comendo a sua carne de porco e ervilhas. Está delicioso." Para soldados geralmente à beira da inanição, nada poderia ser mais desmoralizante.

"Não seja sentimental"

Forçados a reconhecer que as tropas sob o comando de Yefremov e Belov estavam irremediavelmente presas atrás das linhas inimigas, Stalin e Zhukov concordaram em permitir que os dois generais tentassem abrir caminho de volta para leste, para evitar que o cerco se fechasse. Belov finalmente teve sucesso com parte das suas forças, mas as tropas restantes do 33º Exército de Yefremov foram praticamente exterminadas, durante sua última tentativa desesperada de escapar em abril. O popular comandante estava entre aqueles que morreram. De acordo com muitos relatos, Yefremov estava ferido e se matou com um tiro para evitar a captura.

A contraofensiva soviética fez os alemães recuarem entre 70 e 100 km por todo o *front*, mas ficou aquém dos objetivos. "Os acontecimentos demonstraram o erro da decisão de Stalin ao pedir uma ofensiva geral em janeiro", concluiu Zhukov. Apesar de ter argumentado contra a decisão e ter afirmado que se opunha a algumas propostas táticas feitas por Stalin naquele momento, Zhukov também se sentia culpado pelas enormes perdas durante a ofensiva. Como os alemães estavam também esgotados e exaustos, nenhum dos dois lados se sentiu triunfante.

De fato, Moscou parecia mais segura e estava mais segura, pois os eventos subsequentes demonstraram que os alemães não seriam capazes de montar outro avanço importante para tomar a capital soviética. Mas os alemães ainda ocupavam cidades como Vyazma e Rzhev, que foram os pontos de onde foi lançado o primeiro avanço sobre Moscou. Para Stalin, que tinha um interesse particular em libertar Rzhev, isso era uma fonte importante de frustração. Significava também que – mesmo depois de a Batalha de Moscou ter efetivamente terminado no fim de abril, no início do degelo da primavera (que tornou impossível qualquer ação importante por qualquer dos dois exércitos durante várias semanas) – a luta associada a Moscou teria de continuar. Rzhev, que já era cena de algumas das lutas mais intensas, ainda seria um dos maiores campos de extermínio durante quase mais um ano inteiro. Mesmo que a ameaça a Moscou já estivesse em grande parte afastada, ninguém comemorava.

"O pior de todos os mundos"

Em dezembro de 1941, quando as tropas soviéticas começaram seus contra-ataques que deveriam afastar os alemães dos acessos a Moscou, o britânico Anthony Eden iniciou a longa e tortuosa viagem à capital soviética exigida pelas condições de guerra. Enfraquecido pela gripe, o secretário do Exterior passou quatro dias num contratorpedeiro com destino a Murmansk, preso ao leito a maior parte do tempo. Como a cidade portuária do Ártico estava coberta de neblina quando chegaram no dia 12 de dezembro, a delegação britânica não pôde fazer por ar a parte seguinte da viagem. Pelo contrário, tiveram de enfrentar a perspectiva de uma viagem de dois ou três dias de trem até Moscou. Mas enquanto esperavam no navio, o lado soviético providenciou uma surpresa para Eden.

O secretário do exterior empreendeu a viagem porque as relações entre Stalin e seus aliados ocidentais permaneciam tensas, apesar das declarações de amizade pelos dois lados. Desde a visita de lorde Beaverbrook e de Averell Harriman a Moscou em setembro, o líder soviético tinha continuado a insistir no pedido de entregas mais rápidas dos suprimentos do *Lend-Lease* (programa de ajuda militar) e de toda sorte de ação militar que pudesse tirar um pouco da pressão sobre suas tropas esgotadas – não importando quantas vezes Churchill e outros lhe lembrassem que a Grã-Bretanha não tinha a menor condição de começar a lutar no continente, muito menos considerar a sugestão desvairada de que deveria enviar tropas para a Rússia.

Havia ainda outra questão por que Stalin pressionava: a necessidade de um acordo sobre as fronteiras no pós-guerra. Para desalento de Churchill e Roosevelt, Stalin insistia na definição dos novos contornos geopolíticos do continente após a derrota final de Hitler. Os exércitos russos mal conseguiam manter suas posições nos arredores de Moscou, mas seu líder já sonhava com uma nova ordem europeia que satisfizesse suas ambições territoriais.

Eden se ofereceu para essa missão a fim de tentar amortecer aquelas expectativas e também para manter tranquilas as relações entre esses dois aliados inquietos. Nem ele nem Churchill sabiam que tipo de recepção deveriam esperar, pois Stalin já tinha demonstrado sua obstinação em mais de uma ocasião, embora em geral adotasse um tom mais brando imediatamente após uma discussão mais dura. Ivan Maisky, o embaixador soviético em Londres que regularmente transmitia as queixas do seu líder, acompanhou Eden na viagem e forneceu a primeira indicação do estado de espírito de Stalin.

Depois de terem atracado em Murmansk, Eden continuou a bordo enquanto Maisky ia à cidade tentar providenciar um trem fortemente protegido. De volta ao seu contratorpedeiro, o embaixador soviético pediu uma reunião privada com Eden, e os dois foram para a cabine do secretário do exterior. Maisky colocou uma bolsa preta sobre a mesa e comunicou a mensagem de Stalin. O líder soviético, disse ele, não queria que Eden e a delegação britânica se sentissem "embaraçados" durante a visita pela controvérsia entre a Grã-Bretanha e a Rússia em torno da taxa de conversão do rublo. Como os americanos, os britânicos protestaram muitas vezes contra uma taxa de câmbio que inflava todas as suas despesas na Rússia. Sem fazer nenhuma concessão nessa questão, Maisky explicou que Stalin estava colocando à disposição de Eden rublos suficientes para que a delegação não tivesse nenhum problema durante a visita. Então, enquanto um atônito Eden observava, o embaixador puxou "pacotes e mais pacotes" de notas que colocou em filas sobre a mesa.

"Fiquei boquiaberto diante de tanta riqueza", lembrou o secretário do exterior. Mas teve a presença de espírito de pedir a Maisky que agradecesse a Stalin pela generosidade e assegurasse que a delegação britânica era capaz de arcar com suas despesas e que não ia precisar do dinheiro na mesa.

"O pior de todos os mundos"

Maisky ficou visivelmente desconcertado pela polida recusa de Eden, mas quando o secretário do Exterior não quis mudar de ideia, ele reuniu os pacotes de rublos, os colocou de volta na bolsa preta e trancou-a.

Aquilo era típico de Stalin: queria parecer conciliador e amaciar o visitante britânico antes das conversações, mas com um gesto tão ostensivamente generoso que deixou Eden numa posição delicada, não lhe restando alternativa a não ser recusar a oferta. O líder soviético provavelmente não fazia ideia da razão por que seu convidado não podia aceitar o dinheiro, pois no seu mundo ele gratificava ou punia qualquer um de acordo com sua inclinação – e nenhuma outra regra se aplicava.

No dia seguinte, 13 de dezembro, Maisky voltou a bordo para dar a Eden a notícia que o *Pravda* trombeteava: a vitória soviética na Batalha de Moscou. Apesar de saber que a luta estava longe de terminada, o secretário do Exterior ficou feliz. "Isso é maravilhoso! Pela primeira vez, os alemães sofreram um revés."

Na viagem de trem que começou no fim da tarde do mesmo dia, Eden se impressionou com a capacidade dos russos de enfrentar o frio impiedoso que chegava a -26ºC à noite. O trem especial era equipado com metralhadoras antiaéreas, montadas em vagões abertos entre os vagões de passageiros, e que eram operadas em turnos de duas horas. "O frio que aqueles homens tinham de suportar quando em movimento a uma velocidade razoável através daquelas temperaturas árticas deve ter sido cruel", observou Eden.

Durante uma das paradas ocasionais, quando desceram para caminhar ao lado dos trilhos, ele perguntou a Maisky: "como o seu povo suporta tanto frio?" O embaixador lhe assegurou que as equipes estavam adequadamente vestidas e acostumadas às temperaturas gélidas, ao que Eden acrescentou: "bem, os alemães não estão acostumados a esse frio".

Quando o trem chegou a Moscou na noite de 15 de dezembro, havia pingentes de gelo pendurados nos vagões e a estação estava mergulhada na escuridão. De repente, as luzes foram acesas no local, durante os 14 minutos em que Molotov saudou o seu colega britânico. O ministro do Exterior soviético informou ansioso que tropas soviéticas tinham acabado de expulsar as tropas alemãs de Klin, a 80 km ao norte de Moscou. Então, as luzes se apagaram de novo, e as pessoas se moveram como sombras através do vapor e da fumaça do trem e do blecaute contínuo da capital para evitar oferecer alvos visíveis aos bombardeiros alemães. A capital não se sentia tão triunfante quanto a proclamação oficial fizera parecer dois dias antes.

Se Eden tinha alguma dúvida sobre o impacto da melhora da situação militar no estado de espírito de Stalin, ela se evaporou quando os dois homens se sentaram para a primeira reunião na noite seguinte. Já de início, o líder soviético focalizou as suas ambições territoriais paralelamente às outras ideias para o período do pós-guerra, por mais prematura que parecesse aquela discussão. Stalin não iria permitir que Eden fugisse dos temas, limitando a discussão à situação corrente. O primeiro sucesso real do seu exército – conter os alemães nas fronteiras de Moscou e empurrá-los para trás – só fortalecia a decisão de pressionar o hóspede inglês pelos compromissos que ele desejava. Stalin tentaria parecer generoso oferecendo pacotes de rublos, mas a generosidade não se estendia aos vizinhos do seu país, cuja situação e limites de antes da guerra não lhe agradavam.

Mesmo durante os primeiros dias da invasão alemã, quando por toda parte o Exército Vermelho estava em retirada e uma derrota catastrófica parecia iminente, a liderança soviética havia sinalizado a determinação em reclamar exigências futuras. Em julho de 1941, por insistência do governo de Churchill, Maisky tinha conduzido negociações em Londres com o líder do governo polonês no exílio, o general Wladyslaw Sikorski, destinadas a forçar aqueles vizinhos hostis a restabelecer relações diplomáticas e cooperar na luta contra a Alemanha. As conversações forneceram as primeiras pistas de como o lado soviético pretendia conquistar seus objetivos territoriais.

Os poloneses, evidentemente, eram a parte prejudicada desde que Stalin juntou forças com Hitler no desmembramento do seu país, de acordo com o pacto Molotov-Ribbentrop. Depois de invadir a Polônia pelo leste em setembro de 1939, a União Soviética anexou uma grande parte de território que antes fora a Polônia Oriental e deportou mais de 1,5 milhões de poloneses dessas regiões para prisões e campos de trabalho soviéticos. Entre eles, estava o equivalente a várias divisões de soldados poloneses que as forças soviéticas tinham capturado durante a invasão. Muitos milhares de oficiais tinham desaparecido sem vestígios – mais de 4 mil corpos foram descobertos em 1943

"O pior de todos os mundos"

numa sepultura de massa na floresta de Katin, próxima a Smolensk. As vítimas tinham as mãos amarradas atrás das costas e um tiro na cabeça.

O governo do polonês Sikorski queria dois compromissos claros de Moscou: uma declaração de que a divisão nazissoviética da Polônia era nula e sem efeito – o que teria significado, que ao fim da guerra, o país voltaria às suas fronteiras de antes de 1939; e a libertação de todos os civis e militares poloneses deportados e presos. Isso permitiria a formação de unidades do exército polonês na União Soviética que se juntariam à luta contra os alemães.

Mas durante as conversações em julho de 1941, Maisky indicou imediatamente que a ideia do Kremlin de uma Polônia restaurada não estava de acordo com os objetivos dos poloneses. "Expliquei que, tal como o víamos, o futuro estado polonês deveria ser composto somente de poloneses e dos territórios habitados por poloneses", lembrou ele. Pelo que entendiam os negociadores poloneses, essa formulação significava que o lado soviético pretendia manter o controle sobre uma grande parte dos territórios que tinham anexado em 1939, pois os viam como ucranianos e bielo-russos, e já tinham realizado neles a sua própria versão de limpeza étnica. Se esse fosse o critério para as fronteiras no pós-guerra, a disposição ostensiva dos soviéticos de renunciar ao seu acordo com o regime nazista teria pouca significância prática.

Sikorski sentiu-se compelido a concluir um acordo, apesar de estar muito perturbado pela atitude soviética. Como explicou Jan Ciechanowski, embaixador polonês em Washington, "o governo britânico estava pressionando fortemente o general Sikorski para apressar as conversações com os soviéticos, em vez de pressionar os soviéticos a aceitar as condições justas da Polônia". Isso Churchill admitiu nas suas memórias. Apesar de a Grã-Bretanha ter entrado em guerra por causa da Polônia, ele agora estava particularmente interessado em manter o aliado soviético na luta contra os alemães – e, pelo menos de acordo com alguns relatos, ele ainda suspeitava que Stalin pudesse concluir outro acordo com Hitler se as circunstâncias mudassem outra vez. "A questão do futuro territorial da Polônia deveria ser adiada até tempos mais tranquilos", escreveu o primeiro-ministro. "Tínhamos a responsabilidade odiosa de recomendar ao general Sikorski confiar na boa vontade soviética nos futuros acordos das relações russo-polonesas, e a não insistir naquele momento em nenhuma garantia escrita para o futuro."

O acordo, concluído em 30 de julho, não incluiu provisões para a formação de unidades do exército polonês em solo soviético nem a anistia dos poloneses ali presos, e restaurou as relações diplomáticas entre os dois países. Mas, apesar de os tratados germano-soviéticos de 1939 terem sido declarados inválidos, a questão territorial continuou sem solução. Em Washington, o subsecretário de Estado, Sumner Welles, declarou que entendia que o acordo "estava conforme a política dos Estados Unidos de não reconhecimento de territórios tomados por conquista". Na Casa dos Comuns, Eden reiterou a posição do seu governo de que não reconhecia as alterações territoriais de 1939, mas acrescentou que isso "não envolve nenhuma garantia de fronteiras pelo governo de Sua Majestade". Para os poloneses, como expressou Ciechanowski, isso foi "a primeira andorinha na alvorada da nova política britânica de conciliação".

Menos de duas semanas antes da visita de Eden a Moscou, Sikorski também fez uma viagem tortuosa até a capital soviética, voando de Londres, passando pelo Cairo, Teerã e Kuibyshev. Ao se reunir com Stalin nos dias 3 e 4 de dezembro, ele pediu informações sobre os seus oficiais desaparecidos e sobre a implementação da proclamada anistia de todos os prisioneiros militares poloneses, para que pudessem formar a base de uma nova força de luta. Mas só recebeu negativas e ignorância fingida quando se discutiu o destino dos oficiais poloneses desaparecidos. "Devem ter fugido em algum lugar", declarou Stalin. Sikorski, contudo, conseguiu a anuência do líder soviético para permitir que os poloneses recém-libertados atravessassem a fronteira para o Irã, onde os britânicos tinham prometido fornecer suprimentos para se equipassem novamente como um exército regular. Sob o comando do general Wladyslaw Anders, mais tarde aqueles soldados lutariam valentemente no norte da África e na tomada do mosteiro de Monte Cassino, durante a campanha italiana de 1944.

Por sua vez, Stalin tentou conduzir Sikorski a uma discussão sobre as fronteiras entre a Polônia e a União Soviética no pós-guerra. "Acredito que seria útil se discutíssemos o assunto. Afinal, as alterações que pretendo sugerir são muito pequenas." O líder polonês insistiu que não tinha direito de discutir nem mesmo a menor alteração das fronteiras "invioláveis" do seu país, e Stalin não insistiu.

"O pior de todos os mundos"

Quando se sentou na primeira reunião com Stalin em Moscou, no dia 16 de dezembro, Eden também esperava ter sucesso em evitar essa questão politicamente delicada e as novas suspeitas de que seu governo estaria cedendo às exigências soviéticas. Em Washington, Roosevelt tentava tranquilizar os poloneses de que era sensível aos seus interesses, e que respeitava o compromisso que ele e Churchill tinham assumido na Carta do Atlântico, proclamada em agosto, durante sua primeira reunião de cúpula no mar. Naquela reunião, os dois tinham prometido que não haveria mudanças territoriais "que não se conformem com os desejos livremente expressos dos povos interessados". Ele insistiu com Churchill para não assumir nenhum compromisso com Stalin relativo aos acordos no pós-guerra. Para Eden, quanto menos se dissesse sobre tudo isso em Moscou, melhor.

Stalin não se dispunha a fazer esse jogo. O líder soviético entregou imediatamente a Eden as minutas de dois tratados – uma para a sua aliança militar durante a guerra, e a outra para tratar dos acordos do pós-guerra. Ele então chocou os seus convidados ao propor um protocolo secreto para o segundo tratado, que definiria o futuro das fronteiras europeias. "As ideias russas já estavam bem definidas", Eden observou ferozmente mais tarde. "Eles pouco mudaram durante os três anos seguintes, pois seu objetivo era assegurar as garantias físicas mais tangíveis para a futura segurança da Rússia." Havia um exemplo recente desses protocolos secretos na redefinição de fronteiras: o pacto Molotov-Ribbentrop.

Apesar de Stalin não estar planejando extinguir o estado polonês naquela vez, a semelhança não terminava aí. Novamente, a Polônia e os Estados Bálticos figuravam como os primeiros derrotados nesse acordo. Para a Polônia, Stalin propôs que sua fronteira oriental deveria correr ao longo da linha Curzon – a linha do armistício sugerida pelo secretário do exterior britânico na guerra Russo-Polonesa de 1919-1920. As vitórias polonesas durante aquele conflito geraram uma fronteira muito mais a leste, significando que, no período entre guerras, a Polônia controlava uma grande faixa de território que o Kremlin cobiçava. Como resultado do pacto Molotov-Ribbentrop, a União Soviética tomou esse pedaço da Polônia e traçou uma nova fronteira bem próxima da linha Curzon original. Agora Stalin desejava tornar permanente essa situação.

Para compensar a perda de território, Stalin sugeriu que a Polônia deveria receber uma grande parte da região leste da Alemanha. Ele também sugeriu a restauração de um estado austríaco separado, privando a Alemanha da Renânia e possivelmente da Baviera, e a criação de um conselho de vencedores que decidiriam o que fazer com a Alemanha derrotada. Stalin queria saber o que Eden pensava da possibilidade de a Alemanha pagar reparações pelos danos que estava infligindo. Quanto aos Estados Bálticos, eles seriam engolidos mais uma vez pelo estado soviético, e as fronteiras soviéticas com a Finlândia e Romênia reverteriam ao que eram antes do ataque alemão. Em suma, ele propunha muitos dos termos que iriam figurar nas discussões das grandes potências em Teerã, em 1943, e em Yalta, em 1945.

Eden sabia como tinha de responder, e tentou fazê-lo com o maior tato possível. Seu governo, disse ele, estava aberto a examinar questões como a organização do controle militar sobre uma Alemanha derrotada, e certamente apoiava uma Áustria independente. Dado o impacto desastroso das reparações na guerra anterior, ele se oporia a qualquer esforço de exigência de reparações ao fim desta. Quanto à questão fundamental das futuras fronteiras, explicou que suas mãos estavam atadas. "Antes mesmo de a Rússia ser atacada, o senhor Roosevelt nos enviou uma mensagem pedindo que não entrássemos em nenhum acordo secreto visando à reorganização da Europa no pós-guerra, sem antes consultá-lo", disse a Stalin.

De fato, John Winant, embaixador americano em Londres, tinha recebido instruções para transmitir uma mensagem do secretário de Estado, Cordell Hull, a Eden pouco antes de sua partida para Moscou. Datada de 5 de dezembro, a mensagem acentuava que as políticas do pós-guerra dos dois países e a União Soviética estavam encapsuladas na Carta do Atlântico, e seria "inadequado" para qualquer um dos dois governos "assumir compromissos relativos a termos específicos do acordo do pós-guerra". Acrescentou: "acima de tudo, não deverá haver acordos secretos".

Tendo em mente esses avisos, Eden continuou a enfatizar a Stalin que a Rússia, a Grã-Bretanha e os Estados Unidos precisavam estar de acordo com relação às questões principais, e que ele não poderia se comprometer sozinho com nada.

"O que dizer da anexação do protocolo secreto?", perguntou Stalin, recusando-se a desistir.

"O pior de todos os mundos"

Quando Eden reiterou que isso exigiria consultas ao seu governo e a Washington, o líder soviético afirmou concordar, dizendo que uma frente unida era crucial para os esforços dos três países. A discussão passou, então, para a situação militar. Apesar de naquele caso também haver algumas questões complexas, o secretário do Exterior sentiu que tinha adiado a questão territorial, pelo menos naquele momento.

A reunião seguinte lhe mostrou que estava errado. "Stalin começou a mostrar as garras", observou ele. Aparentemente esquecido das explicações anteriores de Eden, o líder soviético pediu de modo direto o reconhecimento britânico para as fronteiras da Rússia de 1941 – em outras palavras, as que tinham sido estabelecidas conforme o pacto Molotov-Ribbentrop.

Era a volta à estaca zero e o que Eden descreveu como uma atmosfera "frígida". Ele explicou mais uma vez que não poderia endossar nada semelhante. Observou que Churchill havia declarado antes que a Grã-Bretanha não reconheceria alterações de fronteiras produzidas por guerra – e que isso ocorrera numa época em que a Alemanha estava avançando e qualquer reconhecimento dessas fronteiras teria sido prejudicial para a Rússia.

"Se diz isso, o senhor poderia dizer amanhã que não reconhece que a Ucrânia faz parte da URSS", Stalin retrucou asperamente.

"Isso é uma compreensão totalmente errônea da posição", respondeu Eden. "Não reconhecemos apenas as alterações das fronteiras de antes da guerra."

Stalin não abandonou o tema, insistindo que a recusa britânica deixaria o seu país como um suplicante. "Isso faz parecer que eu devia vir com o chapéu na mão", disse.

Era o Stalin petulante, que se indignava toda vez que suas exigências – não importando o seu alcance – não eram aceitas de imediato. Insistia e insistia para ver o que poderia conseguir. Era uma prévia do Stalin que os líderes americanos e ingleses tornariam a ver outras vezes, à medida que a guerra avançava. Mas o líder soviético sabia quando aliviar a pressão, em especial quando sentia que suas táticas agressivas se mostravam contraproducentes. Ele também compreendia instintivamente que, depois de um ciclo de agressões, poderia ganhar pontos quando parecia mais razoável.

Que foi exatamente como os eventos se desenrolaram com Eden. O secretário do exterior percebeu que também ele teria de demonstrar irritação, se esperava que Stalin agisse mais razoavelmente. Voltando ao hotel depois da ríspida sessão, ele decidiu que poderia falar tranquilamente no carro, pois acreditava que aquele era o único lugar onde suas conversas não seriam monitoradas. Disse aos seus colegas britânicos que, uma vez na suíte do hotel, ele iria expressar sua frustração em voz alta para ser captada pelos equipamentos de escuta. Andando para lá para cá na sala, ele fez exatamente isso, afrontando o comportamento soviético e dizendo que teria sido melhor não ter vindo a Moscou. "Minha conclusão foi que, com a maior boa vontade do mundo, era impossível trabalhar com aquelas pessoas, nem mesmo como parceiros contra um inimigo comum", lembrou ele. "Os outros se juntaram ao coro."

Algumas horas depois, Eden recebeu a primeira indicação de que seus anfitriões soviéticos tentavam desfazer aquela impressão. Antes ele pedira para visitar o *front*, pois queria ter uma sensação mais direta da situação militar – mas o pedido tinha sido ignorado. Mas agora, Maisky estava ao telefone com a notícia de que ele teria permissão para viajar a Klin, que acabara de ser liberada. No carro com Maisky, ele viu aldeias incendiadas, tanques alemães e russos destruídos na luta, e os mortos russos e alemães espalhados sobre os dois lados da estrada. "Os cadáveres já estavam congelados, geralmente nas poses mais estranhas e incompreensíveis: alguns com os braços abertos, outros de quatro, alguns de pé com neve até a cintura", relembrou Maisky.

Eden se comoveu com a visão de seis jovens prisioneiros alemães – "pouco mais que meninos", segundo ele – que haviam sido capturados no dia anterior e tremiam de frio e de medo. "Estavam muito malvestidos, com sobretudos finos, casacos de lã e sem luvas. Só Deus sabe qual será o destino deles, mas eu posso imaginar: vítimas de Hitler."

Durante a viagem de volta a Moscou, Eden reforçou a mensagem que tentou transmitir quando falou para os microfones da sua suíte. Disse a Maisky que se, como parecia, sua viagem terminasse em fracasso por causa da insistência do lado soviético em impor termos que ele não poderia aceitar, somente os alemães ficariam felizes.

Convencido de que os dois lados não seriam capazes de chegar a um acordo, Eden foi à última reunião com Stalin no dia 20 de dezembro levando a minuta de um comunicado curto. Porém, para surpresa do britânico, o líder soviético estava bem mais cordato do que antes. Apesar de ainda pedir o reconhecimento das fronteiras que queria, ele disse que agora entendia que o lado britânico tinha primeiro de consultar-se com os Estados Unidos,

"O pior de todos os mundos"

e que qualquer tratado poderia esperar. Nesse meio tempo, as relações entre seus dois países continuariam a se desenvolver, acrescentou. Ofereceu também um comunicado, segundo Eden, "mais longo e mais direto que o meu". O secretário do Exterior lembrou que teve uma sensação de alívio – exatamente o que Stalin queria que ele sentisse.

Por fim, Stalin convidou Eden e seu grupo para um jantar no Kremlin. O convidado de honra notou que a refeição era "quase embaraçosamente suntuosa". Registrou que havia *borscht*, esturjão, "um leitãozinho infeliz", uma variedade de carnes – e, é claro, vinho, champanhe e vodca. O marechal Timoshenko, Eden acrescentou, "parecia estar bebendo desde antes de nos encontrarmos". Aparentemente embaraçado por Eden ter notado, Stalin lhe perguntou: "os seus generais se embebedam"? Eden respondeu que eles raramente tinham oportunidade para tanto.

De acordo com Maisky, Eden sofreu seu próprio momento embaraçoso. Em certa hora, ele perguntou a Stalin a respeito de uma garrafa grande sobre uma mesa com um líquido amarelado. Era *brandy* de pimenta, mas Stalin sorriu e lhe disse: "esse é o nosso uísque russo". Quando Eden disse que gostaria de experimentar, o líder soviético lhe ofereceu um copo grande. Ele tomou um gole grande, ficou vermelho e engasgou, "os olhos quase saltando das órbitas", relembrou Maisky. Stalin então anunciou: "só gente muito forte é capaz de tomar uma bebida tão forte. Hitler está começando a sentir".

Eden não mencionou esse incidente nas suas memórias, preferiu observar que sua visita terminou com uma "nota amistosa". Mas o banquete o deixou com "uma sensação de irrealidade, que não se deveu à fome nem à penúria no nosso meio, nem aos exércitos alemães, tão próximos que quase ouvíamos a sua artilharia". O que de fato o incomodou foi algo mais profundo. "Naqueles salões dourados a atmosfera era insalubre, porque onde um homem domina, todos os outros temem", observou.

Ele também percebeu que, apesar de conseguir evitar todos os compromissos que Stalin exigia, sua visita representou apenas o primeiro ato de um drama que teria continuação. O líder soviético não se dispunha a desistir das suas ambições territoriais, observou ele no telegrama para Churchill, "e devemos esperar pressão contínua quanto a essa questão".

* * *

301

A Batalha de Moscou

Durante o inverno de 1941-1942, quando os alemães foram contidos e depois forçados a se retirar dos arredores de Moscou, Churchill deixou de irritar-se tanto com o tom geralmente arrogante das exigências de Stalin, como transmitidas por Maisky, e procurou não deixar que as pressões soviéticas azedassem as relações anglo-soviéticas. Era uma mudança que não escapou à vigilância de Berlim. "O busto de Stalin foi descerrado na bolsa de Londres. Lá é o seu lugar", Goebbels observou com amargura no seu diário no dia 28 de janeiro de 1942. "A colaboração entre o bolchevismo e o supercapitalismo está assim simbolizada publicamente. A Inglaterra caiu no fundo do poço. Está enfrentando uma época difícil. Pode agradecer a Churchill."

Numa anotação posterior, Goebbels mencionou que sabia haver especulação em Londres de que a União Soviética poderia fazer a paz em separado com a Alemanha nazista. "Esse medo não tem razão de ser", escreveu em 6 de março. "A União Soviética tem de ser e será derrubada, não importa quanto tempo for necessário. A situação é propícia para dar um fim ao bolchevismo em toda a Europa e, considerando nossa posição, não podemos abrir mão desse objetivo."

Na verdade, Churchill parece não ter se preocupado seriamente naquele ponto com um novo acordo de paz germano-soviético. Se essa possibilidade chegou a existir – e não há nenhuma evidência para apoiar essa ideia – foi durante os primeiros dias da invasão alemã, quando a União Soviética parecia à beira do colapso. Mas depois que os alemães falharam no avanço sobre Moscou, Stalin não tinha nenhum incentivo para tomar esse curso. Tal como Hitler, ele estava comprometido não apenas com a vitória, mas também com a destruição do sistema adversário.

Tal como Hitler, ele também fez previsões excessivamente otimistas. Stalin enviou uma mensagem a Churchill no dia 14 de março declarando a sua confiança de que "os esforços combinados de nossas tropas, sem levar em conta transtornos ocasionais, hão de culminar com a destruição completa do inimigo comum, e que o ano de 1942 verá uma mudança decisiva no *front* anti-Hitler". Quando Maisky entregou a mensagem a Churchill, o primeiro-ministro não escondeu o seu ceticismo. "Não vejo como 1942 possa se tornar um ano decisivo."

Durante suas conversações com Eden em dezembro, Stalin pareceu mais realista. Apesar da afirmação fantasiosa de que as tropas soviéticas poderiam se juntar à Grã-Bretanha e aos Estados Unidos na luta contra o Japão na primavera seguinte, ele acrescentou a enorme advertência de que seria melhor se o Japão atacasse o seu país do que o contrário. "A guerra seria impopular com o nosso povo se o governo soviético desse o primeiro passo", disse ele.

Foi uma declaração muito mentirosa, dando a impressão de que Stalin era um líder democrático que agia somente quando podia contar com o apoio da opinião pública. Ela também desconsiderava o fato de que os japoneses provavelmente não fariam esse favor porque, como explicou Eden, eles iam preferir "uma política de enfrentar seus inimigos um de cada vez". O secretário do exterior entendeu a importância da mensagem de Stalin: assim como as potências ocidentais não podiam concordar com as demandas do líder soviético de abertura de uma segunda frente em futuro próximo, a União Soviética não estaria pronta a ajudar na guerra com o Japão num futuro previsível.

Churchill e Roosevelt estavam de pleno acordo quanto a outra questão: a necessidade urgente de aumentar o fluxo de suprimentos do *Lend-Lease* para a União Soviética, o que fortaleceria suas forças durante as próximas batalhas. Embora Roosevelt insistisse em produção e entregas mais rápidas, os primeiros resultados foram desapontadores, pois era um projeto bastante ambicioso. No final, ele iria fornecer à União Soviética 409.500 veículos, principalmente caminhões *Studebaker*, que manteriam a mobilidade do seu exército, 1.900 locomotivas, além de 43% de todos os pneus soviéticos, 56% de todos os trilhos para a rede ferroviária, e cerca de um terço dos explosivos. Além disso, os Estados Unidos forneceram enormes quantidades de alimentos, cobre, alumínio e combustível de alta octanagem para aviões. Por mais insistente que fosse Stalin na cobrança desses suprimentos, ele se recusou constantemente a reconhecer para o seu povo a escala daquele esforço de ajuda externa. Ele queria que o povo acreditasse que todos os sucessos militares eram resultado apenas da sua liderança inspirada e da coragem do Exército Vermelho.

Roosevelt e Churchill estavam dispostos a deixar passar essas falhas, unidos na opinião de que aquela ajuda era vital. Mas tinham posição diferente quando se tratava das demandas territoriais apresentadas por Stalin durante a visita de Eden a Moscou. Apesar da predisposição de confiar no líder soviético, Roosevelt parecia de início mais decidido a resistir a essas exigências. Contudo, na realidade a discordância revelava as fraquezas dos dois líderes quando se tratava de lidar com alguém tão esperto como Stalin.

Ao voltar a Londres, Eden insistiu com Churchill, com o apoio de outros altos funcionários, para considerar um compromisso que implicasse aceitar as pretensões soviéticas com relação aos Estados Bálticos, enquanto recusava apoio às suas pretensões quanto à Polônia. Em março, o primeiro-ministro tinha chegado a essa posição. "A gravidade crescente da guerra levou-me a sentir que os princípios da Carta Atlântica não deveriam ser entendidos como uma negação à Rússia das fronteiras que ocupava quando foi atacada pela Alemanha", disse ele a Roosevelt, pedindo o seu apoio para os planos do seu governo para aceitar aquelas pretensões. Isso significaria aceitar a anexação dos Estados Bálticos, que fora resultado do pacto nazis-soviético de 23 de agosto de 1939.

Roosevelt se recusou a apoiar essa mutilação intencional dos princípios da Carta. O subsecretário de Estado, Welles, explicou que a disposição britânica de se submeter na questão dos Estados Bálticos era "não só indefensável de qualquer ponto de vista moral, mas também extraordinariamente estúpida", pois só levaria a mais exigências, inclusive a anexação do território polonês. Eden notou com acidez: "a política soviética é amoral; a política dos Estados Unidos é exageradamente moral, pelo menos onde estão envolvidos interesses não americanos".

Porém, isso estava longe de ser a história completa. Se a abordagem de Churchill exibia um cálculo cínico, que no final iria condenar todos os esforços para conter as ambições de Stalin ao término da guerra, Roosevelt se mostraria a um só tempo ingênuo e incoerente. Ele desejava genuinamente evitar todos os protocolos secretos ou outros compromissos escritos sobre questões territoriais que queria resolver mais tarde – o que, e isso não foi insignificante, ajudou a manter as boas relações com os funcionários poloneses e sua boa posição junto aos eleitores americano-poloneses. Mas, ao mesmo tempo, ele enviou privadamente sinais muito diferentes e manteve a confiança nas boas intenções de Stalin.

Tudo isso ajudou a gerar tensões anglo-americanas nas negociações com a Rússia, que conduziriam de modo direto à conferência de Yalta em 1945, quando a maioria dos acordos para o pós-guerra já estavam finalizados. De

"O pior de todos os mundos"

início, essas tensões foram bastante visíveis durante a fase final da Batalha de Moscou, uma época em que alguns oficiais ainda duvidavam da vitória soviética. Foi então que Roosevelt sinalizou a intenção de negociar diretamente com Stalin, contornando os britânicos. Com as conversações anglo-americanas sobre a Rússia "embaraçadas", como disse Eden, Welles informou a lorde Halifax, o embaixador britânico em Washington, que o presidente pretendia tomar exatamente esse curso.

Os funcionários britânicos ficaram consternados. "Esta foi a primeira de várias ocasiões em que o presidente, acredito que equivocadamente, afastou-se de nós, influenciado por sua convicção de que teria melhores resultados diretamente com Stalin do que no caso de os três países negociando juntos", escreveu Eden. "Era uma ilusão."

No dia 18 de março, Roosevelt mandou a Churchill uma mensagem franca. "Sei que você não vai se importar com a minha franqueza brutal quando lhe digo que posso lidar pessoalmente com Stalin melhor que o seu *foreign office* ou o meu departamento de Estado", declarou. "Stalin odeia todos os seus altos funcionários. Ele pensa gostar mais de mim, e espero que continue a pensar assim."

Até então, Roosevelt nunca tinha se encontrado com Stalin, o que tornava ainda mais espantosa a confiança na sua capacidade de "controlar" o líder soviético. Mas ao lado da sua convicção de que a sua relação pessoal seria capaz de desencadear a boa vontade de Stalin, Roosevelt demonstrou também seu próprio nível de cinismo, que alarmou até mesmo os seus aliados britânicos, supostamente mais desconfiados.

Nas suas conversações com Maxim Litvinov, que era então embaixador soviético em Washington, Roosevelt sugeriu que, apesar de ainda não poder aceitar as pretensões sobre os Estados Bálticos e os territórios romenos, mais tarde ele o faria. Como Litvinov relatou a Moscou, o presidente descreveu a si e a Stalin como "realistas". Então, com um sorriso, ele indicou que "vai tratar dessas questões no fim da guerra".

O assessor presidencial Harry Hopkins, que tinha advogado sistematicamente o envio desses sinais para agradar a Stalin, estava ao lado de Roosevelt quando ele se reuniu com lorde Halifax no dia 9 de março. O presidente disse ao embaixador britânico que planejava dizer a Stalin reconhecer a necessidade de acordos firmes de segurança para o país depois da guerra, mas que seria perigoso colocar qualquer coisa por escrito naquele momento. Então acrescentaria que Stalin não tinha razão para se preocupar com o futuro, porque, depois de o Exército Vermelho ter tomado os Estados Bálticos, os Estados Unidos e a Grã-Bretanha não fariam nada para desalojá-lo.

Quando Halifax lhe informou o teor do seu plano, Eden ficou horrorizado. "Não gostei do método da sua declaração, porque tinha certeza de que não satisfaria Stalin e porque parecia nos dar o pior dos mundos", relembrou o secretário do Exterior. "Seríamos coniventes de modo desprezível com o inevitável, sem ganhar nada em troca."

O beneficiário imediato dessas tensões anglo-americanas era Stalin, que, de acordo com Eden, "como negociador era o personagem mais duro de todos". Poucas vozes no campo inglês ou no americano pediam posturas de negociação mais duras. Alguém como Ivan Yeaton, o adido militar americano em Moscou, que via a ajuda incondicional para a União Soviética como um erro enorme, estava no lado mais fraco do debate, que só brilhou brevemente. Depois do choque com Hopkins durante a visita do assessor presidencial em julho de 1941, seus avisos quanto à natureza do regime de Stalin foram muitas vezes ignorados – e, ainda mais quando voltou para o departamento de guerra em Washington, mais tarde naquele ano. Apesar de Churchill parecer de início ansioso para agradar Stalin, a equipe de Roosevelt salientava enfaticamente que a ajuda pelo *Lend-Lease* era incondicional.

É opinião geral que o destino da Europa Oriental foi determinado na conferência de Yalta em 1945, submetendo-a ao controle da União Soviética e redesenhando suas fronteiras de acordo com os desejos de Stalin. Mas esse foi apenas o último passo de um longo processo. O líder soviético primeiro revelou seus planos em considerável detalhe durante a Batalha de Moscou. Como Molotov explicou mais tarde, "minha tarefa como ministro de Negócios Estrangeiros era expandir as fronteiras da pátria. E parece que Stalin e eu realizamos essa tarefa com grande sucesso".

Por mais que discordassem quanto à tática, Churchill e Roosevelt responderam de uma forma que só aumentou a convicção do líder soviético de que, no fim, sairia ganhando o que queria. No dia 1º de dezembro, pouco antes de Stalin se reunir com Sikorski e depois com Eden, o lado soviético organizou um encontro secreto de comunistas poloneses em Saratov. Foi o

"O pior de todos os mundos"

Roosevelt com Harry Hopkins numa sala da Casa Branca. Apesar de os Estados Unidos ainda não estarem na guerra, o presidente insistia em oferecer toda ajuda possível à Rússia. Mesmo com o destino de Moscou em risco, Stalin usou as conversações com líderes ocidentais para favorecer os seus planos de dominação soviética da Europa Oriental no pós-guerra.

primeiro passo na criação de um governo títere, que garantiria o controle soviético da Polônia do pós-guerra. Stalin ainda enfrentava a enorme ameaça dos invasores alemães, mas grande parte da resistência ocidental às suas ambições políticas já tinha desmoronado – e a pequena parte que restou continuaria a se erodir à medida que a luta avançava. O governante soviético não estava apenas revelando seus planos para o mundo no pós-guerra durante a Batalha de Moscou, ele também agia por eles.

* * *

A Batalha de Moscou

Para os correspondentes ocidentais na União Soviética, o trabalho de tentar informar sobre a Batalha de Moscou, ou sobre qualquer outro aspecto da guerra, era em geral um exercício em frustração. Quentin Reynolds, correspondente do *Collier's Weekly* que tinha chegado a Moscou assumindo o papel de porta-voz da missão Beaverbrook-Harriman em setembro, continuou na cidade como planejava – mas rapidamente passou a se perguntar se o trabalho valera o esforço. Referindo-se às duas entrevistas coletivas por semana do vice-ministro de Negócios Exteriores, Solomon Lozovsky, Reynolds observou com malícia:

> sempre simpaticamente nos convidando a fazer todas as perguntas que quiséssemos, ele conseguia não responder a nenhuma. Na verdade, a maior parte das notícias sobre o que estava se passando vinha das embaixadas americana e britânica ou da rádio alemã.

Quando, junto com os diplomatas, os jornalistas foram evacuados para Kuibyshev em meados de outubro, sua disposição azedou ainda mais. Larry Lesueur, correspondente da Rádio CBS que chegou tarde demais à Rússia para ficar em Moscou e foi para a capital alternativa, encontrou os outros correspondentes "extremamente deprimidos" com relação à situação. Ele estava tão ansioso por transmitir da Rússia que tinha vindo num comboio britânico que transportava tanques, botas e outros itens de auxílio de guerra para a cidade portuária de Archangel, no norte, e depois suportado uma viagem tortuosa de 17 dias, num trem parador, ao longo de mais de 3.500 km até Kuibyshev. De início exultante por finalmente ter chegado, ele logo foi tomado pela depressão dos seus colegas. "Uma das batalhas mais decisivas do mundo se desenrolava a 1.000 km de distância e as únicas notícias que nós conseguíamos eram as que vinham pelo rádio russo", escreveu.

Passando a maior parte do tempo no Grand Hotel de Kuibyshev, cujo acesso era proibido aos russos, os estrangeiros tinham muitas razões para se sentirem isolados. A entrega de jornais de Moscou era errática, relatou Lesueur, e, mesmo quando chegavam, já estavam atrasados três dias. A batalha pela capital soviética também provocou a interrupção das comunicações telegráficas, o que significava que ele geralmente perdia as instruções relativas à hora de transmissão. Nesses casos, Lesueur cruzava a cidade à noite para deixar a sua reportagem no departamento de censura, voltava para o hotel

"O pior de todos os mundos"

para descansar um pouco e depois percorria as ruas geladas de Kuibyshev até a estação de rádio para transmitir a sua reportagem no meio da noite – e ser informado de que a sua voz não tinha necessariamente chegado aos seus ouvintes.

Mesmo quando conseguiam sair de Kuibyshev para ver alguma coisa por si próprios, eles tinham dificuldade para relatar qualquer coisa além da informação oficial. Tentando descobrir uma desculpa aceitável para viajar, Reynolds e Arch Steele do *Chicago Daily News* pediram para visitar uma fábrica de munições – e, para sua surpresa, o pedido foi aceito. Acompanhados de um tenente que serviu como seu guia, eles passaram ao lado de um grupo de edifícios sombrios cercados de arame farpado, que não deixava dúvidas: era um campo de concentração para cidadãos soviéticos presos na rede de terror de Stalin. "Alguns soldados com fuzis guardavam despreocupados o campo dos cidadãos soviéticos", relembrou Reynolds. "Era óbvio que nenhum dos prisioneiros tinha para onde fugir ou se esconder." Pouco mais de 1,5 km depois do campo, eles encontraram um grande grupo de mulheres prisioneiras que trabalhavam na estrada com pás e picaretas. "Vestidas nas suas roupas cinzentas disformes, elas pararam ao lado da estrada e nos viram passar, os rostos sem expressão", escreveu Reynolds.

Sabendo que os censores nunca permitiriam aos dois americanos relatar esse vislumbre inesperado da realidade soviética, o seu guia informou que as mulheres eram prisioneiras políticas. Quando Reynolds escreveu uma reportagem elogiosa sobre o moral alto na fábrica de munições e tentou incluir uma menção às prisioneiras trabalhando na estrada, o censor cortou-a: não retirou apenas o trecho, mas também grande parte da descrição laudatória da visita à fábrica. Reynolds ficou tão furioso que telegrafou ao seu editor pedindo uma transferência para ele e uma colega, Alice-Leon Moats. Como os "telégrafos de serviço" não eram censurados, ele contou tudo. "Moats e eu gostaríamos de ficar e escrever sobre o heroico povo soviético e o grande Exército Vermelho, mas uma censura estúpida não nos permite fazê-lo. Moats quer ir para a Índia. Eu quero ir para Londres. O que você acha?"

O editor respondeu 12 horas depois, dizendo: "vocês dois vão para onde puderem encontrar notícias". Moats foi para a Índia e Reynolds foi para o Cairo para cobrir a guerra no norte da África. Nos dois casos, os dois repórteres gostaram de sair da Rússia.

A Batalha de Moscou

Quando os correspondentes americanos que ficaram ouviram na noite de 7 para 8 de dezembro as notícias sobre o ataque japonês a Pearl Harbor, jogaram o sobretudo sobre o pijama e se reuniram no quarto de Henry Cassidy, chefe do *bureau* da Associated Press. Cassidy decidiu abrir uma garrafa de uísque que vinha guardando para o Natal, e os repórteres planejaram seus próximos movimentos. "Todos falavam ao mesmo tempo e fazíamos planos de deixar a Rússia imediatamente e ir para o Extremo Oriente", contou Lesueur da CBS. "Apesar de sabermos que a Rússia continuaria a lutar mesmo se Moscou fosse tomada, sem dúvida seus exércitos seriam divididos se os alemães capturassem a capital soviética." Ademais, para os americanos a notícia significava que sua guerra ocorreria em outro lugar. Como explicou Cassidy, "a grande história parecia ter saído da Rússia para o Pacífico".

Mas, isolados como estavam, os correspondentes não sabiam nada sobre a contraofensiva soviética que Stalin acabara de lançar para afastar os alemães de Moscou. Quando viram o comunicado oficial em 12 de dezembro, proclamando o sucesso daquele esforço e a vitória na Batalha de Moscou, ficaram atônitos. "Naquela noite eu me perguntei se os japoneses teriam ousado o ataque contra Pearl Harbor se tivessem sabido que seus parceiros do Eixo no outro lado do mundo estavam realmente condenados ao fracasso, a apenas 40 km de Moscou", escreveu Lesueur.

No dia seguinte, os assessores de imprensa do governo soviético começaram a oferecer convites aos correspondentes para voltarem a Moscou. Os convidados não poderiam ficar mais felizes, e logo abandonaram, pelo menos naquele momento, os planos de saída da Rússia. "O Exército Vermelho não tinha apenas salvo Moscou dos alemães", Cassidy exultou. "Salvou também os correspondentes de Kuibyshev."

Seria apenas um adiamento temporário, pois os correspondentes receberiam ordens para voltar a Kuibyshev no final de dezembro, mas um episódio excitante, pois finalmente podiam sair e fazer alguma coisa. Receberiam a oferta de mais viagens ao *front* em janeiro, quando a contraofensiva soviética fez os alemães recuarem mais. Como sempre, mesmo quando tinham permissão para chegar perto da ação, só tinham um vislumbre do que estava acontecendo – e poderiam facilmente ser enganados pela propaganda soviética patentemente falsa. Cassidy informou que a Batalha de Moscou "foi vencida por um truque esperto aplicado a um oponente confiante".

310

"O pior de todos os mundos"

Cartaz de propaganda soviético com uma mensagem urgente: "Defenderemos Moscou!". Mas enquanto exortavam o povo a lutar para salvar a capital, funcionários do Kremlin não tinham nenhuma confiança de que conseguiriam conter os alemães. Prepararam equipes de agentes secretos treinados para operações de sabotagem e assassinato, para serem deixados na Moscou ocupada.

Um oficial soviético lhe disse como foi esse "truque". "Poderíamos tê-los contido antes, mas esperamos até que isso nos custasse menos – e custasse mais a eles." Em outras palavras, o lado soviético tinha espertamente atraído os alemães para mais perto, e então lançaram a sua armadilha. Foi essa a versão da interpretação do Kremlin, e muito eficaz, pois correspondentes como Cassidy estavam ansiosos demais por alguma coisa nova para relatar.

Ainda assim, os jornalistas viam o suficiente para ter um retrato mais preciso. Viajando pela Klin-Volokolamsk ao norte de Moscou no fim de dezembro, Cassidy reconheceu que os alemães ainda tinham muita força, e as alegações soviéticas de vitória eram um tanto prematuras. "Lá, eu vi, não havia um exército alemão vencido que era perseguido para oeste. Havia uma máquina ainda poderosa que tinha parado e recuava para retomar o avanço", relatou. "Também vi que não era um frágil Exército Vermelho que cambaleava atrás de um inimigo vencido. Era uma força crescente que apenas começava a sentir sua força ofensiva e ativamente precipitava o recuo do inimigo."

Em Moscou, Lesueur e outros correspondentes se espantaram pelo pequeno número de edifícios atingidos por bombas alemãs, e como as crateras de bombas tinham sido enchidas. "Em comparação com Londres, a capital soviética estava intocada", escreveu. Mas quando saíam da capital, viam como a guerra tinha chegado perto. A cerca de 40 km da cidade, na estrada para Leningrado, o correspondente da CBS viu aldeias incendiadas, tanques alemães e soviéticos destruídos espalhados pelo campo que parecia um lote de ferro velho, e uma floresta "devastada como que por um furacão" pelo feroz fogo de artilharia e pelas batalhas de tanques. "A ruína escurecida das aldeias era apavorante." Ele viu algumas mulheres camponesas examinando os escombros das casas que eram "apenas brasas enegrecidas fumegantes".

E por toda parte, os repórteres viam os mortos dos dois exércitos. Apesar de os alemães terem conseguido enterrar alguns dos companheiros e erguer cruzes com nomes queimados na madeira, muitos mortos estavam como os que Cassidy encontrou durante uma excursão. Escreveu:

> aqui, os corpos, em pequenos grupos de 12 ou 50, congelados em estranhas posições, muitos com os braços curvos ainda erguidos como se para evitar o inevitável, pareciam mais estátuas de cera do que homens [...] A neve e o gelo vestiam suas mortes numa limpeza misericordiosa.

"O pior de todos os mundos"

Em muitos casos as temperaturas gélidas preservavam a evidência do tipo de morte que os soldados encontraram. Lesueur percorreu uma estrada coberta de corpos rígidos de soldados do Exército Vermelho. Estavam descalços e com tiros na cabeça. "Prisioneiros", o acompanhante soviético explicou. "Os alemães os matavam quando não conseguiam acompanhar a retirada."

Lesueur também anotou outros tipos de morte. "A guerra é dura com os cavalos", escreveu. "Ao longo da margem da estrada os corpos congelados jaziam em pedaços explodidos cobertos de neve."

Um dos ocidentais que ficou particularmente comovido com o sofrimento dos russos foi Eve Curie, filha da cientista ganhadora do Prêmio Nobel, Marie Curie. Ela tinha vindo à Rússia como repórter e ávida partidária do movimento França Livre – e, por causa da fama da sua mãe, ela às vezes tinha mais liberdade que os outros correspondentes. Quando saía em viagem de Moscou, ela dizia a si mesma: "a Rússia é hoje o único lugar na Europa onde se veem cidades, aldeias e pessoas libertadas dos alemães". Ao se encontrar com os habitantes daquelas aldeias e cidades e ouvir suas histórias, ela sentia uma ligação pessoal com eles, como explicou, "talvez por eu ser francesa, e por minha mãe ser polonesa".

Curie ficou fascinada pelo que os habitantes locais tinham a dizer sobre a ocupação alemã. Uma mulher lhe disse que os oficiais alemães na sua aldeia, perto de Istra, a oeste da capital soviética, falavam de "tomar Moscou e voltar para a Alemanha". E repetiam constantemente: "Moscou está acabada, *kaput*; a União Soviética está *kaput*". Quando receberam a ordem de retirada, um oficial alemão declarou embaraçado: "isso não é uma retirada. Nossos tanques e caminhões apenas precisam de conserto. Precisamos ir embora, mas logo vamos voltar". Mas quando partiram, os soldados alemães atiraram granadas incendiárias nas casas, deixando a aldeia em chamas.

Praticamente em todo lugar onde parava, Curie encontrava histórias do terror alemão. Os ocupantes expulsavam os habitantes das suas casas para a floresta, atiravam aleatoriamente nas pessoas, inclusive em uma mãe com cinco filhos que se recusou a lhes entregar um pouco de lenha que carregava, matavam vacas e roubavam toda comida que encontravam. Deixavam os corpos de suas vítimas pendurados nas cidades e aldeias, e havia uma infinidade de histórias de atrocidades – por exemplo, prisioneiros soviéticos

queimados vivos e crianças que tinham rido dos invasores e foram metra-
lhadas. "Aqueles crimes pareciam tão terríveis, tão sem sentido que, por
vezes, eu hesitava em acreditar neles", escreveu. Ainda assim, ela descobriu
que os relatos de pessoas diferentes em cada cidade ou aldeia eram nota-
velmente consistentes.

Mas Curie – e Lesueur da CBS, independentemente – tropeçaram numa
história que se mostraria ainda mais reveladora que os relatos de atrocidades alemãs que logo se tornariam conhecidos. Era uma história cuja significância eles não tinham meios de avaliar na época – e que as autoridades
soviéticas tentariam retirar de todos os relatos da Batalha de Moscou. Que
foi precisamente a razão por que o relato dos dois seria tão valioso.

No seu triunfante artigo de 13 de dezembro de 1941, proclamando o
colapso do avanços alemães para tomar Moscou, o *Pravda* mencionou proe-
minentemente vários generais que tinham se distinguido na luta em torno da
capital. Um deles foi Andrei Vlasov, cujas tropas tomaram Solnechnogorsk,
a noroeste da cidade. Mas logo o nome de Vlasov desapareceria das novas
edições daquele artigo e de todos os relatos da Batalha de Moscou. Nas
histórias oficiais, ele simplesmente esvaneceu.

Vlasov nasceu em 1900, 13º filho de uma família camponesa. Em 1919,
foi convocado para lutar na guerra civil. Depois de entrar para o Partido
Comunista, em 1930, ele galgou rapidamente as fileiras, e no final da década já servia como conselheiro militar na China. Em 1940, foi agraciado
com a Ordem de Lenin. Quando se deu a invasão dos alemães no verão
seguinte, ele lutou na frente ucraniana e recebeu elogios por ter conseguido, no último momento, romper o cerco de Kiev com suas tropas. Em novembro, Stalin colocou-o no comando do 20º Exército, com a atribuição de
evitar que os alemães chegassem a Moscou vindos do norte. Numa reunião
pessoal com Vlasov no Kremlin, no dia 10 de novembro, o líder soviético
teria negado o seu pedido de tropas de reserva para ajudá-lo na sua missão,
e somente lhe forneceu 15 tanques. Apesar do tratamento tipicamente ríspido, Stalin o considerava um dos seus melhores comandantes.

No dia 16 de dezembro, três dias depois do artigo do *Pravda* que elogiou
os feitos de Vlasov, Lesueur – acompanhado de um censor e de dois oficiais

"O pior de todos os mundos"

do Exército Vermelho – viajou para o norte de Moscou para uma entrevista prometida com o agora famoso general. Quando se aproximavam do local esperado, encontraram placas de cuidado com minas. Um dos oficiais disse a Lesueur que os alemães plantavam milhares de minas por ali enquanto se retiravam, minas que nem precisavam ser escondidas, pois a neve logo cuidava desse problema. Pararam numa casinha onde deviam encontrar Vlasov. O local, que até alguns dias antes tinha sido usado pelo comandante alemão, ainda exibia a placa quartel-general alemão de Divisão. Mas Vlasov não estava lá, pois já tinha avançado com suas tropas.

Finalmente, ao chegarem ao novo quartel-general temporário de Vlasov, Lesueur testemunhou a chegada do general e de outro oficial.

> Com um sorriso, eles se aproximaram e automaticamente nós fomos até eles, seguidos por homens do Exército Vermelho em clara admiração. Os soldados não tinham medo dos oficiais comandantes, pareciam atraídos para eles como um aluno é atraído por um professor respeitado.

Depois de trocar cumprimentos com seus soldados, Vlasov apertou as mãos dos visitantes. Lesueur pareceu se impressionar pela sua aparência, observando que ele "parecia mais um professor do que um soldado, tão alto que o seu chapéu de astracã com coroa vermelha e dourada o fazia elevar-se sobre todos. Usava óculos de aro dourado na ponta do nariz". Vlasov disse aos visitantes que suas tropas estavam preparando-se para libertar Volokolamsk naquela noite mesmo, e que ele já tinha enviado o seu batalhão de esquiadores para cercar a cidade. Enquanto falava sobre os próximos movimentos, "seus olhos tinham uma expressão brilhante de alegria", relatou Lesueur.

Quando Lesueur perguntou a Vlasov onde esperava que os alemães se entrincheirassem para guardar posição naquele inverno, a resposta indicava o que Stalin gostava tanto nesse general. "Não planejo a minha ofensiva com base no fato de os alemães decidirem se entrincheirar em algum lugar. Pretendo expulsá-los para tão longe quanto possível."

"Você acha que eles vão se entrincheirar em Smolensk?", continuou Lesueur, referindo-se à cidade a 370 km a oeste de Moscou.

O general desviou o olhar. "Smolensk – é uma história diferente", disse.

Lesueur concluiu que a mensagem de Vlasov era que ele não devia se entusiasmar com o que as tropas soviéticas poderiam conquistar na sua contraofensiva naquele inverno. Aquilo era apenas o início do esforço para expulsar os alemães.

Um mês depois, quando as tropas de Vlasov controlavam Volokolamsk e tinham derrotado vários contra-ataques alemães na região, Curie fez uma visita semelhante ao general, pois ela também estava ansiosa para conhecer "um dos jovens líderes cuja fama crescia rapidamente". E também ela ficou impressionada pelo comandante que veio cumprimentá-la. "Vlasov era um homem alto e forte de 40 anos, com feições inteligentes e um rosto queimado de neve e sol", escreveu. "Vestia uma farda verde-oliva simples: botas altas de couro, culote, e um casaco de estilo russo, com a forma de túnica de camponês. Não tinha nenhuma insígnia, nenhum distintivo, nenhuma estrela, nem medalha."

À hora do chá, com *zakuski* e *hors d'oeuvres*, um animado Vlasov descreveu suas batalhas mais recentes, como as tropas lançaram-se à última em 10 de janeiro e avançaram quase 30 km em uma semana, derrotando três divisões alemãs no percurso. Com um riso triunfante, ele esvaziou o conteúdo de uma bolsa à prova d'água, que incluía os emblemas de regimentos de tanques e cavalaria alemães e várias cruzes de ferro de 1939, provavelmente dadas a soldados pela campanha da Polônia. "Havia uma coisa muito estimulante em conversar com esse homem enérgico, completamente obcecado com o seu trabalho duro [...] [que] julgava tudo do ponto de vista puramente militar", observou Curie.

Vlasov também queria falar de liderança militar. Mencionou Pedro, o Grande, e expressou admiração por Napoleão. "Uma loucura completa comparar sempre Hitler com Napoleão", disse ele. "Napoleão foi um verdadeiro gênio militar, uma grande capitão de guerra!" Perguntou a Curie sobre Charles de Gaule, e estava obviamente intrigado por Guderian, o lendário comandante de tanques que recentemente tinha sido afastado dos seus deveres por Hitler.

Acima de tudo, ele se concentrava em atingir os alemães tão duramente quanto possível. "Não são tanto os quilômetros retomados que contam, mas o número de baixas impostas ao inimigo", disse a Curie. "Nosso objetivo é enfraquecer Hitler. Por isso, as ordens de Stalin não são simplesmente para forçar o recuo dos alemães sempre que possível, mas cercar as suas unidades e aniquilá-las. O inimigo é agora uma fera ferida – mas ainda muito forte."

"O pior de todos os mundos"

Curie concluiu que aquele era um homem obcecado com a sua missão, alguém totalmente comprometido com sua causa. Além das declarações sobre a necessidade de destruir o inimigo, ele invocou muitas vezes as ordens de Stalin, iniciando suas declarações com "a ordem de Stalin é [...]" ou "o plano de Stalin é [...]". Referindo-se a si mesmo, ele declarou: "meu sangue pertence à minha pátria".

Seis meses depois, o impensável aconteceu. No dia 12 de julho de 1942, enquanto comandava o 2º Exército de Choque em Volkhov, na frente sul de Leningrado, Vlasov foi capturado pelos alemães. Mas não foi essa a parte impensável. Afinal, muitos altos oficiais tinham perecido ou sido capturados quando seus exércitos foram cercados. O que foi realmente espantoso foi o famoso general ter proposto aos seus captores alemães lhe darem permissão para criar um "movimento russo de libertação" cuja missão seria derrubar o regime de Stalin. Em outras palavras, Vlasov decidiu mudar de lado.

Stalin ficou atônito. Quando Beria lhe mostrou cópias das declarações de Vlasov anunciando suas intenções, ele perguntou ao chefe da polícia secreta se poderiam ser falsificações alemãs. Beria lhe disse que não havia dúvida de que Vlasov agora estava trabalhando para os alemães. "Como foi possível não descobri-lo antes da guerra?", perguntou Molotov.

Procurando um bode expiatório, Stalin convocou Kruschev ao Kremlin e observou "num tom agourento" que ele era responsável por dar a Vlasov o comando do 37º Exército durante a batalha de Kiev. Kruschev se recusou a assumir o papel de culpado, lembrando a Stalin que foi decisão dele colocar Vlasov no comando da contraofensiva de Moscou. Isso foi suficiente para levar o líder soviético a abandonar o assunto. Mas aquela discussão não tratou da questão fundamental. "Era difícil entender como um homem que tinha demonstrado tanta dedicação, bravura e competência e que tinha angariado tanto respeito, fora capaz de trair o seu país", escreveu Kruschev.

Em dezembro de 1942, Vlasov publicou a Declaração de Smolensk, em que expunha os seus objetivos e, em parte, explicava a transferência da sua lealdade. "Bolchevismo é o inimigo do povo russo", proclamava a declaração. "Trouxe incontáveis desastres para o nosso país e por fim envolveu o povo russo numa guerra sangrenta lutada em nome dos interesses de outros." Os "outros" foram identificados como os capitalistas britânicos e

317

americanos, enquanto a Alemanha foi retratada como quem lutava contra o bolchevismo, não contra o povo russo. De acordo com a declaração, o grupo de Vlasov concentraria seus esforços na deposição de Stalin e do seu regime, e então concluiria "uma paz honrosa com a Alemanha". Prometeu também o fim do terror, a libertação de todos os presos políticos e o desmantelamento das fazendas coletivas.

Apesar da sua rápida ascensão entre os militares soviéticos, durante todo aquele tempo, Vlasov provavelmente teve dúvidas quanto ao sistema político a que servia. De acordo com alguns relatos, um dos seus irmãos caiu vítima dos vermelhos durante a guerra civil e foi executado como traidor. Seus pais foram rotulados como "camponeses ricos" quando Vlasov lhes deu uma vaca. Independentemente do papel desses incidentes, Vlasov enfatizou mais tarde que ainda tinha orgulho do que fizera durante a Batalha de Moscou. "Fiz tudo que podia para defender a capital do país", escreveu numa carta aberta. Mas tinha raiva da "liderança caótica corrompida pelo controle dos comissários" que foi responsável pelas "pesadas derrotas" sofridas pelo Exército Vermelho. E, revendo a forma como Stalin tinha governado o país mesmo antes da guerra, expressou sua raiva e tristeza pela perda de milhões de vidas durante a coletivização forçada e pela onda de prisões e execuções políticas.

Tal como muitos prisioneiros de guerra soviéticos que depois se juntaram ao seu movimento, Vlasov talvez tenha calculado que teria melhores chances de sobrevivência se tomasse as armas mais uma vez. Não era segredo que os prisioneiros soviéticos morriam aos milhares nas prisões alemãs, e que Stalin considerava traidores os que conseguiam fugir. Ironicamente, Hitler também nutria enormes suspeitas de Vlasov e de outros oficiais soviéticos que se ofereciam para lutar. Ele queria uma Rússia subjugada, não uma Rússia libertada.

Somente bem mais tarde, durante a guerra, quando a Alemanha já estava praticamente derrotada, Hitler autorizou oficialmente o movimento de Vlasov. Ele, então, teve a chance de enviar suas divisões para ação em março e abril de 1945, quando as tropas lutavam uma guerra de retaguarda em Praga. Mas quando as SS começaram uma onda de fuzilamentos, as tropas de Vlasov mudaram novamente de lado, voltando as armas contra os alemães em defesa dos tchecos.

"O pior de todos os mundos"

Isso não ajudou Vlasov e seus seguidores condenados. Capturado pelo Exército Vermelho, alguns foram fuzilados imediatamente. Vlasov e outros altos oficiais foram transferidos para a União Soviética, torturados e enforcados. E, evidentemente, o nome dele foi apagado de todos os relatos da Batalha de Moscou. Não se podia admitir que um dos seus heróis tivesse decidido que preferia morrer lutando contra Stalin do que na sua defesa. Desde o início, a história daquela batalha foi marcada por omissões deliberadas, distorções escandalosas e mentiras completas. Somente o depoimento de testemunhas oculares ocidentais, como Curie e Lesueur, pôde evitar que Vlasov desaparecesse sem deixar vestígios.

A vitória mais mortal

No dia 11 de janeiro de 1942, Stalin enviou uma ordem tipicamente violenta ao comandante da frente de Kalinin, tratando de Rzhev, a cidade de 54 mil habitantes que os alemães ocupavam desde 14 de outubro de 1941. Localizada a 210 km a noroeste de Moscou, Rzhev era considerada pelos dois lados um trampolim crucial para as tropas alemãs que ainda esperavam tomar a capital. "Durante o dia 11, e em nenhuma hipótese depois do dia 12 de janeiro, a cidade de Rzhev deve ser capturada", ordenou Stalin. "O Estado-Maior recomenda para esse fim que toda artilharia, morteiros e força aérea sejam usados para destruir toda a cidade, e que o comando não deve hesitar em destruí-la."

Os historiadores russos insistem que a Batalha de Moscou terminou no dia 20 de abril de 1942, quando a contraofensiva soviética estacou e os dois exércitos esgotados ficaram presos durante outra estação lamacenta, tornando impossível o lançamento de qualquer assalto importante. Mas a batalha por Rzhev, que na realidade foi uma extensão da Batalha de Moscou, continuaria por mais quase um ano. Apesar das repetidas ordens de Stalin aos seus comandantes para expulsar os alemães, o resultado foi um ataque fracassado depois do outro, com as tropas soviéticas sofrendo baixas assustadoras mesmo pelos padrões inflados da época. Veteranos sobreviventes falam em voz abafada do "moedor de carne de Rzhev" – uma máquina de matar que só deixou de dizimar suas centenas de milhares quando os alemães deci-diram se retirar sem uma luta final, e as tropas soviéticas entraram na cidade no dia 3 de março de 1943.

Até hoje, os habitantes de Rzhev se ressentem do fato de que em muitos relatos do período aqueles que foram capturados nessas batalhas épicas não tenham recebido o reconhecimento que mereciam. No modesto museu da cidade dedicado à luta, a pesquisadora Olga Dudkina explicou que as forças soviéticas montaram quatro grandes operações para libertar Rzhev – todas fracassadas, em certos casos bem nos limites da cidade. Entre estas, as maiores batalhas de tanques de toda a guerra, além de outros choques de unidades de infantaria e artilharia. Os alemães também sofreram tremendas baixas, mas o fato de terem se mantido por tanto tempo em Rzhev enfureceu Stalin. "Durante muitos anos, Rzhev foi esquecida, provavelmente porque ninguém queria uma lembrança dos fracassos ocorridos ali", Dudkina explicou. "Na história da Grande Guerra Patriótica, esse foi o maior fracasso militar."

As tropas soviéticas que deveriam ter cercado e destruído o inimigo eram com frequência, elas próprias, cercadas e destruídas. Foi o que aconteceu com o 33º Exército do general Yefremov e o primeiro corpo de cavalaria do general Pavlov perto de Vyazma, em abril, e aconteceria várias outras vezes com outras unidades que lutavam próximo de Rzhev. De acordo com um relatório da Wehrmacht datado de 13 de julho de 1942, por exemplo, os alemães cercaram e aniquilaram uma brigada soviética de tanques e várias divisões de fuzileiros e cavalaria. A luta que se seguiu resultou na captura de mais de 30 mil soldados soviéticos que sobreviveram ao ataque. Os ven-cedores também relataram que tinham destruído 218 tanques, 591 peças de artilharia e 130 metralhadoras, além de vários outros armamentos.

Com os alemães preparando a sua ofensiva no sul, que levou ao início da batalha por Stalingrado naquele verão de 1942, as forças soviéticas se viram muito estendidas e altamente vulneráveis. A insistência de Stalin no lançamen-to de uma contraofensiva geral em janeiro para continuar a empurrar os ale-mães para mais longe de Moscou já tinha dado início a esse processo. Quando os comandantes soviéticos tiveram de começar a reforçar suas forças para en-frentar a ameaça alemã no sul, foi necessário despachar para lá algumas tropas que deveriam participar da luta nas proximidades de Vyazma e Rzhev.

A vitória mais mortal

Os dois exércitos estavam muito desgastados, desesperados por suprimentos de todos os tipos, e as condições dentro e em torno de Rzhev se tornavam cada vez mais horríveis enquanto a luta se arrastava. Quando ouviam a aproximação de aviões, soldados dos dois lados enviavam "caçadores" para procurar pacotes de alimentos, correndo para chegar a eles antes dos inimigos. Oficiais soviéticos, de Zhukov para baixo, queixavam-se de que muitas unidades tinham de racionar com cuidado suas granadas e outras munições, pois, caso contrário, eles se veriam completamente indefesos.

Quando um esquadrão de aviões soviéticos tentou lançar alimentos desesperadamente necessários para as tropas do general Ivan Maslennikov, que estavam cercadas pelos alemães, os soldados observaram atônitos os paraquedas caírem em território ocupado pelos alemães. Maslennikov comunicou por rádio ao general da Força Aérea, Pavel Zhigarev, que era o responsável por aquelas operações: "estamos morrendo de inanição e você alimenta os alemães!" Informado da mensagem, Stalin convocou prontamente Zhigarev ao seu gabinete. De acordo com o general Aleksandr Vasilevsky, que estava presente, Stalin estava "tão furioso que pensei que ele fosse matar Zhigarev com as próprias mãos na sua sala". Felizmente para Zhigarev, a raiva do governante durou pouco, pois ele preocupava-se com muitos outros problemas – e o general da força aérea saiu ileso.

Em contraste com a carência crônica de alimentos e munições, havia um fluxo constante de feridos que consumia as equipes médicas que trabalhavam nos hospitais de campo. Faina Sobolevskaya, enfermeira designada para uma unidade médica das tropas que tentavam tomar Rzhev no verão de 1942, relembra que sua equipe de dois cirurgiões e sete enfermeiras trabalhava freneticamente nas tendas montadas na floresta, com suas duas mesas de operação sempre ocupadas. "Não sabíamos como cuidar de tantos feridos", disse ela. "Estávamos sempre lotados."

Durante as pesadas chuvas de agosto, não havia espaço suficiente dentro das tendas para todos os feridos. Como era impossível lavar e mudar de roupa, quase todos estavam infestados de piolhos. (O mesmo valia para os alemães do outro lado das linhas de frente.) Acompanhados pelo som enlouquecedor das barragens de artilharia próximas, os médicos e as enfermeiras trabalhavam sem descanso, com ocasionais períodos curtos de sono sempre que possível. "Éramos jovens e, de alguma forma, seguíamos em frente", disse Sobolevskaya.

Quando uma das enfermeiras morria, lembrou ela, sua já pesada carga de trabalho aumentava e as chances de descanso se tornavam ainda mais raras. O que as mantinha de pé era a gratidão evidente dos soldados que salvavam ou atendiam. "Os soldados nos amavam", disse ela com simplicidade.

A escala da luta significava que, em geral não havia tempo para enterrar os mortos nos campos de batalha ou oferecer socorro aos moribundos. Havia também casos em que os mortos e os gravemente feridos não eram adequadamente separados. No inverno de 1942, o tenente Mirzakhan Galeyev, da 174ª Divisão de Fuzileiros sofreu um grave ferimento na cabeça, perto de Rzhev. Quando a batalha terminou, os corpos dos caídos foram colocados numa cova comum – e Galeyev foi colocado com eles. Quando começaram a encher a cova de terra, os coveiros perceberam suas convulsões. Galeyev estava inconsciente, mas muito vivo. Arrancado da cova e tratado num hospital próximo, ele sobreviveu. Viveria até a idade de 86 anos, mas a lápide da cova comum onde ele quase morreu ainda tem o seu nome, ao lado dos nomes de seus companheiros que ali morreram.

Na cidade de Rzhev, os habitantes que não conseguiram fugir antes da chegada dos alemães enfrentaram seu próprio terror. Os soldados de ocupação distribuíram folhetos avisando que qualquer um que abrigasse ou alimentasse soldados do Exército Vermelho seria enforcado – e montaram uma forca no meio da cidade para provar que falavam sério. Como chegaram em meados de outubro, quando o clima já estava anormalmente frio, tomaram toda roupa que puderam dos habitantes locais. Nikolai Yakovlev – que, aos 16 anos, era muito jovem para se juntar ao Exército Vermelho – se lembra de ver soldados alemães arrancando *valenki*, as botas russas de feltro, dos pés das pessoas. "Eles tomavam as suas *valenki* e lhe davam suas botas de verão – ou mandavam você embora descalço."

Os alemães também tomavam toda comida que encontravam. E tanto os soldados quanto os habitantes de Rzhev consumiam rapidamente os cavalos mortos que encontravam, descarnando-os e comendo-os, apesar dos riscos. A dor da fome sempre afastava todo medo de doença provocada pela carne decomposta.

Forçando os habitantes locais a cruzar a ponte sobre o Volga de uma parte da cidade para a outra, os alemães atiravam em quem ficava para trás – e de acordo com Yakovlev, jogavam granadas de mão em qualquer

A vitória mais mortal

lugar onde acreditassem que uma pessoa pudesse se esconder. "Havia muitos cadáveres por toda parte", contou. Começaram também a selecionar os jovens mais sadios para servir como trabalhadores forçados, embarcando-os em trens para oeste, arrancando os filhos das mães desesperadas, quando decidiam que só queriam um membro da família.

No outono de 1942, Zhukov orquestrou a Operação Marte, a ofensiva mais ambiciosa para desalojar as forças alemãs na região de Rzhev e finalmente livrar Moscou da ameaça que representavam. Stavka, o quartel-general militar soviético, enviou a ordem para a operação no dia 10 de outubro. "As forças da ala direita da frente ocidental e a ala esquerda da frente de Kalinin devem cercar o Grupo Rzhev do inimigo, tomar Rzhev e libertar a linha ferroviária de Moscou a Velikiye Luki." Nas três semanas da operação, que foi lançada no fim de novembro, as tropas de Zhukov pagaram um preço enorme, pois muitas vezes receberam ordens de atacar posições fortificadas alemãs. A contagem soviética foi de cerca de 100 mil mortos ou desaparecidos e 235 mil feridos. E, mais uma vez, fracassaram na sua missão.

Zhukov e seus defensores alegariam, mais tarde, que esses sacrifícios mantiveram as tropas alemãs ocupadas, e por isso não puderam ser enviadas para o sul resgatar o 6º Exército do marechal de campo Friedrich von Paulus, em Stalingrado. Ao executar o plano denominado Operação Urano, o Exército Vermelho conseguiu cercar as tropas de Paulus em novembro, preparando o palco para a derrota devastadora dos alemães. Apesar de Zhukov ter sido um dos arquitetos daquela vitória, o historiador militar David M. Glantz demonstra que as tentativas de representar esses fracassos em Rzhev como uma diversão inteligente são, "na melhor das hipóteses enganosas, e na pior, mentiras escandalosas". No seu livro *Zhukov's Greatest Defeat*, ele argumenta que a ofensiva no norte, Operação Marte, representou um enorme fracasso do principal comandante militar de Stalin. Ela deveria ter aplicado um golpe tão violento nos alemães quanto a enormemente bem-sucedida Operação Uranus, no sul. Mas, ao contrário, enquanto os alemães tiveram de se render em Stalingrado em janeiro de 1943, eles continuaram a ocupar Rzhev até março daquele ano.

Na Rzhev ocupada, o terror alemão continuou até as primeiras tropas soviéticas finalmente entrarem na cidade no dia 3 de março de 1943, embora os alemães tivessem fugido dois dias antes. A maioria dos edifícios da cidade já estavam destruídos – primeiro pelos bombardeiros e artilharia alemães

325

A Batalha de Moscou

quando eles atacavam, depois por sucessivos bombardeios soviéticos quando tentavam retomá-la, e, por fim, pelos alemães em retirada que incendiaram tudo que puderam ao sair. Somente 297 dos 534 edifícios ainda estavam de pé no início de março, e apenas algumas centenas de habitantes continuaram na cidade. Os outros fugiram, morreram ou foram deportados. A maioria dos residentes que ficaram sobreviveram em trincheiras e outros abrigos improvisados contra as bombas, e minimizaram os contatos com os alemães.

Quando um pelotão de inteligência soviético entrou na cidade, não conseguiu encontrar nenhum habitante local. Então descobriu 362 trancados numa igreja. Os alemães tinham plantado explosivos para explodir a igreja, mas as tropas em retirada não os detonaram. Os que estavam presos dentro só poderiam esperar o pior. Com a temperatura caindo a -20C, eles queimaram bíblias e outras leituras religiosas para se aquecerem. Também não tinham comida. Mas todas as pessoas aterrorizadas sobreviveram.

O adolescente Nikolai Yakovlev se considerou relativamente afortunado. Alguns meses depois de os alemães terem tomado o controle de Rzhev, eles o prenderam com sua mãe e o colocaram por alguns dias no campo de concentração da cidade. Durante esse período, sua mãe fez sopa da carne de um gato morto que encontraram – que os alimentou até serem despachados para outro campo de concentração em Vyazma, onde não receberam nenhum alimento. Os presos que tentavam fugir eram fuzilados. Os outros foram enfiados alguns dias depois em trens e mandados para Brest-Litovsk, onde eram desinfetados dos piolhos. A parada seguinte foi Königsberg, na Prússia Oriental, e de lá Yakovlev e sua mãe foram despachados para uma fazenda, onde trabalharam até o Exército Vermelho se aproximar daquela área, perto do fim da guerra.

Logo, Yakovlev se sentiria duplamente afortunado. Os alemães levavam todos os trabalhadores forçados para um campo de concentração à medida que a luta se aproximava, e lá eles foram abandonados. Diferentemente de outros campos, ali não houve a marcha final da morte. As forças soviéticas chegaram e a SMERSH, a temida unidade de contrainteligência militar cuja missão era descobrir "traidores", começou a avaliar todos que tinham caído nas suas mãos. "Eu não era prisioneiro de guerra – estava limpo", disse ele ainda suspirando de alívio por não estar na posição dos prisioneiros de guerra soviéticos, que eram automaticamente considerados traidores pelo regime de Stalin. Por ser ainda muito novo para servir, foi considerado um risco menor de segurança. "Os ex-prisioneiros de guerra foram separados e levados embora."

A vitória mais mortal

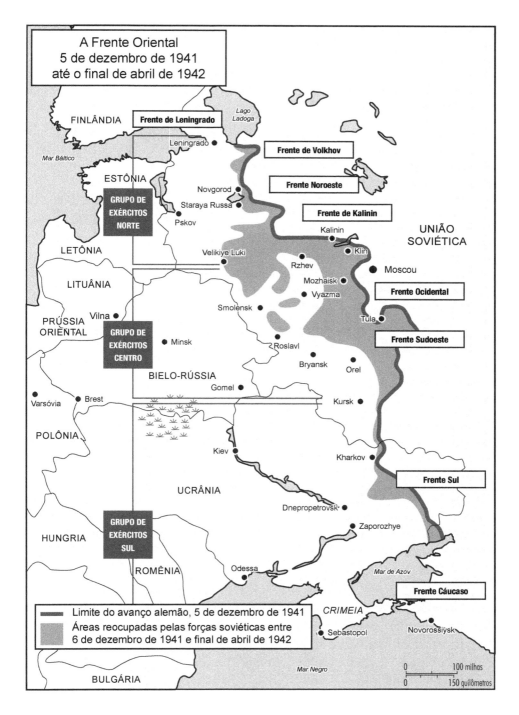

O líder responsável por essas políticas de terror interno raramente saiu de Moscou durante a guerra. Não sentia necessidade de se aproximar da luta, nem de fazer excursões para aumentar o moral em outras cidades. Mas na noite de 4 para 5 de agosto de 1943, Stalin ficou numa casinha de madeira em Rzhev. Ninguém sabe bem por que ele decidiu ficar ali, mas os habitantes locais gostam de pensar que talvez essa fosse a sua maneira de prestar homenagem à memória dos que pereceram ali – o que, para dizer o mínimo, teria sido um gesto muito incomum para um homem que nunca hesitou em mandar milhões para a morte.

Preservada como uma modesta biblioteca, a casa contém uma placa informando os visitantes que Stalin parou ali e ordenou uma salva de tiros em homenagem aos soldados que tinham libertado dos alemães o maior número de cidades. Depois de Kruschev ter lançado a sua campanha de "desestalinização" em 1956, a placa foi retirada. Recolocada na década de 1980, ela ainda está lá hoje, servindo como uma pequena lembrança dos sentimentos profundamente ambivalentes que Stalin continua inspirando entre tantos que sobreviveram à guerra e ao seu reino de terror.

Como a Batalha de Moscou, de que fez parte, a provação de Rzhev expôs em sua totalidade o horror do conflito germano-soviético – e demonstrou as forças e fraquezas dos dois lados. Mostrou a tenacidade com que o exército invasor se agarrou a um terreno estratégico muito tempo depois de o Kremlin ter declarado que a capital estava salva, mas mostrou também a natureza autodestruidora das políticas de Hitler de aterrorização do povo soviético. Mostrou como Stalin obrigou Zhukov e outros a continuar a enviar para batalhas suas tropas sem preparação ou equipamento adequados, e a recusa do líder soviético em ponderar, ainda que por um momento, se uma estratégia mais cuidadosamente calibrada, menos insensivelmente brutal, poderia salvar vidas e ter conquistado pelo menos o mesmo número de vitórias.

Até morrer aos 96 anos no fim de 1986, Vyacheslav Molotov continuou completamente fiel ao governante a quem serviu por tanto tempo, sempre defendendo suas ações, nunca admitindo que ele pudesse estar gravemente errado em qualquer coisa, seja antes, seja durante a guerra. Para ele, Stalin não foi culpado de nada. Afinal, ele era "um gênio" – e um gênio incrivelmente belo. Seus olhos eram "lindos", disse Molotov, e ele não entendia

A vitória mais mortal

como alguém podia ver imperfeições na sua aparência. "Ele tinha marcas de varíola no rosto, mas elas quase não eram notadas", disse a um entrevistador muito tempo depois da guerra.

O antigo ministro do Exterior era mais estridente quando lhe faziam perguntas sobre a paranoia de Stalin que o levou a lançar ondas e ondas de terror e a desconfiar dos relatórios dos seus melhores espiões sobre as intenções de Hitler. Molotov sugeriu em certo ponto que Stalin não poderia agir com base nos avisos, pois isso teria dado a Hitler a desculpa para atacar a União Soviética antes do que o fez; então, sem reconhecer a contradição, ele declarou que Stalin deixou de agir porque não podia acreditar nos seus espiões. "Os provocadores por toda parte são incontáveis. [...] Não se podia acreditar naqueles relatórios", disse ele.

Quanto à noção de que Stalin fora enganado para acreditar em Hitler, Molotov respondeu com uma mistura de desprezo e orgulho.

> Um Stalin tão ingênuo. Stalin entendeu tudo. Stalin confiou em Hitler? Ele não confiou nem no seu próprio povo! E havia razões para aquilo. Hitler enganou Stalin? O resultado desse engano foi Hitler ter de se envenenar, e Stalin se tornou o senhor da metade do mundo!

Em outras palavras, o resultado final da guerra provou que Stalin tinha razão desde o início.

Também foi tolice sugerir, como fizeram os críticos do tirano, que o terror, particularmente os expurgos de 1937 enfraqueceram o estado soviético e contribuíram para a desorganização das suas forças armadas quando os alemães atacaram em 1941. Na opinião de Molotov, isso foi uma leitura absolutamente errada da história. As vítimas dos expurgos eram, sem dúvida, "inimigos", e se não tivessem sido eliminados antes da guerra, o conflito com os alemães teria sido ainda mais sangrento do que foi. "Teria havido mais vítimas", afirmou ele. "Teríamos vencido de qualquer forma. Mas seriam necessárias mais milhões de vítimas. Teríamos de derrotar a invasão alemã e lutar contra o inimigo interno ao mesmo tempo."

A natureza ilusória dessa lógica à parte, é difícil imaginar ainda mais vítimas. Hoje, os historiadores russos estimam que aproximadamente 27 milhões de cidadãos soviéticos morreram durante a guerra, dos quais pelo menos 8,6 milhões eram militares soviéticos. Mesmo durante o período final da guerra, quando as forças de Hitler recuavam, as perdas soviéticas foram maiores do que as alemãs na frente oriental: em média, foram três vezes maiores. O general reformado Vyacheslav Dolgov, que tinha acabado de se formar na escola militar em junho de 1941 e serviu como oficial político no período inicial da luta, reviu a Batalha de Moscou e o restante da guerra a que miraculosamente sobreviveu – e declarou uma verdade simples. "Suponho que seja correto trombetear vitórias para a geração jovem de hoje. Mas nossa vitória não foi resultado apenas de batalhas bem-sucedidas; foi principalmente o produto de derrotas brutais."

A contagem horrível dessas vitórias e derrotas foi consequência direta das decisões de Stalin, que enfraqueceram, não fortaleceram, o seu país – primeiro ao decapitar o comando militar em 1937 e, segundo, ao manter o fornecimento constante de suprimentos para a máquina de guerra de Hitler durante o período do pacto nazissoviético, lançando um olho deliberadamente cego para os preparativos do ditador alemão da invasão.

"Seria difícil encontrar um início pior para uma guerra que o de junho de 1941", observou outro general da reserva e historiador militar, Dmitri Volkogonov.

> Todas as principais autoridades políticas e militares pensaram que a URSS poderia sobreviver no máximo três meses. Mas o povo soviético provou que estavam errados. Porém a incrível resistência e fortaleza seria atribuída à "sábia liderança" de Stalin, exatamente o principal responsável pela catástrofe.

Stepan Mikoyan, filho do membro do Politburo Anastas Mikoyan e piloto de caça durante a guerra, explicou mais sucintamente. "Tudo considerado, creio, contrariamente à opinião de alguns veteranos de guerra que ainda dizem 'que vencemos graças a Stalin', que seria mais correto dizer que vencemos 'apesar' da ditadura de Stalin", escreveu ele.

Pode-se também afirmar que a União Soviética saiu vitoriosa apesar da política continuada de terror de Stalin durante o conflito. As execuções arbitrárias de soldados soviéticos por suposta traição, deserção e outros crimes, os surtos de matança pelo Exército Vermelho e pela NKVD de civis e prisioneiros quando recuavam diante do avanço alemão, e o estabelecimento de "unidades de bloqueio" atrás das linhas soviéticas para metralhar qualquer um dos seus próprios homens que tentassem recuar – tudo isso contribuiu para um número de defecções sem precedente. Não foi apenas

A vitória mais mortal

o general Vlasov que mudou de lado, e depois organizou o seu Movimento de Libertação Russa. Havia os *"hiwis"* – termo abreviado de *hilfswillige*, voluntários soviéticos – desde o início do conflito. Muitos eram prisioneiros de guerra desesperados para encontrar um meio de sobreviver, e que esperavam aumentar as suas chances ao trocar de lado. Mas houve muitos desertores que acreditavam ter tomado a decisão correta.

Entre eles os membros de diversas minorias nacionais e outras – ucranianos, bálticos, cossacos, georgianos e outros – cujas queixas contra o regime de Stalin levou-os a lutar a favor de qualquer um que prometesse destruí-lo. As políticas instituídas por Stalin para subjugar os seus súditos – execuções, deportações em massa, o Gulag – ajudaram a preparar o cenário para essa onda de deserções. Durante a guerra, os desertores eram contados em centenas de milhares.

Mas Stalin pode ter sido salvo das consequências das suas estratégias pela política de terror do próprio Hitler. Se alguns habitantes da Ucrânia e de outros territórios soviéticos de início saudaram os alemães como libertadores, a ocupação draconiana que se seguiu rapidamente abriu os seus olhos para a natureza dos conquistadores. Em muitas aldeias, em muitas cidades, da fronteira a lugares como Rzhev nos acessos a Moscou, a ladainha de atrocidades ficava cada vez mais longa – e a noção de libertação nas mãos dos alemães tornou-se completamente desacreditada. O número de desertores chegou ao máximo no período inicial da guerra, e declinou bastante com o progresso da luta. Em parte isso se deveu à percepção de que o pêndulo se voltava contra os invasores, mas foi também o resultado evidente da natureza da ocupação alemã. O reino de terror de Hitler foi o maior presente que o líder alemão poderia ter dado ao seu colega soviético.

Indiretamente, Stalin sugeriu isso num discurso que pronunciou no dia 24 de maio de 1945, logo depois do final da guerra.

> Nosso governo cometeu muitos erros. Tivemos alguns momentos de desespero em 1941-1942, quando nosso exército estava em retirada, forçado a abandonar nossas aldeias e cidades [...] abandonando-as porque não havia outra saída. Outra nação poderia ter dito para seus governantes: vocês não atenderam às nossas expectativas, vão embora, vamos montar outro governo, que há de concluir a paz com os alemães e garantir para nós a tranquilidade.

Foi um reconhecimento raro da parte de Stalin, apesar de, como sempre, ele não ter assumido responsabilidade por nenhum dos "erros", lançando a culpa sobre o governo – como se ele operasse independentemente do seu controle. Mais importante, sua declaração constituiu um reconhecimento implícito de que ele poderia ter tido de enfrentar mais deserções, e mesmo uma revolta geral, se os invasores alemães tivessem tido outro comportamento. Stalin governava pelo medo e, dada uma alternativa que oferecesse uma vida sem medo, não há como saber o que seu povo teria feito. Mas com Hitler dando ordens ao exército invasor, uma vida sem medo nunca seria uma opção. Seu terror começou a superar o terror de Stalin.

Se o primeiro período da guerra colocou em nítido relevo as táticas de terror dos dois lados, isso não explicou o resultado da Batalha de Moscou, que seria a maior e mais mortal batalha da Segunda Guerra Mundial. Não explicou por que a poderosa máquina de guerra de Hitler não venceu, por que a estratégia da *Blitzkrieg*, que tinha sido tão bem-sucedida na Polônia, França e no resto da Europa Ocidental, não chegou aos mesmos resultados na União Soviética, por que sua capital conseguiu resistir.

Generais e altos oficiais alemães geralmente culpavam o clima russo – primeiro a lama que agarrava e exauria os seus exércitos, depois o inverno excepcionalmente frio – pelos seus problemas. "Esse inverno nunca vai acabar? Uma nova era glacial está começando?", Goebbels escreveu queixoso no seu diário no dia 20 de março de 1942. "Tem-se certamente a tentação de ceder a essa suspeita quando se contemplam os ataques constantes e repetidos do inverno." Hitler, acrescentou, nunca gostou do inverno e nunca imaginou que ele "infligiria tamanho sofrimento aos soldados alemães". Nas suas memórias, Churchill traçou o paralelo óbvio com Napoleão. "Tal como o gênio militar supremo que percorreu essa estrada um século antes dele, Hitler agora descobre o que significa o inverno russo."

Essas explicações enfureciam Zhukov, pois ele as via como um esforço para convencer a todos de que "os soldados alemães foram vencidos em Moscou não pela firmeza, coragem e heroísmo de ferro dos soldados soviéticos, mas pela lama, frio e pela neve profunda". E acrescentou: "os autores dessa apologética parecem esquecer que as forças soviéticas tiveram de operar nas mesmas condições". É claro que combateram, mas estavam muito mais bem

A vitória mais mortal

Um tanque soviético T-34 passa por um cadáver alemão no terreno coberto de neve. Como explicou um oficial alemão, a incapacidade do seu lado em lançar o avanço final sobre Moscou destruiu o mito da invencibilidade das forças de Hitler. "O exército alemão nunca se recuperou totalmente daquela derrota", escreveu ele.

preparadas – o que de forma alguma absolve Hitler da sua responsabilidade por não ter fornecido aos seus soldados roupas adequadas para o inverno.

Walter Kerr, correspondente do *New York Herald Tribune*, que escreveu da Rússia naquele inverno, ofereceu um veredito mais judicioso. "Estava frio, é claro", escreveu ele ao descrever o mês de dezembro de 1941, "mas o inverno nunca poderia explicar o que aconteceu ao exército alemão nos dois meses seguintes. Ainda assim, ele teve o seu papel".

Além de não ter preparado seus soldados para a guerra no inverno, o outro erro colossal de Hitler foi não ter ouvido Guderian e outros generais que queriam continuar avançando para leste desde Smolensk, em agosto, fazendo de Moscou o seu objetivo imediato. Mas o líder alemão preferiu naquele momento desviar o exército para o sul, para a Ucrânia e sua capital Kiev, atrasando o ataque à capital por quase dois meses cruciais.

Durante suas conversações com o enviado de Roosevelt, Averell Harriman, Stalin não deixou dúvida com relação à sua opinião da importância daquela decisão. "Stalin me contou que os alemães tinham cometido um grande erro", relembrou Harriman após a guerra.

> Tentaram um avanço em três frentes, lembre-se, uma em Leningrado, uma em Moscou e uma no sul. Stalin disse que se eles tivessem se concentrado no avanço na direção de Moscou, eles poderiam ter tomado a cidade; Moscou era o centro nervoso e seria muito difícil conduzir uma grande operação se Moscou estivesse perdida. Disse que os alemães tinham cometido o mesmo erro na Primeira Guerra Mundial – quando não entraram em Paris. E Stalin disse que manteriam Moscou a qualquer custo.

Segundo todos os relatos, Hitler mudava continuamente de ideia sobre a importância da tomada de Moscou. Ele previa que uma vitória rápida produziria o colapso da União Soviética, mas, depois de encontrar mais resistência do que esperava, ele agia como se aquilo não estivesse no alto da sua lista de prioridades. Um reflexo claro disso pode ser encontrado no diário de Goebbels numa anotação de 20 de março de 1942, em que ele declara: "o Führer não tinha nenhuma intenção de ir a Moscou". Ainda assim, algumas linhas adiante, ele declara que os planos de Hitler para a primavera e verão seguintes mencionam "o Cáucaso, Leningrado e Moscou". Para um líder que conquistou suas primeiras vitórias por uma série de ações ousadas, seu comportamento durante a Batalha de Moscou revelou um lado vacilante do seu caráter, que se tornaria cada vez mais visível com o progresso da guerra.

A única decisão firme que Hitler tomou então – demitir vários generais e assumir o comando direto de todas as operações militares em dezembro de 1941 – significou que da derrota às portas de Moscou ele concluiu que precisava depender cada vez menos, não mais, dos seus generais. "Ele queria ser outro Napoleão, que só tolerava sob seu comando homens que executassem obedientemente a sua vontade", escreveria mais tarde o marechal de campo Erich von Manstein. "Infelizmente, ele não tinha a formação militar de Napoleão, nem o seu gênio militar." Hitler continuou a acreditar que poderia superar Napoleão, ganhando a guerra na Rússia no mesmo momento em que muitos dos seus generais chegavam à conclusão oposta.

A Batalha de Moscou definiu um novo padrão no comportamento de Hitler como líder militar. Quando as coisas davam errado, como se deu nos arredores da capital soviética, eram sempre os seus subordinados os culpados,

Depois do atraso causado pela insistência de Hitler em tomar Kiev primeiro, as tropas alemãs que marchavam sobre Moscou se viram presas pelas chuvas do outono. Como apontou o general Guderian, as estradas russas se transformaram em "canais de barro", reduzindo dramaticamente a velocidade do seu avanço.

A Batalha de Moscou

nunca ele mesmo. Nisso, e no total desprezo pelos sacrifícios que exigia dos seus soldados, Hitler e Stalin eram muito parecidos. Mas foi a decisão de Hitler de adiar o avanço sobre Moscou, contra as objeções de muitos daqueles que o serviam, o que permitiu que o clima tivesse o papel que desempenhou. Um avanço anterior teria dado às forças alemãs a oportunidade de tomar a capital soviética antes das primeiras chuvas de outono que as deixaram atoladas na lama, ou do inverno gelado, tão mortal como o fogo inimigo.

O atraso também foi custoso de outra maneira. Ofereceu a Stalin o tempo de que precisava para se convencer de que os japoneses não fariam a invasão pelo leste, o que lhe permitiu tomar a decisão-chave de trazer as tropas siberianas para defender Moscou. Durante a visita de Eden em dezembro de 1941, o líder soviético disse ao secretário do exterior britânico: "a transferência de novos reforços foi a causa dos sucessos recentes".

Por mais que Hitler o tenha salvado com seus erros enormes, Stalin saiu da Batalha de Moscou convencido de que tinha planejado essa primeira vitória soviética, o que teve impacto imediato sobre o seu comportamento. Convocado ao Kremlin para uma conferência com seu chefe, Kruschev ficou atônito com o que viu.

> Vi-me diante de um novo homem. Ele estava muito mudado em relação ao que tinha sido desde o início da guerra. Ele se recompôs, ficou ereto, e agia como um verdadeiro soldado. Tinha começado a se ver como um grande estrategista militar, o que tornou mais difícil que nunca discutir com ele. Ele exibia toda a determinação e força de vontade de um líder heroico.

Kruschev não resistiu a atirar uma farpa que deixou claro seus sentimentos. "Mas eu sabia que tipo de herói ele era. Já o tinha visto quando ficou paralisado pelo medo de Hitler, como um coelho diante de uma jiboia. E minha opinião sobre ele não tinha mudado desde então." Ainda assim, uma grande vitória sempre melhora a imagem de um líder, e não há dúvida de que o resultado da Batalha de Moscou animou o povo de Stalin e seus aliados.

As palavras de Churchill resumiram a reação naquela época.

> Todas as nações antinazistas, grandes e pequenas, exultaram ao ver a primeira derrota de uma *Blitzkrieg* alemã. A ameaça de invasão da nossa ilha foi removida desde que os exércitos alemães estivessem engajados numa luta de vida ou morte no leste.

Soldados soviéticos, sobretudo os que foram transferidos da Sibéria para defender Moscou, estavam mais bem equipados para enfrentar as temperaturas gélidas. Muitos deles tinham botas adequadas para o inverno, casacos grossos de algodão, sobretudos, e capas brancas de camuflagem. Essas vestimentas provaram ser um fator cada vez mais crítico na luta.

Mas acrescentou cauteloso: "quanto tempo aquela luta poderia durar ninguém podia saber".

O que teria acontecido se a Batalha de Moscou tivesse um resultado diferente? A ideia soviética padrão era de que a guerra teria continuado e que teria sido apenas uma questão de tempo até os alemães serem expulsos – em outras palavras, o resultado final do conflito nunca esteve em dúvida. Mas, como Stalin confidenciou a Harriman, Moscou era o centro nervoso e uma vitória alemã ali teria sido um golpe muito forte contra seus esforços de mobilização do país para derrotar as forças de Hitler. Para os invasores alemães, ela serviria como um enorme impulso psicológico, prova de que Hitler mais uma vez estava certo ao invadir a União Soviética.

R. H. S. Stolfi, que ensinava História Europeia Moderna na Escola de Pós-graduação Naval em Monterey, California, argumentou no seu livro *Hitler's* Panzers *east: World War II reinterpreted* que a decisão de desviar suas forças para a Ucrânia em agosto custou a guerra para os alemães. Se o líder alemão tivesse ouvido o conselho de Guderian, e dos outros generais que queriam capitalizar sobre as vitórias rápidas de junho e julho, Stolfi insistiu, suas tropas teriam tomado a capital soviética no fim de agosto.

"A chegada do Grupo de Exércitos Centro por volta do dia 28 de agosto de 1941 a Moscou – o centro de comunicações da Rússia europeia – teria desintegrado as frentes de Leningrado e da Ucrânia", escreveu Stolfi. E ele insistiu que isso teria significado a derrota da União Soviética em outubro de 1941, o que, por sua vez, teria produzido um efeito ondulatório cataclísmico. "Pela magnitude da vitória e o seu *timing*, os alemães teriam também vencido a guerra na Europa", concluiu.

É impossível provar ou negar essa tese, embora muitos historiadores estejam mais inclinados a concordar com as afirmações soviéticas de que o regime de Stalin teria continuado a lutar, não importa até que distância ele fosse empurrado para leste – e que no final ele teria mobilizado recursos e homens para expulsar os alemães. Afinal, ele tinha evacuado para leste grande parte da sua capacidade de produção, e logo essas fábricas superariam as alemãs, produzindo armas e suprimentos necessários no campo de batalha. Mas mesmo se isso fosse verdade, a guerra na frente leste teria durado muito mais do

A vitória mais mortal

que durou. E isso teria significado que a Segunda Guerra Mundial teria sido muito mais longa, um conflito muito mais angustiante do que foi.

A realidade da derrota alemã atingiu duramente os invasores, em particular os soldados que quase chegaram à capital soviética. O correspondente da CBS Larry Lesueur descreveu sua viagem pela estrada de Leningrado em dezembro de 1941. "Foi o ponto alto do avanço alemão. Estávamos a cerca de 40 km dos limites da cidade de Moscou", escreveu. "O fracasso alemão foi provavelmente o maior desapontamento de um exército invasor na história".

Com o benefício da visão em retrospectiva, muitos alemães admitiram isso. Richard Wernicke, o piloto de Stukas que participou dos ataques de bombardeio de mergulho sobre Moscou, declarou: "depois de Moscou, não tínhamos mais nenhuma esperança, e sentíamos que essa era uma grande catástrofe". Com essa frase, ele se referia a toda a guerra, não somente a uma batalha.

Apesar de ter sido inegavelmente uma enorme derrota para os alemães, uma questão mais duvidosa é a importância que a vitória em Moscou representou para o lado soviético. "A Batalha de Moscou permitiu a Stalin lutar mais um dia, mas não foi o ponto de inflexão da guerra, como sempre se tem afirmado", argumentou o historiador britânico Richard Overy. "Moscou foi um primeiro passo, hesitante, um breve sucesso quase posto a perder pela incapacidade militar de Stalin."

As perdas de quase 2 milhões de soldados do Exército Vermelho durante a Batalha de Moscou representaram, em grau considerável, o preço dessa incapacidade. E, sim, as grandes batalhas seguintes – Stalingrado, Kursk – seriam vitórias mais decisivas, pontos de inflexão mais nítidos. Mas Moscou foi o primeiro ponto de inflexão, mesmo que Overy tenha razão quanto à fragilidade daquela vitória. Em retrospecto, o fracasso de Hitler em chegar a Moscou sinalizou realmente o começo do seu fim, mas não mais que o primeiro movimento do começo.

E, apesar de todos os seus erros e toda a sua brutalidade, Stalin mereceu crédito por uma decisão fundamental que ajudou a produzir aquele resultado, por mais que Hitler também tenha contribuído. Magomed-Ganifa Shaidayev, que serviu como funcionário político numa unidade que lutava nos acessos a Moscou pelo norte, expressou a opinião de muitos veteranos e civis que viveram durante aqueles caóticos dias de outubro de 1941, quando a capital parecia prestes a cair. "Se Stalin tivesse decidido sair de Moscou durante o pânico, se o líder do país tivesse deixado a capital, isso poderia ter levado à destruição da cidade. O fato de ele ter ficado em Moscou com seus auxiliares nos inspirou e salvou a capital."

Mas Stalin e seus sucessores não quiseram se estender sobre aquele momento, ou sobre a Batalha de Moscou, preferindo falar das batalhas subsequentes que não ofereceram tantas indicações do que saiu errado no período inicial da guerra. Também não quiseram se estender sobre a escala assustadora das perdas soviéticas. Não há como contornar o fato de que Stalin foi responsável pela maioria dos erros que produziram aqueles números impressionantes de baixas. Moscou foi a primeira vitória soviética na Segunda Guerra Mundial, mas uma vitória frágil. E, de longe, a mais mortal.

A Batalha de Moscou demonstrou que o povo soviético estava muito menos unido e determinado nos primeiros dias da guerra do que proclamou a propaganda oficial. Apesar de isso não ser tão surpreendente quando chegou-se a áreas como a Ucrânia e os Estados Bálticos, Moscou foi outra história. Mesmo para explicar a demonstração mais louvável de liderança, sua decisão de não abandonar a capital, seria necessária uma discussão honesta das condições na cidade naquele momento – do pânico, os saques, as greves, o breve, mas completo, colapso da lei e da ordem. Tudo isso está em completo desacordo com a imagem padrão de Stalin na União Soviética e de sua linha de propaganda sobre a unidade e heroísmo inabaláveis do seu povo no momento do maior perigo. Assim, os livros de história soviéticos apagaram o que aconteceu, passando de imediato às vitórias subsequentes que tornaram desnecessários muitos contorcionismos em torno das verdades inconvenientes.

A ironia é que esse apagamento prestou um enorme desserviço aos heróis genuínos da luta, e contribuiu para a versão popularizada da guerra, onde a Batalha de Moscou tem um papel menor, em que os principais acontecimentos foram envoltos numa névoa artificial. Hoje, a Batalha de Moscou merece assumir o seu lugar de direito, na frente e no centro, em todos os relatos do conflito entre dois sistemas políticos monstruosos. Eles pagaram um preço horrível, mas os defensores de Moscou mudaram o curso da história – não somente para seu próprio país, mas igualmente para todos que se envolveram na luta contra a Alemanha de Hitler.

Agradecimentos

Os pré-requisitos de um livro de não ficção são óbvios: boa ideia, boa pesquisa, bom texto. No caso desta obra, meu agente Robert Gottlieb foi o primeiro a sugerir a ideia, insistindo que a história da Batalha de Moscou nunca tinha tido o devido reconhecimento. Assegurou-me também que sua equipe Trident de pesquisa, em Moscou, poderia me oferecer toda assistência de que eu iria precisar para completar a obra. Como, de qualquer maneira, na época eu viajava regularmente a Moscou, ele insistiu que eu pedisse ao seu pessoal lá para programar algumas entrevistas preliminares para ver o que eu poderia descobrir sobre esse capítulo da história, aquilo que ainda não soubesse, e poderia ter uma noção de como poderia buscar saber mais a respeito.

As primeiras entrevistas não deixaram dúvidas na minha mente de que havia uma história notável a ser contada aqui, e que Zamir Gotta e Irina Krivaya saberiam como me colocar em contato com as pessoas e com as fontes só recentemente disponíveis, em especial em relação aos documentos antes secretos que poderiam trazê-la à tona. Zamir e Irina foram companheiros de pesquisa incrivelmente dedicados, reunindo quantidades enormes de materiais e procurando pessoas que, em muitos casos, não tinham contado a sua história durante décadas, quando chegaram, então, a contá-la.

Ao lado das incansáveis Olga Nikiforova e Anna Zaitseva, que depois se juntaram ao trabalho, elas pacientemente atenderam à minha torrente de pedidos de mais entrevistas, mais transcrições, mais informações, mais detalhes sobre esse ou aquele episódio. Eu jamais poderia ter escrito este livro sem essa equipe notável.

Muitos outros ofereceram sugestões de pessoas a serem entrevistadas e me ajudaram a localizá-las. Em alguns casos indicaram amigos ou membros mais velhos de famílias, e em outros simplesmente comentaram sobre pessoas de quem tinham ouvido falar e que tinham vivido durante aquele período. Entre aqueles que me colocaram em contato com pessoas que aparecem nestas páginas estão Vladimir Voinovich, Valery Besarov, Sergei Severinov, Owen Matthews, Christian Wernicke e David Gonnerman. Cameron Sawyer, um amigo americano em Moscou com uma compreensão impressionante das histórias russa e alemã, não só me apresentou aos pesquisadores Yegor Chegrinets e Andrey Palatov, que me levaram aos campos de morte de Vyazma, mas também foram organizadores e motoristas da nossa expedição.

E, evidentemente, há os veteranos, civis e filhos e filhas dos militares e líderes políticos que aparecem nesta história. Seus nomes aparecem nestas páginas e na seção de fontes. Gostaria de dizer mais sobre muitos deles, mas vou me limitar a uma única generalização. Talvez por terem sobrevivido, quando tantos outros pereceram, e depois continuarem uma longa vida num país em que a expectativa de vida é incrivelmente baixa, eles formam um grupo notável. Em geral, eles são fortes e estão dispostos a enfrentar lembranças dolorosas com uma honestidade que talvez só venha com a passagem do tempo e o reconhecimento de que o sistema soviético já não existe, mesmo que ainda persistam muitos dos seus mitos. Foram também gentis e hospitaleiros e me receberam nas suas casas, dividindo todas as lembranças e experiências sobre as quais eu lhes perguntei. Não tenho como agradecer suficientemente a todos.

Tenho também uma enorme dívida para com a Hoover Institution, que é bem conhecida pela sua impressionante coleção de documentos sobre a União Soviética e por seus arquivos. Dave Brady e Mandy MacCalla, do programa de *media fellows*, além do antecessor de Dave, Tom Henrikson, ofereceram-me convites generosos em várias ocasiões para passar algum tempo ali, e Carol Leadenham me prestou ajuda inestimável nos arquivos,

Agradecimentos

tal como Molly Molloy, na biblioteca. Os capítulos que tratam de diplomacia e da comunidade estrangeira em Moscou são em grande parte produto dessa pesquisa.

Nada disso teria importância se eu não pudesse contar com o apoio e incentivo para este projeto de Alice Mayhew, da Simon & Schuster. Junto com seu talentoso colega Roger Labrie, ela agarrou imediatamente a ideia de um livro sobre a Batalha de Moscou e, como sempre, ofereceu conselhos valiosos a respeito de como estruturar a história e manter em foco os temas mais importantes. Alice não é apenas uma editora incrivelmente competente; é uma inspiração em todos os passos do caminho. Quero também agradecer a Serena Jones e a Vitoria Meyer, também da Simon & Schuster, e a todos que participaram dos vários estágios deste projeto.

Um antigo colega na *Newsweek*, Steve Shabad, executou o trabalho meticuloso de verificar a transliteração dos nomes russos. Já tinha me acostumado a me valer dele quando enviava histórias de Moscou durante os meus períodos iniciais ali e fiquei encantado quando ele concordou em me ajudar mais uma vez. Na *Newsweek*, muitos editores e colegas ofereceram conselhos ocasionais e frequentes incentivos. Entre eles: Rick Smith, Jon Meacham, Fareed Zakaria, Ron Javers, Jeff Bartholet, Fred Guterl, Nisid Hajari, Jon Alter e Susan Szeliga. Quero também agradecer a James Price, Simon Barnett e Leah Latella pela ajuda com as fotos.

Muitos amigos me deram apoio adicional. Em particular, quero mencionar David Satter, que me ajudou imensamente em Moscou quando lá cheguei pela primeira vez em 1981, e Ardith e Steve Hodes, que foram os melhores amigos que alguém poderia desejar ter desde que nos conhecemos há três décadas.

Mais difícil é expressar o meu agradecimento à minha família. Meus pais, Marie e Zygmunt, que leram diligentemente todos os capítulos tão logo eu terminava de escrevê-los, oferecendo críticas valiosas. Todos os meus filhos, Alex, Adam, Sonia, Eva, e Taylor, seu marido irrepreensível, também foram leitores, caixas de ressonância, e provedores de sugestões. Acima de tudo, todos mantiveram a minha alegria. Uma menção especial nesta categoria vai para a filha de Sonia, nossa neta Stella.

A tarefa mais desafiadora de todas é imaginar o que dizer da minha mulher Christina, ou Krysia, como todos nós a chamamos. Ela sempre foi minha primeira editora e crítica, que nunca amenizou suas opiniões. Como cresceu na Polônia, quando os filmes de propaganda soviética eram comuns, e depois morou em Moscou comigo na época soviética e na pós-soviética, ela era rápida ao contestar tudo que não lhe soasse verdadeiro. Em geral, isso significava que eu tinha de voltar às minhas fontes pelo que me parecia a enésima vez, apenas para descobrir que, sim, havia mais alguma coisa que tinha de ser explicada ou corrigida. Mas paralelamente ao questionamento duro, ela oferece tudo mais que torna possível a minha vida e o meu trabalho. O que diz tudo e nem de longe o suficiente.

Fontes

Bibliografia

ANANKO, V., A. Domank e N. Romanichev, *Za kazhduiu piad*. Lvov: Kommunar, 1981.
ANDREYEV, Catherine. *Vlasov and the Russian Liberation Movement: Soviet Reality and Émigré Theories*. Cambridge: Cambridge University Press, 1989.
APPLEBAUM, Anne. *Gulag: A History*. New York: Doubleday, 2003.
AXELL, Albert. *Marshal Zhukov: The Man Who Beat Hitler*. London: Pearson Longman, 2003.
BANAC, Ivo, ed. *The Diary of Georgi Dimitrov 1933-1949*. New Haven: Yale University Press, 2003.
BEEVOR, Antony. *Stalingrad*. New York: Penguin Books, 1999.
BEEVOR, Antony, e Luba Vinogradova, eds. *A Writer at War: Vasily Grossman with the Red Army, 1941-1945*. New York: Pantheon Books, 2006.
BEREZHKOV, Valentin M. *At Stalin's Side: His Interpreter's Memoirs from the October Revolution to the Fall of the Dictator's Empire*. New York: Carol Publishing Group, 1994.
BERIA, Sergo. *Beria, My Father: Inside Stalin's Kremlin*. London: Gerald Duckworth & Co., 2001.
BOCK, Fedor von. Klaus Gerbet, ed. *The War Diary: 1939-1945*. Atglen, P.A: Schiffer Military History, 1996.
BOHLEN, Charles E. *Witness to History: 1929-1969*. New York: W. W. Norton & Company, 1973.
BROWNING, Christopher R. *Ordinary Men: Reserve Police Battalion 101 and the Final Solution in Poland*. New York: Harper Perennial, 1992.
BULLOCK, Alan. *Hitler and Stalin: Parallel Lives*. London: Fontana Press, 1998.
BURDICK, Charles, e Hans-Adolf Jacobsen, eds. *The Halder War Diary: 1939-1942*. London: Greenhill Books, 1988.
BUTLER, Susan, ed. *My Dear Mr. Stalin: The Complete Correspondence Between Franklin D. Roosevelt and Joseph V. Stalin*. New Haven: Yale University Press, 2005.
CASSIDY, Henry C. *Moscow Dateline: 1941-1943*. Boston: Houghton Mifflin Company, 1943.
CHURCHILL, Winston S. *The Grand Alliance*. Boston: Houghton Mifflin Company, 1950.
CIECHANOWSKI, Jan. *Defeat in Victory*. New York: Doubleday & Company, 1947.
CONQUEST, Robert. *The Dragons of Expectation: Reality and Delusion in the Course of History*. New York: W. W. Norton & Company, 2005.
CONQUEST, Robert. *The Great Terror: A Reassessment*. New York: Oxford University Press, 1990.

A Batalha de Moscou

CURIE, Eve. *Journey Among Warriors*. New York: Doubleday, Doran and Co., 1943.

DALLIN, Alexander. *German Rule in Russia 1941-1945: A Study of Occupation Policies*. London: Macmillan & Co., 1957.

DAVIES, Joseph E. *Mission To Moscow*. New York: Simon & Schuster, 1941.

DAVIES, Norman. *Heart of Europe: A Short History of Poland*. Oxford: Clarendon Press, 1984.

DEUTSCHER, Isaac. *Stalin: A Political Biography*. New York: Oxford University Press, 1972.

DRUZHNIKOV, Yuri. *Passport to Yesterday*. London: Peter Owen Publishers, 2004.

DUNN, Dennis J. *Caught Between Roosevelt & Stalin: America's Ambassadors to Moscow*. Lexington: The University Press of Kentucky, 1998.

EBERLE, Henrik e Matthias Uhl, eds., *The Hitler Book: The Secret Dossier Prepared for Stalin from the Interrogations of Hitler's Personal Aides*. New York: Public Affairs, 2005.

EDEN, Anthony. *The Reckoning*. Boston: Houghton Mifflin Company, 1965.

FILATOV, V. P. et al. *Moskovskaia bitva v khronike faktov i sobytii*. Moscow: Voennoe Izdatelstvo, 2004.

FISCHER, George. *Soviet Opposition to Stalin: A Case Study in World War II*. Cambridge: Harvard University Press, 1952.

GLANTZ, David M. *Colossus Reborn: The Red Army at War, 1941-1943*. Lawrence: University Press of Kansas, 2005.

GLANTZ, David M. *Zhukov's Greatest Defeat: The Red Army's Epic Disaster in Operation Mars, 1942*. Lawrence: University Press of Kansas, 1999.

GLANTZ, David M., e Jonathan M. House. *When Titans Clashed: How the Red Army Stopped Hitler*. Edinburgh: Birlinn Limited, 2000.

GOLDENSOHN, Leon. Robert Gellately, ed. *The Nuremberg Interviews: An American Psychiatrist's Conversations with the Defendants and Witnesses*. New York: Alfred A. Knopf, 2004.

GORINOV, M. M., et al., eds. *Moskva Voennaia, 1941-1945: Memuary i arkhivnye dokumenty*. Moscow: Mosgorarkhiv, 1995.

GRIGORENKO, Petro G. *Memoirs*. New York: W. W. Norton and Company, 1982.

GROMYKO, Andrei. *Memoirs*. New York: Doubleday, 1989.

GROSSMAN, Vasily. *Life and Fate*. London: Collins Harvill, 1985.

GUDERIAN, Heinz. *Panzer Leader*. London: Macdonald & Co., 1982.

HARRIMAN, W. Averell, e Elie Abel. *Special Envoy to Churchill and Stalin 1941-1946*. New York: Random House, 1975.

HASEGAWA, Tsuyoshi. *Racing the Enemy: Stalin, Truman and the Surrender of Japan*. Cambridge: The Belknap Press of Harvard University Press, 2005.

HAYMAN, Ronald. *Hitler + Geli*. London: Bloomsbury Publishing, 1998.

HERWARTH, Hans von, with S. Frederick Starr, *Against Two Evils*. New York: Rawson, Wade Publishers, 1981.

HITLER, Adolf. *Mein Kampf*. Boston: Houghton Mifflin Company, 1971.

HULL, Cordell. *The Memoirs of Cordell Hull, Volume II*. New York: The Macmillan Company, 1948.

IRVING, David. *Hitler's War*. New York: Avon Books, 1990.

IVANOV, V. K. *Moskovskaia zona oborony. Eë rol' v zashchite stolitsy. 1941-1942 gg*. Moscow: Gosudarstvennyi Muzei Oborony Moskvy, 2001.

JONES, Robert Huhn. *The Roads to Russia: United States Lend-Lease to the Soviet Union*. Norman: University of Oklahoma Press, 1969.

JUKES, Geoffrey. *The Defense of Moscow*. New York: Ballantine Books, 1970.

KAMMERER, Y. Y., V. S. Karaulov, e S. E. Lapirov, *Moskve–vozdushnaia trevoga! Mestnaia PVO v gody voiny*. Moscow: Agar, 2000.

KENNAN, George F. *Memoirs: 1925-1950*. Boston: Little, Brown e Company, 1967.

KERR, Walter. *The Russian Army: Its Men, Its Leaders, and Its Battles*. New York: Alfred A. Knopf, 1944.

KERSHAW, Ian. *Hitler 1889-1936: Hubris*. London: The Penguin Press, 1998.

KERSHAW, Ian. *Hitler 1936-45: Nemesis*. New York: W. W. Norton & Company, 2000.

KHOKHLOV, Nikolai. *In the Name of Conscience: The Testament of a Soviet Secret Agent*. New York: David McKay Company, 1959.

KOHLER, Phyllis Penn, ed. e trans. *Journey for Our Time: The Journals of the Marquis de Custine*. New York: Pellegrini & Cudahy, 1951.

KONDRAT'EV, O., e L. Myl'nikov. *Eto bylo na Rzhevsko-Viazemskom platsdarme (kniga tret'ia)*. Rzhev: Rzhevskii knizhnii klub, 2003.

KUMANEV, Georgii. *Riadom so Stalinym: Otkrovennyye svidel'stva*. Moscow Bylina, 1999.

LADYGIN, I. Z., e N. Smirnov. *Na Rzhevskom rubezhe*. Rzhev: Zhurnalist. 1992.

LESUEUR, Larry. *Twelve Months That Changed The World*. New York: Alfred A. Knopf, 1943.

Fontes

LIH, Lars T., Oleg V. Naumov, e Oleg V. Khlevniuk, eds. *Stalin's Letters to Molotov 1925-1936*. New Haven: Yale University Press, 1995.

LOCHNER, Louis P., ed. *The Goebbels Diaries: 1942-1943*. New York: Doubleday, 1948.

LUCAS, James. *War on the Eastern Front: The German Soldier in Russia 1941-1945*. London: Greenhill Books, Military Book Club edition, 1991.

MAISKY, Ivan. *Memoirs of a Soviet Ambassador: The War 1939-1943*. London: Hutchinson, 1967.

MANSTEIN, Erich von. *Lost Victories*. Chicago: Henry Regnery Company, 1958.

MEACHAM, Jon. *Franklin and Winston: An Intimate Portrait of an Epic Friendship*. New York: Random House, 2003.

MEDVEDEV, Roy. *Let History Judge: The Origins and Consequences of Stalinism*. New York: Columbia University Press, 1989.

MERRIDALE, Catherine. *Ivan's War: Life and Death in the Red Army, 1939-1945*. New York: Metropolitan Books, 2006.

MIKOYAN, Anastas. *Tak bylo*. Moscow: Vagrius, 1999.

MIKOYAN, Stepan Anastasovich. *Memoirs of Military Test-Flying and Life with the Kremlin's Elite*. Shrewsbury: Airlife, 1999.

MINER, Steven Merritt. *Stalin's Holy War: Religion, Nationalism, and Alliance Politics, 1941-1945*. Chapel Hill: The University of North Carolina Press, 2003.

MISIUNAS, Romuald J., e Rein Taagepera. *The Baltic States: Years of Dependence 1940-1980*. Berkeley: University of California Press, 1983.

MONTEFIORE, Simon Sebag. *Stalin: The Court of the Red Tsar*. New York: Alfred A. Knopf, 2004.

Moskovskaia Bitva v Postanovleniiakh Gosudarstvennogo Komiteta oborony. Dokumenty i materialy 1941-1942. Moscow: Bol'shaia Rossiiskaia Entsiklopediia i Gosudarstvennyj Muzei Oborony Moskvy, 2001.

Moskva Prifrontovaia 1941-1942. Arkhivnye dokumenty i materialy. Moscow Mosgorarkhiv, AO Moskovskie uchebniki, 2001.

MURPHY, David E. *What Stalin Knew: The Enigma of Barbarossa*. New Haven: Yale University Press, 2005.

ORESHKIN, Boris. *Viaz'ma*, in Al'manakh "Podvig", issue 38. Moscow: *Molodaia Gvardiia*, 1991.

OVERY, Richard. *The Dictators : Hitler's Germany, Stalin's Russia*. New York: W. W. Norton & Company, 2004.

OVERY, Richard. *Russia's War*. New York: Penguin Books, 1998.

PALMER, R. R., e Joel Colton. *A History of the Modern World*. New York: Alfred A. Knopf, 1965.

PECHENKIN, Aleksandr. *Voennaia Elita SSSR v 1935-1939 gg.: Repressii i obnovlenie*. Moscow: VZFEI, 2003.

PLESHAKOV, Constantine. *Stalin's Folly: The Tragic First Ten Days of World War II on the Eastern Front*. Boston: Houghton Mifflin, 2005.

RAYFIELD, Donald. *Stalin and His Hangmen : The Tyrant and Those Who Killed for Him*. New York: Random House, 2004.

RESIS, Albert, ed. *Molotov Remembers: Inside Kremlin Politics*. Chicago: Ivan R. Dee, 1993.

REYNOLDS, Quentin. *By Quentin Reynolds*. New York: McGraw-Hill Book Company, 1963.

RYBIN, A. T. *Riadom so Stalinym*. Moscow: Veteran, 1992.

SCHECTER, Jerrold L., with Vyacheslav V. Luchkov, eds. *Khrushchev Remembers: The Glasnost Tapes*. Boston: Little Brown and Company, 1990.

SCHLABRENDORFF, Fabian von. *The Secret War Against Hitler*. New York: Pitman Publishing Corporation, 1965.

SEATON, Albert. *The Battle for Moscow*. New York: Jove, 1985.

SERVICE, Robert. *Stalin: A Biography*. Cambridge: The Belknap Press of Harvard University Press, 2005.

SETH, Ronald. *Operation Barbarossa: The Battle for Moscow*. London: World Distributors, 1965.

SHEPHERD, Bem. *War in the Wild East: The German Army and Soviet Partisans*. Cambridge: Harvard University Press, 2004.

SHERWOOD, Robert E. *Roosevelt and Hopkins: An Intimate History*. New York: Harper & Brothers, 1948.

SHIRER, William L. *The Rise and Fall of the Third Reich: A History of Nazi Germany*. Greenwich, CT: Fawcett Publications, 1965.

SHNOL, S.E. *Geroi i zlodei rossiiskoi nauki*. Moscow: Kron-press, 1997.

SHVETSOVA, L.I. and others. *Moskva i moskvichi – partizanskomu dvizheniiu Velikoi Otechestvennoi voiny*. Moscow: "Atlantida – XXI vek", 2000.

SIMONOV, Konstantin. *The Living and the Dead*. Moscow: Progress Publishers, 1975.

STALIN, Joseph. *The War of National Liberation*. New York: International Publishers, 1942.

STOLFI, R.H.S. *Hitler's Panzers East: World War II Reinterpreted*. Norman: University of Oklahoma Press, 1992.

STRASSER, Otto. *Hitler and I*. Boston: Houghton Mifflin Company, 1940.

TALBOTT, Strobe, ed. *Khrushchev Remembers*. Boston: Little Brown and Company, 1970.

TAUBMAN, William. *Stalin's American Policy: From Entente to Détente to Cold War*. New York: W. W. Norton & Company, 1982.

A Batalha de Moscou

TAYLOR, Fred, ed. *The Goebbels Diaries: 1939-1941*. London: Sphere Books Limited, 1983.
TOPTYGYN, Alexei. *Lavrentii Beriia: Neizvestnyi marshal Gosbezopasnosti*. Moscow: EKSMO, 2005.
TREVOR-ROPER, H. R., ed. *Hitler's War Directives: 1939-1945*. London: Pan Books, 1966.
TUMARKIN, Nina. *The Living & The Dead: The Rise and Fall of the Cult World War II in Russia*. New York: Basic Books, 1994.
ULAM, Adam B. *Expansion and Coexistence: Soviet Foreign Policy, 1917-73, Second Edition*. New York: Praeger Publishers, 1974.
VINOGRADOV, V. K, et al. *Lubianka v dni bitvy za Moskvu*. Moscow: Zvonnitsa, 2002.
VOLKOGONOV, Dmitri. *Stalin: Triumph and Tragedy*. Rocklin, CA: Prima Publishing, 1991.
WERTH, Alexander. *Russia at War: 1941-1945*. New York: Avon Books, 1965.
WHYMANT, Robert. *Stalin's Spy: Richard Sorge and the Tokyo Espionage Ring*. New York: St. Martin's Press, 1998.
YEATON, Ivan D. *Memoirs of Ivan D. Yeaton, USA (Ret.)*. Palo Alto: Unpublished manuscript donated to Hoover Institution on War, Revolution and Peace, 1976, copyright Stanford University.
YEROSHIN, V. P., et al. *Organy gosudarstvennoi bezopasnosti SSSR v Velikoi Otechestvennoi voine. Sbornik Dokumentov*. Moscow: Rus, 2000.
ZAMOYSKI, Adam. *Moscow 1812: Napoleon's Fatal March*. New York: HarperCollins Publishers, 2004.
ZBARSKY, Ilya e Samuel Hutchinson. *Lenin's Embalmers*. London: The Harvill Press, 1999.
ZHUKOV, Georgi K. *Marshal Zhukov's Greatest Battles*. New York: Pocket Books, 1970.
ZHUKOV, G. K. *Vospominaniia i razmyshleniia. V trekh tomah*. Moscow: Novosti, 1995.

Bibliografia em português

APPLEBAUM, Anne. *Gulag: uma história dos campos de prisioneiros soviéticos*. São Paulo: Ediouro, 2004.
BEEVOR, Antony; VINOGRADOVA, Luba (eds.). *Um escritor na guerra: Vasily Grossman com o exército vermelho - 1941-1945 - jornalismo de guerra*. Rio de Janeiro: Objetiva, 2008.
BUTLER, Susan, (ed.). *Prezado sr. Stálin: os bastidores da Segunda Guerra Mundial na correspondência completa entre Roosevelt e Stálin*. Rio de Janeiro: Jorge Zahar, 2008.
DAVIES, Joseph E. *Missão em Moscou*. Rio de Janeiro: Calvino, 1942.
DEUTSCHER, Isaac. *Stalin: uma biografia política*. Rio de Janeiro: Civilização Brasileira, 2006.
EBERLE, Henrik; UHL, Matthias (eds.). *O dossiê Hitler*. Rio de Janeiro: Record, 2007.
GUDERIAN, Heinz. *Panzer líder: a verdadeira história dos Panzers e a sua influência na 2ª Guerra Mundial*. Rio de Janeiro: Biblioteca do Exército Ed., 1966.
HITLER, Adolf. *Minha luta: mein kampf*. São Paulo: Centauro, 2005.
JUKES, Geoffrey. *A defesa de Moscou*. Rio de Janeiro: Renes, 1975.
KERSHAW, Ian. *Hitler*. São Paulo: Companhia das Letras, 2011.
LOCHNER, Louis P., (ed.). *Diário: 1942-1943. Goebbels*. Notas e comentários de Louis P. Lochner; Trad. Enéias Marzano. Rio de Janeiro: A Noite, [s.d.].
MEACHAM, Jon. *Franklin e Winston*. Trad. Berilo Vargas. Rio de Janeiro: Record, 2006.
VOLKOGONOV, Dmitri. *Stalin: triunfo e tragédia*. Rio de Janeiro: Nova Fronteira, 2004.
WERTH, Alexander. *A Rússia na guerra 1941-1945*. Maia: Europa-America, 1971.

Entrevistas

ANUFRIYEV, Yevgeny
BOGOLYUBSKAYA, Irina
BRAGINSKAYA, Ella
BUCHIN, Aleksandr

PETROVA, Tatyana
POKARZHEVSKY, Dmitry
PROKHOROVA, Valeria
ROMANITCHEV, Nikolai

Fontes

BYLININA, Tamara
CHEGRINETS, Yegor
CHERNYAYSKY, Viktor
DOLGOV, Vyacheslav
DRUZHNIKOV, Yuri
DUDKINA, Olga
EDELMAN, Vladimir
EREMKO, Slava
GEYKHMAN, Mikhail
GODOV, Boris
GORDON, Abram
KAGAN, Boris
KHARLAMOV, Vyacheslav
KHOKHLOV, Nikolai
KONEVA, Natalya
KRAVCHENKO, Natalya
KUMANEV, Georgy
LABAS, Yuli
MAKLYARSKY, Boris
MIKOYAN, Sergo
MIKOYAN, Stepan
MYAGKOV, Mikhail
Nevzorov, Boris
PALATOV, Andrei

RZHEVSKAYA, Elena
SARNOV, Benedikt
SAFONOV, Dmitry
SAPRYKIN, Pavel
SHAIDAYEV, Magomed-Ganifa
SHCHORS, Igor
SHCHORS, Natalya
SHEVELEV, Leonid
SOBOLEVSKAYA, Faina
STEPANOVA, Vera
SUDOPLATOV, Anatoly
SUSLOV, Maxim
TELEGUYEV, Yevgeny
TIMOKHIN, Semyon
TSESSARSKAYA, Tatyana
TSESSARSKY, Albert
VIDENSKY, Boris
VINITSKY, Ilya
WERNICKE, Richard
YAKOLEV, Nikolai
ZARUBINA, Zoya
ZBARSKY, Ilya
ZVELEV, Aleksander
ZHUKOVA, Ella

O Autor

Andrew Nagorski foi correspondente internacional e editor da *Newsweek* durante mais de três décadas e é vice-presidente e diretor de política pública do EastWest Institute, um *think tank* de assuntos internacionais com escritórios em Nova York, Bruxelas e Moscou. É autor de vários livros, todos de muito prestígio e sucesso editorial.